말소리장애의 진단과 치료

ADVANCES IN SPEECH SOUND DISORDERS: EVALUATION AND INTERVENTION

김수진 · 하승희 · 하지완 공저

학지사

저자 서문

필자들은 말소리장애 심화 과목이 개설되는 학기의 개학을 앞둔 시점에 같은 스트레스를 경험하고 있었다. 적어도 최근 3~4년 안에 연구되고, 새롭게 알게 된 중요한 내용을 요약하고 소개해 주는 교과서가 있다면 교수와 학생 모두에게 큰 도움이 되겠다는 것에 크게 공감했다. 우리나라에도 영어가 아닌 우리 말소리를 습득하는 과정에 문제가 있는 말소리장애 아동을 대상으로 한 진단과 치료 방법에 집중할 수 있는 심화 과정의 교재가 필요하다.

교수들이 궁금한 것이 생길 때는 직접 연구를 하거나 학술지와 책을 찾아야 한다. 찾다가 없으면 써야 하는데, 가장 보람을 느낄 수도 있는 일이겠지만 다른 한편으로는 피하고 싶은 일이기도 하다. 그만큼 어려워서일 것이다. 필자 세 사람이 대학원에서 조음음운장애를 배우고 가르치고 공부한 기간을 생각해 보니 합하면 80년이었다. 아주 가끔 세미나에서 서로 만나면 그동안 궁금했던 것을 질문하고 의견을 나누고 싶었지만 서로의 앞에 놓인 급한 일들을 해결한 뒤로 자꾸만 미루어졌고 기다리다가 마침내 용기를 내보았다. 이 책의 필자 세 명은 학부와 대학원에서 조음음운장애 관련 기초 과목, 심화 과목들을 담당하고 있으며, 말소리의 발달과 진단 하위 유형의 분류 등에 대한 공통 관심사를 갖고 있다는 점에서 같은 배경을 갖고 있는 것 같지만, 구체적으로는 관심사와 특기는 매우 이질적이어서 서로의 약점을 보완할 수 있었다. 같은 말소리장애 전공 교수들이지만 김수진은 발달적 오류패턴과 원인을 모르는 말소리장애에, 하승희는 초기 말소리 발달과 구조 손상과 증상에 따른 분류에, 하지완은 말소리 처리의 발달과 신경계 손상에 조금씩 더 관심을 갖고 있었다. 용기를 낸 시간 동안 각자 책의 자료를 모으고, 두 번의 봄, 여름, 가을, 겨울 계절마다 필자들은 직접 만나 열심히 토론하고, 서로를 격려하면서 힘을 모으고 키울 수 있었고 그 결과로 이 책을 낼 수 있게 되었다.

이 책은 심화 지식을 원하는 언어재활 치료사뿐 아니라 말소리장애 분야의 새로운 연구를 기획하는 연구자들에게도 필요한 책이 될 수 있도록 다음과 같은 네 가지 원칙을 갖고 기술하고자 노력하였다.

첫째, 이미 잘 알려져 있고 안정적인 이론과 원칙에 기반을 둔다.

둘째, 말소리장애의 최근 특성 연구와 해당 특성을 평가할 수 있도록 개발된 다양한 진단 방법과 검사도구를 소개한다.

셋째, 말소리장애의 고전적인 치료접근법과 아직 검증 과정에 있는 새로운 치료접근법들도 소개한다.

넷째, 최신의 국외 연구뿐 아니라, 최대한 국내 연구 결과들을 상세하게 소개한다.

책의 내용은 크게 다섯 개의 파트로 구성하였다. 제1부 개관에서는 말소리장애의 용어 변천사와 정의 및 출현율과 하위 유형 분류와 동반 문제 등 진단과 치료에 기초가 되는 모든 내용을 포함하였다. 제2부에서는 말소리장애를 진단하는 데 필수적인 말소리 기초와 말소리 발달을 다룬다. 말소리의 기초와 말소리의 출현을 한 장에서 다루었다. 말소리 발달의 궁극적인 목표인 성인의 말소리 형태를 점검하는 차원에서 한국어 음성학 음운론의 가장 기본적인 내용만을 다루고, 말소리의 출현을 예측할 수 있는 차원에서 옹알이 단계의 발달에 대해서 자세하게 다루었다. 50개의 단어로 말할 수 있는 초기 발달부터 학령기에 이르기까지, 말소리 목록과 음소별 발달뿐 아니라 오류패턴의 발달과 음운인식과 음운처리의 발달까지 진단 과정에 계속 상기해야 하는 말소리 발달 관련 연구 결과를 담고 있다. 말소리의 발달 관련 지식은 진단뿐 아니라 치료 과정에도 치료 목표나 순서를 선택해야 하는 임상가들에게 매우 중요한 부분이다. 제3부는 진단과 평가를 주제로 하였다. 표준화 검사들뿐 아니라 자발화와 심화 검사들을 살펴보는 동시에 국내 말소리장애 연구에서 사용된 평가 지표들도 분석하였다. 제4부와 제5부는 말소리장애의 치료를 주제로 한다. 제4부에서는 치료의 기본 원리와 이미 검증된 치료법들 소개하였고, 제5부에서는 말소리장애의 하위 유형별 치료접근 혹은 동반 문제에 따른 치료접근을 다루었다.

필자들에게 끊임없이 영감을 주고 자극을 주는 학생들과 동료들에게, 그리고 책의 출판 과정을 도와준 학지사의 관계자분들에게도 감사한 마음을 전하고 싶다. 특별히 세 사람이 학자로 살 수 있게 응원하고 배려해 준 가족들에게도 고맙다는 인사를 전한다.

필자 일동

차례

○ 저자 서문 _ 3

제1부 말소리장애 개관

제1장 말소리장애 개관 · 15

1. 말소리장애 명칭의 역사와 출현율 / 15
2. 말소리장애의 분류 / 18
   1) 기질적 원인이 있는 말소리장애 _ 18
   2) 원인을 모르는 말소리장애 _ 37

제2장 동반 문제 · 61

1. 지능 / 62
2. 언어 / 63
3. 정서 · 심리적 특성 / 64
4. 유창성과 음성 / 65
5. 학업, 문해, 집행기능 / 65
6. 위험요인 / 66

제2부 말소리 발달

제3장 말소리 기초와 말소리의 출현 • 77

1. 한국어 말소리 기초 / 78
   1) 말소리 목록 _ 78
   2) 말소리의 결합 _ 85
2. 말소리의 출현 / 89
   1) 옹알이 시기: 초기 발성 발달 모형 _ 89
   2) 프레임-콘텐츠 가설 _ 96
   3) 옹알이와 낱말의 관계 _ 97

제4장 말소리의 발달 • 99

1. 첫 50 낱말기(12~24개월) / 99
2. 음소 습득기 / 103
   1) 말명료도 _ 103
   2) 음소목록 및 자음 습득 시기 _ 106
   3) 단어단위 음운지표 _ 107
   4) 자음정확도 _ 112
   5) 변이성 _ 113
3. 음소 발달기: 자음의 발달 / 115
   1) 자음별 발달 _ 117
   2) 오류패턴의 발달 _ 128

제5장 음운처리 기술 발달 • 135

1. 음운처리 기술 / 135
   1) 음운인식 _ 136
   2) 음운기억 _ 137
   3) 음운인출 _ 138
2. 음운처리 기술의 발달 과정 / 138
3. 음운처리 기술과 말소리장애의 관계 / 140
4. 말소리장애와 읽기장애의 관계 / 142

제3부

말소리장애의 진단 및 평가

제6장 표준화 검사도구를 이용한 진단평가 · 149

1. 조음기관 구조와 기능에 대한 진단 / 150
   1) 조음기관 구조 및 기능 평가 _ 150
   2) 말운동 기술 _ 157
   3) 조음기관 구조 이상과 말소리장애와의 관계 _ 158
2. 말소리 산출 능력 평가 / 159
   1) 우리말 조음음운 검사2 _ 159
   2) 아동용 발음평가 _ 162
   3) 한국 조음음운 프로파일 _ 164
3. 말소리 산출 능력 분석 / 166
   1) 말소리장애 진단 지표 _ 166
   2) 오류유형 분석 _ 173
   3) 오류패턴 분석 _ 174
   4) 비일관성 분석 _ 179
   5) 자극반응도 _ 180

제7장 자발화 평가와 심화 검사 · 185

1. 자발화 평가 / 185
   1) 자발화 평가의 의의 _ 185
   2) 자발화 평가의 절차 및 분석 _ 186
2. 심화 평가 / 191
   1) 언어 단위에 따른 수행 _ 192
   2) 음소 문맥에 따른 수행 _ 195
   3) 단어 여부에 따른 수행 _ 198
   4) 유도 방법에 따른 수행 _ 199

제8장 말처리 능력 평가 · 205

1. 말처리 모델 / 206
2. 말처리 프로파일 / 208
3. 말처리 모델과 말처리 프로파일을 이용한 진단평가 / 216
   1) 기본 원칙 _ 217
   2) 사례 _ 218

제4부 말소리장애의 치료

제9장 말소리장애의 치료원리 · 227

1. 치료의 필요성 / 227
   1) 발달의 적절성 _ 228
   2) 말소리 오류유형 및 심각도 _ 228
   3) 자극반응도 _ 229
   4) 아동과 가족의 가치 및 요구 _ 230
2. 치료의 운영 방식 / 230
   1) 치료의 기본 틀 _ 230
   2) 목표 접근 전략 _ 231
   3) 치료의 집중도: 효과적인 개입 강도 설계 _ 232
   4) 치료 스타일: 연령과 목표 단계에 따른 적용 _ 234
   5) 개별치료 vs. 집단치료: 치료 환경에 따른 전략적 선택 _ 235
3. 치료 목표 및 우선순위 설정 / 236
   1) 자극반응도 _ 236
   2) 문맥 분석 _ 237
   3) 발달적 적절성 _ 237
   4) 말소리장애의 원인 _ 238
   5) 말소리의 사용 빈도 및 개인적 · 가족적 요구 _ 238
4. 치료접근법의 결정과 적용 전략 / 239
   1) 치료접근법의 이론적 틀과 적용 방향 _ 239
   2) 치료 일반화 _ 240
5. 치료 종료 시점 / 242
   1) 유지 _ 242
   2) 종결 기준 _ 242

제10장 말운동 접근법 · 245

1. 기본원리: 운동학습원리 / 245
   1) 사전 연습 목표 _ 246
   2) 연습 원리 _ 246
   3) 피드백 원리 _ 247
2. 치료단계 / 248
   1) 듣기 훈련 _ 248
   2) 산출 훈련 _ 249
3. 전통적 치료법 / 250

4. 문맥 활용법 / 251
5. 말운동연쇄 치료법 / 251
6. 수정된 피드백 접근법 / 252
1) 전자구개도 _ 252
2) 초음파 피드백 _ 253

제11장 음운적 접근법 • 255

1. 음소대조를 통한 치료접근법 / 256
1) 기본 원리 _ 256
2) 치료 절차 _ 257
2. 상위음운접근법 / 260
1) 기본 원리 _ 260
2) 치료 절차 _ 261
3. 주기법 / 263
1) 기본 원리 _ 263
2) 치료 절차 _ 264

제12장 의사소통적 접근법 • 267

1. 전체언어중재법 / 268
1) 기본 원리 _ 268
2) 치료 단계 _ 269
3) 치료 전략 및 사례 운영 예시 _ 270
2. 자연스럽게 정확하게 다시 들려주기 중재법 / 271
1) 기본 원리 _ 271
2) 치료 기법 _ 272
3. 음운 강조를 포함한 강화된 환경중재법 / 272
1) 기본 원리 _ 272
2) 치료 기법 _ 273

제5부

말소리장애 유형별 중재

제13장 비일관적 음운장애 중재 · 277

1. 이론적 배경 / 277
2. 핵심어휘접근법 / 279
   1) 기본 원리 _ 279
   2) 치료 절차 _ 279
   3) 사례 연구 _ 281

제14장 아동기 말실행증 중재 · 287

1. 아동기 말실행증 평가 / 288
2. 아동기 말실행증 치료 / 291
   1) 기본 원리 _ 292
   2) 치료법 _ 295

제15장 구개열(연인두 기능부전) 아동 중재 · 307

1. 이론적 배경 / 307
2. 기본 원리 / 309
3. 발달 단계별 치료 목표 및 원리 / 311
   1) 초기 음운 발달기(36개월 이전) _ 311
   2) 후기 음운 발달기(36개월 이후) _ 312
4. 보상조음치료를 위한 핵심 지침 / 314
5. 보상조음 유형별 치료법 / 316
   1) 성문 파열음 _ 316
   2) 인두 또는 비음 마찰음 _ 317

제16장 읽기 고위험군 말소리장애 중재 · 321

1. **통합적 음운인식중재 프로그램** / 323
   1) 기본 원리 _ 323
   2) 치료 절차 _ 325
2. **메타음운중재 프로그램** / 328
   1) 기본 원리 _ 328
   2) 치료 절차 _ 329

제17장 원격치료 · 333

○ 참고문헌 _ 337

○ 찾아보기 _ 369

제1부

말소리장애 개관

제1장 말소리장애 개관
제2장 동반 문제

제 1 장

말소리장애 개관

1. 말소리장애 명칭의 역사와 출현율

의사소통장애 중 말소리장애는 다음의 세 가지 진단 기준을 충족하는 경우이다. 첫째로, 지속적으로 말소리 산출에 문제가 있어 말명료도가 떨어지고 구어로 하는 의사소통에 어려움을 보인다. 둘째로, 의사소통의 효율성이 떨어져서 학업, 직업 등 사회적 참여에 어려움을 겪는다. 셋째로, 언어습득 초기부터 증상이 시작되는 경우이다.

문헌에 언급된 언어치료학과 말소리장애의 정확한 기원을 알기는 어렵지만, 공식적인 학회나 대학의 출발을 찾아보면, 미국에서 그 기록을 찾아볼 수 있다. 미국 역사에서 공식적으로 학생들의 발음과 관련한 조사 기록은 1910년 이후 시카고 등 주 단위로 점차 확대되었다. 현재의 미국학회인 ASHA의 전신인 'American Academy of Speech Correction'이 1925년부터 공식적인 활동을 시작했다. 말소리장애와 관련된 교재로는 의사소통 전반에 대한 내용을 포함한 Van Riper(1939)의 『Speech Correction』에 전통적인 조음치료 방법이 소개되고, 1970년대 이후 법적 제도적 지원이 자리 잡았다. 그즈음인 1981년 Bernthal 등의 『조음장애』 교과서가 출판되었고, 이 책은 최근 2022년 『아동의 말소리장애』라는 제목으로 9판까지 출판되었다.

국내에서는 1986년 언어병리학회(현재 언어청각임상학회), 1990년 언어치료학회가 출발되었으며, 2003년 언어치료사를 위한 민간자격증에서 2011년 국가자격증 제도로 전환되면서 법적 제도가 본격적으로 자리 잡기 시작했다. 「장애인 복지법 시행령」(2012)에서 언어치료사의 자격검정시험에서 구체적인 교과목을 지정했는데, 말소리장애 관련 과목명은 '조음음운장애'이다.

발음의 문제라고 할 수 있는 말소리장애의 진단명은 약 100년 동안 다양하게 불려 왔다. 1920년대부터 1970년대까지 조음장애(articulation disorders)라고 했는데, 이는 말운동 차원을 강조한 것으로 지금까지도 사용되고 있다. 1980년대 이후에는 언어학적 음운론 측면을 강조하기 위한 음운장애(phonological disorders)라는 용어가 쓰이기 시작했다. 1990년대 이후에는 말운동 차원과 음운오류패턴 등 기저의 문제에 따라서 구분하려고 전문가들이 다양하게 노력해 보았으나, 결국 엄격한 구분에 한계가 있음을 인정하고 조음음운장애로 합하여 통칭하게 되었다. 그 이후 이분법적 구분보다 다양한 요인들을 기준으로 하위 유형을 분류하고자 하는 노력이 본격화되었다. 2000년대 이후에는 교재에 따라서 말장애(speech disorders), 말소리장애(speech sound disorders), 말소리체계장애(speech sound system disorders) 등의 명칭이 함께 사용되기 시작했다. 2010년대 이후 문헌들에서는 말소리장애가 보편적으로 사용되고 있기는 하지만, 국내에서는 법적으로 정해진 시험 과목명의 영향으로 교과서와 교과목 명칭에서 조음음운장애가 함께 사용되고 있다. 그러나 아직 젊은 학문인 말소리장애 분야는 어떠한 명칭으로 고정되기에는 어려움이 있으며, 미래에도 교과목명이나 진단명이 계속 변화해 갈 가능성이 있다. 언어치료 분야에서 종사하는 임상현장과 교육 전문가들은 전 세계적으로 출판되는 다양한 연구 성과물을 참고해야 하므로, 학문적 동향과 용어의 변화를 지속적으로 수용하는 동시에 다양성을 포괄할 수 있는 최적의 용어로 통일하여 함께 사용할 수 있도록 노력해 가야 할 것이다.

아동기 말소리장애의 출현율은 연구방법에 따른 결과에 차이가 크게 나타날 수 있다. 조사나 설문보다 신뢰로운 방법은 아동의 말 샘플을 전문가가 듣고 직접 평가하는 방식일 것이다. 1980년대 이후 영어사용권 국가에서 대규모 연구들을 통해 직접 평가 방식의 출현율 연구가 수행되었다. 2010년부터 기획 수행되어 온 아동패널 연구를 통해 국내에서도 직접 평가를 통한 출현율을 조사하였다. 6세인 아동패널 대상자 1,500명의 말소리 선별 검사 '문장 따라 말하기'를 녹음하고, 전문가들이 4점 척도로 말소리장애를 평정하도록 하였다. 1점은 일반 정상발달, 2점은 오류가 있지만 장애는 아닌 수준, 3점은 경계선급에서 경도 수준, 4점은 중등도 이상의 확실한 말소리장애가 있음을 의미하였다. 중등도 이상의 확실한 말소리장애가 있는 4점을 받은 아동의 비율은 2.5%, 경계선으로 말소리장애가 의심되어 3점을 받은 아동이 6.5%로 나타났다(김수진 등, 2017). 중등도 이상의 말소리장애 출현율을 성비에 따라 나누어서 살펴보면 남아는 전체의 2.8%인데 반해 여아는 1.7%로 남아가 여아의 약 1.6배였다. 국내외 대규모 표집 연구를 요약하면 〈표 1-1〉과 같다. 이러한 출현율 연구 결과는 다양한 정책의 입안 및 교육 제도 마련에 기초가 된다.

표 1-1 **대규모 직접 평가 방식의 말소리장애 출현율 연구**

출처	자료	국가	연령(세)	출현율	남아 비율	위험요인
Beitchman et al.(1986)	Ottawa-Carleton Study	Canada	5	11	1.6	×
Shriberg et al.(1999)	Epidemiology of Specific Language Impairment Project	USA	6	3.8	1.5	SES, 언어, 인지장애
Silva et al.(1984)	Dunedin Multidisciplinary Child Development Study	New Zealand	7	6.5	2.4	×
김수진 등(2017)	아동패널	한국	6	2.5	1.6	성, 형제 순서

여아에 비하여 남아의 출현율이 높은 것이 모든 연구에서 공통적으로 관찰된다. 말소리장애의 출현율 연구들은 위험률을 상승시키는 중요한 요인들로 사회경제적 지위 그리고 인종, 문화적 배경 등의 영향력을 분석하였는데, 이러한 요인들은 출현율의 범위에 분명하게 영향을 미치는 것으로 나타났다(김수진 등, 2017; Shriberg et al., 1999).

말소리장애의 출현율이 높다면 언어치료실을 찾는 의사소통장애인 중 비율은 어떠한가. 학령기 직전인 6세 아동 중 경도 이상의 아동이 9%라면 말소리장애의 출현율은 매우 높은 편이다. 그러나 이 비율은 연령이 높아지면서 낮아지고 성인기에 이르면 1% 내외 정도가 여전히 말소리장애로 남는다. 중등도 이상의 말소리장애 출현율은 연령이 증가할수록 그 비율이 줄어드는 경향이 있다. 언어치료실을 찾은 전체 의사소통장애 아동 특성을 알아보기 위해 실시한 국내 조사연구에서도 대상 아동 7,500명 가운데 말소리장애가 있는 경우는 44%로 나타날 만큼, 말소리장애는 의사소통장애 안에서 큰 비중을 차지한다(김수진 등, 2015). 언어치료실을 찾는 말소리장애 대상자의 성비를 살펴보면 남아가 여아에 비해 2.1배가 더 많은 것으로 나타났다.

대부분의 영어 사용권 연구에서는 6세 이후 학령기 초기까지는 성별에 따른 말소리 발달과 말소리장애 출현율의 차이가 유의미한 것으로 나타났다(Shriberg et al., 1999). 앞에서 언급했던 한국 아동의 경우에도 대규모 표집을 통해 살펴본 출현율 연구 결과에서는 만 6세 아동의 성별에 따른 말소리 산출 능력과 말소리장애 출현율의 차이가 유의미한 것으로 나타났다(김수진 등, 2017). 이는 남녀 아동이 말소리 발달에 있어서 차이를 보이는 것이 언어 특정적이기보다는 언어 보편적인 특성임을 시사하는 것이다. 그러나 흥미로운 점은 성별에 따라서 보이던 차이가 학령기 이후에는 사라진다는 점이다(Kenny & Prather, 1986; Smit et al., 1990).

기질적 말소리장애의 출현율도 따로 살펴볼 필요가 있다. 비교적 정확한 출현율이 조사된 것은 구개열이다. 전 세계적으로 구개열은 1,000명에서 1,500명당 1명으로 추산된다(ASHA, World Health Organization [WHO], 2022). 다시 말해서 0.1~0.15%이다. 아동기 말실행증도 1,000명당 1~2명으로 추산되고 있으며(0.1~0.2%; Shriberg et al., 1997). 특히 말실행증은 남아의 비율이 여아에 비해 두세 배 높은 것으로 알려져 있다. 구개열의 출현율은 태어나는 즉시 확인할 수 있으므로 출현율을 정확하게 알 수 있는 것에 비해, 말실행증은 진단 기준이나 방법 등에 있어서 편차가 큰 편으로 정확하다고 하기에는 어려움이 있다. 국내에서도 아직은 말실행증은 진단평가 도구가 제대로 개발·보급되지 않은 상태로, 대규모로 출현율이 조사된 바 없다.

2. 말소리장애의 분류

말소리장애는 크게 두 가지로 분류할 수 있다. 첫째로 분명한 기질적 원인이 있는 경우와 둘째로 원인을 모르는 말소리장애로 나눌 수 있다. 이 절에서는 먼저 기질적 원인이 있는 말소리장애의 유형들을 살펴보고 다음으로 원인을 모르는 말소리장애의 유형들을 살펴보고자 한다.

1) 기질적 원인이 있는 말소리장애

(1) 조음기관의 구조적 이상

조음기관의 구조적 이상(anomaly)은 말소리장애의 주요 원인 중 하나이다. 입술, 치아, 혀, 경구개, 연구개, 인두와 편도에 구조적 이상이 있을 경우, 조음 및 공명에 영향을 미쳐 말소리장애로 이어질 수 있다. 조음기관 구조별로 말소리장애를 유발할 수 있는 해부학적 · 생리적 특징과 조음기능에 미치는 영향을 중심으로 살펴보고자 한다.

① 입술

구순열(cleft lip)은 입술 주변의 구륜근이 분리되어 태어나는 선천적 기형으로, 단독으로 나타날 수도 있고 구개열(cleft palate)과 함께 나타날 수도 있다. 구순열만 있는 경우, 생후 3개월에 입술 교정수술을 받으면 입술의 움직임이나 기능이 손상되지 않아 말 발달에 부정적인 영향을 거의 끼치지 않는다. 구순열만 있는 아동 중 13%만이 이후에 말소리장애를 보인다고 보고되었는데(Vallino et al., 2008), 이는 학령전기 아동의 말소리장애 출현율과 비슷한 수치이다(Bernthal et al., 2022). 이러한 결과는 구순열이 말소리장애 발생률을 증가시키지 않음을 시사하며, 구순열을 가진 아동도 구순열과 무관하게 다른 다양한 원인에 의해 말소리장애를 보일 수 있음을 의미한다.

② 치아 및 교합 상태

치열과 교합 상태도 말소리장애의 원인이 될 수 있다. 일반 아동도 6~7세에 유치가 빠지면서 치간음화나 구개음화와 같은 치경마찰음의 왜곡을 보이는 경우가 종종 있다(Bernthal et al., 2022).

상악과 하악의 교합 상태는 [그림 1-1]과 같이 첫 번째 어금니의 상대적인 위치를 기준으로 평가한다. 정상 교합(normal occlusion)은 상악의 첫 번째 어금니가 하악의 첫 번째 어금니보다 약 1/2 치아 폭만큼 뒤쪽에 위치하고, 모든 치아가 고르게 배열되어 있으며 기능적으로도 문제가 없는 상태를 의미한다. 반면, 제1형 부정교합(Class I malocclusion)은 첫 번째 어금니의 위치 관계는 정상 교합과 같지만, 앞니나 다른 치아가 겹쳐 나 있거나 틀어져 있는 등 배열에 문제가 있는 상태를 말한다. 즉, 첫 번째 어금니의 위치는 정상이더라도 전체 치열 상태에 따라 부정교합에 해당할 수 있다. 제2형 부정교합(Class II malocclusion)은 상악의 첫 번째 어금니가 하악의 첫 번째 어금니보다 1/2 치아 이상 앞쪽에 위치한 상태이며, 제3형 부정교합(Class III malocclusion)은 상악의 첫 번째 어금니가 하악의 첫 번째 어금니보다 1/2 치아 이상 뒤쪽에 위치한 상태이다. 제2형 부정교합의 경우 종종 앞니가 심하게 앞으로 돌출된 상치돌출(overjet)을 동반하기도 한다. 반면에 제3형 부정교합은 상악의 앞니가 하악의 앞니 뒤에 위치한 하치돌출(underjet)을 동반한다. 부정교합은 심각도에 따라서 조음위치 상의 대치나 왜곡을 일으킨다. 특히 구개열 아동은

9~12개월에 시행되는 구개열 수술 후에 상악의 발달이 영향을 받아 제3형 부정교합을 보이는 경우가 빈번하다. 측면에서 상악과 하악의 위치가 1cm 이상 차이가 날 경우에는 필연적 오류(obligatory errors)로서 조음위치 상의 오류를 보인다. 특히 연구개음과 치경음이 경구개에서 산출되는 중설 구개음화(mid-dorsum Palatal stop)를 빈번하게 보인다.

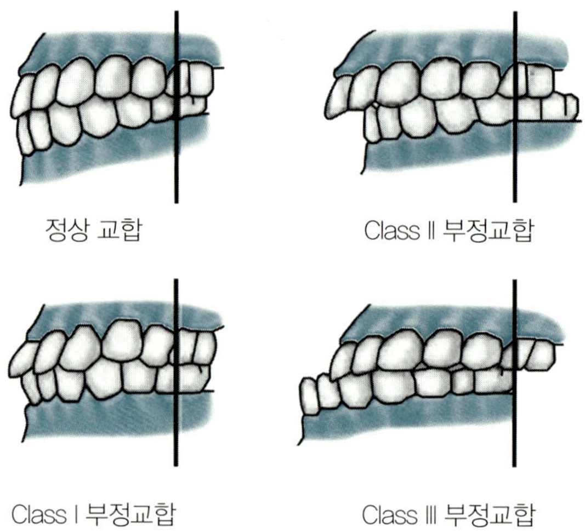

[그림 1-1] 부정교합 상태

③ 혀

혀는 조음기관의 핵심 구조로, 크게 앞쪽부터 혀끝(tip), 혓날(blade), 혓등(dorsum), 혀뿌리(root)로 나눌 수 있다([그림 1-2] 참조). 특히 혀끝, 혓날, 혓등의 정교한 움직임은 자음과 모음 산출에 직접적인 영향을 미친다. 모음은 혀의 높이와 구강 내 좁아지는 지점에 따라 다양하게 산출되며, 자음은 혀끝에서 혓등까지의 움직임에 따라 치경음, 경구개음, 연구개음 등이 조음된다. 혀는 선천적 또는 후천적인 질환으로 인해 구조적인 이상이 발생할 수 있으며, 이는 다양한 정도의 말소리 산출 어려움으로 이어질 수 있다.

혀의 구조적 문제로 인한 말소리장애 중 임상현장에서 평가에 가장 흔하게 의뢰되는 평가되는 것은 설소대 단축증(ankyloglossia)이다. 설소대 단축증 또는 혀 유착증(tongue tie)은 혀 밑 설소대가 비정상적으로 짧은 선천성 질환이다. 설소대 단축증의 임상적인 진단 기준이 명확하지 않아, 발생률은 0.1%에서 10.7%로 다양하게 보고되고 있다(Suter & Bornstein, 2009). 설소대 단축증이 심한 경우, 혀의 운동성이 제한되어 빨기와 삼키기에 어려움을 초래할 수 있으며, 이로 인해 영아기에 설소대 절제술(frenectomy)을 시행하기도 한다(Francis et al., 2015). 또한 설소대 단축증은 혀의 운동 범위를 감소시켜 말소리

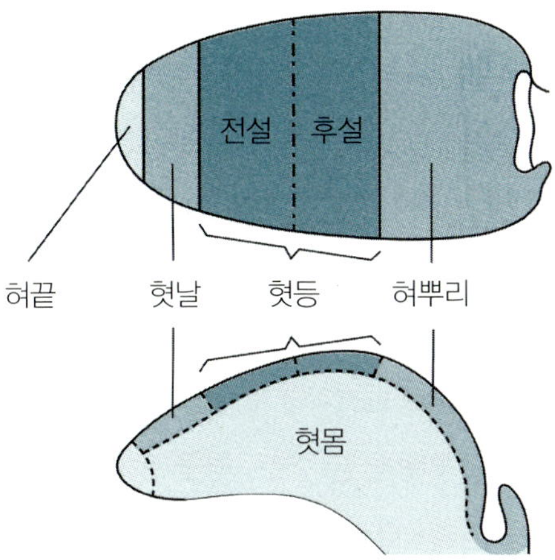

[그림 1-2] **혀의 단면**

장애의 직접적인 원인이 될 수 있다. 그러나 설소대 단축증의 임상적 진단 기준이 모호하고, 말 산출에 영향을 끼치는 정도와 증상이 다양하기 때문에(이형주 등, 2010; Messner & Lalakea, 2002), 정확한 진단을 내리고 외과적 수술 중재 여부를 결정하는 일은 쉽지 않다. 언어치료사는 설소대 단축증의 구조적 증상보다는 혀의 기능과 조음정확도, 특히 치경음의 정확도를 바탕으로 임상적 중재 방향을 결정해야 한다.

혀의 비정상적인 크기로 인해 말소리장애가 발생할 수도 있다. 설비대증(macroglossia)은 혀가 비정상적으로 큰 상태를 의미하며, 주로 염색체 이상으로 인한 증후군의 한 증상으로 발생한다. 다운증후군과 베크위드-비데만 증후군(Beckwith-Wiedemann syndrome)이 설비대증을 보이는 대표적인 증후군이다. 혀의 크기가 커서 평상시에 입을 벌리는 상태를 보이며, 심한 경우에는 입 밖으로 혀가 돌출되어 구강 호흡, 씹기, 삼키기, 말하기 상의 문제를 일으켜 수술로 혀의 일부를 절제해야 한다. 반면에 설소하증(hypoglossia)은 혀의 크기가 작은 상태로 증후군의 하나의 증상으로 매우 드물게 발생하며, 씹기, 삼키기, 말하기 상의 문제를 일으킬 수 있다(Yasuda et al., 2003).

혀에 악성 종양이 생긴 설암(tongue cancer)은 구강암의 일종으로, 혀의 앞쪽 2/3에 발생하는 구강 설암과 혀의 뒤쪽 1/3에 발생하는 인두 설암이 있다. 과거에 비해 최근에 설암을 포함한 구강암의 발생률이 가파르게 증가하는 추세이다(Suh & Cho, 2016). 설암은 종양 제거 수술 이후에 신체의 일부 부위를 채취하여 혀의 손실된 부위에 이식하는 재건수술을 시행한다. 또한 혀 절제술로 인해 혀의 구개 접촉이 어려운 환자에게 구개증대 보철물(Palatal Augmentation Prosthesis)을 사용하여 구개면을 낮게 위치시킴으로써 조음이나 연하에 도움을 주는 방법으로 중재하기도 한다(이현경 등, 2023, Marunick & Tselios, 2004). 일반적으로 성형외과나 이비인후과 소속 언어치료사가 종양 제거 후에 보철장비를 이용하거나, 재건된 혀를 이용하여 말명료도를 높이는 재활 치료를 제공한다.

④ 경구개, 연구개 및 인두

경구개의 구조적인 문제가 말소리장애를 일으킬 수 있다. 경구개를 이루는 상악골의 구개돌기(palatine process of the maxilla)와 구개골(palatine bone)의 너비가 좁고, 이 구조들이 비강 쪽으로 깊이 오목하게 형성될 경우, 경구개 높이가 비정상적으로 높아질 수 있다([그림 1-3] 참조). 이때 비강의 바닥 역시 함께 위로 들어가게 되어, 구개가 과도하게 아치형으로 보일 수 있다. 이러한 비정상적으로 높고 좁은 경구개는 취약 X 증후군(Fragile X syndrome)과 같은 염색체 이상 관련 증후군에서 나타날 수 있는 신체적 특징 중 하나로 보고되기도 한다. 경구개의 이러한 해부학적 구조는 기능적인 문제로 이어질 수 있다. 높은 경구개의 높이로 인해 혀의 구개 접촉이 어려워지면서 경구개음과 연구개음의 정확도가 떨어질 수 있다. 이러한 구조적 문제로 인해 필연적 오류를 보일 경우에는 구개증대보철물을 사용하여 혀의 구개 접촉을 보완하거나 교정을 통해 경구개 구조를 개선시키는 방법을 모색해야 한다.

구개열은 경구개와 연구개 부위의 선천적 구조적 결함을 보이는 경우로, 연구개 끝 목젖 부위만 갈라져서 태어나는 점막하 구개열에서부터 치경을 포함한 입천장 전체가 갈라진 완전 구개열(complete cleft palate)까지 결함 정도가 다양하다. 일반적으로 9~12개월에 1차 구개열 수술로 정상적인 구조를 회복하기도 하지만 약 17% 아동은 지속적으로 연인두 형성부전(velopharyngeal insufficiency)를 보여 2차 구개열 수술을 필요로 한다

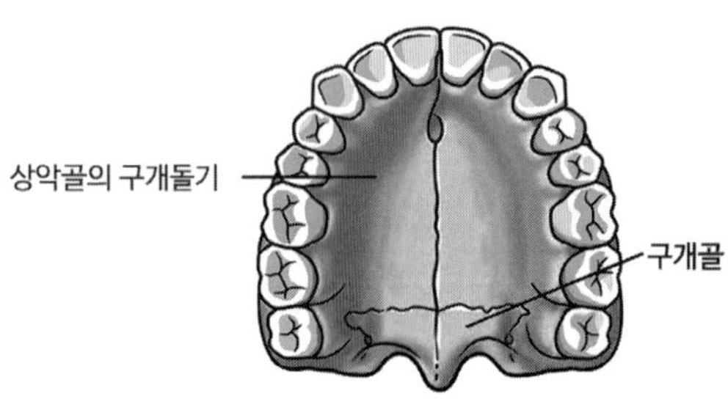

정상적인 경구개 구조

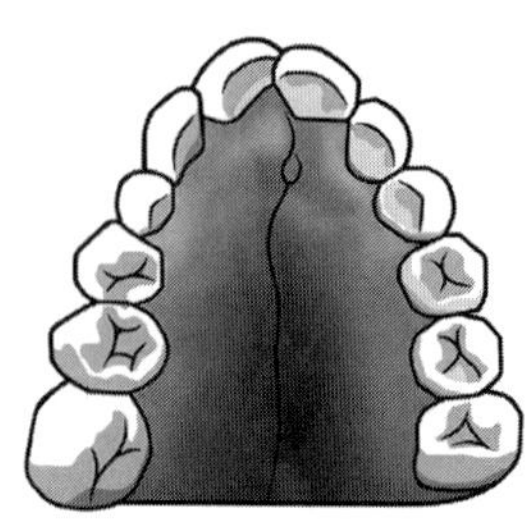

비정상적인 경구개 구조:
너비가 좁고 비강쪽으로 움푹 들어감

[그림 1-3] **경구개 구조적 문제**

(하승희 등, 2014). 또한 일부 아동은 1차 구개열 수술로 회복된 구조를 기능적으로 잘 사용하지 못하는 연인두기능부전(velopharyngeal incompetency)이나 잘못된 말 행동 패턴을 발달시키는 연인두 학습오류(velopharyngeal mislearning)로 인해 말 문제를 보이기도 한다. 구개열 유형 중 점막하 구개열은 신체적 증상이 뚜렷하지 않아 말발달 지연이나 이상으로 언어평가가 의뢰되어 처음 발견되기도 한다. 점막하 구개열의 고전적인 신체적 증후(sign)는 세 가지로 요약할 수 있다. 첫째는 목젖이 두 갈래로 갈라져 있는 경우(bifid uvula)이다. 둘째는 연구개 중앙에 푸르스름한 반투명한 선이 보이는 경우(zona pellucida)로, 이는 점막 아래 구개올림근과 같은 근육이 제대로 연결되어 있지 않다는 증후이다. 셋째는 경구개 뒤쪽에 V 자 모양의 움푹 들어간 홈이 만져지는 경우인데, 이는 점막 밑에 파열이 경구개 부위까지 이어져 있음을 의미한다. 이러한 세 가지 신체적 징후가 모두 관찰되는 경우도 있으나, 일부 징후만 명확하게 나타나거나 육안으로는 확인이 어려운 사례도 적지 않다. 따라서 진단 시에는 비인두내시경을 활용하여 비강 내 표면과 연구개 움직임을 직접 관찰하거나, 과다비성(hypernasality), 보상조음(compensatory articulation) 등 구개열 아동에게서 흔히 나타나는 말 특성을 종합적으로 고려해야 하는 경우도 많다.

구개열 아동이 빈번하게 보이는 말 문제는 크게 필연적 오류와 보상적 오류로 구분할 수 있다. 필연적 오류는 연인두 형성부전, 부정교합, 누공(fistula, 수술 후 경구개 또는 연구개에 생긴 구멍)으로 인해 발생하며 구강자음의 비음화 및 약화, 비누출(nasal emission), 구강 내 조음 움직임은 있으나 기류가 비강으로 모두 빠져나가면서 조음되는 비강 마찰음이 포함된다. 필연적 오류는 반드시 수술이나 교정으로 구조적 문제를 해결해야 한다. 보상적 오류는 정상 범위인 구조를 적절하게 사용하지 못하거나, 말 습득 과정에서 잘못된 말 행동 패턴을 발달시키는 경우이다. 구개열 아동이 가장 빈번하게 보이는 보상적 오류로는 말 산출하는 동안 기류를 조절하는 연인두 밸브 대신에 성대를 순간적으로 부딪쳐서 발음하는 성문파열음과 혀뿌리를 인두에 대고 발음하는 인두파열음/마찰음이 있다. 그 외에도 후비강 마찰음, 중설 구개음화(mid-dorsum Palatal stop), 연구개음화와 같은 오류도 빈번하게 관찰된다. 보상적 오류는 정확한 조음위치와 기류 사용을 강조하는 언어치료를 통해서 소거할 수 있다.

⑤ 편도

편도는 림프 조직이 모인 것으로 조음기관 내에는 구개 편도와 인두 편도가 있다. 먼저 구개 편도는 구강 내 아치 모양의 전협구궁(anterior facial pillars)과 후협구궁(posteior facial pillars) 사이에 양쪽으로 위치해서 구강 검사를 통해서 관찰 가능하다. 구개 편도가 구인두 너비(oropharyngeal width)에서 차지하는 정도에 따라 구개 편도 크기를 0에서부터 4등급으로 [그림 1-4]와 같이 평가할 수 있다(Lv et al., 2023). 구개 편도가 구인두 너비의 75% 이상을 차지하는 구개편도비대증은 말을 하는 동안 구강으로 향하는 기류가 구개 편도에 막혀 밖으로 나오지 못해 말명료도가 떨어진다. 또한 비대한 구개편도가 연인두 폐쇄를 방해하여 과다비성이 지각되기도 한다(Abdel-Aziz et al., 2019; Mora et al., 2007). [그림 1-4]의 4등급 구개편도비대(tonsil hypertropy)는 일반적으로 공명 및 말소리장애와 함께 수면장애의 원인이 되기 때문에 일반적으로 아동기에 편도 절제술을 권고한다. 송윤경(2016)은 편도 절제술 전후의 구개편도비대 아동의 말운동기능과 조음음운 특성을 살펴보았다. 구개편도비대 아동은 일반 아동보다 느린 길항반복운동속도와 낮은 자음정확도를 보였으며, 오류패턴이 더 빈번하게 나타났다. 구개편도절제술 전과 6주 후에 아동의 자음정확도와 오류패턴을 비교한 결과 유의한 변화가 없었다. 선행연구는 구개편도비대가 말 산출에 부정적인 영향을 미칠 수 있으며, 수술 후 말소리 특성 변화를 장기적으로 살펴보면서 적절한 언어치료를 제공해야 할 필요성을 시사하고 있다.

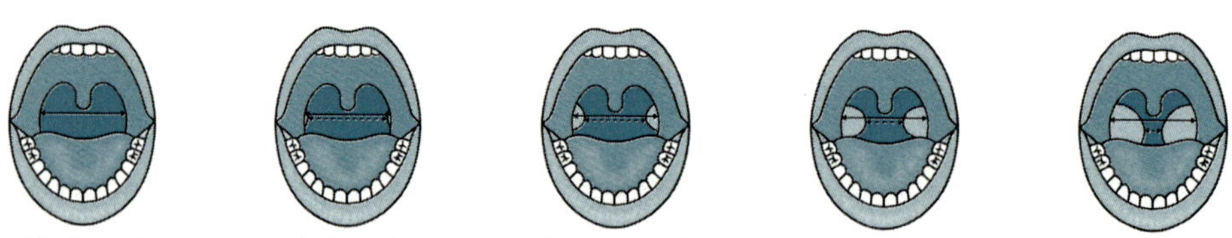

[그림 1-4] **구개 편도 크기 등급**

인두 편도는 아데노이드로 일반적으로 불리고, 연구개 뒤 인두벽에 위치해 있어 구강 쪽에서는 관찰이 어렵다. 인두 편도가 지나치게 큰 상태인 아데노이드 비대증은 비강의 통로를 막아서 입으로 호흡을 하게 되고, 코골이 또는 수면무호흡증을 유발시킨다. 말 측면에서는 비음(nasal consonant)을 산출할 때 비강 공명이 충분하지 않은 과소비성(hyponasality)을 보인다. 아데노이드 비대증이 심할 경우 무비성(denasality)과 같은 공명 문제와 함께, 비음이 동일한 위치의 구강자음(예, [ㅁ]→[ㅂ])으로 대치되면서 말명료도가 떨어진다. 아데노이드 비대증은 일반적으로 아동기에 아데노이드 절제술로 중재하고, 언어치료와 같은 부가적인 치료 서비스는 필요로 하지 않는다. 그러나 구개열 또는 후인두벽이 깊게 위치한 상태(deep pharynx)와 같이 연인두 기관의 잠재적인 구조 문제를 보이는 경우 아데노이드 절제술 후에 연인두 형성부전의 문제가 드러나면서 과다비성을 보일 수 있으므로 이에 대한 모니터링이 필요하다.

⑥ 조음기관의 구조적 문제로 인한 말소리장애 관련 임상적 의사결정

구조적 문제가 말소리장애의 근본적인 원인일 경우, 언어치료만으로는 말소리 산출 문제를 해결할 수 없으므로, 평가 결과를 토대로 교정이나 수술적 접근법을 먼저 고려해야 한다. 기질적 원인에 의한 말소리장애는 필연적 오류를 일으키기 때문에 말 행동이나 음운규칙 및 체계를 변화시키는 언어치료만으로는 효과를 보기 어렵다. 따라서 언어치료사는 아동이 보이는 말 문제의 원인이 조음기관의 구조적 문제로 인한 것인지 심화 언어평가를 통해 파악해야 한다.

또한 조음기관의 구조와 기능, 말 산출의 관계는 간단한 상관관계로 설명되지 않는다. 조음기관의 구조가 비정상적일지라도, 그 움직임이 정상 범위에 있고 말 산출상의 문제가 없는 아동도 있다. 반대로, 조음기관의 구조는 정상 범위이나 조음기관의 움직임과 협응성 등의 기능이 떨어져 말 문제를 보이는 아동도 있다. 따라서 언어치료사는 조음기관의 구조적 문제를 확인한 후 말 산출에 미치는 부정적 영향을 판단하고, 심화 평가 결과를 바탕으로 임상적 의사결정을 내려야 한다. 또한 수술을 통해 조음기관의 구조적 문제가 해결되더라도 반드시 조음기관의 기능이 향상되고, 말 문제가 자연스럽게 사라지는 것은 아니다. 수술 후에는 재평가를 통해서 아동이 회복되거나 재건된 구조를 이용해 정확한 말 산출을 할 수 있는지 확인하고, 필요하다면 언어치료를 통해 말 산출 기관을 기능적으로 잘 사용하여 정확한 말을 할 수 있도록 촉진해야 한다.

(2) 청각장애

청각장애 아동은 말소리 인식에 어려움을 겪어 말소리 문제를 자주 보인다. 말소리는 500Hz에서 4,000Hz 사이의 주파수 대역에서 발생하는데, 이 범위 내의 소리를 제대로 듣지 못하면 말소리의 명료도와 정확성이 떨어진다. 말소리를 습득하고, 명료하고 자연스러운 말을 구사하기 위해서는 일정 수준의 청력이 필요하다. 최근에는 신생아 청력선별 검사를 통해 청각장애가 조기에 확인되어 인공와우와 보청기 착용이 빠르게 이루어져, 과거에 비해 말 산출 능력이 양호한 청각장애 아동이 증가하였다. 청각장애 아동의 말 지각과 산출 능력은 청력 손실 정도와 시기, 청능 재활 시기, 청력 민감도, 인지, 재활에 대한 동기, 언어 환경 다양한 변인에 영향을 받는다. 예를 들어, 선천적으로 고도 난청을 가진 사람은 자음과 모음에서 생략, 대치, 왜곡, 첨가 오류를 보이며, 느린 발화 속도, 잦은 쉼, 비정상적인 억양 패턴을 보이면서 약 20% 정도의 말만 이해할 수 있다(Gold, 1980). 또한 비정상적으로 높거나 낮은 음도와 부자연스러운 억양 패턴을 사용하며, 과다비성이나 과소비성을 보이기도 한다. 반면에 경도 수준의 청력 손실을 가진 아동은 초분절적인 부분에 있어서는 이상이 없으며, 치경마찰음과 같은 일부 말소리에서만 왜곡을 보이기도 한다.

한편, 윤미선 등(2005)은 인공와우 이식을 받은 선천성 청각장애 아동의 말명료도에 영향을 주는 요인을 살펴보았다. 연구 결과, 인공와우 이식 후 말명료도는 이식 시기의 연령과 이식 당시의 언어 능력에 영향을 받는 것으로 나타났다. 와우이식을 받은 심도 청각장애 아동의 말명료도는 이식 나이가 어릴수록, 그리고 이식 시 언어 수준이 높을수록 좋았다. 연구자는 말명료도를 높이기 위해서는 와우이식을 조기에 시행하는 것이 중요하며, 이식 시 나이가 많더라도 언어 능력을 갖춘 아동은 어느 정도의 말명료도를 기대할 수 있음을 제안하였다.

청각장애는 청력 손실 및 재활과 관련된 다양한 요인에 의해서 개인마다 다양한 말 특성을 보이기는 하지만, 종성생략, 자음조화, 연구개음의 전방화, 파열음화, 유음의 단순화와 같은 발달적 오류패턴과 함께 초성 생략, 성문음화, 후방화, 모음 오류와 같은 비발달적 오류패턴을 보일 수 있다(Bernthal et al., 2022).

① 중이염

청각 기관의 중이 공간에 액체가 축적된 상태인 삼출성 중이염은 소리의 전달이 안 되어 경도에서 중등도의 청력 손실을 일으킬 수 있다. 중이염이 아동의 말 발달에 끼치는 영향 정도에 대해서는 연구마다 상이한 결과를 보이지만(Shriberg et al., 2000), 말 발달이 활발하게 이루어지는 5세 이전에 중이염을 반복적으로 보인 경우, 일관되지 않고 왜곡된 청각 입력(auditory input)으로 인해 말소리 발달 지연을 보일 가능성이 높다. 특히 구개열 아동은 유스타키오관을 여는 구개긴장근의 구조나 기능 상의 문제로 반복적인 삼출성 중이염을 보이는 경우가 많다. 1차 구개열 수술 시 고막에 튜브를 삽입하면서 중이염을 관리하지만, 튜브가 쉽게 빠져서 말 발달의 중요한 시기에 중이염을 빈번하게 보여 부정적인 영향을 끼치는 경우가 많다. 따라서 학령전기에 반복적인 중이염이 말소리장애의 잠재적 원인이나 유지 요인이 되지 않도록 관리하는 것이 중요하다.

(3) 염색체 이상(증후군)

염색체 이상과 같은 유전 질환으로 인해 발생하며, 말소리장애를 주요 증상으로 보이는 대표적인 증후군에 대해 소개하고자 한다.

① 다운증후군

21번 염색체가 정상보다 하나 많아서 21번 삼염색체성이라고도 불리는 다운증후군은 700명 중의 1명꼴로 태어나고, 신체, 인지 발달 상의 지연을 보인다(Berthal et al., 2022). 대부분의 다운증후군 아동이 말소리장애를 보이는데, 인지 발달 상의 지연과 함께 조음기관의 구조와 기능상의 문제로 인해 말명료도가 떨어진다. 일반적으로 구강 크기가 상대적으로 작은 것에 비해 혀는 크고 두껍다. 또한 말 산출에 부정적인 영향을 주는 중이염을 빈번하게 보이고, 조음기관에 위치한 근육의 톤이 떨어지는 근긴장성 저하(hypotonia)도 보인다. 다운증후군 아동은 발달적 오류패턴과 함께 비발달적 오류패턴을 보인다(Kent & Vorperian, 2013). 4세에서 40세 사이의 다운증후군 아동과 성인의 말명료도를 조사하여 모음의 발달 패턴을 분석한 Wild 등(2018)의 연구에서는 다운증후군 아동의 말명료도가 연령이 증가함에 따라, 특히 4세에서 16세 사이에 향상되었으며, 모음의 발달 차이가 말명료도에 영향을 미치는 것으로 나타났다. 한편, 국내 연구로 강은혜, 심현섭(2017)은 평균 9세 7개월인 다운증후군 아동과 수용언어 연령을 일치시킨 일반 아동의 자음정확도, 말명료도, 구강운동기능을 비교하였다. 연구 결과 IQ를 통제했을 때 구강운동기능 점수와 조음교대운동속도(DDK)에 집단 간 유의미한 차이가 없었다. 또한 다운증후군의 구강운동기능은 자음정확도와 말명료도 간에 유의미한 상관관계를 보였다.

② 취약 X 증후군

취약 X 증후군(fragile X syndrome)은 X 염색체 이상으로 뇌 성장에 필요한 단백질 생성에 문제가 생기는 희귀 질환으로 4,000명 중 1명꼴로 발생한다(Garber et al., 2008). 다양한 신체적 · 신경학적 특징을 보이고, 인지와 말-언어장애를 빈번하게 보인다(Bernthal et al., 2022). 특히 말소리 습득이 지연되고 말명료도 상의 문제를 빈번하게 보인다. 취약 X 증후군은 반복적인 중이염, 구개열, 설비대증, 높은 입천장 등의 말 산출에 부정적인 영향을 끼치는 특징을 빈번하게 보이기 때문에 말소리장애를 보이는 대표적인 증후군이다. 2000년대 이후로 영어권 국가에서는 말-언어장애 관련해서 취약 X 증후군에 대한 보고와 연구가 활발하게 진행되고 있으나(e.g., Barnes et al., 2009; Roberts et al., 2003, 2007; Schmitt et al., 2020), 국내에서는 아직 임상현장에서 진단과 확인 과정이 미흡하여 취약 X 증후군의 말-언어문제에 대한 보고가 거의 이루어지지 않고 있다.

③ 구개심장안면 증후군

구개심장안면 증후군(velocardiofacial syndrome)은 약어로 VCFS라고 불리며, 22q11.2 염색체 결손에 의해 발생하므로 22q11.2 미세결손 증후군으로도 불리는데, 구개열과 관련된 가장 흔한 증후군이다. 이 증후군의 발생 빈도는 2,000명에서 3,000명의 신생아 중 1명꼴로 나타난다. 주요 특징으로는 연인두 형성 및 기능부전, 심장 이상, 넓은 콧등, 둥글고 볼록한 코끝, 많은 머리숱, 가는 손가락 등의 뚜렷한 얼굴과 신체적 특성이 있다. 특히 구개열 또는 점막하 구개열, 연인두 근긴장성 저하 등으로 인해 말소리장애와 과다비성을 보인다. 또한 뇌 용적(백질 및 회백질) 감소, 소뇌 형성저하, 커진 뇌량과 같은 신경학적 문제를 보여, 이로 인해 단순 구개열 아동보다 심각도가 높은 말소리장애를 보인다. VCFS 증후군 아동은 신경학적 문제로 인해 대근육 및 소근육, 인지, 언어, 정서 면에서 발달지연 또는 이상을 보인다(Everaert et al., 2023). 따라서 VCFS 증후군은 생애 전반에 걸쳐 말-언어, 학습, 정서, 심리 등 다양한 영역에서 포괄적 중재가 필수적이다. 구개열 교정술 이후에도 연인두 근긴장성으로 인해 말 문제가 지속적으로 나타나는 경우가 많기 때문에 현실적인 말-언어 치료 목표 설정과 다학제적 접근이 중요하다(Solot et al., 2019).

(4) 신경운동장애

신경운동장애(neuromotor disorder) 또는 말운동장애(motor speech disorder)는 신경계 손상으로 인해 말운동의 계획, 조직, 명령, 실행, 조절 등에 결함이 생긴 다양한 말장애를 총칭하는 용어이다(Brookshire & McNeil, 2015). 신경운동장애에는 마비말장애(dysarthria)와 말실행증(apraxia of speech)이 있는데, 전자는 운동 명령 이후 이를 조절하고 실행하기까지의 과정이, 후자는 운동 명령 이전 말 산출을 위한 전체 운동을 계획하고 프로그래밍하는 과정이 손상된 것이다. 두 장애 모두 뇌졸중, 외상뇌손상, 퇴행성 뇌질환과 같은 성인 뇌손상 환자에서 주로 다루어지고 있으나, 아동의 경우도 선천적으로 혹은 어린 나이에 발생한 신경계 손상으로 인해 마비말장애나 말실행증이 생길 수 있다.

마비말장애 또는 말실행증 증상을 보임에도 명백한 신경운동 손상의 증거가 보고되지 않은 경우도 있다. 이들은 '원인을 모르는 말소리장애'에 속하지만, 이때에도 증상에 중점을 두어 '마비말장애'와 '말실행증'이라 명명할 수 있다. 최근에는 이들에 대해서도 아직 원인이 명백하게 밝혀지지 않았을 뿐, 운동기능을 저하시킨 잠재적인 신경학적 원인이 존재한다고 추정하는 경향이 있다(Shriberg et al., 2010). '발달성(developmental)' 또는 '아동기(childhood)'라는 용어를 붙여 발달성마비말장애 또는 아동기 마비말장애, 발달성말실행증 또는 아동기 말실행증으로 명명한 문헌들을 찾아볼 수 있는데, 성인과 구분하여 아동이 보이는 신경운동장애에 대해 혹은 기질적 원인이 명백한 경우와 구분하여 원인을 모르는 경우에 대해 이 용어들을 사용하고 있다. 이 책에서는 기질적 원인이 있는 신경운동장애에 대해서는 '마비말장애'와 '말실행증'으로, 원인을 모르는 말운동장애에 대해서는, '아동기 마비말장애'(Shriberg et al., 2010)와 '아동기 말실행증'(ASHA, 2007; Shriberg et al., 2010)으로 명명하였다.

① 마비말장애

마비말장애란 운동신경계 손상으로 인해 말운동기능에 결함이 생기고 그 결과 말 산출을 위한 호흡, 음성, 조음, 공명, 운율 영역에 문제가 생기는 장애이다. 운동 명령을 거쳐 성대, 입술, 혀, 연구개 등 각 조음기관의 근육들에 해당 명령이 도달하여 실행되기까지의 과정은 중추신경계와 말초신경계가 모두 관여하기 때문에, 이 중 어떤 신경이 손상되어도 마비말장애는 발생할 수 있다. 단, 손상된 신경경로 또는 뇌신경에 따라 나타나는 증상은 상이하나. 내부분 말 산출 근육에 마비(paralysis), 약화(weakness), 불협응(incoordination) 등의 증상을 보이게 되지만, 어떤 신경이 손상되어 어떤 말운동 결함을 보이는지에 따라 〈표 1-2〉와 같이 다양한 증상을 가진 여러 하위 유형들로 분류될 수 있다.

표 1-2 **마비말장애 하위 유형별 특징**

		경직형	일측 상부운동 신경형	이완형	실조형	과소 운동형	과다 운동형	혼합형
손상된 뇌영역		양측 상부 운동신경	편측 상부 운동신경	하부 운동신경	소뇌 또는 소뇌 신경경로	기저핵 또는 기저핵 조절회로		2개 이상 영역
대표적인 운동 특성		경직		이완	불협응	운동범위 제한	불수의적 운동	2개 이상 유형의 혼합
말 운동 특성	호흡			성문하 압력 감소	호흡근의 과도한 움직임 또는 역설적인 움직임	짧은 호흡 주기	예측 불가능한 흡기와 호기	
	음성	쥐어짜는 음질, 거친 음질, 낮은 음도	거친 음질	음성 크기 감소, 숨 새는 음질, 거친 음질, 발성부전, 흡기협착음	거친 음성	심한 음성 크기 감소, 숨 새는 음질, 속삭이는 음성, 발성불능증, 거친 음질, 떨리는 음성		
	조음	부정확한 자음과 모음	부정확한 자음, 불규칙적 조음붕괴	부정확한 자음과 모음	부정확한 자음과 모음, 음소 및 음소 간 간격 연장, 불규칙적 조음붕괴, 비일관적 오류	부정확한 자음, 음소 반복, 동어반복증	간헐적 명료도 저하, 모음 왜곡, 음소 연장	
	공명	과다비성		과다비성 비누출	간헐적 과다비성			
	운율	단조로운 음도, 단조로운 음성 크기, 강세 감소, 짧은 구, 느린 말속도	말속도 느린 편, 음성 크기 작은 편	단조로운 음도, 단조로운 음성 크기, 강세 감소, 짧은 구, 느린 말속도	과균등 강세, 느린 말속도, 단조로운 음도, 단조로운 음성 크기	말속도 증가, 점점 빨라지는 말속도, 느린 말속도, 가변적인 말속도, 단조로운 음도, 단조로운 음성 크기, 부적절한 쉼	가변적인 말속도, 부적절한 쉼, 단조로운 음도, 단조로운 음성 크기	

* 빈칸은 두드러지는 특성이 없음을 의미함

아동 인구에서 나타날 수 있는 대표적인 마비말장애로 뇌성마비를 들 수 있다. 이때 경직형, 운동이상형, 운동실조형과 같은 뇌성마비의 분류체계는 대상자들의 말 특성보다는 신체적 특성에 기반한 것이다. 신체적 특성과 말 특성은 유사한 양상으로 나타나기 때문에, 경직형 뇌성마비는 경직형 마비말장애를, 운동이상형 뇌성마비는 과다운동형 마비말장애를, 운동실조형 뇌성마비는 실조형 마비말장애를 보일 가능성이 크다. 그렇지만 뇌성마비 아동의 말 능력을 평가할 때에도 마비말장애 분류체계와 용어를 사용하여 진단하는 것이 바람직하다.

마비말장애를 진단할 때에는 조음 이외에도 호흡, 음성, 공명, 운율의 말 산출 전반에 대한 총체적인 평가가 필요하다. 명료하고 자연스러운 말은 호흡, 음성, 조음, 공명, 운율의 모든 말 산출 영역들이 적절하게 기능하고 조화롭게 협응할 때 비로소 가능하기 때문이다. 또한 필연적 운동 결함이 나이가 들며 다른 양상으로 변화할 수도 있고, 보상적 운동으로 인해 필연적 결함이 잘 드러나지 않을 수도 있음을 명심하자. 예를 들어, 경직형 마비말장애로 인해 말 산출이 매우 제한적인 아동은 해당 근육을 사용할 기회가 없어 근력이 약해져 이완형처럼 보일 수 있다. 또는 이완형 마비말장애를 보이는 아동이 이를 보상하기 위해 의도적으로 과하게 힘을 주어 말하면 일시적으로 거친 목소리 또는 쥐어짜는 목소리가 동반되어 경직형처럼 보이기도 한다. 이러한 특성은 마비말장애 하위 유형 간 감별진단을 더욱 어렵게 만드는 요인이기도 하며, 때문에 정확한 마비말장애의 감별진단을 위해서는 말 산출 전반에 대한 총체적인 평가가 더욱 요구된다.

② 말실행증

말실행증은 말 산출에 필요한 운동을 순차적으로 계획하고 프로그래밍하는 능력의 손상을 의미한다. 말은 일련의 음소들로 구성되어 있기에 명료하고 유창한 발음을 위해서는 개별 음소의 정확한 조음뿐 아니라 순서대로 구성된 음소들에 대한 민첩한 조음이동 또한 요구된다. 따라서 발화 시에는 앞으로 산출하게 될 일련의 조음운동들을 미리 계획하고 프로그래밍한 후 이에 맞춰 순차적인 수행을 하게 되는데, 이것을 담당하는 뇌 영역으로 좌반구 실비안주변영역(perisylvian area)이 주로 언급된다(Duffy, 2020; Freed, 2020). 해당 영역은 좌반구 브로카 영역 및 일차운동피질과 인접해 있어, 말실행증은 언어표현장애와 마비말장애를 동반할 가능성이 높다. 또한 말실행증 환자들은 상황에 따라 혹은 과제에 따라 동일 발화에 대해 비일관적인 수행을 보이기도 한다. 예를 들어, 자연스러운 상황에서 자발적으로 말할 때에는 유창하게 나오던 단어를 치료실에서 검사자의 지시에 따라 따라 말하게 하면 어려움을 보이는 경우를 종종 볼 수 있다. 이는 자동적 · 반사적 · 자발적 구어와 수의적 · 의도적 · 비자발적 구어 간에는 조음 계획과 프로그래밍의 요구 정도가 다르기 때문이다.

마비말장애는 호흡, 음성, 조음, 공명, 운율의 말 산출체계 전반을 평가해야 함을 강조하였던 것에 반해, 말실행증은 주로 조음과 운율의 장애로 설명된다. Freed(2020)는 말실행증의 주요 임상적 특징으로 다음의 여섯 가지 증상을 강조하였다.

- 비정상적 운율
- 연장된 모음 또는 연장된 자음, 이로 인한 느린 말속도
- 구, 단어, 음절, 음소 사이에 삽입된 쉼(pause), 이로 인한 느린 말속도
- 자음과 모음의 왜곡 오류
- 자음과 모음의 대치 오류
- 오류유형과 발화 내 오류 발생 위치는 일관적인 편

이 여섯 가지 특징은 모두 조음과 운율에 해당한다. 음소 연장, 쉼 등은 조음이동이 민첩하지 못해 발생하는 것으로 보이며 이는 결과적으로 비정상적 운율을 초래한다. 따라서 말실행증 환자의 조음과 운율 문제는 개별적인 말 특성이라기보다 서로 밀접하게 영향을 주고받는 증상으로 보아야 할 것이다.

말실행증의 역사에서 '비일관성'은 오랜 기간 이들의 독특한 특성으로 강조되어 왔다. 그럼에도 불구하고 Freed(2020)가 제시한 주요 임상적 특징에는 비일관성이 포함되지 않았고, 오히려 오류유형과 오류 위치가 '일관적인 편'이 추가되었다. 말실행증에서 음소 산출의 비일관성과 상황이나 과제에 따른 수행의 비일관성이 나타날 수 있으나, 모든 환자가 그러한 것은 아니며 다른 의사소통장애에서도 비일관성을 관찰할 수 있으므로, 이는 말실행증 진단의 필요충분조건은 아니라는 것이다. 그보다는 말실행증에서 발화 내 오류가 발생하는 위치와 그 유형이 어느 정도 일관적이라는 것이 여러 연구를 통해 밝혀졌는데, 오류 위치는 발화의 시작 부분에서, 오류유형은 왜곡을 동반한 대치를 가장 빈번하게 보이는 것으로 보고되었다(Freed, 2020).

(5) 아동기 마비말장애(childhood dysarthria)

기질적 원인이 없음에도 불구하고 마비말장애 증상을 보인다면 아동기 마비말장애라

고 진단할 수 있다. 이 경우, 원인을 모르는 말소리장애에 속하지만, 원인을 모를 뿐 원인이 없다는 것은 아니며, 운동기능 저하를 초래한 원인이 중추신경계 또는 말초신경계에 존재한다고 전제한다. 운동신경 신호가 조음기관에 정확하게 전달되지 않으면 조음이 부정확해지고 말속도가 느려지고, 말 산출 기관 간 접촉에 너무 힘이 들어가거나 혹은 그 반대로 힘이 약해질 수 있고, 말 산출 운동 간 협응력이 떨어질 수도 있다. 따라서 마비말장애는, 앞에서도 언급했듯이, 조음뿐 아니라 호흡, 음성, 공명, 운율 중 어떤 말 운동 영역에서도 문제가 나타날 수 있으며 또는 전 영역에서 문제를 보일 수도 있다. 결과적으로는 마비말장애는 말명료도에 심각한 영향을 주게 되는데, 특히 호흡, 음성, 조음, 공명, 운율이 조화를 이루어야 하는 연결발화에서 말명료도 저하는 더욱 두드러진다(Shriberg et al., 2019; Shriberg et al., 2019; Shriberg et al., 2019). 그렇기 때문에 아동기 마비말장애를 정확하게 진단하기 위해서는 조음 평가만 실시하는 것은 의미가 없으며, 전체 말운동 영역에 대한 총체적인 평가가 요구된다. 어떤 운동신경이 더 취약한지에 따라 영역별로 상이한 증상을 보일 수 있기 때문에, 아동기 마비말장애의 경우도 〈표 1-2〉에서 분류한 것처럼 경직형, 이완형, 실조형, 과소운동형, 과다운동형 등의 마비말장애 하위 유형들로 분류가 가능하다(Shriberg et al., 2019).

이처럼 아동기 마비말장애는 조음만의 문제가 아니기 때문에 분절음 차원의 정확도나 오류패턴이 이들의 어려움을 대변해 주는 지표가 아닐 수 있다. 또한 운동 차원의 문제는 대치 오류보다는 왜곡 또는 왜곡을 동반한 대치 오류를 초래할 가능성이 크기 때문에(Preston et al., 2013), 검사자가 아동의 발음을 듣고 전사하는 데에도 어려움이 따른다. 예를 들어, 조음기관(articulators)이 약화되어서 전체 또는 일부 조음 산출에서 약화를 보이게 되는데, 약화된 왜곡음을 듣고 철자로 전사하는 것은 숙련된 임상가에게도 어려운 작업일 수밖에 없다. 이에 Shriberg 등(2010)은 말소리장애 하위 유형의 감별진단을 위해 Madison Speech Assessment Protocol(MSAP)이라는 종합 검사도구를 제안하였는데, MSAP는 분절음의 정확성 평가뿐 아니라 운율 및 음성에 대한 청지각적 평가와 음향학적 평가를 포함하고 있다.

또한 아동기 마비말장애의 경우, 특정 말운동 영역의 결함이 또 다른 말운동 영역의 문제를 초래하기도 한다. 이는 연결발화와 같이 긴 발화를 산출할 때 두드러지는데, 이를테면 호흡 조절의 실패가 조음 연결의 끊김을 야기한다거나, 음성 문제가 분절음 간 변별을 모호하게 만든다거나, 조음 민첩성이 떨어져 비정상적 운율이 초래되는 경우 등이 그것이다. 이 모든 것이 말명료도에 영향을 미치는 요인이기 때문에, 마비말장애의 평가와 중재가 특정 말 영역에만 국한된다면 아동이 가진 근본적인 문제를 놓칠 수 있다.

Shriberg는 원인을 모르는 말소리장애 중 말운동장애 집단에 아동기 마비말장애뿐 아니라 아동기 말실행증, 말운동지연 등의 하위집단을 추가해 가며, 말소리장애에 말운동상의 취약점을 가진 아동들의 범위를 확장해 가고 있다. 또한 아동기 마비말장애와 아동기 말실행증을 동시에 보이는 경우도 있음을 보고하며, 이들을 아동기 마비말장애+말실행증 집단이라고 명명하기도 하였다. 발달 과정 중 나타나는 특정 단계의 결함은 인접 단계에도 부정적인 영향을 줄 수 있다. 따라서 말운동이라는 하나의 시스템 안에서 서로 밀접하게 연결되어 있는 말운동 계획, 프로그래밍, 실행 단계의 차이를 잘 숙지하여 이 아동들이 가진 핵심 문제를 감별할 수 있는 능력을 길러야 할 것이다.

(6) 아동기 말실행증

역사적으로 아동기 말실행증(childhood apraxia of speech: CAS)은 임상가와 연구자들에게 큰 고민을 안겨 주었다. 선별부터가 쉽지 않아, 일부 학자는 아동기 말실행증이 독립된 진단명으로 분류될 수 있는 장애인지 그 실체 자체에 의구심을 품기도 하였다. 논쟁의 답을 찾기 위해 American Speech-Language-Hearing Association(ASHA)은 2002년 CAS 임시위원회를 구성하였고, 5년간의 방대한 문헌연구를 통해 2007년 아동기 말실행증에 대한 기술보고서(technical report)를 발표하였다. 당시 발표된 아동기 말실행증의 정의는 다음과 같다. '아동기 말실행증은 아동기에 발생하는 신경학적 말소리장애로, 신경근육의 손실이 없음에도 불구하고 말 산출 운동의 정확성과 일관성에 결함을 보인다. 명백한 신경 손상의 결과일 수도 있고, 원인을 모르는 특발성 신경인성장애(idiopathic neurogenic disorder)일 수도 있다. 일련의 조음운동(movement sequences)을 위한 시공간 파라메타(spatiotemporal parameters)를 계획하고 프로그래밍하는 데에 결함이 생긴 것이며, 그 결과 조음과 운율에 오류를 보이게 된다'(ASHA, 2007, n.d.). 이 같은 정의는 초보 임상가들을 더욱 혼란스럽게 만든다. '신경학적' 장애라고 단정하면서도 원인을 모르는 경우를 포함하고 있고, 무엇보다 '일련의 조음운동을 위한 시공간 파라메터의 계획과 프로그래밍의 결함'이라는 낯선 표현으로 기저 문제를 설명하고 있다.

어렵게만 여겨지는 아동기 말실행증에 좀 더 가까이 다가가기 위해서는, 의사소통을 위한 조음활동이 하나의 말소리가 아닌 여러 말소리로 구성되며, 하나의 말소리를 산출할 때에도 여러 말 산출 기관을 동시다발적으로 움직여야 한다는 사실을 상기할 필요가 있다. 즉, 하나의 단어는 여러 음소로 구성되어 있고 그 음소들 간에는 정해진 순서가 있다. 그리고 목표한 각 음소를 산출하기 위해서는 호흡, 음성, 조음, 공명 기관이 조화롭게 움직여야 한다. 이러한 '일련의 조음운동'은 각 운동의 타이밍과 위치 간 유기적 연결을 전제하는데, 이는 전체 운동에 대한 효율적인 사전 계획하에 가능해 보인다. 단, 처음 접하는 단어의 경우, 이전에 발음해 본 적이 없는, 그 순간 처음 해 보는 조음운동들의 연속이기 때문에 사전 계획을 세우는 것이 불가능하다. 이때에는 음소 각각을 개별적으로 조음한 후 이어 가는 즉각적인 프로그래밍(programming) 능력이 요구된다(프로그래밍에는 영어 현재진행형 '-ing'가 붙어 있다는 것, 즉 이것은 실시간으로 일어나는 온라인 프로세싱 과정이라는 것을 염두에 두자). 이러한 조음운동의 계획과 프로그래밍은 중추신경계(특히 좌반구 실비안주변영역)에서 일어나는 과정이므로(Duffy, 2020; Freed, 2020), 이에 어려움이 있는 말실행증 아동에서 중추신경계의 신경학적 문제를 의심하지 않을 수 없다. 그럼에도 불구하고 출생 전 · 중 · 후 명백한 신경 손상이 있었던 일부 아동을 제외하고는 발달기 아동에서 명백한 신경 손상의 근거를 찾아내기란 쉽지 않기 때문에, 신경학적 손상이 밝혀지지 않은 경우일지라도 말실행증 증상을 확신한다면 신경학적 손상(또는 적어도 신경학적 미성숙)을 전제하는 것이다.

조음운동의 계획과 프로그래밍이 원활하게 이루어지지 않으면 운동의 방향, 범위, 타이밍 등에 오류가 생기고, 그렇게 되면 운동의 정확성은 떨어지게 된다. 따라서 말실행증의 가장 두드러지는 문제는, 앞에서도 언급했듯이 조음의 오류이다. 또한 조음운동에 대한 사전 계획을 세우는 것이 어려워 친숙한 단어에조차 음소 각각을 개별적으로 조음한 후 이어 가는 비효율적인 전략을 택한다면, 음소 또는 음절의 연장, 음소와 음소 간 또는 음절과 음절 간 비정상적 쉼 구간의 삽입, 그리고 전체 발화에 대한 부자연스러운 강세 등의 문제가 발생하게 된다. 이 때문에 말실행증의 또 다른 두드러지는 증상은 느린 속도, 부자연스러운 억양 등과 같은 운율의 결함이다. 이러한 조음운동 계획과 프로그래밍의 어려움은 발화 길이, 과제의 복잡성, 대화 상황, 단어 빈도, 발화의 친숙함 정도 등에 따라 달라지므로, 말실행증 증상은 비일관적일 수밖에 없다.

이와 같은 정의와 특성에 근거하여, ASHA 기술보고서에는 다음의 세 가지 특징이 아동기 말실행증의 공통점으로 기재되어 있다(ASHA, 2007). 첫째, 음절 또는 단어를 산출할 때마다 자음과 모음의 오류가 비일관적이다. 둘째, 동시조음 전환(co-articulatory transitions)이 연장되거나 방해를 받는다. 셋째, 부적절한 운율을 보이며, 특히 어휘나 구문의 강세가 부자연스럽다. 말실행증 아동들이 보이는 증상은 이러한 특징에 따른 결과

이거나 또는 이를 극복하고자 하는 전략일 수 있다. 따라서 아동마다 각기 다른 다양한 증상을 보이기도 하며, 심각도나 연령에 따라서도 증상이 상이할 수 있다.

몇몇 연구에서는, ① 제한된 자음목록, ② 발화길이가 길어질수록 오류 증가, ③ 모색 행동, ④ 문맥에 따른 비일관적 오류, ⑤ 제한된 모음목록(이상 핵심 특성), ⑥ 자동구어보다 모방과제에서의 어려움, ⑦ 운율 문제, ⑧ 낮은 자극반응도, ⑨ 수용언어에 비해 심한 표현언어 지연, ⑩ 느린 치료효과(이상 일반 특성)의 10가지 특성 중, 핵심 특성 2개를 포함하여 총 5개 이상의 특성을 보이면 아동기 말실행증으로 진단할 것을 제안하였다(김효정 등, 2015; 박희정, 석동일, 2006). 그러나 앞에서도 언급했듯이, 연령, 심각도, 그리고 어려움에 직면하여 취하게 되는 제각각의 전략 등에 따라 대상자마다 상이한 특성을 보일 수 있으므로, 이를 기계적으로 암기하기보다는 말실행증의 근본적 어려움과 그로 인해 나타날 수 있는 증상들을 이해하는 것이 중요할 것이다.

아이들은 태어나서 양육자 혹은 주변인들로부터 듣게 되는 말들을 무작정 따라하며 어휘를 습득해 간다. 따라 말하는 과정에서 아이들에게 요구되는 능력은 처음 접한 일련의 말소리들을 조합할 수 있는 프로그래밍 능력이다. 해당 어휘를 한번도 말해 본 적이 없기 때문에 듣고 본 대로 한 음소, 한 음소씩 이어 가는 즉각적 조음운동프로그래밍 능력이 있어야 따라 하는 것이 가능하며, 이를 바탕으로 표현어휘를 축적해 가게 된다. 일반 아동에게는 당연한 이 과정이 너무나 어려운 이들이 있는데, 이들이 바로 말실행증 아동들이다. 이에, Stackhouse와 Wells(1997)는 일정 연령이 되었음에도 표현언어가 나타나지 않는 무발화 아동의 상당수가 말실행증일 가능성을 제시하였다. 나이가 들며 더디게 이 능력을 발달시켜 나가게 되면, 자주 산출한 음소는 비교적 쉽게 조음하기도 하지만 산출해 본 적이 없는 음소 또는 음소들의 조합은 여전히 어렵다. 그렇기 때문에 제한된 자음과 모음 목록은 심한 말실행증 아동에서 공통적으로 나타나는 특징일 수밖에 없다. 인지 및 언어적으로 문제가 없거나 문제가 있더라도 심하지 않다면 수용언어는 상대적으로 양호하게 발달시켜 나가는 것에 반해, 새 어휘를 따라 말하며 산출하는 방법을 터득하는 데에는 지속적으로 어려움이 있다. 따라서 말실행증 아동은 수용언어에 비해 심한 표현언어 지연을 보이는 경우가 많다.

말실행증 아동의 경우도 빈번하게 사용한 단어는 간혹 어렵지 않게 조음하기도 한다. 자주 사용해 본 말은 프로그래밍 과정이 요구되지 않고 이미 저장된 운동 계획이 있으므로, 이를 토대로 자동적으로 조음운동을 하면 되기 때문이다. 그러나 저장된 운동 계획이 빈약하거나 이를 인출하는 것이 어려워 친숙한 단어도 음소 각각을 개별적으로 조음한 후 이어 가는 비효율적인 프로그래밍 전략을 택하는 경우가 더 많고, 또 동시에 프로그래밍 능력 또한 취약하여 운동 계획과 프로그래밍이라는 이중의 어려움을 겪는다는 것이 이들의 기저 결함에 대한 가설이다. 이는 음소와 음소 간, 음절과 음절 간 연장, 즉 동시조음 전환의 결함으로 나타나고, 결과적으로 부자연스러운 운율로 연결된다. 자동구어보다 모방과제에서의 어려움, 문맥에 따른 비일관성, 발화길이가 길어질수록 오류가 증가하는 특성 등은 프로그래밍에 대한 부담의 정도가 과제, 문맥, 발화길이에 따라 다르기 때문에 비롯된 것으로 설명된다. 모색행동에 대해서는 운동 계획이 빈약하거나 프로그래밍에 자신이 없을 경우, 이를 리허설해 보는 과정이 겉으로 드러난 것으로 보인다. 낮은 자극반응도와 느린 치료 진전은 말실행증 아동의 치료 방향에 대해 시사하는 바가 있는데, 이에 대해서는 제14장 치료 부분에서 설명을 덧붙이도록 하겠다.

아동기 말실행증의 중증도는 무발화부터 말속도만 느린 경우까지 그 정도가 다양하다. 또한 말실행증은 고착된 장애가 아니므로 치료와 성숙에 의해 개선의 여지가 있으며, 이 경우 말실행증에서 다른 말소리장애 하위 유형으로 진단명이 바뀌기도 한다. 더불어 말실행증 아동은 비일관적 음운장애, 아동기 마비말장애 등 다른 유형의 말소리장애 증상을 동시에 보일 수 있고, 언어장애나 읽기, 쓰기장애와 같은 다른 의사소통장애 또는 ADHD, 자폐스펙트럼장애, 다운증후군 같은 기타 발달장애를 동반할 수도 있다. 따라서 아동이 보이는 특정 증상이 말실행증에서 비롯된 것인지 아니면 다른 장애로부터 기인한 것인지를 잘 감별할 수 있어야 한다.

2) 원인을 모르는 말소리장애

원인을 모르는 말소리장애를 보고서 등에 진단명으로 쓸 때는 '원인을 모르는(with unknown origin)'이라는 구체적인 설명을 쓰지 않고 그냥 말소리장애(Speech Sound Disorders: SSD)라고 써도 무방하다. 기질적 원인이 있는 경우에는 원인 자체가 진단명이기 때문에 임상현장에서도 혼선을 피할 수 있다. Bernthal 등(2022)은 원인이 불분명한 말소리장애를 '특발성(idiopathic) 말소리장애'라고 새롭게 명명한 바 있다. 특발성이라는 뜻은 질병 중에 원인불명의 질환이라는 의미로 전문가들이 아직도 적절한 용어를 찾기 위해 다양한 시도를 하고 있음을 보여 주고 있다.

기능적이라는 표현 대신 '원인을 모르는'이라는 명칭과 조음음운장애라는 표현 대신 '말소리장애'를 도입하여 만든 '원인을 모르는 말소리장애'라는 진단명을 도입하고 사용되게 된 것에 대해서 김수진과 신지영(2015)은 다음과 같은 두 가지를 이유를 제시하였다. 첫 번째는 증상에 기반을 둔 말소리장애가 원인에 기반을 둔 조음음운장애보다 더 현실적이기 때문이다. 여기에서 현실적이라고 한 것은 너무 다양한 원인을 정확히 진단하는 데 한계가 있음을 인정하는 것이다. 진단 과정에서 말소리 산출 오류가 관찰되면 조음의 운동적 측면에 문제가 있는 것인지, 머릿속의 음운적 체계에 문제가 있는 것인지 원인을 판단하는 것이 어렵다. 뿐만 아니라 조음운동적인 문제와 음운적 문제 이외에도 다른 요인으로 인해 말소리 산출에 어려움이 생길 수 있기 때문에 증상에 기반을 둔 말소리장애가 원인에 기반을 둔 조음음운장애보다 현실적이며 보다 합리적이라는 생각 때문이다. 두 번째 이유는 기존의 '기능적 조음음운장애'에 대한 개념을 확대하기 위한 것이다. 조음음운장애는 전통적으로 '기질적 조음음운장애'와 '기능적 조음음운장애'로 나누어 본 반면에, 말소리장애는 '원인이 분명한 기질적 말소리장애'와 '원인을 모르는 말소리장애'로 나눈다. 과거에 '기능적 조음음운장애'는 잘못된 습관이나 학습의 결과로 추정되는 경우에 국한된 것이었는데, 이에 반해 원인을 모르는 말소리장애는 잘못된 학습의 영향뿐 아니라 인지적 · 언어적 · 사회심리학적 변인들이 광범위하게 영향을 미치는 경우 혹은 한두 가지 변인의 조합으로 인한 말소리 문제 등 아직까지 원인을 추정하지 못하는 모든 경우를 포함하는 것이다. 결국 전체 말소리장애 아동 중 가장 큰 비중을 차지하고 있으므로 '원인을 모르는 말소리장애'라는 하위집단의 진단 기준을 명확히 하고, 이를 대상자 혹은 주제로 한 다양한 연구들이 필요해진 것이다.

정신 관련 장애나 질병에 대한 진단 매뉴얼로 미국정신의학회(APA, 2013)에서 발간하고 전 세계적으로 사용되고 있는 DSM-5(Diagnostic and Statistical Manual-5)는 아동기에 시작되는 신경발달장애(Neurodevelopmental Disorders)를 7가지로 분류하였다. 그중 하나로 의사소통장애(Communication Disorders)가 있고, 의사소통장애는 다시 언어장애(Language Disorder: LD)와 말소리장애(Speech Sound Disorder: SSD)로 분류된다. DSM-5에서 '말소리장애(SSD)'라는 진단명은 '원인을 모르는 말소리장애(Speech Sound Disorders with unknown origin)'에 국한하여 사용한다. DSM은 신경정신적 차원의 문제를 진단하기 위한 것으로 개발 목적에 따라 신체적 · 기질적인 다른 문제가 있는 경우에는 포함되지 않는다. 따라서 '말소리장애'의 진단 기준에서 원인을 알 수 있는 경우를 배제한다. DSM-5에서 제시한 원인을 모르는 말소리장애의 진단기준은, 첫째, 지속적으로 말소리 산출에 문제가 있어 말명료도가 떨어지고 구어로 하는 의사소통에 어려움을 보인다. 둘째, 의사소통의 효율성이 떨어져서 학업, 직업 등 사회적 참여에 어려움을 겪는다. 셋째,

언어습득 초기부터 증상이 시작된다. 넷째, 진단에서 배제시키는 기준으로 뇌성마비, 구개열, 청력손실, 외상성 뇌손상 등 다른 의학적 신경학적 조건 같은 선천적이거나 후천적인 원인에 기인하지 않는다.

이 매뉴얼에 포함된 원인을 모르는 말소리장애의 구체적인 진단적 특징을 살펴보면, 말소리장애는 언어장애, 특히 표현언어장애가 동반될 수 있으며, 종종 가족력이 있다. 또한 말속도 조절 등에서 어려움이 있는 경우도 있는데, 이런 경우 씹기, 입술 다물기, 코 풀기 등의 기술에 어색함이나 부족함이 관찰될 수도 있다. 말소리장애만 있는 경우에는 조기에 치료를 통해 빠르게 회복되기도 하고, 간혹 느리기는 하지만 결국 개선되어 전체적으로 보면 예후가 좋은 편이다. 그러나 말소리장애와 언어장애가 함께 있는 경우에는 학령기 이후에도 문제가 지속되고 학습장애 등으로 발전하기도 한다. 원인을 모르는 말소리장애는 혀 짧은 발음이 흔하게 나타나고 자음의 오류에 있어서도 전형적인 오류패턴이 많이 나타나지만 후방화를 비롯한 비전형적인 오류도 관찰된다. 또한 비구어적 행동으로 비정상적인 혀-내밀기와 삼킴패턴을 보이기도 한다. 말소리장애와 감별진단을 해야 할 경우로 방언 화자, 다문화 화자, 청력 혹은 다른 감각적 손상, 구조적 결함, 선택적 함묵증이 있다(APA, 2013). 마비말장애와 말실행증의 경우도 원인이 분명하지 않다면, 아동기 마비말장애와 아동기 말실행증과 같이 '원인을 모르는 말소리장애(SSD)'에 포함할 수 있다.

원인을 모르는 말소리장애라고 진단된 경우에도 다양한 증상과 예후를 보인다. 동질적인 집단으로 규정하기 어려우므로, 중재 전략에서도 다양한 접근이 요구된다. 따라서 하위 유형을 나누고자 하는 다양한 시도가 있다. 하위 유형을 나누는 기준으로는 잠재적 원인이나 심리언어적 처리 과정, 심각도, 증상이 있다. 그런데 심각도에 따른 분류는 심각도를 나누는 기준이 명확하지 않고(Flipsen et al., 2005), 병인론적 분류는 현실적으로 그 원인을 밝혀내기가 어렵다는 한계가 있다. 심리언어적 분류는 음운처리 단계와 산출된 행동과의 관계에 대한 해답을 주지 못하고(Dodd, 2005), 증상에 따른 분류는 산출된 행동의 일부만 기술할 뿐 말소리 문제와 증상에 대한 근본적인 원인과 유지 요인에 대해서는 설명하지 못한다. 그럼에도 불구하고 말소리장애를 하위 유형으로 분류하고자 하는 여러 연구자가 지속적으로 노력하고 있는 이유는 궁극적으로 감별진단을 통해 말소리장애 아동들이 개별적으로 보이는 말소리 특성과 문제를 정확하게 파악하고 그에 알맞은 차별적인 중재접근법을 사용하기 위한 것이다.

임상에서는 차별적이고 효율적인 중재 접근법을 찾기 위해 일단 정확한 원인을 모르더라도, 증상에 따라서 혹은 말소리를 지각하고 산출하는 처리 과정의 단계별 과제 수행력에 따라서, 잠재적인 문제의 원인이나 동반 문제 혹은 심각도에 따라서 하위 유형을 나누기 위해 노력하고 있다. 특히 '원인을 모르는 말소리장애'라고 진단된 경우에도 모두가 동질적인 특성을 공유한 것으로 보기 어려우며, 오히려 매우 이질적이고 다양한 하위 유형들로 나누어 접근하는 것이 필요하다. 이어서 소개하는 분류 기준들은 대부분 원인을 모르는 말소리장애의 특성을 연구하면서 하위 유형의 분류 기준을 개발한 것이고, 하위 유형별 문제 특성을 통해 진단 표지를 개발하고 중재 방향을 정해야 한다고 권장하고 있다.

(1) 잠재적 원인에 따른 분류

Shriberg를 중심으로 한 연구자들은 말소리장애 분류체계(Speech sound Disorders Classification System: SDCS)를 만들고자 수십 년간 지속적으로 노력해 오고 있다. 말소리장애를 크게 말소리지연(speech delay: SD)과 말소리 오류(speech error: SE), 말운동장애(Motor Speech Disorder: MSD)로 나누었다(Shriberg et al., 2010). 말소리지연과 말운동장애는 아직 밝혀지지 않았을 뿐, 대부분 유전적인 원인이 있다고 보고 있으며 말소리 오류 집단은 환경적 원인에 기인한 것으로 추정하였다. 세 집단의 하위 유형을 〈상자 1-1〉과 같이 다시 아홉 가지 유형으로 분류하였다. 말소리장애 분류체계(SDCS)의 영문자 약어 표시는 하위 유형의 표시로 사용된다. 상자 안 기술 내용 중 비율은 약 500여 명의 원인을 모르는 말소리장애 아동을 하위 유형별로 분류한 것에 기반한 것이다.

상자 1-1 Shriberg의 원인을 모르는 말소리장애의 하위 유형

(1) 말소리지연(speech delay: SD): 말소리장애 전체의 82.7%를 차지함

① 유전적 요인(genetic: SD-GEN): 말소리장애 아동의 약 절반 이상(56%)을 차지하는 집단으로 인지 · 언어적 문제를 함께 갖고 있다. 자음 탈락 등 심각한 조음 오류가 빈번하다. 여아보다 남아가 더 많다.

② 삼출성 중이염 요인(otitis media with effusion: SD-OME): 삼출성 중이염 등 청각적 처리에 어려움이 있었을 것으로 가정되는 집단이다. 이 아동들의 특성은 대화 중에 전반적인 명료도가 매우 낮아서 무슨 말을 하는지 이해하기 어려운데, 단어 수준에서 조음음운 검사를 실시해 보면 자음정확도는 높게 나타난다. 성비가 유사하다.

③ 심리사회적 발달 요인(developmental psychosocial involvement: SD-DPI): 부정적인 정서와 위축된 태도 등 학습을 방해하는 기질적 문제로 지속적인 의사소통이나 학습을 크게 방해한다. 말소리장애 아동의 약 12%를 차지하며, 말소리 산출 능력은 매우 낮게 평가되지만 이 집단을 구별해 주는 공통된 진단 표지는 발견되지 않았다. 여아보다 남아가 더 많다.

(2) 말소리 오류(speech errors: SE)

① 치찰음 오류(sibilants: SE-/s/): 주로 마찰음과 파찰음에서 오류를 보인다. 약 1.5~2%를 차지하며 여아가 더 많다.

② 유음 오류(rhotics: SE-/r/): 주로 유음(우리말에서는 탄설음)에서 오류를 보인다. 약 1.5~2%를 차지하며 남아가 더 많다.

(3) 말운동장애(motor speech disorders: MSD): 여아보다 남아가 더 많음

① 말운동지연(speech motor delay: MSD-SMD): 말운동 기술에 있어서 정확성과 안정성이 떨어지는 경우 중 다음의 아동기 말실행증이나 아동기 마비말장애로 진단되지 않는 모든 경우를 포함하는 유형으로 최근에 추가되었다. 12%를 차지한다.

② 아동기 말실행증(childhood apraxia of speech: MSD-CAS): 말실행증 증상을 보이지만 원인을 모르는 경우 여기에 속할 수 있다. 2.4%를 차지한다.

③ 아동기 마비말장애(childhood dysarthria: MSD-CD): 마비말장애 증상을 보이지만 원인을 모르는 경우 여기에 속할 수 있다. 3.4%를 차지한다.

④ 아동기 마비말장애+말실행증(CAS-CD): 두 가지가 함께 나타나는 유형으로, 그 발생 비율은 낮지만 나타날 수 있는 가능성은 있다.

잠재적 원인에 의한 분류체계는 만 3세부터 8세까지 아동의 말소리문제 특성에 기반한 것이다. 8세는 영어권에서 모든 말소리의 습득이 끝나는 시기로, 이때 말소리장애로 진단되었던 많은 아동은 9세 이후 일반적인 발달 수준으로 개선될 수 있는 것으로 알려져 있다. 그러나 인구의 1%는 9세 이후 성인기에도 말소리 오류가 남아 있게 된다. 이런 오류를 갖고 있는 경우를 잔존 오류(residual error: RE) 집단이라고 하였다. 3세와 9세를 기준으로 분류한 이유는, 3세가 표준화된 검사를 사용하여 구체적인 장애 진단이 가능한 연령이고, 9세는 말소리 발달이 완성된 이후로 보았기 때문이다.

말소리장애 분류체계(SDCS)는 이후에도 다양한 방식으로 확장・발전하고 있다. 2019년 분류에 필요한 진단 지표들을 정리하면서는 근본적인 원인(遠因), 가까운 원인(近因), 임

상적 증상 등의 다양한 차원의 분류 방식을 도입하였다. 근본적인 분류 틀은 유지되었지만 몇 가지 변화가 생겼다([그림 1-5] 참조). 유전과 환경의 근본적 원인은 아동의 신경계 발달에 영향을 미치게 되고 신경계는 말언어처리 과정의 효율성에 영향을 미치게 된다. 그 결과로 아동의 말언어 산출은 영향을 받게 되고 일부 아동들은 말소리지연(SD), 말소리 오류(SE) 혹은 말운동장애(MSD)로 나타나게 된다는 것이다.

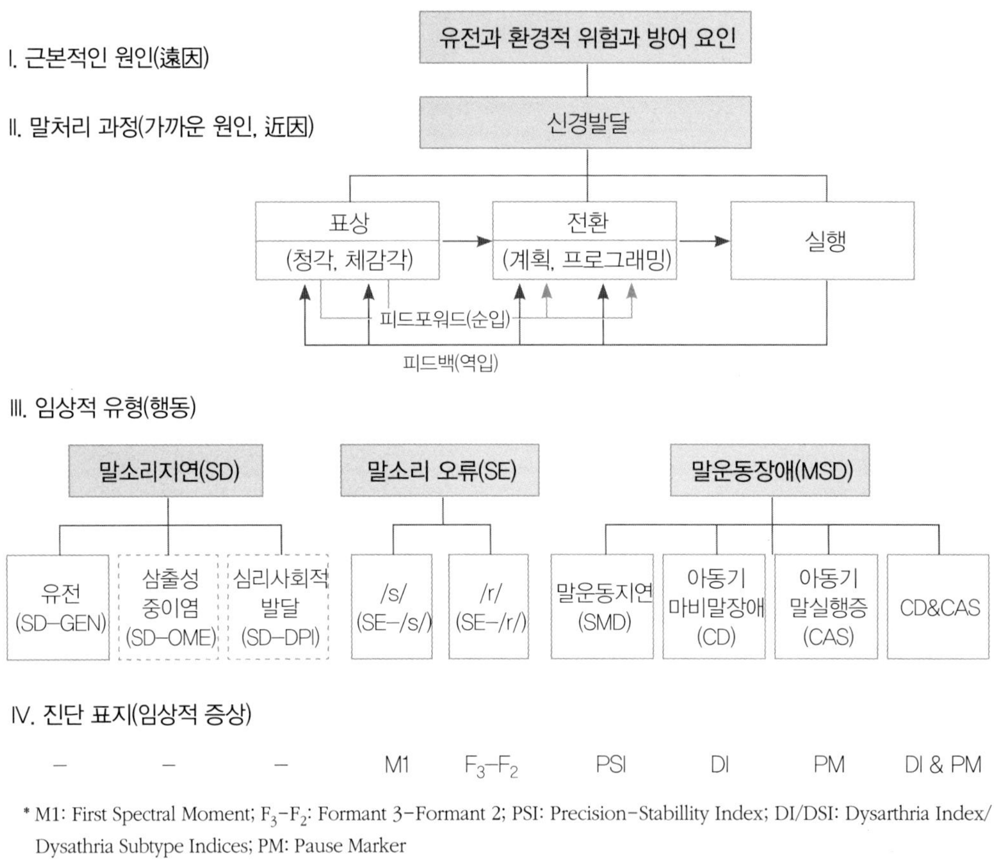

[그림 1-5] 말소리장애 분류체계(SDCS)의 확장

출처: Shriberg et al., (2019).

말소리장애의 하위 유형을 결정하는 데 있어서 임상현장에서 주목해야 할 것은 진단 표지(diagnostic marker)이다. 효율적인 중재를 위해 임상가들은 반드시 대상에 맞는 적절한 평가를 실시해야 한다. 평가의 목적은 장애 유무를 밝히고 중재의 필요성을 확인하기 위한 것에만 국한되지 않는다. 평가 결과는 특정한 치료접근법을 선정하고 치료 방향을 설정하기 위한 강력한 증거 자료가 된다. 평가 결과에 따라 특정한 치료접근법을 선정한다는 것은 유사한 양상의 평가 결과를 받은 아동들에게 같은 치료접근법이 사용될 가능성이 있음을 시사하며, 이러한 이유로 특정 장애 집단의 하위 유형을 분류하고 그 특성을 밝히는 것은 매우 중요하다. 효율적인 중재를 위하여 하위 유형 분류를 위한 연구가 이어져 오고 있으나 아직까지 학자들 간의 합의가 완전히 이루어지지 않았다. 현재는 원인에 의한 분류 또는 증상에 의한 분류가 가장 널리 받아들여지고 있으며, 각각의 분류체계 및 유형에 맞는 진단 표지를 찾는 시도들 또한 지속되고 있다(Dodd, 2014; Shriberg et al., 2017).

잠재적 원인에 의한 분류이지만, 아직까지 대부분이 정확한 원인은 알지 못한다. 말소리지연(SD)과 말소리 오류(SE)의 경우, 오류의 유형이 일정 연령 이상에서의 제한적인 자질의 왜곡인지, 일반적인 말소리 발달 연령에서의 생략 및 대치인지에 따라 결정된다. 말소리 오류유형은 음성적 치료접근을 추천하고, 말소리지연 유형은 음운적 치료접근을 추천하는 등 큰 맥락의 치료접근법을 설정하는 과정에서 도움이 될 수 있다. 그러나 분류도를 보면 알 수 있듯이 특히 생략 및 대치를 모두 포함하는 말소리지연(SD)의 분류 기준은 이 하위집단이 여전히 다양한 범위로 구성되어 있다. 생략 오류는 음소가 탈락되면서 음절구조에 영향을 미치는 반면, 대치 오류는 음절구조의 변화 없이 목표음소를 다른 음소로 변형시킨다. 이러한 측면에서 보았을 때, 생략을 주된 오류로 보이는 아동과 대치를 주된 오류로 보이는 아동이 지닌 말 산출 문제의 근본적인 원인은 다를 수 있으며, 이러한 차이는 중재 계획을 세우는 데에도 영향을 미칠 수 있다.

말소리장애 분류체계(SDCS)는 각각의 하위집단 분류를 위한 검사 프로토콜과 기준을 제시하였다(Shriberg et al., 2017; Shriberg et al., 2010). 그러나 이러한 외국의 검사와 그 데이터를 국내 아동에게 그대로 적용하는 것은 불가능하다. 말소리장애의 평가 과정에서 임상가들은 대상 아동의 사례력을 수집하거나, 말 산출의 분절적 · 초분절적 요소들을 직접적으로 평가할 수 있다. 평가결과에 따라 임상가들은 치료 방향을 설정하는 과정에서 효율적인 중재를 위해 대상 아동을 특정한 하위집단에 배정한다. 올바른 배정을 위해, 대상 아동의 말 산출 특성은 배정될 하위집단이 갖는 특성과 일치해야 하며, 다른 하위집단이 갖는 특성과는 특히 구별되어야 한다. 하위집단 분류에 대한 관심 이후에 우리가 할 일은 확실한 진단 표지, 즉 특정 집단이 어떠한 분절적 · 초분절적 요소에서 다른 집단과 구별될 수 있는지를 찾는 것이다.

국내 연구에서 원인을 모르는 말소리장애 아동과 다른 집단의 특성을 차별화하는 것으로 가장 많이 채택된 변수는 자음정확도를 비롯한 음소정확도이다. 음소정확도는 말소리장애를 심각도 수준으로 간단히 분류할 수 있는 기준이 된다(Shriberg et al., 1997). 그러나 심각도 구분은 단일의 양적 수치에 기반한 것으로, 이를 통해 개인이 지닌 고유의 말소리 특성을 설명할 수는 없다. 각각의 심각도 집단에 속하는 아동들은 각기 다른 말소리 특성을 보이므로, 이러한 분류는 집단별 특성이나 효과적인 치료접근법을 탐색하는 데 큰 도움이 되지 않을 수 있다.

진단 표지로 사용할 수 있는 지표들을 살펴보면, 말소리장애 아동들이 갖는 말 산출 특성으로 분절적 요소, 초분절적 요소 등 다양한 말 평가 지표들이 포함된다. 그러나 말 산출 특성 외에 보일 수 있는 동반 특성을 살펴보아야 하는 경우도 있다. 이런 경우는 원인을 모르는 말소리장애 아동들이 갖는 말소리 산출과 관련된 표면적인 문제의 기저에 있는 어려움을 살펴보기 위한 시도들로 보인다. 이 중 가장 많은 연구에서 사용된 변수인 어휘 능력은 언어 문제를 동반한 말소리장애 아동과 그렇지 않은 아동을 구분하는 기준이 된다. 또한 인지 능력과 관련된 변수들을 살펴보면, 특히 음운처리와 관련된 변수들이 다수 포함된 것을 알 수 있다. 음운처리 능력은 말소리 산출 과정에서 중요한 역할을 하므로 말소리장애 아동이 갖는 고유의 특성을 살펴보는 데 큰 의미가 있다. 원인을 모르는 말소리장애의 특성을 밝히기 위해 다양한 연구들이 진행되고 있으나, 아직은 그 연구의 수가 제한적일 뿐더러 특정 지표들에 집중되어 온 것이 사실이다. 또한 아직까지 이 아동들이 보이는 전반적인 특성들을 개괄적으로 설명할 수 있는 연구가 진행되지 않았으며, 그 전반적인 특성들에 대해 집중적으로 조명한 연구 또한 이루어지지 않았다. 말소리장애 아동들이 갖는 고유의 특성을 전반적으로 설명할 수 있는 연구가 필요하며, 어떤 특성이 말소리장애의 진단 표지로서의 기능을 할 수 있는지, 구체적으로 어느 정도의 수준이 이 대상 아동들을 상호 구분 지을 수 있는지에 대한 연구가 계속 필요한 상황이다. 국내에서 말소리장애 아동의 특징을 살펴보고자 진행된 연구에서 중요한 진단 표지로 조명을 받은 변수들은 이 책 제7장의 〈더 볼거리 7-1〉을 참고해 볼 수 있다.

(2) 말처리 모델에 따른 분류

언어심리학자들은 다양한 말처리 모델을 제안해 왔다. 그중 말소리장애 분야에서는 청감각으로 시작해서 운동 실행에 이르는 Stackhouse와 Wells(1997)의 말처리 모델을 도입하여 각 과정에서의 어려움이 말소리장애를 초래한 것으로 해석하고자 하는 노력이 가장 주목 받았다([그림 1-6] 참조). 같은 말소리장애를 보이는 경우라 해도 말소리의 처리 과정 중 특히 결함을 보이는 단계가 있을 수 있고, 그에 따라 하위 유형을 분류하고 적절하게 중재해야 한다는 입장이다.

이러한 말처리 절차를 임상에 적용하기 위해서는 각 단계의 과정을 평가할 수 있는 과제가 개발되어야 한다. 지금도 그런 노력은 지속되고 있으며, 국내에서 개발 중인 평가 방법들도 이 책의 제8장에 소개될 것이다.

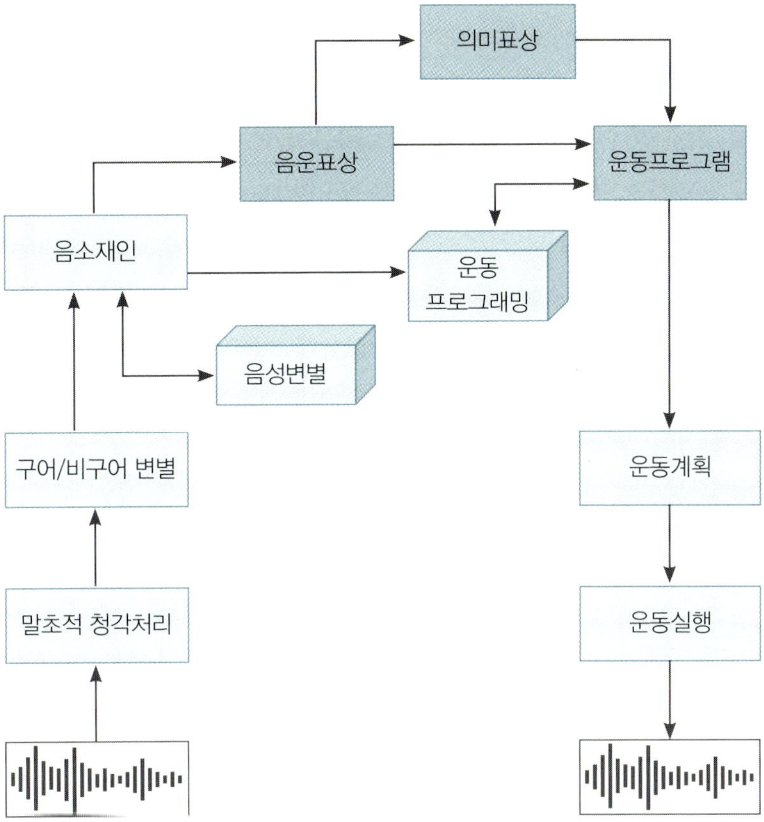

[그림 1-6] **말처리 모델(Speech processing model)**

출처: Stackhouse & Wells. (1997).

말처리 모델은 외부 소리자극이 입력되어서 언어적 의미로 해석되는 입력 과정부터, 의사소통 의도가 있을 때 의미적 표상을 만들고 산출하는 출력 과정을 망라하고 있다. 각 말처리 모델의 단계는 일반적으로 말소리를 배우고 사용하는 과정에 대한 모델로 개발되었으며, 초기에는 임상에서 개발된 것이 아니고 가설이므로 검증이 필요하다는 견제를 받아 왔다. 그러나 시간이 지나면서 Shriberg 등의 말소리장애 분류체계([그림 1-5] 참조)에서 겉으로 드러나는 증상적 차이를 야기하는 가까운 원인(근인; proximal cause)이라고 하면서, 임상장면에서 만나는 다양한 증상의 이유를 추정하는 데 있어 말처리 모델의 유용성을 인정받게 되었다.

말처리 모델의 입력 단계부터 살펴보면, 첫 단계로 말초적 청각처리(peripheral auditory processing) 단계는 음향적 신호, 소리를 듣는 단계로 감각장애, 즉 청감각장애가 있다면 이 단계의 정보처리에 실패하게 될 것이다. 두 번째 단계는 지각(perception)이다. 지각 단계는 개인적인 경험을 통해서 발달되는 단계이다. 아무리 많은 외부 자극이 있어도 자신에게 의미 있는 자극에 대해서 보다 집중할 수 있는 능력이다. 우선은 외부 소리에서 말소리와 그 외의 소리를 구분(speech/non speech discrimination)하여 들을 수 있어야 하고, 그다음으로 말소리들 간의 차이를 구분할 수 있어야 한다. 특히 말소리들 간의 차이를 구분하는 것을 음성변별(phonetic discrimination)이라고 한다. 음소들의 음성학적 차이를 변별할 수 있게 되면 그 소리는 다음으로 음소재인(phonological recognition)이 되어야 한다. 여기에서 음소재인이란 이미 머릿속에 있는 소리들과 맞추어서 다른 소리와 구분 가능한 소리로 입력된다는 것을 의미한다. 대부분의 사람은 모국어 말소리 목록에 맞추어서 들어오는 소리들을 구분하여 듣게 된다. 예를 들어, 영어 화자들은 유성음과 무성음의 차이를 잘 변별하고 결과적으로 자신의 음소목록과 비교하고 맞추어서 유성음 혹은 무성음으로 재인한다. 그러나 우리말 화자들은 유성음과 무성음의 음성학적 차이에 대해서 잘 변별하지 못하고, 결과적으로 자신의 음소목록에 없으므로 재인에 실패하게 될 확률이 높아진다. 반대로 우리 말소리의 경음과 격음은 우리말 화자들에게 그 음성학적 차이에 대한 변별이 쉽고 자신의 말소리 목록과 맞추어서 잘 재인하게 될 것이다. 모든 음소는 어떤 범주 안에서 같은 소리로 지각될 수 있으며, 그 범주는 같은 모국어 화자들 간에는 경험과 학습을 통해서 공유된 것이다.

다음 단계로는 음운표상(phonological representation)을 만들고 이 표상은 다시 의미표상(semantic representation)이 처리되어야 그 의미를 파악할 수 있게 된다. 음운표상이나 의미표상은 '무엇인가가 실현되는 것(presentaion)'인데 재인된 소리는 결국 우리가 갖고 있는 말소리 목록과 맞추어서 어떤 소리, 어떤 의미로 머릿속에서 심상을 만들어 떠올려 낸다는 것이다. 음운표상은 그저 말소리의 연쇄로 그 의미를 몰라도 만들 수 있다. 처음 듣는 말이나 비단어 등을 듣고 자신의 소리체계 안에서 생성해 내는 그 소리가 음운표상인 것이다. 또 그 소리의 표상이 머릿속에 있는 어떤 의미와 바로 연결된다면 의미표상이 생성될 것이다. 재인한다고 하거나 표상을 만든다는 표현 안에는 해당 절차에 대한 중요한 설명을 포함하고 있으므로 주의를 기울여 볼 필요가 있다. '재인'이나 '표상'의 영어 표기를 보면 '다시'라는 의미의 're'라는 접두사가 붙은 파생어이다. 새로 들어온 정보를 기존에 머릿속에 저장된 어떤 정보와 맞추어 보면서 다시 저장하거나, 머릿속에 있는 어휘 심상집(lexicon)의 의미와 맞추어 보고 이해할 수 있게 되기 때문이다.

말소리의 입력 과정에 이어서 이제 말 산출 단계를 살펴보자. 말을 산출하는 것은 의사소통 의도에서 출발한다. 의도는 상징체계, 즉 어휘로 의미표상을 만든다. 의미표상은 바로 음운표상을 떠올리게 되고 그 표상은 근육을 움직이기 위한 다음 단계를 시작하도록 한다. 말을 자발적으로 시작할 때 말운동은 대부분 어떤 순서로 움직이는지 운동프로그램(motor program)을 갖고 있으며 그 프로그램에 따라서 운동 순서를 계획한다. 그러나 처음 듣는 말을 따라 해야 하는 경우에는 운동 프로그램을 갖고 있지 않으므로 다시 운동프로그래밍(motor programming)의 과정을 통해 프로그램을 짜야 한다. 운동프로그래밍을 통해 운동프로그램을 만들면 다음으로 상황에 맞게 운동계획(motor planning)을 해야 한다. 예를 들어, 급하게 빨리 말을 해야 한다면, 우리는 동작의 범위를 줄이고 속도를 높여서 산출하도록 계획해야 하고, 멀리 있는 사람에게 정확하게 메시지를 전달해야 한다면 성문하압을 높여서 큰 소리로, 조음기관의 운동 범위를 늘리고, 말속도를 늦추어서 천천히 산출하도록 운동 계획을 수정해야 한다. 우리는 이러한 수정을 의도적으로 하지 않고, 대부분의 경우 주변 환경에 따라 거의 자동적으로 할 수 있는데, 운동계획 단계에 어려움을 겪는 사람은 이러한 자동적인 조정에 어려움을 보이게 될 것이다. 말실행증이 있다고 진단된 사람들의 특징은 발화의 길이가 길어지면 할 수 있던 조음동작도 어려워하는데, 그 이유를 말운동의 순서를 프로그래밍하고 계획하는 데 어려움 때문이라고 추정하고 있다. 말 산출의 마지막 단계는 발성 조음기관의 근육조직들을 움직이는 운동실행(motor execution) 과정이다. 우리가 말을 하는 과정은 발동, 발성, 조음의 단계를 거쳐야 하며 이 과정에 약 백 개의 근육이 동시에 순시대로 잘 움직여 주어야 한다. 마비가 있는 사람들의 경우, 단 몇 개의 근육 움직임에만 제한이 있어도 정확한 말운동에 어려움을 겪게 될 수 있다.

앞서 모델에서 살펴본 음운표상과 의미표상은 머릿속에 있는, 즉 기억에 있는 것과 같은 입력체계로 만들어야 하는데 이 과정을 부호화(encoding)라고 한다. 입력되는 말소리를 부호화하기 위해서는 잠시 유지할 수 있어야 하는데, 초기 기억의 유지 단계를 단기기억 · 작업기억이라고 한다. 앞서 모델 가설에 입각해서 볼 때, 진단 과정에서 말소리장애 아동 가운데 부호화 능력이 떨어지거나, 단기기억 혹은 작업기억에서 어려움을 보이는 아동이 있는지 살펴보고, 치료 과정에 이를 보완하기 위한 노력이 필요하다고 할 수 있다.

음운기억이 말소리장애의 원인이 될 수 있다고 보는 입장에는 두 가지 가설이 있다. 한 가지 입장은 머릿속에 있는 장기기억 형태(기저형)에 오류가 있다는 입장이고 다른 한 가지 입장은 장기기억의 표상을 만들기 위한 그 전 처리 과정, 즉 단기기억과 작업기억에 문제가 있다는 것이다. 음운론적 단기기억은 음운론적 정보를 모니터링하고 유지하고 단순히 회상하는 것을 의미하고, 음운론적 작업기억은 음운정보를 일시적으로 저장하면서 조작하는 작업으로 과제에서, 예를 들어, 들은 말을 거꾸로 하는 등의 작업을 의미한다. 현재까지는 장기기억 형태에 대한 입장보다는 음운단기기억(phonological short term memory: pSTM)과 음운작업기억(phonological working memory: pWM)이 보다 밀접한 관련이 있다고 하는 것이 더 많은 지지를 받고 있다(Lewis et al., 2006a; Shriberg, Lohmeier et al., 2009).

정세인과 하지완(2023)의 연구에서는 말소리장애 아동 집단이 단기기억에서는 차이가 나지 않았지만, 작업기억 과제에서는 일반 아동보다 더 어려움을 보이는 것으로 나타났다. 한편, 다른 연구에서는 음운단기기억과 음운작업기억 모두에서 어려움을 보이는 경우도 있었다(Waring et al., 2017). 그러나 같은 연구팀이 다시 연구한 결과(Waring et al., 2018)에서는 단기기억에서는 유의미한 차이가 없는 반면, 음운지연 집단이 작업기억에서 유의하게 낮은 것으로 나타났다. 일부 말소리장애 아동은 말소리 정보를 일시적으로 저장하면서 조작하는 능력의 결함이 장애의 원인이 될 수 있음을 시사하는 것이다.

앞에서 언급했던 음운 부호화(phonological encoding)는 청각적으로 입력된 음향학적 정보를 음소 혹은 어휘의 표상으로 변환하는 능력을 의미한다. 음운 부호화와 말소리장애 간의 관계를 알아보기 위해서 Shriberg 등(2009)의 실험 연구를 살펴보는 것이 도움이 될 것이다. 연구자들은 말소리 오류가 부호화 문제인지, 말소리 생성의 어려움 문제인지 확인하기 위해 초기발달자음 4개, 초기모음 1개를 포함한 음절 반복 과제(Syllable Repetition Task: SRT)를 개발하여 세 집단 간 차이가 있는지 알아보았다. 우선, 말소리지연 집단(SD)과 말소리지연을 동반한 언어지연 집단(SD+LD), 일반발달 집단(TD)을 비교한 결과 말소리지연 집단과 일반발달 집단 간 부호화 결과에 큰 차이가 없었으나, 언어장애동반 말소리지연 집단은 일반발달 집단 대비 부호화 능력이 낮은 것으로 보고된 바 있다. 말소리 문제만 있는 경우에는 부호화의 실패 때문은 아닐 수 있다는 것이다. 그러나 말소리장애 아동이 일반 아동에 비해서 부호화 능력이 유의하게 낮다고 보고된 연구(Roepke, 2020)도 있어, 아직 부호화에 대한 결론을 내리기는 증거가 부족한 상황이다.

(3) 언어학적 증상에 따른 분류

Dodd(2014)는 아동이 보이는 언어학적 증상인 표면 오류를 바탕으로 말소리장애 아동의 하위 유형을 분류하고자 하였다. 말소리장애 아동이 보이는 오류패턴과 일관성에 초점을 맞추어 조음장애, 음운지연, 일관적 음운장애, 비일관적 음운장애로 분류하였으며, 다음의 기준으로 하위 유형을 감별진단하도록 제안하였다.

① 조음장애

후기 발달 음소인 치경마찰음, 유음 등 일부 음소를 일관되게 대치하거나 왜곡하며, 따라 말하기나 자발화에서 수행 상의 큰 차이가 없다.

② 음운지연

어린 연령대의 일반 아동에게서 관찰되는 발달적 오류패턴을 보인다.

③ 일관적 음운장애

발달적 오류패턴뿐만 아니라 비발달적 오류패턴을 일관성 있게 보인다.

④ 비일관적 음운장애

발달적 · 비발달적 오류패턴을 보이면서 25개의 낱말을 세 번씩 말하게 했을 때, 적어도 40%의 낱말을 변이적인 형태로 발음한다.

표 1-3 언어학적 증상에 따른 언어별 말소리장애 하위 유형의 출현율

언어(아동 수)	문헌	확인된 아동 비율(%)			
		조음 장애	음운 지연	일관적 음운장애	비일관적 음운장애
영어(55)	Dodd et al.(1989)	14	56	12	16
영어(320)	Broomfield et al.(2004)	12.5	57.5	20.6	9.4
광둥어(17)	So et al.(1994)	11.8	47.1	29.4	11.8
독일어(84)	Fox et al.(2001)	5	61	20	14
표준 중국어(33)	Zhu Hua et al.(2000b)	3	55	24	18
스페인어(20)	Goldstein.(1995)	10	65	25	미평가
한국어(133)	피민경, 하승희(2020).	30.1	44.4	18.1	7.5

〈표 1-3〉은 다양한 언어권에서 보고된 Dodd(2014)의 언어학적 증상에 따라 말소리장애의 하위 유형의 출현율을 정리한 것이다. 언어권마다 말소리장애 하위 유형의 비율은 다소 차이가 있으나, 공통적으로 음운지연이 가장 높은 비율을 차지하였다. 대표적으로, Broomfield와 Dodd(2004)는 영국 Middlesbrough 지역에 15개월 동안 주요 소아 말-언어치료 서비스에 의뢰된 0~16세 사이의 1,100명 아동을 대상으로 말소리장애 전체와 하위 유형별 출현율을 보고하였다. 평가받은 아동 중에 320명이 말 문제를 주요하게 보이는 것으로 나타났다. 이 중 조음장애가 12.5%, 음운지연이 57.5%, 일관적 음운장애가 20.6%, 비일관적 음운장애가 9.4%로 나타났다. 피민경과 하승희(2020)는 Dodd(2014)의 제안을 바탕으로 한국어에서 나타나는 발달적 · 비발달적 오류패턴과 K-APP의 비일관성 지표를 바탕으로 3~9세의 133명의 말소리장애 아동의 하위 유형을 분류하였다. 조음장애가 30.1%, 음운지연이 44.4%, 일관적 음운장애가 18.1%, 비일관적 음운장애가 7.5%로 나타났다. 피민경과 하승희(2020)에서는 조음장애 아동이 상대적으로 높은 비율을 차지하였는데, 이 부분은 7~9세 아동이 전체 대상자 중 약 24.8%로 상대적으로 높은 비율을 차지하는 점과 관련이 있다. 7~9세 말소리장애 아동은 대부분 언어치료력이 있었으며, 평가 당시에는 치경마찰음, 유음 등의 잔존 오류만을 보여 대부분 조음장애로 분류되었다. 이러한 연구 결과는 언어학적 증상에 따른 말소리장애 하위 유형 출현율은 아동의 연령과 치료력에 영향을 미칠 수 있음을 보여 준다. 아동의 연령대가 어리고, 치료력이 없을 때는 음운규칙의 학습 및 습득 문제로 인해 음운지연이나 음운장애를 보이다가, 성장하고 치료를 받으면서 말소리 문제가 점차 완화되어 결국 일부 음소에서만 오류를 보이는 조음장애로 말소리장애 하위 유형이 전환될 수 있다.

언어학적 증상에 따른 말소리장애 하위 유형별로 원인, 심각도, 언어문제, 음운인식 및 문해력 등 면에서 하위 유형별로 공통적인 특성을 보인다(〈표 1-4〉 참조). 특히 언어학적 증상에 따른 말소리장애 하위 유형별 언어 능력을 Broomfield와 Dodd(2004)에 따르면, 말소리장애 아동 중 표현어휘 영역에 지연이 있는 아동은 50.9%, 언어이해에 지연이 있는 아동은 25.6%, 표현언어에서 지연이 있는 아동은 38.1%였으며, 화용 측면의 어려움을 동반하는 아동은 10.6%에 해당하였다. 특히 말소리장애 하위 유형별로 언어장애 동반 비율을 나누어 살펴보면, 비일관적인 음운장애 아동이 다른 말소리장애 하위 유형에 비해 언어장애 동반 비율이 유의하게 높았다. 국내에서도 피민경, 하승희(2022)가 언어학적 증상에 따른 말소리장애 하위 유형별로 언어 능력을 살펴보았다. 말소리장애 하위 유형별로 연령 변인을 통제하고 어휘, 문법, 화용, 초기 문해 측면을 살펴보았을 때 수용 어휘와 구문이해 및 표현을 바탕으로 살펴본 문법, 초기 읽기 영역에서 하위 유형별로 유의한 차이를 보이는 것으로 나타났다. 조음장애 아동은 언어 측면에서 가장 양호한 반면에 비일관적 음운장애 아동이 다른 하위 유형에 비해 언어 능력의 결함이 두드러졌다. 음운지연과 일관적 음운장애 아동은 대체로 조음장애 아동과 비일관적 음운장애 아동의 중간 정도의 수행력을 보였다. 또한 말소리장애 하위 유형을 예측하는 언어 영역을 탐색하였다. 언어 영역 중 문법이 말소리장애 하위 유형을 유의하게 예측하는 것으로 나타났는데, 조음장애에 비해 음운지연과 비일관적 음운장애가 문법 영역에서 유의하게 낮은 수행력을 보였다. 특히 비일관적 음운장애는 음운 규칙을 포함한 일련의 언어 규칙을 습득하는 데 어려움을 보여, 비일관적인 오류를 보인다고 추정된다.

표 1-4 언어학적 증상에 따른 말소리장애 하위 유형별 특징

특징	조음장애	음운지연	일관적 음운장애	비일관적 음운장애
원인	발음기관 운동문제	머릿속의 음운체계 문제		
심각도	약함	약함	중간-심함	심함
발달적 오류패턴	없음	있음	있음	있음
비발달적 오류패턴	없음	없음	있음	있음
음운인식문제	중간	있음	있음	있음
언어장애동반	비율 ↓	비율 ↓	비율 ↑	비율 ↑
문해력 문제	없음	없음	있음	있음
문장복잡성 수행문제	없음	없음	중간	있음

우측으로 갈수록 심각한 경향이 있으며, 심각할수록 치료에는 많은 기간이 필요함

언어학적 증상에 따른 말소리장애 하위 유형은 실제 임상에서 감별진단하여 분류하기가 상대적으로 쉽다. 또한 하위 유형별로 언어 및 문해 문제를 포함해 여러 영역에서 공통된 특성을 보이기 때문에 말소리장애 아동의 특성을 이해하고 치료의 방향을 설정하는 데 용이하다. 예를 들어, 음운 규칙과 체계를 습득함에 있어 어려움을 보여, 잘못된 음

운 규칙을 적용하는 음운장애의 경우에는 언어장애를 동반하는 경우가 많다. 또한 음운 인식을 포함한 음운처리 기술 상의 어려움을 보여 학령기에는 읽고 쓰기 상의 어려움을 보일 가능성이 높다. 따라서 음운장애 아동의 경우에는 말소리 자질과 배열 규칙에 대한 이해를 돕고, 소리를 구별하여 산출하게 하고, 언어 및 문해력 향상을 동시에 향상시킬 수 있는 중재접근법이 효과적일 수 있다. 실제로 말소리장애 하위 유형을 분류하는 다양한 접근법 중에서, 객관적인 연구를 통해 하위 유형별로 효과가 입증된 중재접근법을 제시하고 있는 것은 언어학적 증상에 따른 접근법이 현재까지는 유일하다. 〈표 1-5〉는 언어학적 증상에 따른 말소리장애 하위 유형별로 효과가 입증된 중재접근법과 치료 시 목표 말소리 단위를 정리한 것이다. 조음장애는 개별 음소에 대한 집중적인 말 연습을 강조하는 음성적 접근법이 가장 효과적이고, 음운지연은 음운대조를 강조한 언어학적 접근법과 언어의 모든 요소를 통합적으로 중재하는 전체언어접근법이 효과적이다. 일관적인 음운장애도 음운대조와 음운 규칙 및 체계를 강조하는 언어학적 접근법이 효과적이며, 비일관적 음운장애는 비일관성 감소를 우선적으로 목표로 하는 핵심어휘접근법이 효과적인 것으로 보고되고 있다.

표 1-5 하위 유형별 효과적인 치료기법과 말소리 단위

단위	조음장애	음운지연	일관적인 음운장애	비일관적인 음운장애
말소리	✓		×	×
음운대조		✓	✓	×
전체 단어			×	✓
전체 언어		✓	×	×
치료 기법	음성적 접근법	음운대조 전체 언어 상위음운지식 (metaphon) 주기법	음운대조 상위음운지식 (metaphon) 주기법	핵심어휘

✓ 해당 단위로 치료했을 때 성공적인 근거 자료 있음.
× 해당 단위로 치료했을 때 성공적이지 않다는 근거 자료 있음.
출처: 하승희(2016).

⑤ 비일관적 음운장애와 아동기 말실행증의 감별진단

비일관적 음운장애와 아동기 말실행증은 비일관성이라는 주요 핵심특성을 공유하기 때문에 두 장애를 감별진단 하는 것은 쉽지 않다. 두 장애는 동반 가능성 또한 높아(Ozanne, 1995), 특정 증상이 비일관적 음운장애로 인한 것인지, 아니면 말실행증으로 인한 것인지를 판단하는 것도 조심스러울 때가 많다. 다음 〈표 1-6〉은 여러 선행연구(오다희, 하지완, 2021; Bradford-Heit & Dodd, 1988; Chiat, 1983; Dodd, 1982, 2005; Dodd et al., 2024; Freed, 2020; Holm et al., 2008; Leahy & Dodd, 1987; Macrae & Sosa, 2015; Martikainen, Savinainen-Makkonen & Kunnari, 2021; Ozanne, 1995; Stackhouse & Wells, 1997)에서 보고된 두 장애의 특성들을 비교하여 정리한다. 이론적으로, 전자는 음운단계의 결함인 반면, 후자는 운동단계의 결함임을 명심하고(Dodd, 1982), 그 차이점들을 이해하도록 하자. 예를 들어, 머릿속 음운단계의 프로세싱 결함(비일관적 음운장애)은 운율에는 아무런 영향을 미치지 않지만, 말 산출 운동단계의 프로그래밍 장애(아동기 말실행증)는 조음전환의 어려움을 초래하고 이는 운율 결함으로 직결된다. 또한 음소인출 또는 음소배열의 방해(비일관적 음운장애)는 잘못된 음소선택, 즉 다른 음소로의 대치오류로 연결되지만, 민첩하지 않은 조음전환(아동기 말실행증)은 음소연장 등 왜곡 오류와 관련이 있다.

표 1-6 비일관적 음운장애와 아동기 말실행증의 차이

	비일관적 음운장애	아동기 말실행증
기저 원인에 대한 심리언어학적 설명	불완전한 음운표상(Chiat, 1983; Martikainen et al., 2021) 또는 음운산출계획(phonological output plan)을 위한 음소인출과 음소배열의 어려움(Leahy & Dodd, 1987; Dodd et al., 2024)	말운동산출의 계획 및 프로그래밍 장애
핵심 손상 영역	음운	조음, 운율
오류유형	대치	대치, 왜곡, 왜곡을 동반한 대치
음운오류패턴	오류가 비일관적이므로 오류패턴을 찾는 것이 큰 의미가 없음. 그러나 모든 말소리를 비일관적으로 산출하는 것은 아니기 때문에 발달적 오류패턴, 비발달적 오류패턴을 같이 보일 수 있음	말운동 단계의 결함이므로 오류패턴을 찾는 것이 큰 의미가 없음. 그러나 조음 전환의 어려움으로 인해 한 조음위치에 오래 머무르게 되면 첨가(특히 다음 음절 초성의 조음위치와 동일한 어중종성의 첨가)를 보일 수 있음

오류 위치	발화 첫 부분에서 더 많은 오류가 나타나지는 않음. 오히려 발화 첫음절은 정조음한 후 다음 음절에서 어려움을 보이는 경우를 볼 수 있음 (예: /냉장고/를 [내짜꼬, 낸단도, 냉강고]로 발음함)	발화 첫 부분에서 오류가 많이 나타남
따라 말하기 수행력	자발화보다 따라 말하기의 수행력이 양호함. 오조음한 경우 모델링 제공 후 따라 말하도록 하면 수행력 향상될 수 있음	따라 말하기를 가장 어려워함. 오조음한 경우 모델링 제공 후 따라 말하도록 해도 여전히 어려워함
동반장애	언어장애, 특히 표현언어장애와 쓰기장애 동반 가능성 큼	언어장애, 읽기장애, 쓰기장애를 동반할 수 있음. 마비말장애를 동반할 수 있음
운율 결함	느린 말속도와 같은 운율 문제를 보이지 않음	느린 말속도(음절 또는 모음의 연장으로 인해), 비정상적인 강세(한 음절씩 끊어서 스타카토처럼 말하거나 과균등강세) 등 운율 문제가 두드러짐. 빨리 말하게 하면 오류가 증가함

(4) 표준건강분류 체계에서의 말소리장애

● 국제건강분류

세계보건기구(World Health Organization: WHO)는 건강을 단순히 질병이 없는 상태가 아닌, 신체적 · 정신적 · 사회적 웰빙(well-being) 상태로 정의하였다. 이는 '건강하지 않음', 즉 '장애'가 특정 신체 부위의 손상이라는 시각에서 벗어나, 일상생활의 활동 제한, 사회적 참여 제약, 환경 요인 등 다양한 측면을 포괄하는 보다 넓은 개념이라는 관점을 반영한다. 이러한 분위기 속에서 국제건강분류(International Classification of Functioning, Disability and Health: ICF)가 제정되었다. ICF는 기능수행(Functioning), 장애(Disability), 건강(Health)을 기술하고 측정하는 국제표준으로, 2001년 제54차 세계보건총회에서 공식적으로 승인된 세계보건기구의 보건의료분류표준(WHO family of international classifications) 중 하나이다(WHO, 2001). 최초의 ICF는 1980년 발행된 국제장애분류(International Classification of Impairments, Disabilities, and Handicaps: ICIDH)에 그 근간을 두었으나, 업데이트와 개정 작업을 거치며 비중 있게 다루는 내용이 ICIDH와 다소 상이해졌다. 즉, ICIDH는 손상(Impairments), 장애(Disabilities), 핸디캡(Handicaps)과 같이 '질병'의 결과 또는 '질병'이 건강상태에 미치는 영향에 대해 주로 다루고 있는 반면, 최근의 ICF는 질병뿐 아니라 '건강'과 '사회적 기능' 및 '개인의 활동'에 영향을 미치는 다양한 요인들을 파악하는 데 중점을 두고 있다. ICF에 따르면 한 개인의 기능과 장애는 개인의 '건강 상태'와 '환경요인' 간에 역동적인 상호작용의 결과로 해석할 수 있다.

ICF가 출판된 후 기능수행에 대한 고정된 개념을 아동의 발달에 적용하기 어려운 것을 인식하고 ICF-CY(International Classification of Functioning, Disability and Health, Children and Youth Version, 2007)를 개발하여 출생부터 17세 청소년기 아동까지 적용할 수 있도록 하였으며 미국, 일본 등에서는 심리학, 교육심리학, 작업치료, 언어치료, 공공보건기구 등의 전문가들의 협업에도 사용되고 있다. ICF-CY 모형은 장애가 기능수행에 미치는 영향을 파악하고 이러한 기능수행에 영향을 미칠 수 있는 '배경요인'을 제시하고 있다([그림 1-7] 참조). 이 개념 모형에 근거하여 본다면 말소리장애 아동의 건강은 하나의 요인이 아닌 생물학적 · 문화적 · 개인적 · 사회적 · 심리적 · 행동적 요인 등 매우 다양한 요인에 의해 영향을 받을 수 있으므로, 관련된 요인에 대해 파악하는 것은 이후 정책 설정이나 중재 접근을 선택하는 과정에도 ICF를 적용하도록 권고하고 있다. 특히 ASHA(2016)는 말소리장애 아동의 평가 과정에서 아동의 말소리 산출 능력을 포함하는 의사소통 능력이 일상생활의 활동과 참여에 미치는 영향을 파악하고 아동이 활동과 참여 및 의사소통에 성공적으로 참여하는 데 방해가 되거나 촉진할 수 있는 환경요인을 평

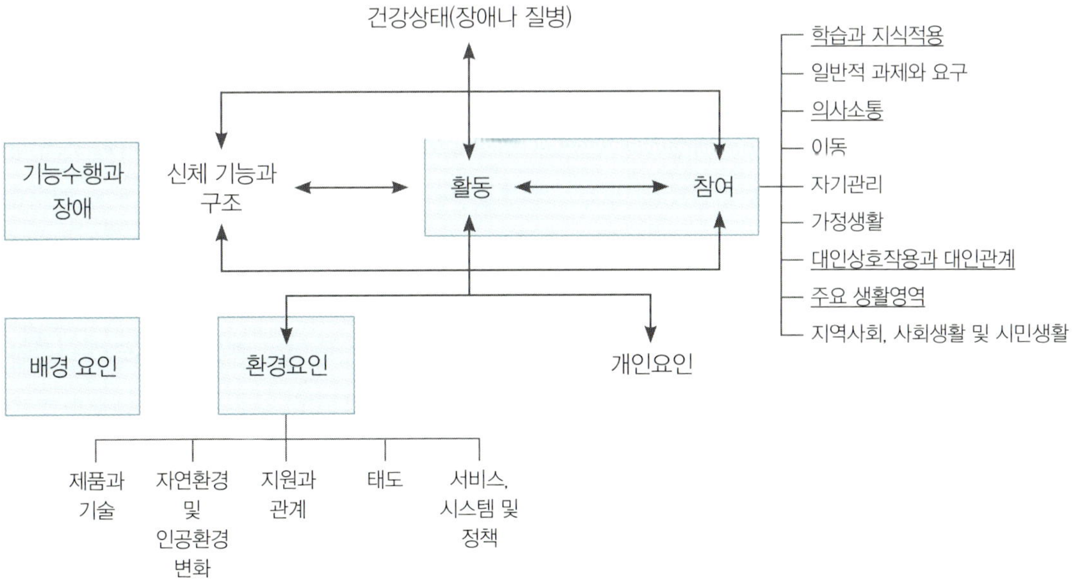

[그림 1-7] 국제건강분류 아동 및 청소년용(ICF-CY) 분류체계(2007)

가할 것을 강조하였다. 중재 과정에서도 아동의 사회적 · 교육적 · 직업적인 활동과 참여의 모든 영역을 촉진하는 것을 목표로 성공적인 의사소통에 방해가 되는 요소를 제거하고 촉진하는 요소를 더 강화시킬 수 있는 환경적인 요인의 수정을 포함해야 한다는 것을 강조하였다. 결국 이 분류는 모든 개인의 수행과 환경을 각각 살펴야 할 것을 요구하는 것이다.

이러한 세계적 흐름에 발맞춰, 우리나라에서도 2016년 통계청에서 ICF의 한글 버전인 한국표준건강분류(Korean Standard Classification of Functioning, Disability and Health: KCF)를 제정, 고시하여, 2018년 1월 1일부터 시행 중이다. 한국표준건강분류 체계 관련 내용과 활용 예시를 〈더 볼거리 1-1〉에 제시하였다.

더 볼거리 1-1

(1) 한국표준건강분류

'한국표준건강분류'(통계청, 2016) 첫 페이지에는 KCF의 목적이 '건강과 건강관련 상태를 표현하기 위한 통일된 표준 언어와 체계를 제공하는 것'임을 밝히고 있다. 또한 그 특성이 '보편성'에 있음을 강조하며, KCF는 장애를 가진 사람만을 위한 분류체계가 아니라 건강한 사람을 포함하여 모든 사람을 대상으로 건강상태를 분류하기 위한 것임을 덧붙였다.

KCF는 인간 건강의 모든 측면을 다루기 때문에, 한 대상자에 대해 말소리 산출 관련 정보 이외에 다른 건강상태들도 같이 기재할 수 있다. 또한 건강과 건강 관련 상태는 고착된 것이 아니기 때문에 시간에 따라 변화할 수 있다. 따라서 동반장애가 있는지, 동반장애가 있다면 그것이 대상자의 활동과 참여에 어떠한 영향을 미치는지, 나이가 들어 학교에 입학하면 장애에 영향을 미치는 환경요인이 증가하는지, 그것이 저해 혹은 촉진요인으로 작용하는지 등과 같이 대상자의 건강과 건강 관련 상태들을 포괄적이고 장기적으로 파악하려는 노력이 요구된다. 이와 관련하여, 서은영과 김수진(2022)은 학령전기에 말소리장애로 진단받은 아동의 경우 초등학교 1학년과 2학년의 활동 및 참여의 다양한 영역에서 일반 아동보다 낮은 평정점수를 받았음을 보고하며, 같은 수준의 말소리 산출 문제를 가지고 있더라도 환경요인과 개인요인이 삶의 각 기능에 다른 영향을 미칠 수 있음을 강조하였다.

좀 더 구체적으로 살펴보면, KCF는 대상자로부터 얻은 정보를 '기능수행과 장애' '배경요인'의 두 개 부문으로 일차적으로 분류한다. 이후 '기능수행과 장애'를 '신체기능과 구조' 및 '활동과 참여'로, '배경요인'을 '환경요인' 및 '개인요인'으로 각각 두 개의 구성요소들로 재분류한다. '환경요인'은 개인이 직면한 환경부터 일반 환경까지 KCF에 체계적으로 기재되어 있는 반면, '개인요인'의 경우 개인과 관련된 사회문화적 차이가 크기 때문에 구체적으로 명시되어 있지 않다. 모든 구성요소는 긍정적 측면과 부정적 측면으로 표현 가능한데, 배경요인에서 긍정적 측면은 촉진요인으로, 부정적 측면은 저해 또는 방해요인으로 작용할 수 있다. 이와 같은 특성은 KCF가 건강과 건강 관련 상태들에 대해 얼마나 포괄적으로 접근하고자 했는지를 잘 보여 준다(〈표 1-7〉 참조).

표 1-7 한국표준건강분류(KCF) 개요

	기능수행과 장애		배경요인	
구성요소	신체기능과 구조	활동과 참여	환경요인	개인요인
영역	신체기능 신체구조	생활영역 (과제, 행위)	기능수행과 장애에 대한 외적 영향	기능수행과 장애에 대한 내적 영향
구성개념	신체기능의 변화 (생리적)	능력(capacity) 표준 환경에서의 과제수행	물리적 · 사회적 · 태도적 측면의 특성이 미치는 촉진 또는 저해 효과	개인의 특성이 미치는 효과
	신체구조의 변화 (해부적)	수행(performance) 실제 환경에서의 과제수행		
긍정적 측면	기능적 구조적 통합	활동 참여	촉진요인	해당 없음
	기능수행			
부정적 측면	장해	활동 제한 참여 제약	저해요인/ 방해요인	해당 없음
	장애			

출처: 통계청(2016).

(2) 한국표준건강분류의 말소리 산출 관련 코드

KCF에서는 신체기능을 'b'로, 신체구조를 's'로, 활동과 참여를 'd'로, 환경요인을 'e'로 표기하고, 각 구성요소에 해당하는 항목들을 알파벳 뒤에 일련의 숫자들로 명시하여 코드화하였다. 또한 코드 뒤에 온점(.)을 찍은 후 숫자를 적어 그 정도를 수치화하도록 하였다. 이를테면 코드 뒤에 '온점(.) + 0, 1, 2, 3, 4' 등의 숫자를 기입해 '이상 없음' '경도 이상' '중등도 이상' '중증 이상' '완전 이상' 등과 같이 신체기능, 활동제한, 환경요인의 저해 정도를 표기하는 것이다. 예를 들어, 'b167.3'이라는 코드는 신체기능(b: 신체기능)의 정신기능(1: 정신기능) 중 언어기능(67: 언어의 정신기능)이 중증 이상(3: 중증 이상)의 장해(impairments)를 보임을 의미한다. KCF에 기재된 다수의 항목들 가운데에서 말소리 산출과 관련된 항목들을 정리하면 〈표 1-8〉과 같다. 배경요인 중 환경요인은 KCF 매뉴얼에 비교적 상세하게 항목들이 기재되어 있으나, 이 경우, 말소리 산출과의 관련성 여부가 개별 사례별로 상이할 것으로 판단되어 〈표 1-8〉에는 포함하지 않았다.

표 1-8 말소리 산출과 관련 있는 신체기능, 신체구조, 활동과 참여 항목과 코드

<table>
<tr><th>구성요소</th><th>영역</th><th colspan="2">코드</th><th colspan="3">설명</th></tr>
<tr><td rowspan="2">신체기능</td><td rowspan="2">제3장. 음성과 말하기 기능</td><td rowspan="2">b320</td><td rowspan="2">조음 기능</td><td rowspan="2">말소리를 생성하는 기능</td><td>포함</td><td>말투의 기능, 음소의 조음; 강직성, 운동실조성, 이완성 조음장애; 무조음증</td></tr>
<tr><td>제외</td><td>언어의 정신기능; 음성기능</td></tr>
<tr><td rowspan="19">신체구조</td><td rowspan="19">제3장. 음성 및 말하기와 관련된 구조</td><td>s320</td><td colspan="4">입구조</td></tr>
<tr><td>s3200</td><td colspan="4">치아</td></tr>
<tr><td>s3201</td><td colspan="4">잇몸</td></tr>
<tr><td>s3202</td><td colspan="4">구개구조</td></tr>
<tr><td>s32020</td><td colspan="4">경구개</td></tr>
<tr><td>s32021</td><td colspan="4">연구개</td></tr>
<tr><td>s3203</td><td colspan="4">혀</td></tr>
<tr><td>s3204</td><td colspan="4">입술구조</td></tr>
<tr><td>s32040</td><td colspan="4">윗입술</td></tr>
<tr><td>s32041</td><td colspan="4">아랫입술</td></tr>
<tr><td>s3205</td><td colspan="4">인중</td></tr>
<tr><td>s3208</td><td colspan="4">기타 명시된 입구조</td></tr>
<tr><td>s3209</td><td colspan="4">상세불명의 입구조</td></tr>
<tr><td>s330</td><td colspan="4">인두구조</td></tr>
<tr><td>s3300</td><td colspan="4">비강인두</td></tr>
<tr><td>s3301</td><td colspan="4">구강인두</td></tr>
<tr><td>s3308</td><td colspan="4">기타 명시된 인두구조</td></tr>
<tr><td>s3309</td><td colspan="4">상세불명의 인두구조</td></tr>
<tr><td>s398</td><td colspan="4">기타 명시된 음성 및 말하기 관련 구조</td></tr>
</table>

활동과 참여	제3장. 의사소통	d330	말하기	구두로 사실을 표현하거나 이야기를 하는 것처럼 글자 그대로 또는 함축적인 의미를 가진 구두 메시지로 단어, 구, 긴 문단 표현하기		
		d332	노래 부르기	메시지 전달 위해 일련의 음조를 사용하여 멜로디 생성	포함	콧노래 부르기, 찬송하기

출처: 통계청(2016).

(3) 한국표준건강분류를 적용한 말소리장애 사례

KCF에 기반하여 말소리장애 아동의 사례를 코드화하고 분류해 보자.

6세 여아는 구강운동구조 및 기능 검사 결과, 말 산출과 관련된 구강 구조에는 아무런 문제가 관찰되지 않았다[신체구조 이상 없음](s3200.0, s3201.0, s32020.0, s32021.0, s3203.0, s32040.0, s32041.0, s3300.0, s3301.0). 그러나 조음음운 검사 결과, 단어 수준에서 연구개파열음(ㄱ, ㄲ, ㅋ), 경구개파찰음(ㅈ, ㅉ, ㅊ), 치경마찰음(ㅅ, ㅆ), 유음(ㄹ)을 다른 음소로 대치하는 오류를 보여, 자음정확도 79%로 평가되었다[신체기능 이상](b320.2). 아동이 무슨 말을 하는지 다른 사람들이 이해하지 못하는 경우가 종종 있다고 하였고, 진단평가 결과 말명료도는 65%로 평가되었다[능력 제한](d330.2). 아동은 본인의 발음 문제를 부끄럽게 생각하여 유치원에서 큰 소리로 책을 읽거나 발표하는 것을 전혀 하지 않는다고 하였다[수행 제한](d330.3). 아동은 3년 동안 언어치료를 받아 왔고[환경요인: 촉진요인](e5850), 초등학교 1학년에 재학 중인 아동의 오빠 또한 유사한 조음 문제를 보이는 것으로 확인되었다[환경요인: 저해요인](e310).

e5850: 교육 및 훈련 서비스, e310: 직계가족

제2장

동반 문제

말소리장애를 유발하는 기질적인 근본 원인과 구별하여 말소리장애와 관련되는 요인으로 인지언어적 요인, 사회심리적 요인 등이 있다. 말 산출에 영향을 미칠 수 있는 관련 요인들은 원인이 될 수도 있고, 단순하게 상관만 좀 높을 수도 있고, 어떤 경우에는 그저 동반된 문제일 수도 있다. 말언어는 관련 요인이 워낙 다양하기 때문에, 드러나는 의사소통 문제의 양상은 많은 영향요인이 단독으로 혹은 조합되어서 나타나고, 각각의 심각한 정도의 차이로 인해서 임상현장에서는 단순한 말소리장애만 보이는 경우보다 다른 발달문제나 의사소통장애가 동반되어 나타나는 경우를 더 많이 접할 수 있다. 김수진 등(2015)의 국내 말소리장애 현황을 파악하기 위한 설문조사 결과, 언어치료기관을 방문한 전체 의사소통장애 인구 중 44.1%는 말소리장애가 있는 것으로 분류되었으며, 말소리장애가 있는 아동 중 25%만이 순수하게 말소리 문제만 있고 다른 동반 문제가 없다고 응답하였다. 나머지 75%는 다른 문제나 장애가 있다고 응답한 것이다. 이 장에서는 말소리장애 아동에게서 빈번하게 동반되는 문제와 관련 요인들을 살펴보고자 한다.

특히 지능과 언어, 정서 등의 동반 문제는 그 자체로 말소리장애를 분류하는 기준이 될 수도 있다. 동반 문제의 종류에 따라서는 그 조합과 정도에 따라서도 효율적인 치료 방법이 달라져야 한다. 그리고 치료의 효과와 예후에 있어서도 큰 차이를 가져올 수 있을 것이다. 따라서 현장에서 언어치료사는 말소리장애 아동의 진단 평가 시 동반 문제들을 확인할 필요가 있다. 김민정 등(2015)은 국내에서 언어치료사 50여 명에게 현재 1개월 동안 치료한 말소리장애 아동 각각에 대해서 동반 문제를 응답하도록 한 설문연구를 진행하였다. 설문연구 결과와 설문지는 현장에서 동반 문제를 확인하는 데 유용하게 활용될 수도 있을 것이므로 〈더 볼거리 2-1〉에 상세하게 제시하였다. 말소리장애 아동의 향후 학교생활과 사회활동 등은 말소리 문제뿐 아니라 동반 문제의 영향을 동시에 받을 수 있음을 고려해야 한다.

1. 지능

Shriberg 등(2010)의 말소리장애 분류체계를 보면 잠재적 원인 중에서도 인지-언어 처리의 문제가 56%로 가장 높은 비율을 차지하였다. '인지-언어'와 '지능'의 개념은 좀 차이가 있다. 인지(cognition)는 학습과 기억 전체를 통칭하는 것으로 인간의 머릿속에서 일어나는 정신 과정이라고 할 수 있으며, 인지 능력의 평가 지표로 가장 대표적인 것은 지능(intelligence)이라고 할 수 있다. 지능은 다차원적 개념이라는 입장이 수용되면서, 연구자마다 매우 다양하게 정의하고 평가할 수 있다고 주장한다. 그러나 현실적으로 지능검사를 살펴보면, 크게 언어성 지능과 비언어성 지능으로 나누어서 측정한다. 언어 능력이 떨어지면 지능지수 중 언어성 지능도 떨어지는 것으로 나타날 수밖에 없는 것이다. 그만큼 언어와 지능, 인지는 나누어서 살펴보기에 어려운 주제이며, 말소리장애와 언어장애 지적장애의 관계는 언어병리학 안에서 보면 가장 오래된 연구 주제이기도 하다.

말소리장애 아동의 지능이 일반 아동에 비해서 떨어지는 것은 아니다. 그러나 지적장애가 있는 경우에는 일반 아동들에 비해서 말소리장애를 보이는 비율이 현저하게 높게 나타난다. Fristoe와 Lloyd(1979)는 경미한 말소리장애를 포함한다면 지적장애의 약 70%가 말 산출에 문제를 보인다고 보고하였다. Shriberg와 Widder(1990)는 1950년대부터 1990년까지 약 40년간 수행된 지적장애의 말 산출 특성에 대한 연구들을 정리한 결과를 다음과 같이 요약했다.

① 지적장애 아동은 조음 오류가 있을 확률이 높다.
② 가장 빈번한 오류는 자음 생략이다.
③ 오류는 비일관적인 경향이 있다.
④ 오류패턴은 지연된 형태로 매우 어린 아동의 형태와 유사하다.

2. 언어

말소리장애와 가장 높은 비율로 동반된다고 보고된 장애는 언어발달장애이다. Shriberg와 Austin(1998)은 말소리장애와 언어장애를 동시에 보이는 아동의 비율에 대한 문헌조사 연구를 수행하였다. 분석한 연구들의 대상자 사례 수와 연령, 기준이 되는 장애(index disorder), 말소리장애 유형은 매우 다양하였다. 연구방법에 따라 말소리장애와 언어장애의 동반 비율은 21~75%로 다양하게 나타났다. 말소리장애가 심한 아동은 표현언어장애를 동시에 보일 가능성이 매우 높지만 수용언어장애만을 고려하였을 때는 동시발생률이 20%로 떨어졌다. 직접 수집한 연구자료와 문헌조사를 종합하여 학령전기 말소리장애 아동의 약 60%가 여러 유형의 언어장애를 보인다고 정리하였다.

국내에서도 언어치료사를 대상으로 김민정 등(2015)의 설문연구에서 현재 치료하고 있는 말소리장애 아동 약 390명에 대한 동반 문제를 조사하였다. 말소리장애의 동반 의사소통장애는 언어장애가 가장 빈번하였고, 특히 표현언어에 문제가 있는 아동이 가장 많았다. 표현언어의 문제가 중등도 이상으로 확인된 아동은 약 25%였고, 경계선 이상의 문제를 갖고 있는 아동까지 포함해서 보면 약 55%에 달하였다. 7세 이후 19세까지의 말소리장애 아동에 대해서 문해 능력에 문제가 있는 아동 비율은 약 35%를 차지하는 것으로 나타났다. 조사연구 결과뿐 아니라 실제로 말소리장애 아동의 언어장애 여부를 직접 평가한 고유경 등(2017)의 연구에서는 약 100명의 말소리장애 아동을 대상으로 언어장애 동반비율을 나누어서 살펴본 결과 수용·표현언어장애 32%, 표현언어장애 21%, 수용언어장애 4%로 언어장애의 비율은 모두 합해서 57%로 나타났다. 또한 심각도에 따른 관계도 살펴보았는데, 말소리장애의 심각도와 언어장애의 심각도 간에는 매우 높은 상관을 보인다고 하였다. 이는 말소리장애가 심각할수록 수용언어와 표현언어의 문제도 심각했다는 것이다. 언어장애나 읽기장애의 동반 비율은 국내외 연구나 연구방법에 따라서 차이가 크지 않고, 결국 약 60% 내외 수준으로 나타났다.

언어와 말소리의 발달은 서로 깊은 상관을 보여서 무엇이 먼저 문제를 야기한 것인지 알기 어렵다. 2세경의 유아가 산출하는 자음목록과 자음산출 비율은 이후 아동의 표현언어발달을 잘 예측한다고 하였다(Stoel-Gammon, 1998). 초기 언어 능력으로 말소리의 발달을 예측할 수도 있었는데, 아동패널 약 2,000명에 대한 종단 연구에서 3세 때의 어휘력으로 말 늦은 아동을 나누어서 일반 아동 집단과 비교했을 때, 6세가 된 이후 말 늦은 아동 집단에서 유의하게 많은 아동이 말소리장애로 진단되었다(김수진 등, 2017). 말소리장애 아동 가운데 음운인식에 어려움을 보이거나 언어발달장애가 동반된 경우에는 학령기에 읽기장애나 언어학습장애로 진단될 위험이 매우 증가하는 것으로 알려져 있다(Bernthal et al., 2022).

3. 정서 · 심리적 특성

임상장면에서 만나는 말소리장애 아동 중 주의력결핍장애, 과잉행동장애, 불안장애와 같은 정서 및 심리문제를 보이는 경우도 많다. Keating 등(2001)의 연구에 의하면 말 문제가 없는 아동 중 1%만이 정서문제를 보이는 것과 대조적으로 말소리장애 대상자 중 8%가 정서문제를 보인다고 보고하였다. 국내 임상가들에게 실시한 설문연구(김민정 등, 2015)에서도 주의력결핍장애(attention-deficit disorders: ADD)나 주의력결핍-과잉행동장애(attention-deficit hyperactivity disorders: ADHD) 또는 불안장애가 있는 것으로 의심되는 비율이 약 10%, 진단받은 비율은 2%라고 하였다. 앞에서 살펴본 Shriberg 등(2019)에서 SDCS(말소리장애 분류체계)의 하위 유형 중 SD-DPI(감정 기질적 문제 요인 유형)의 비율인 12%와 유사한 수준이다.

말소리장애 아동은 바람직한 의사소통 상대가 되지 못하여 의사소통에 대한 좌절감과 불안으로 따돌림을 당할 수도 있고, ADHD 아동은 주제 유지가 어려워 대화 상대를 단절시킬 수도 있다. 말소리장애 아동 중 이런 정서적 심리적 문제를 동반하고 있는 경우라면, 심리치료사와 의료진 등과 협조를 통해 보다 효과적인 치료접근 방법을 모색해야 할 것이다.

국내에서 아동패널 데이터로 ADHD를 동반한 말소리장애 아동의 언어와 문해 능력을 분석한 결과(이은주, 2023), 말소리장애 아동이 일반 아동에 비해 ADHD를 동반한 비율이 유의하게 높았으며, ADHD 집단과 말소리장애 아동은 일반 아동에 비해 언어 능력이 모두 유의미하게 낮았다. 특히 ADHD가 동반된 말소리장애 집단은 문해 능력에서도 유의한 차이를 보였으며, 특히 쓰기 문제가 동반되는 경향이 있었다. 학령선기에 주로 관심을 많이 받는 말소리와 주의력 문제는 이후 학령기 언어학습 지연의 문제와 관련하여 해석하고 진단할 필요가 있다.

4. 유창성과 음성

말소리장애와 유창성장애가 동반되어 나타나는 경우는 두 가지 모두 의사소통 상황에서 말 산출 과정에 정확한 발음과 자연스러운 말 흐름을 동시에 관리하기에 용량이 부족하기 때문이라고 추정된다. 국내에서 언어치료사를 대상으로 설문 조사한 결과에서는 말소리장애 아동 중 유창성장애가 의심되는 아동은 5.6%였으며, 확실하게 유창성장애로 진단된 아동의 비율은 0.6%로 나타났다(김민정 등, 2015). 두 가지 문제를 동시에 보이는 아동에 대한 중재 전략에 대해서는 쉽게 답을 찾기는 어려울 것이다. 말을 더듬는 아동에게 정확한 발음을 요구하다가 더듬는 문제를 악화시키고 또 두려움을 키울 수 있다는 우려가 생기기 때문이다. 그런 어려움이 예견되는 경우에는 직접중재보다는 간접중재 전략을 더 추천할 수 있을 것이다(Bernthal et al., 2022).

말소리장애가 있는 학령기 아동 중 1% 이하에서 유창성장애를, 약 57%에서 음성장애를 동시에 나타냈다고 한다(St. Louis et al., 1992). 국내에서 수행된 김민정 등(2015)의 조사연구의 음성장애 동반 비율에서는 크게 차이를 보였다. 국내 언어치료사들의 응답에 의하면 말소리장애 아동 중 경계선급의 음성 문제를 보이는 비율은 7.6%, 확실한 음성장애는 3.8%로 나타났다.

말소리장애 아동이 음성장애가 생길 수 있는 위험이 높을 수 있다고 보는 이유는 무엇일까. 모든 개별 아동의 이유는 다를 수 있겠지만, 말소리의 명료도가 떨어지는 아동이 과도하게 말 산출을 위해서 노력하다가 성대에 손상을 초래할 수도 있고, 근본적으로 갖고 있는 음성장애가 명료도를 떨어뜨릴 수도 있다. 또한 말소리 산출의 연습과 피드백 기회가 상대적으로 제한되었기 때문일 수도 있을 것이다.

5. 학업, 문해, 집행기능

말소리 산출은 언어적 행위인 동시에 운동·인지 능력 등과 긴밀한 관련을 갖고 있다. 학령전기, 특히 6세 이후까지 계속 말소리 산출에서 어려움을 보이는 아동의 많은 경우가 학령기가 되어서도 말소리 문제를 갖게 되거나(Shriberg et al., 1999), 읽기와 같은 특정 학습 문제(Lewis et al., 2016)를 갖게 되는 확률이 높았다. 이렇게 말소리 문제가 지속되고 읽기학습 문제까지 갖게 되면 나아가 자아존중감이나 사회적 관계 등 다양한 측면에 영향을 미칠 수 있다. 말소리 문제가 있는 아동의 영유아기부터 조사를 시작하여 청소년기까지 이어지는 대규모 패널 종단연구는 말소리 문제의 과거와 현재의 관련변수를 추적할 수 있게 해 줄 뿐 아니라 미래의 다양한 발달 문제도 추적할 수 있게 해 줄 수 있을 것이다. 이러한 추적연구가 필요한 이유는 말소리장애 아동의 의사소통 발달과 복지 환경을 구축하기 위한 최선의 지원 정책을 제안할 수 있게 도와줄 것으로 기대되기 때문이다. 그러나 아직 국내에서는 진행되고 있지 못한 점은 아쉬운 부분이다.

아동기에 학업은 사회적 역할에 대한 참여(participation)와 활동(activity)에서 큰 비중을 차지하는 영역이다. 6세 때 말소리장애 아동이라고 진단되었던 아동들이 학령기 1, 2학년이 되었을 때 학업 등 학교생활 전반에 대해 살펴본 서은영, 김수진(2022)의 종단연구에서 말소리장애가 있는 아동 중에도 집행기능이 좋은 경우에는 학업 등의 학교생활 영역에서 긍정적인 평가를 받는 경향이 있었다. 집행기능은 목표와 목표 지향적인 행동을 하는 데 필요한 인지적 과정을 포함하는 광범위한 개념이며 작업기억, 행동의 통제, 인지적 유연성을 포함하는 기능이다(Miyake et al., 2000). 말소리장애 아동 중 비발달적 오류패턴을 일관되게 사용하는 아동은 전반적인 집행기능에 어려움을 보였으며 이러한 아동은 이후 읽기 문제와도 관련이 있는 음운인식 능력에 어려움을 보일 가능성이 크다고 하였다(Crosbie et al., 2009). 말소리장애 아동의 학업이나 작업기억과 음운인식, 집행기능 등은 서로가 문제의 원인이라기보다는 관련된 변수들이 다양하게 영향을 주고받은 결과일 수도 있다. 또 반대로, 한 가지 요인이 문제가 될 때 다른 요인들이 보완을 해 줄 수도 있다. 말소리장애 아동의 진단 과정에서 학령기라면 부모나 교사들에게 집행기능에 대한 평가를 의뢰해서 참고하는 것이 예후나 학교생활 적응에 대한 지원 전략 수립에 도움이 될 수 있으므로 〈더 볼거리 2-2〉에 교사용 집행기능 평가 설문지를 첨부하였다. 집행기능에서 높은 점수나 낮은 점수는 그 자체로 장애나 동반 문제라고 할 수는 없지만 학업 등에 영향을 미칠 수 있기 때문이다.

6. 위험요인

말소리장애 아동은 이제까지 정리한 지능, 언어, 정서, 심리, 학업적인 영역의 문제 외에도 여러 위험요인이 상호작용하여 증상이 나타날 수 있다. 말소리장애 아동에게 내재된 위험요인이 모두 말소리장애를 일으키는 직접적인 원인이라고 간주하기는 어렵지만 말소리장애가 발현할 때 영향을 주거나, 말 문제를 악화시키거나 유지시킬 수 있다(Bernthal et al., 2017; Broomfield & Dodd, 2004a; 2004b; Fox et al., 2002). 동반 문제로서 이전에 언급한 요인 외에 말소리장애와 관련된 위험요인으로는 성별, 사회경제적 지위, 가족력, 형제 수와 같은 형제 변인, 전반적인 운동 능력, 구강-얼굴 운동 능력, 혀 내밀기(tongue thrust), 공갈 젖꼭지 사용 같은 부적절한 빨기 습관, 삼출성 중이염, 말 지각 능력, 말 산출 기관의 경미한 구조 문제, 구강 감각 등이 있다(Bernthal et al., 2017).

말소리 발달과 장애 출현율에 영향을 미치는 위험요인을 구체적으로 연구한 결과도 있다. 영어권 화자의 경우 말소리 발달 지연의 위험 요인으로 Campbell 등(2003)은 여섯 가지 조건을 찾아내고 이 중 세 가지 조건을 갖는 아동이 말소리장애가 될 확률은 그렇지 않은 아동의 7.7배나 된다고 하였다. 여섯 가지 고위험 조건을 살펴보면, ① 성별이 남자인 경우, ② 말언어장애 가계력이 있는 경우, ③ 엄마의 교육 수준이 낮은 경우, ④ 사회경제적 지위가 낮은 경우, ⑤ 아프리칸 미국인의 경우, ⑥ 만성 중이염 병력이 있는 경우 등이었다. 여러 개의 조건 중 몇 개가 겹쳐질 때 장애 발생 위험률이 계속 증가하는 것으로 나타났다. 이 외에도 출생 순서가 늦을수록, 인지 능력 및 언어발달이 지연된 경우 등 다양한 관련 요인이 영향을 미치는 것으로 나타났다. 말소리장애 위험요인을 살펴본 Dodd와 동료는 말소리장애에 부정적인 영향을 미치는 요인으로 먼저 유전적 요인이 중요한 역할을 하며, 가족 내 언어장애의 병력이 있는 경우 아동이 유사한 문제를 겪을 가능성이 높아진다고 보고하였다(Broomfield & Dodd, 2004a; 2004b). 또한 전반적인 초기 발달 지연을 보이는 아동, 특히 운동 또는 언어발달이 늦어지는 경우에는 말소리장애를 경험할 위험이 증가하였다. 청각 문제 또한 주요 위험요인이며, 삼출성 중이염 병력이 있는 경우 말소리의 인식과 처리가 방해받아 정상적인 음운 발달에 영향을 미칠 수 있다. 더불어, 신경학적 요인 역시 말소리 산출의 어려움을 초래할 수 있으며, 특히 운동 조절에 영향을 미치는 신경학적 손상이 명확한 발음을 어렵게 만들 수 있다. 비위관(nasogastric tube)을 통한 섭식이나 3세 이후에도 습관적으로 젖병이나 공갈 젖꼭지를 사용하면서 부적절한 섭식이나 구강운동을 보인 경우도 위험요인으로 보았다. 환경적 요인 또한 무시할 수 없는 요소로, 풍부한 언어 환경에 노출되지 못할 경우, 정상적인 말소리 발달이 지연될 가능성이 있다. 마지막으로, 의사소통 상호작용의 질도 중요한 변수로 작용하며, 보호자와의 부정적이거나 불충분한 상호작용은 아동의 말소리장애를 악화시킬 수 있다.

국내에서 말소리장애 아동의 위험요인을 분석한 연구로는 피민경과 하승희(2022)가 있다. 체계적인 문헌조사를 통해 도출한 위험요인을 기반으로, 양육자 인터뷰와 설문지를 작성하여 주요 위험요인을 정리하였다. 주성분분석이 적합한 것으로 도출된 14개의 위험요인은, ① 성별, ② 가정 내 소득 수준, ③ 주 양육자의 학력, ④ 가족력 유무, ⑤ 임신 및 출산 중 문제, ⑥ 반복적 삼출성 중이염, ⑦ 만성 삼출성 중이염, ⑧ 부적절한 빨기 습관, ⑨ 첫 낱말 출현 시기, ⑩ 생애 초기 언어지연, ⑪ 스스로 걷기 시기, ⑫ 생애 초기 전반적 발달지연, ⑬ 언어치료력, ⑭ 타 영역 치료력이 해당하였다. 더 나아가 피민경, 하승희(2022)는 말소리장애 아동의 위험요인 동반 비율이 언어학적 증상에 따른 말소리장애 하위 유형별로 유의한 차이가 나타나는지 살펴보았다. 위험요인 중 2세경 전반적 발달지연이 유일하게 말소리장애 하위 유형별로 유의한 차이를 보이는 것으로 나타났다. 말소리장애 아동의 27.4%가 2세경에 전반적 발달지연을 경험하였다고 보고되었으며, 하위 유형 중 음운지연 아동은 절반 가까이 2세경에 전반적 발달지연을 겪었다고 보고하였다.

말소리장애와 관련된 위험요인은 아동마다 다르게 나타날 수 있으며, 연구에 따라 다소 상이한 결과가 보고되기도 한다. 하지만 효과적인 개별 치료 계획을 수립하기 위해서는 말소리장애와 관련된 위험요인을 정확히 확인하는 것이 필수적이다. 위험요인을 명확히 파악하면 개인의 말소리장애를 이해하는 체계적인 틀을 마련할 수 있고, 증상을 악화시키거나 지속시키는 요인에 적절히 개입하여 보다 효과적인 치료 전략을 설계할 수 있다. 개별 아동의 필요에 맞춘 중재를 통해 치료의 효율성을 높이고, 말소리 발달을 원활하게 돕는 것이 가능해질 것이다.

더 볼거리 2-1

- 51명의 언어치료사가 한 달간 치료한 389명의 말소리장애 아동의 동반 문제에 대해 응답한 설문 조사 연구 결과는 다음과 같다. 말소리장애 아동의 동반장애 유형은 〈표 2-1〉과 같다. 다른 동반장애가 없는 아동이 전체의 33%였고, 지적장애를 동반한 비율은 25%였다.

  일반적으로 원인을 모르는 말소리장애 아동의 언어장애 동반 비율은 60%라고 알려져 있다. 이 설문연구의 대상이 된 말소리장애 아동 약 389명이지만, 직접적으로 구체적인 수용·표현언어 검사나 어휘 검사를 수행하여 기록이 있는 아동에 대한 정보만 보고하도록 한 결과는 〈표 2-2〉와 같다. 표현언어와 표현어휘 수용어휘 모두 경계선급과 장애 판정을 받은 아동의 비중이 정상발달 수준 판정을 받은 아동보다 훨씬 더 많은 것을 알 수 있다. 학령기 아동이 아닌 경우, 문해 능력에 대한 응답은 하지 않았으므로 응답자의 수는 제한적이다. 언어문제 이외에 기타 동반 문제에 대한 설문조사 결과는 〈표 2-3〉과 같다. 해당 연구에서 사용한 설문지 일부를 [그림 2-1]에 제시하였다.

표 2-1 말소리장애 아동의 동반 장애 유형

	N(%)
다른 장애가 없는 경우	129(33.16)
지적장애	99(25.44)
청각장애	57(14.65)
뇌손상	40(10.28)
구강구조의 구조적 문제	31(7.96)
자폐스펙트럼장애	19(4.88)
유전 질환	14(3.59)

출처: 김민정, 김수진, 하승희, 하지완(2015).

표 2-2 원인을 모르는 말소리장애 대상자의 언어 특성

범주		사례 수(%)
수용언어	정상	70 (44.30)
	경계선	40 (25.31)
	장애	29 (18.35)
표현언어	정상	56 (35.44)
	경계선	48 (30.37)
	장애	42 (26.58)
수용어휘	정상	66 (41.77)
	경계선	40 (25.31)
	장애	32 (20.25)
표현어휘	정상	51 (32.27)
	경계선	43 (27.21)
	장애	43 (27.21)
문해기술	정상	53 (33.54)
	경계선	48 (30.37)
	장애	8 (5.06)

출처: 김민정, 김수진, 하승희, 하지완(2015).

표 2-3 원인을 모르는 말소리장애 대상자의 동반 문제

Category		N(%)
유창성장애	없음	135 (85.44)
	의심됨	9 (5.69)
	있음	1 (.63)
음성장애	없음	128 (81.01)
	의심됨	12 (7.59)
	있음	6 (3.79)
ADHD, 틱	없음	126 (79.74)
	의심됨	16 (10.12)
	있음	4 (2.53)
정서장애	없음	113 (71.51)
	의심됨	26 (16.45)
	있음	5 (3.16)

출처: 김민정, 김수진, 하승희, 하지완(2015).

Appendix 1. 설문지 항목

응답자의 신상에 관한 설문: 귀하의 신상에 대한 설문입니다. 보기 중 하나를 선택해 주십시오.

성별	1	남자	2	여자				
만 연령	1	20대	2	30대	3	40대	4	50대 이상
근무 기간	1	0–2년 미만	2	2–5년 미만	3	5–10년 미만	4	10년 이상
최종 학력	1	대졸	2	대학원 재학/졸업	3	그 외		
근무 지역	1	서울, 인천, 경기권	2	대전, 충청, 강원권	3	광주, 호남, 제주권	4	대구, 부산, 울산, 영남권
주 근무지	1	사설언어치료실	2	복지관	3	병원	4	다문화센터
	5	교육기관(교육청, 유치원, 어린이집, 학교 등)			6	그 외		

동반장애 유형에 대한 설문: 지난 한 달 동안 평가 또는 치료한 발음(말소리산출에 문제를 보인 대상자의 동반장애 유형별 인원을 적어 주십시오. 0)에 문제를 보인 대상자의 총인원을 적고 1)–7)에 각 대상자의 동반장애 유형별 인원을 적어 주십시오. 한 아동이 여러 동반장애를 보인다면 해당 사항 모두 중복 체크하여 인원을 기입해 주십시오.

세부질문	인원 (명)
1) 청각장애가 동반된 조음음운장애	
2) 구강의 구조적문제(예: 구개열)가 동반된 조음음운장애	
3) 뇌병변장애가 동반된 조음음운장애	
4) 다양한 유전질환을 동반한 조음음운장애	
5) 지적장애가 동반된 조음음운장애	
6) 자폐성장애가 동반된 조음음운장애	
7) 분명한 원인을 알 수 없는 조음음운장애(기능적 조음음운장애, 아동기 말 실행증 포함)	
* 신경학적 문제, 지적 지체, 자폐 성향 등 의심되지만, 뇌병변장애, 지적장애, 자폐성장애 등으로 진단받지 않았거나 진단하기 어려운 대상자도 이 범주에 넣습니다.	

원인을 모르는 말소리장애 대상자의 특성에 대한 설문: 다음은 원인을 모르는 말소리장애 대상자 개개인에 대해 응답하는 설문입니다. 한 달 동안 평가 및 치료를 했던 대상자의 기록을 보면서 초기 평가 시 대상자 특성에 대해 해당 번호를 골라 주십시오. 청각장애, 구개열, 지적장애, 자폐성장애, 뇌병변장애, 유전질환 등의 '명확한' 의학적 문제가 있었던 적이 있었던 대상자는 제외합니다. 중이염이나 편도비대 병력, 설소대단축증, 경계선 지능, 자폐성향, 실행증 의심 대상자는 포함합니다. 잘 모르는 항목은 빈칸으로 남겨 두십시오.

기본정보	성별	1	남	2	여		
	연령	1	1세 0개월–11개월	2	2세 0개월–11개월	3	3세 0개월–11개월
		* 위와 같이 만 나이를 정수로 입력함					
	의뢰 경로	1	대상자 또는 부모	2	의료계 관계자	3	교육계 관계자
	의사소통 가족력	1	없음	2	직계(조부모 형제)	3	친척
	주요 기록	1	미숙아	2	경기	3	잦은 중이염
		4	설소대단축증	5	편도비대증	6	비염이나 축농증
		7	오랜 투병생활	8	그 외: 직접 기록		
말 특성	심각도	1	경도(1–2개 자음만 오류가 있음)	2	중등도	3	중도(2–4개 자음만 정조음됨)
		4	심도(음절구조와 목록이 극히 제한됨)				
	말 명료도	1	이해가능함	2	자주 되물음	3	이해 어려움
	정확도	1	80%–90%	2	40%–80%	3	0%–40%
	음절구조	1	정상	2	경계선	3	장애
	오류패턴	1	왜곡만(발달적이건 비발달적이건 왜곡 오류만 있음)	2	발달적 패턴만 있음	3	비발달적(특이한) 패턴도 포함됨
	조음변이성	1	없음	2	변이성 있음	3	변이성 심함
	운율	1	정상	2	비정상		
말 특성과 관련된 요인	말소리 변별	1	정상	2	경계선	3	장애
	음운 인식	1	정상	2	경계선	3	장애
	구강 기능	1	정상	2	경계선	3	장애
언어 특성	이해언어	1	정상	2	경계선	3	장애
	표현언어	1	정상	2	경계선	3	장애
	이해어휘	1	정상	2	경계선	3	장애
	표현어휘	1	정상	2	경계선	3	장애
	읽기 및 쓰기	1	정상	2	문제 있음	3	문제 심함
기타 동반 문제	유창성장애	1	없음	2	의심됨	3	있음
	음성장애	1	없음	2	의심됨	3	있음
	ADHD, 틱	1	없음	2	의심됨	3	있음
	정서장애	1	없음	2	의심됨	3	있음

[그림 2–1] **말소리장애의 동반 문제 설문 문항**

출처: 김민정, 김수진, 하승희, 하지완(2015). 말소리장애의 동반장애 유형 및 말-언어 특성에 관한 설문조사. *Communication Sciences & Disorders*, *20*(3), 446–455.

더 볼거리 2-2

● 교사용 집행기능 평가 설문지

집행기능 문항 응답지

하위 영역	"다음의 문장을 읽고 지난 6개월 동안 ○○(이)의 모습과 비교해서 생각해 보세요. 선생님께서 각 문항에 해당되는 ○○(이) 모습과 행동에 대해 가능한 한 객관적이고 구체적으로 생각하셔서 답해 주시기 바랍니다." (①-전혀 아니다, ②-가끔 그렇다, ③-자주 그렇다)	
계획-조직화 곤란	무슨 일이든 시작하기 힘들어 한다.(모든 문항 역점수화)	(① - ② - ③)
	해야 할 일(과제, 활동 혹은 심부름 등)이 많으면 어떻게 해야 할지 혼란스러워 한다.	(① - ② - ③)
	해야 할 일(과제, 활동 혹은 심부름 등)이 있을 때 거의 마지막까지 미루다가 하는 편이다.	(① - ② - ③)
	차근차근 순서대로 해야 되는 일을 하는 것을 어려워한다.	(① - ② - ③)
	어떤 일을 해야 될 때, 그 일을 끝마치려면 얼마만큼의 시간이 걸릴지 미리 예측하지 못한다.	(① - ② - ③)
	머릿속으로 생각은 잘하는데(나름대로 계획은 하는데) 실천은 하지 못한다.	(① - ② - ③)
	목표를 세우고 목표를 달성하기 위해 실제 행동을 하는 것을 어려워한다.	(① - ② - ③)
	어떤 내용을 이해할 때, 부분적으로는 이해하는 것 같은데 정말 중요한 핵심이 무엇인지는 잘 모르는 것 같다.	(① - ② - ③)
	스스로 알아서 앞장서서 하지 못한다.	(① - ② - ③)
	어떤 활동이든 순서대로 차근차근 계획해서 행동하는 것을 어려워한다.	(① - ② - ③)
	수업시간에 집중하지 못한다.	(① - ② - ③)
행동 통제 곤란	또래 다른 친구들과 비교해 볼 때 행동을 스스로 조절하는 데 더 어려움이 있는 것 같다.	(① - ② - ③)
	스스로 행동을 조절하는 데 어려움이 있다.	(① - ② - ③)
	너무 거칠게 행동한다.	(① - ② - ③)
	교사가 곁에서 지켜보면서 도와주지 않으면, 수업 시간내 주어진 활동이나 과제를 해내는 데 어려움이 있다.	(① - ② - ③)
	글쓰기를 어려워한다.	(① - ② - ③)
	다른 사람을 방해한다.	(① - ② - ③)
	앉아서 집중해야 할 때 자리에 잘 앉아 있지 못한다.	(① - ② - ③)
	줄을 서서 있어야 할 때 서 있지 않고 잘 벗어난다.	(① - ② - ③)

	자신의 행동이 남을 귀찮게 하는 것인지 아닌지 잘 알아채지 못한다.	(① - ② - ③)
	자신의 행동에 주변 사람이 야단을 치거나 핀잔을 주어도 별 상관하지 않는다.	(① - ② - ③)
정서 통제 곤란	사소한 일에도 화를 쉽게 폭발한다.	(① - ② - ③)
	상황에 따라 기분 변화가 심하다.	(① - ② - ③)
	잘 참지 못하고 성질을 낸다.	(① - ② - ③)
	자주 울컥한다.	(① - ② - ③)
	그럴 일이 아닌데도 잘 투덜거린다.	(① - ② - ③)
	사소한 일에도 과도하게 반응한다.	(① - ② - ③)
	원래 계획한 일에 변화가 생기면(원래 생각했던 것과 달라지면) 순간 화를 벌컥 낸다.	(① - ② - ③)
	기분 변화가 심하다.	(① - ② - ③)
부주의	자신의 물건을 챙기지 못해 여기저기 흘리고 다닌다.	(① - ② - ③)
	옷, 안경, 양말, 장난감, 책, 연필 등 물건을 잘 찾지 못한다.	(① - ② - ③)
	책상이나 사물함의 정리정돈을 못한다.	(① - ② - ③)
	숙제를 다 해 왔는데도 잊어버리고 교사에게 제출하지 않는다.	(① - ② - ③)
	소지품이나 숙제 등을 잘 잃어버린다.	(① - ② - ③)
	잘 잊어버린다.	(① - ② - ③)
	해야 할 일을 잘 잊는다.	(① - ② - ③)
	주변이 늘 어질러져 있다.	(① - ② - ③)
	책상 위에 있는 물건을 잘 찾지 못한다.	(① - ② - ③)
	주변을 잘 어질러서 교사나 누군가 대신 정리해 주어야 한다.	(① - ② - ③)

출처: 한국아동패널 자료.

ㄱㄴㄷ

제 2부

말소리 발달

제 3장 말소리 기초와 말소리의 출현
제 4장 말소리의 발달
제 5장 음운처리 기술 발달

아동은 태어난 순간부터 울음과 다양한 소리를 내며 의사소통을 시도한다. 영아의 초기 발성이 보다 정교해지고 다양한 말소리로 확장되어 명료한 말로 발전하는 과정은 학령전기에 걸쳐 이루어진다. 신체 구조의 성장과 더불어 인지 및 감각-운동체계가 발달하면서 더욱 정교해진다. 특히 말 지각과 산출 능력이 점진적으로 모국어에 맞추어 조율되면서 아동의 말소리는 점차 성인의 언어와 유사한 형태로 자리 잡는다.

정확한 말소리장애 진단과 효과적인 치료를 위해서는 언어치료사가 정상적인 말소리 습득 과정을 면밀히 이해하는 것이 필수적이다. 말소리 발달에 대한 충분한 지식이 없으면, 아동의 말소리 오류가 정상적인 발달 과정에서 일시적으로 나타나는 현상인지, 또래보다 발달이 지연된 상태인지 혹은 병리적인 특성을 보이는지 정확히 구분하기 어렵다. 특히 특정 음소의 습득이 지연되거나 지속적인 음운오류가 나타날 경우 조기 개입이 필요할 수 있으므로, 정상적인 발달 경로에 대한 이해는 진단의 정확성을 높이는 데 중요한 역할을 한다. 또한 개별 아동의 발달 수준을 객관적으로 평가하고, 말소리 습득 과정에서의 어려움을 체계적으로 분석함으로써 보다 효과적이고 근거 기반의 치료 계획을 수립하는 데 기여할 수 있다.

제2부에서는 영유아기부터 학령기에 이르기까지 정상적인 말소리 습득 과정을 체계적으로 검토하였다. 제3장은 성인이 사용하는 한국어 말소리의 특성을 먼저 살펴보고, 유아의 옹알이 시기의 연구를 심도 있게 소개하였다. 언어이전기에 산출하는 발성은 말소리 습득과 어휘 발달의 기반이 되기 때문에 아동의 말-언어발달을 예측할 수 있는 중요한 객관적 자료가 되기 때문이다. 제4장은 본격적인 말소리의 발달을 다루었다. 발달 과정은 우선 첫 50 낱말기와 24개월 이후의 음소목록부터, 특히 자음의 발달에 대해서 문맥의 영향을 심도 있게 다루었다. 또한 말명료도, 자음정확도, 비일관성과 같은 객관적인 말 지표를 바탕으로 말 발달 과정을 설명하였으며, 말소리장애의 진단 준거에 대한 이해를 돕고자 하였다. 아동의 말소리 발달은 보다 정교한 음운 처리 기술로 확장되며, 이는 학령기 동안 지속적으로 발달한다. 운율, 음소배열규칙(phonotactics) 그리고 말소리 지각과 산출 능력의 성숙을 통해 아동은 보다 체계적으로 음운 정보를 처리하게 된다. 특히 8~9세까지 이러한 기술의 지속적인 성장과 함께 읽기 및 철자 쓰기와 같은 문해 능력의 발달이 중요한 과제로 부각된다. 말소리장애 아동은 음운인식을 포함하여 음운처리 기술의 결함을 보이는 경우가 많으며, 이는 학령기 이후에도 지속될 경우, 장기적인 학습 문제로 발전할 가능성이 크다. 따라서 말소리장애의 조기 진단과 개입을 위해서는 정상적인 음운처리 기술의 발달 과정을 이해하고, 이를 기반으로 한 평가 및 치료 전략을 수립하는 것이 필수적이다. 제5장에서는 음운처리 기술의 개념과 발달 과정을 살펴보고, 말소리장애와 문해 능력 간의 관계를 분석함으로써, 4세 이후 말소리장애 아동의 평가와 진단을 위한 기초 정보를 제공하고자 하였다. 또한 이를 바탕으로 효과적인 치료 및 중재 방안을 수립하는 데 필요한 이론적 근거를 제시하고자 하였다.

제3장

말소리 기초와 말소리의 출현

세상의 모든 말소리는 발성 과정을 거치면서 기류가 조절되고, 조절된 기류는 성도를 통과하면서 변형되어 산출된다. 성도는 성대를 지나 인두에서 코와 입으로 기류가 타고 오는 길이다. 언어마다 자음과 모음의 목록은 모두 다르게 존재하지만, 생각보다 유사한 부분도 많아서 전 세계 말소리를 표기할 수 있는 문자 IPA[International Phonetic Alphabet]를 만들 수 있었다. IPA는 변이음 정보와 왜곡 내용을 전사하는 데 있어서 편리하므로 조음음운장애의 진단 평가 과정에서도 유용하게 사용된다(IPA 전사 방법에 대한 구체적인 내용은 김수진, 신지영(2020)의 제3장 내용을 참고하기 바란다]. 27개 언어의 말소리 습득연령을 비교 분석한 McLeod와 Crowe(2018)의 연구를 살펴보면, 90~100%의 아동이 바르게 산출한 연령은 /p/는 2세, /b, m, d, n, h, t, k, g, w, ŋ, f, j/는 3세, /l, ʤ, ʧ, ɛ, v, ʃ, z/는 4세, /ɹ, ʒ, ð/는 5세, /θ/는 6세였다. 세계의 다양한 언어권의 말소리 습득 연구들을 비교한 결과, 말소리 습득에는 분명 개인차와 변이성이 존재하지만 습득연령에 있어 언어의 보편성을 확인할 수 있다고 한다. 이러한 보편성은 우리나라 아동에서도 동일하게 관찰된다.

언어가 가진 보편성에도 불구하고, 결국 말소리 측면에서 아동이 습득을 통해 도달해야 하는 최종 목표는 '일반적인 성인 모국어 화자의 발음형태'이다. 아동은 자신의 언어, 인지, 운동 능력의 한계 안에서 성인의 형태와 가장 유사한 형태로 발음하기 위해서 모방과 학습을 반복해 가는 과정이 발달의 과정이라고 할 수 있다. 발달 과정을 살펴보기 전에 우선 간단하게나마 발달 과정과 평가 절차에 꼭 필요한 내용이라고 할 수 있는 '성인이 사용하는 말소리'의 기초적인 내용을 먼저 알아보고, 초기 말소리 출현기의 옹알이 발달에 대해 자세히 다뤄 보겠다. 성인의 말소리는 한국어의 음성학 음운론 교재들을 통해 충분히 소개되어 있는 반면, 유아의 최초 말소리 출현기인 옹알이 특성에 대해서는 언어병리학 분야에서만 제한적인 관심을 받고 있어 다른 교재들을 참고하는 데 한계가 있다. 따라서 본 교재에서는 말소리 출현기의 옹알이 특성에 대해 보다 상세하게 다루었다.

1. 한국어 말소리 기초

말소리의 정의는 '인간의 발음기관을 통하여 만들어지는 언어학적 의미를 가진 소리'라고 할 수 있다. 한국어에서 언어학적 의미를 가진 소리가 무엇인지 알기 위해서는 해당 소리를 바꾸면 의미가 바뀌는지를 통해서 확인할 수 있다. 조음음운치료 기법 중 최소대립쌍을 이용하는 것은 말소리의 이러한 기본 개념에 따른 것이다.

'말소리'라고 하는 데는 심리적으로 존재하는 소리 특성과 물리적으로 존재하는 소리 특성이라는 두 가지 의미가 있다. '국'이라고 하는 단어에서 초성 'ㄱ'와 종성 'ㄱ'는 한국인들에게 심리적으로 같은 소리로 인식하고 있지만, 물리적으로는 다른 속성을 갖고 있다. 그래서 물리적 특성을 다루는 음성학과 심리적 특성을 다루는 음운론의 연구들은 같은 말소리를 두었지만, 각각 다른 특성에 초점을 둔 연구를 하고 있는 것이다. 이 장에서는 말소리장애의 진단과 치료에 필요한 최소한의 기초 개념을 점검하고자 한다.

1) 말소리 목록

한국어의 말소리 목록은 크게 모음, 활음, 자음으로 나누어 볼 수 있다. 발성 과정을 거치면서 조절된 기류는 성도를 통과하면서 변형된다. 성도는 성대를 통과한 기류가 대기로 나가기 전에 통과하는 코와 입안의 통로를 의미한다. 소릿길이라고도 하는 이 길은 우리 몸에 있는 세 개의 강, 즉 목, 코, 입이라는 공간을 지나는데, 이 공간의 모양에 따라서 다양한 소리가 되는 것이다. 특히 입, 즉 구강통로의 중앙부에서 방해를 받으면 자음이 되고 방해를 받지 않으면 모음이 된다.

(1) 모음

표준국어문법에서는 한국어의 단모음이 10개라고 하지만, 임상장면에서 언어치료사에게 중요한 기준은 현재 시점의 일반적인 성인 발음형태이다. 신지영(2014)은 표준어 화자뿐 아니라 방언 화자가 들어 화자의 발화 자료를 검토한 결과 연령과 지역에 관계없이 7개의 단모음체계를 사용하고 있다고 하였다. 따라서 7개의 모음체계를 진단과 치료에 적용하는 것이 적절하다고 하겠다. 모음은 입을 벌린 정도(개구도), 혀를 기준으로 한 협착의 위치(전후설), 입술의 돌출 여부(원순성 여부)에 따라서 분화된다. IPA 모음 사각도 안에서 우리말 7개의 단모음(/i, ɛ, ɯ, u, o, ʌ, a/)을 본다면 [그림 3-1]과 같다.

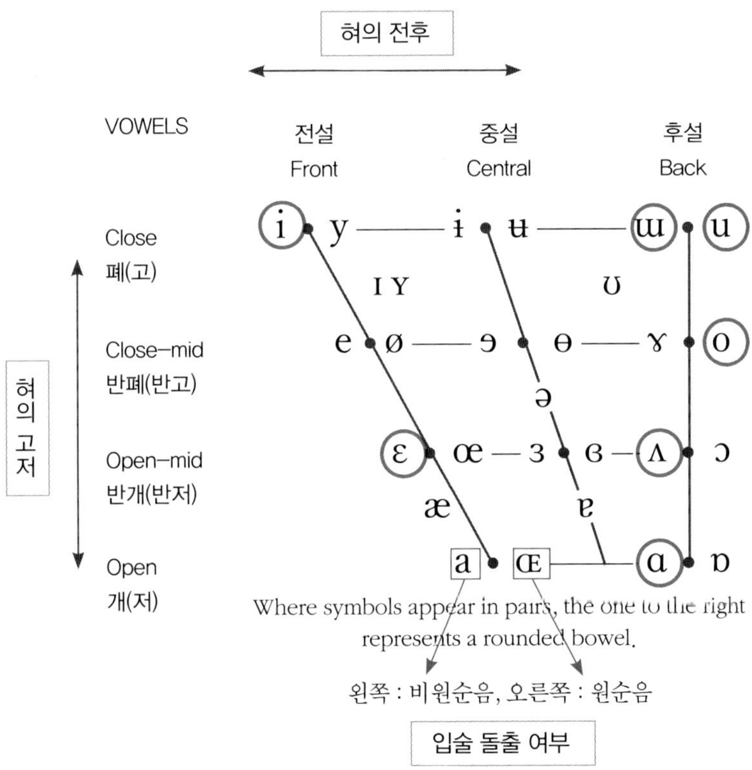

[그림 3-1] **IPA 모음 사각도 위의 한국어 모음 배치**

개구도에서 '아'모음과 같이 입을 많이 벌리는 경우 혀가 낮은 위치가 되므로 저모음이라고 하고, '이'모음과 같은 폐모음은 혀가 높은 위치에서 발음이 되므로 고모음이라고 하는데, 임상에서는 혀의 위치를 기준으로 한 고모음과 저모음이 더 널리 통용되고 있다. 상대적으로 저모음은 쉽고 큰 에너지를 보낼 수 있어 사용빈도 측면에서 볼 때, '아'

모음이 '이'모음보다 훨씬 더 높다(김수진, 신지영, 2020). 협착의 위치가 어디인지 보는 전후설 측면에서 보면 우리 말소리의 전설모음으로는 '이, 에'가 있고 후설모음으로는 '우, 오, 으, 어, 아'가 있다. 말소리 목록의 숫자를 보면 알 수 있듯이 전설모음에 비해서 후설모음은 목록도 많고, 사용빈도에서도 압도적으로 많다. 같은 모음이지만 구강 공명을 크게 만들 수 있는 후설모음이 편하게 큰 에너지를 낼 수 있는 소리라는 것이 우연한 일은 아닐 것이다. 원순성 측면에서 보면 원순 모음은 '우, 오' 두 개인 것에 비해 평순모음은 '이, 에, 으, 어, 아' 다섯 개로 말소리 목록이 훨씬 많다. 목록뿐 아니라 사용빈도에서도 평순 모음이 훨씬 빈번하다. 말소리의 발달 측면에서 먼저 발달하는 소리의 특성은 보다 쉬운 특성이라고 할 수 있고, 먼저 습득하는 소리들은 아동뿐 아니라 성인의 발화에서도 더 고빈도로 사용되는 경향이 있다.

한국어의 모음 중 가장 어렵고 늦게 습득하는 소리는 구체적인 모음 발달 연구들이 제한적이어서 정확히 알 수는 없다. 엄마나 아빠와 같은 소리가 먼저 나오는 상황 등을 고려하고 옹알이 연구들을 볼 때, 후설모음, 저모음이 먼저 발달하고, 전설모음과 고모음이 후기에 발달하는 것은 알 수 있다. 또한 활음(glide)을 단모음 앞에 결합하여 발음해야 하는 이중모음이 단모음보다 늦게 발달하는 것은 분명해 보인다. 한국어의 활음 특징을 살펴보자.

한국어의 이중모음은 활음이 단모음에 선행하는 상향 이중모음(on-glide)만 있다. 영어에는 상향 이중모음과 하향 이중모음(off-glide)이 모두 존재하는데, 하향 이중모음이란 활음이 뒤에 결합하는 형태이다. 활음과 모음은 구강에서 방해 없이 산출되고 그 특성이 모음과 동일하지만, 속도가 매우 빠르고 모음에 결합한 형태로만 존재할 수 있다는 점에서 차이가 있다. 우리 말소리에서 활음은 모음 /i/와 형태가 같은 활음 /j/, 모음 /u/와 형태가 같은 활음 /w/, 모음 /ɯ/와 형태가 같은 활음 /ɰ/ 세 가지가 있다. 〈표 3-1〉은 우리말에 있는 이중모음을 요약한 것이다.

표 3-1 우리말 이중모음

구분	i	ɛ	ɑ	ɯ	u	ʌ	o
j계	*	ㅖ/ㅒ jɛ	ㅑ jɑ	*	ㅠ ju	ㅕ jʌ	ㅛ jo
w계	ㅟ wi	ㅚ/ㅞ/ㅙ wɛ	ㅘ wɑ	*	*	ㅝ wʌ	*
ɰ계	ㅢ ɰi	*	*	*	*	*	*

활음 중 가장 나중에 습득되는 것은 /ɰ/로, 일부 방언 화자에게는 성인이 되어도 발음하는 데에 어려움이 있다. 또한 /w/계열 이중모음은 비공식적인 발화에서 첫 음절일 때를 제외하면 생략하고 단모음화되는 경향도 쉽게 관찰할 수 있다. 예를 들어, '화장실'이라고 발음할 때에는 1음절의 모음을 /wɑ/라고 발음하지만 '전화'라고 발음할 때에는 2음절의 모음을 /ɑ/라고 발음한다. 일반 사람들이 생략하는 활음을 너무 강하거나 길게 발음하는 경우, 오히려 청자들은 이상하다고 생각하거나 오류로 들을 수 있다. 예를 들어, 청각장애 아동의 발음형태에서 상향 이중모음을 간혹 하향 이중모음으로 바꾸어 발음하는 경우도 있는데, '바퀴'의 2음절을 /uj/로 활음과 모음 길이를 바꿔서 발음하면 언어치료사는 /바쿠이/로 적고 '음절 삽입'이라고 오류 분석을 할 수도 있는 것이다.

(2) 자음

우리 말소리에는 19개의 자음이 있고, 자음은 〈표 3-2〉와 같이 조음위치, 조음방법, 발성유형에 따라 분류된다. 조음위치는 양순음과 치경음, 치경경구개음과 연구개음, 성문음으로 나눌 수 있으며 치경음의 목록이 가장 많다. 다음으로 양순음과 연구개음이 많다. 조음위치 측면에서 본다면 조음기관의 앞 쪽에 해당하는 양순음과 치경음이 구개음보다 먼저 발달한다.

조음방법은 폐쇄음과 마찰음 파찰음과 비음, 유음이 있는데, 폐쇄음의 음소목록이 가장 많다. 조음방법은 크게 보면 장애음과 공명음으로 나눌 수도 있는데, 장애음은 폐쇄음, 마찰음, 파찰음을 말하며, 공명음은 유음과 비음이다. 공명음은 장애음에 비해서 목록의 수는 적지만 사용 빈도는 매우 높다. 장애음에 비해서 공명 에너지가 크고, 특히 종성에서 장애음보다 훨씬 빈번하게 사용된다. 조음방법 측면에서는 비음과 폐쇄음이 먼저 발달하고 치경마찰음이 가장 늦게 발달한다고 알려져 있다. 마찰음 중 성문음은 일찍 출현하는 편이지만 다른 마찰음이나 파찰음에 비해 존재감이 큰 소리는 아니다. 어두에서는 발음하지만 어중으로 가면 약화되어 약하게 소리를 내거나 아예 산출하지 않아도 된다. 예를 들어서 '호랑이'를 발음할 때 어두에서 성문마찰음은 생략하지 않지만, '전화'를 발음할 때 어중에서 성문마찰음은 생략하고 발음하지 않는 경우가 더 흔하다.

발성유형은 다른 나라 말소리체계와 가장 두드러진 차이를 보이는 속성이다. 우리말 자음은 같은 조음방법과 조음위치의 소리들이 두 개가 아니고 세 개씩 존재한다. 그러므로 성대진동 유무에 따른 유성음과 무성음의 이원적 분류법으로는 구분하기 어렵고, 발성유형, 즉 기식성과 긴장성이라는 두 가지 발성 자질을 통해 평음과 경음, 격음으로 구분된다. 한국어의 장애음은 모두 무성음이고, 공명음은 모두 유성음이라는 특징을 갖고 있다.

표 3-2 **우리말 자음**

구분		양순음	치경음	치경경구개음	연구개음	성문음
폐쇄음 (파열음)	평음	ㅂp	ㄷt		ㄱk	
	경음	ㅃp*	ㄸt*		ㄲk*	
	격음	ㅍp^h	ㅌt^h		ㅋk^h	
마찰음	평음		ㅅs			ㅎh
	경음		ㅆs*			
파찰음	평음			ㅈtɕ		
	경음			tɕ*		
	격음			$tɕ^h$		
비음		ㅁm	ㄴn		ㅇŋ	
유음(설측음)			ㄹl			

앞에서도 언급했던 바와 같이 심리적 실체로의 말소리가 갖고 있는 가장 전형적인 소리는 앞에서 제시한 표와 같지만, 음운환경에 따라서 변이음을 갖고 있다. 가장 대표적인 변이음 환경으로는 음절의 초성(onset)이냐 종성(coda)이냐에 따라서 다르고, 다음으로는 음운단어 내 위치인 어두(initial), 어중(medial), 어말(final)이냐에 따라서 다르게 나타날 수 있다. 또한 후행하는 모음에 따라서 다르게 변이될 수 있다. 한국어 자음의 주요 변이음은 〈표 3-3〉과 같다.

표 3-3 **한국어 자음과 주요 변이음**

범주		음소	주요 변이음	환경
폐쇄음	평음	p	p	어두초성
			b	어중초성
			p˺	종성
		t	t	어두초성
			d	어중초성
			t˺	종성
		k	k	어두초성
			g	오중초성
			k˺	종성
	격음	$p^h\ t^h\ k^h$	$p^h\ t^h\ k^h$	어두초성
	경음	p* t* k*	p* t* k*	어두초성
마찰음	평음	s	ɕ	/이, 야, 여, 요, 유, 위/ 앞
			s	그 외 모음 앞
	경음	S*	ɕ*	j i 앞
			S*	그 외 모음 앞
	성문음	h	ç	어두초성 i j 앞
			x	어두초성 ɯ 앞
			ɸ w	어두초성 u, o 앞
			h	그 외 어두초성 모음 앞
			ɦ	어중초성
파찰음	평음	tɕ	tɕ	어두초성
			dʑ	어중초성
	격음	tɕ	$tɕ^h$	어두초성
	경음	$tɕ^h$	tɕ*	어두초성
비음		m n ŋ	m n	음절초성
			m˺ n˺ ŋ˺	음절종성
설측음		i	i	음절종성, /ㄹ/ 뒤 초성
			ɾ	어중초성

출처: 김수진, 신지영(2020), p. 276.

말소리는 단독으로 사용되지 않는다. 결합해서 음절을 이루고, 음운단어를 이루어서 사용된다. 이렇게 결합할 때, 발음은 문자에 있는 형태소 그대로 되지 않고 말소리는 변이되거나 변동된다. 음운변동이 될 때는 각 음소가 독립적으로 작동되는 경우보다 같은 자질을 공유하고 있는 음소들의 특징을 기반으로 이루어진다. 말소리를 진단하거나 치료할 때도 말소리에서 중요한 것은 각 소리들이 갖고 있는 자질인 경우가 있다. 〈표 3-4〉는 한국어 자음의 변별자질표이고, 〈표 3-5〉는 한국어 모음의 변별자질표이다.

표 3-4 한국어 자음의 변별자질표

구분			p	p^*	P^h	t	t^*	t^h	k	k^*	k^h	s	s^*	tɕ	tɕ*	tɕ^h	m	n	ŋ	l	h
주요 부류 자질		공명성	−	−	−	−	−	−	−	−	−	−	−	−	−	−	+	+	+	+	−
		자음성	+	+	+	+	+	+	+	+	+	+	+	+	+	+	+	+	+	+	+
		성절성	−	−	−	−	−	−	−	−	−	−	−	−	−	−	−	−	−	−	−
자음 분류	조음 방법 자질	지속성	−	−	−	−	−	−	−	−	−	+	+	−	−	−	−	−	−	−	+
		지연 개방성	−	−	−	−	−	−	−	−	−			+	+	+	−	−	−		
		설측성				−	−	−				−	−	−	−	−		−		+	
	조음 위치 자질	설정성	−	−	−	+	+	+	−	−	−	+	+	+	+	+	−	+	−	+	−
		전방성	+	+	+	+	+	+	−	−	−	+	+	−	−	−	+	+	−	+	−
	발성 유형 자질	긴장성	−	+	+	−	+	+	−	+	+	−	+	−	+	+	−	−	−	−	−
		기식성	−	−	+	−	−	+	−	−	+	−	−	−	−	+	−	−	−	−	+

표 3-5 한국어 모음과 활음 변별자질표

구분			i	ɛ	ɯ	ʌ	u	o	ɑ	j	w	ɥ
주요 부류 자질		공명성	+	+	+	+	+	+	+	+	+	+
		자음성	−	−	−	−	−	−	−	−	−	−
		성절성	+	+	+	+	+	+	+	−	−	−
모음 분류 자질	혓몸 자질	고설성	+	−	+	−	+	−	−	+	+	+
		저설성	−	−	−	−	−	−	+	−	−	−
		후설성	−	−	+	+	+	+	+	−	+	+
	입술 자질	원순성	−	−	−	−	+	+	−	−	+	−

2) 말소리의 결합

우리가 말소리(음운)를 산출하는 데 있어서 일상에서 가장 작은 단위는 음절이다. 말은 의미를 갖고 사용되는 소리여야 하는데, 의미의 가장 작은 단위는 형태소(morpheme)이지만 구어로 하는 의사소통에서 형태소로 발화하지는 않는다. 의사소통을 위해 발화하는 가장 작은 단위는 음운단어(phonological word)이다. 음운론적 단위의 위계를 살펴보면, 우선 가장 작은 단위로는 음운(phoneme)이 있고, 음운들이 모여서 음절(syllable)을 이루며, 음절들이 모여서 음운단어를 이루는 것이다. 음운단어들이 모이면 음운구, 음운구들이 모여서 억양구를 이루고, 억양구들이 모여서 발화가 될 수 있다.

(1) 음절의 구성

음절을 이루기 위해서는 성절성 자질이 +인 모음이 있어야 한다. 모음을 핵(nucleus)으로 하고 앞에 활음을 더할 수 있다. 핵을 중심으로 앞뒤로 자음 하나씩을 취할 수 있다. 유아의 초기 출현 음소들의 구조는 가장 간단한 음절 형태에서 시작하고, 후기로 갈수록 복잡한 음절구조를 갖게 된다. 가장 단순한 음절은 모음 하나로 이루어진 것이고 가장 복잡한 음절은 모음(V) 앞에 자음(초성C)과 활음(G)을 갖고, 뒤에 자음(C) 하나를 갖는 형태, 즉 'CGVC' 유형이다.

우리말에서 음절핵과 음절핵 사이에 올 수 있는 자음은 최대 두 개이다. 영어의 경우, 음절핵 앞뒤로 자음을 여러 개 취할 수 있는데, 이렇게 한 개의 핵에 딸린 여러 개의 자음을 자음군(consonant cluster)이라고 한다. 자음군은 한 개의 발음 칸에 여러 개의 자음을 빠르게 발음해야 하는 만큼 어려운 동작이며, 자음군 습득은 학령기에 이르기까지 완성되기 어려울 정도이다. 우리말도 자음군은 아니지만 음절핵 사이에 자음이 두 개 들어가는 조건인 어중종성과 어중초성이 포함된 경우가 상대적으로 어려우며, 따라서 후기에 습득된다.

한국어는 음절로 모아 적기 때문에 전사하게 되면 음절 수와 글자 수는 동일하게 된다. 그러나 맞춤법은 의미를 살려서 형태소로 쓰기 때문에 발음의 형태는 글자의 형태와 달라진다. 철자법의 자소와 구어의 음소를 구분해야 한다. 앞에서 살펴본 바와 같이 구어에서 음절의 핵인 중성 모음은 단모음 7개와 이중모음 10개가 있다. 모음은 앞에 초성을 취하는데, 초성에서는 18개의 자음이 올 수 있고('ㅇ'은 음가가 없음), 종성에서는 7개(/ㄱ,ㄴ, ㄷ, ㄹ, ㅁ, ㅂ, ㅇ/)의 자음만 산출 가능하다. 음절구조를 만드는 원리 중 첫 번째로 중요한 원칙은 '초성우선원리(onset-first-principle)'이다. 음절핵을 기준으로 주변음은 우선 초성을 먼저 취하게 하고, 남는 주변음을 뒤에 종성으로 취한다.

(2) 음운단어의 구성: 음운변동

말소리들이 결합하여 음운단어나 음운구를 만들면서 일어나는 음운현상은 언어마다 다르다. 각 음운변동이 일어나는 근본적인 이유를 모두 정확히 설명해 주는 이론은 아직 없다. 다만 인간이 갖고 있는 발성 조음기관의 운용에 있어서 구어 전달에 있어 혼란을 초래하지 않으면서도 효율성을 최대화하기 위해서 일어나는 현상이라고 추론하고 있다. 음운변동은 필수적인 것도 있고, 수의적인 형태도 있다. 또한 특정 말소리들이 결합할 때는 무조건 일어나는 형태와 특정 형태소의 종류에 따라 변동하는 경우들도 있다. 음운변동은 구어 발화가 문어의 형태소 특징과 다르게 나타나는 현상을 정리한 것으로, 말하기뿐 아니라 읽기에 어려움을 보이는 아동의 진단과 중재에 매우 중요하다. 아래 음운변동은 신지영(2014)의 '한국어의 말소리' 제9장과 제10장을 참고로 하여, 기억해야 할 음운변동을 요약한 내용이다. 'ㄱ. 음절구조 제약, ㄴ. 말소리 연쇄 제약'은 말소리 표면형에서 허용하지 않는 연쇄이므로 무조건 일어나는 음운현상이고, 'ㄷ. 수의적인 음운현상'은 발화 속도나 사람들에 따라서 보다 편하게 발음하기 위해 나타나는 음운현상이다. 그 뒤에 나오는 음운현상 세 가지, 'ㄹ. 한자어 단어의 시작에서' 'ㅁ. 어휘 형태소와 어휘 형태소 사이에서' 'ㅂ. 어휘 형태소와 문법 형태소 사이에서'는 기저의 음운배열은 갖지만 형태론적인 정보가 달라서 표면형도 달라지는 음운변동이다.

ㄱ. 음절 구조 제약에 의한 음운현상
- 평폐쇄음화: 종성에는 불파음만 올 수 있다(꽃 → /ㄲㅗㄷ/).
- 자음군 단순화: 종성에는 한 개의 자음만 올 수 있다(닭 → /닥/).

ㄴ. 말소리 연쇄 제약에 의한 음운현상
- 장애음 뒤 경음화: 장애음 뒤 평장애음 연쇄 제약. 장애음 뒤에 오는 평장애음은 경음화 된다(책상 → /책쌍/).
- 장애음의 비음화: 장애음과 공명음 연쇄 제약. 선행하는 장애음이 후행하는 공명음의 영향으로 공명음이 된다(먹는다 → /멍는다/).
- 유음화: /ㄹ/와 /ㄴ/의 연쇄 제약. 후행하는 /ㄴ/가 선행하는 /ㄹ/의 영향을 받아 /ㄹ/로 변한다(달나라 → /달라라/).

- 격음화: 장애음과 /ㅎ/, /ㅎ/와 평장애음 연쇄 제약. 이 두 소리가 연쇄되면 축약되면서 격음으로 실현된다(사각형 → /사가켱/, 놓고 → /노코/).
- /j/ 탈락: /ㅈ,ㅉ,ㅊ/와 /j/의 연쇄 제약. /지,찌,치/음절로 끝나는 어간이 모음/어/로 시작하는 어미와 이어지면서 음절 축약이 될 때 이 제약으로 활음/j/가 탈락한다(가지+어 → 가지어 → 가져 → /가저/).
- 동일 조음위치 장애음 탈락: 동일 조음위치 장애음의 연쇄 제약. 후행하는 장애음이 평음이면 경음화가 먼저 되고 선행하는 장애음 종성이 탈락된다(학교 → 학꾜 → /하꾜/).
- 유음의 비음화: 비치경 자음과 유음의 연쇄 제약(공룡 → /공뇽/).

ㄷ. 수의적인 음운현상

- 조음위치 동화: 비설정음화와 연구개음화. 비설정음화란 설정 자음과 비설정 자음이 연쇄될 때 설정자음이 후행하는 비설정 자음의 영향으로 조음위치가 역행동화된다(신발 → /심발/, /신발/, 친구 → /칭구/, /친구/). 연구개음화란 양순음이 연구개음에 선행할 때 후행하는 연구개음에 역행동화된다(감기 → /강기/, /감기/). 여기에서 우리는 조음위치 사이에 서열이 존재한다는 것을 알 수 있다. 치경음이 가장 약하고, 그 다음이 양순음이고, 연구개음이 가장 강하다. 이렇게 조음위치에 위계가 있지만 어린 아동들은 잘 지키지 못한다. 예를 들어, '강변'에서 선행하는 연구개음이 후행하는 양순음에 동화되면 안 되지만 /감변/이라고 역행동화가 시키는 경우가 있다. 이런 어중종성 역행동화 오류 현상은 말소리 습득 과정에서 발달적으로 빈번하게 관찰된다.
- 공명음 사이 /ㅎ/ 탈락: 모음과 모음사이 혹은 공명자음과 모음 사이에 있는 /ㅎ/는 탈락될 수 있다(기호 → /기호/, /기오/, 전화 → /전화/, /저놔/).

ㄹ. 한자어 단어의 시작에서

- 한자어 어두 유음의 비음화: 고유어는 /ㄹ/로 시작하는 단어가 없다. 한자어는 어두에서 /ㄹ/가 /ㄴ/로 된다(來日 → 래일 → /내일/). 한자어와 달리 영어가 외래어로 굳어진 경우에는 어두 유음을 /ㄹ/로 발음하는데, 어린 아동들의 경우 /ㄴ/로 바꾸는 오류를 늦게까지 보이기도 한다(로보트 → /노보트/).
- 한자어 어두 /ㄴ/ 탈락: 일부 단어를 제외하고는 어두에서 /ㄴ/와 /i, j/의 연쇄를 허용하지 않는다(女子 → 녀자 → /여자/).

ㅁ. 어휘 형태소와 어휘 형태소 사이에서

- 유음화와 유음의 비음화: 비음과 유음/ㄹ/가 이어질 때 비음이 유음화 되는 경우와 유음이 비음화되는 경우가 있다. /ㄹㄹ/로 실현되는 유음화는 두 형태소가 모두 자립성이 없을 때이고(편리 → /펼리/), 유음이 비음화 되는 경우는 두 형태소 중 하나가 자립성이 있을 때이다(입장료 → /입짱뇨/).
- 한자어의 경음화: 한자어 2음절 자립단어 내부에서 1음절 종성이 /ㄹ/로 끝나고 2음절이 [+설정성] 자질을 갖고 있는 평장애음이면 경음화가 일어난다(활동 → /활똥/). 이외에도 특정 한자들은 항상 경음화되거나 평음 그대로 사용되기도 한다.
- /ㄷ/ 첨가: 두 개의 어근이 합해지면서 주종 관계가 있는 경우 종속합성어라고 하는데, 어근 사이에 /ㄷ/가 첨가되면서 다양한 음운현상이 발생된다. 절대적으로 모든 종속합성에서 발생되는 것은 아니다. 후행 형태소의 시작이 모음인 경우는 음절화 과정을 통해 /ㄷ/가 초성으로 실현되지만(위ㄷ옷 → /위돋/), 평장애음인 경우에는 첨가된 /ㄷ/가 평장애음을 경음화시킨 후에 동일장애음 탈락에 의해 탈락된다(김ㄷ밥 → /김빱/). 후행 형태소의 시작이 비음인 경우에는 첨가된 /ㄷ/가 비음화되면서 표면형이 /ㄴ/가 된다(혀ㄷ날 → /현날/). 같은 이유로 표면형에서 일어난 음운현상은 모두 다르게 기술할 수 있음을 알 수 있다. 음소첨가, 경음화, 비음첨가와 같이 드러난 현상에 이름을 부여할 수도 있고, /ㄷ/ 첨가라는 것으로 다양한 음운현상을 설명할 수도 있다.
- /ㄴ/ 첨가: 두 개의 어근이 합해지는 합성어(색연필 → /생년필/)나 한 개의 어근이 파생접사와 만나는 파생어(왕자님 → /왕잔님/), 문법 형태소의 결합(그럼요 → /그럼뇨/)에서도 /ㄴ/ 첨가가 관찰된다.

ㅂ. 어휘 형태소와 문법 형태소 사이에서

- 구개음화: 어휘 형태소 끝 자음이 치경파열음이 /ㅣ/로 시작하는 문법 형태소 앞에 오면 모음 위치인 경구개로 이동하여 치경경구개음으로 바뀐다(같이 → /가치/).
- 비음 종결 어간 뒤 경음화: 어간에 어미가 붙을 때 일어나므로 주로 용언에서 관찰된다. 어간이 비음으로 끝날 때 문법 형태소의 시작이 평장애음이면 경음이 된다(안다(hug) → /안따/, 안다(know)의 어간 원형이 '알다'의 '알'이므로 어산의 끝이 유음이므로 경음화 되지 않는다).
- 관형형 어미 {-을} 뒤 경음화: 관형형 어미 뒤에 명사의 첫 소리가 평장애음이면 경음화된다(먹을 것 → /머글껄/).

어린 아동의 말소리 발달과 평가를 할 때 가장 기본이 될 수 있는 단위는 구어로 하는 의사소통의 가장 작은 단위라고 할 수 있는 음운단어와 음운구이다. 음운단어는 사전에 기재된 단어와 달리 사람들이 발화할 때마다 한 번에 결합시켜서 산출하는 단위이다. '공주님'은 원래 '공주'와 '님'이 더해진 파생어로, 발음이 될 때는 /ㄴ/이 첨가되어 /공준님/이라고 발음한다. 단어의 경계를 넘어서도 음운변동이 적용된다. '큰 공주님'이라는 발화에서 /큰/과 /공준님/을 따로 말한다면 '큰'의 종성은 치경비음 /ㄴ/로 발음해야 하지만, 합해서 발화한다면 어중종성비음은 후행하는 초성의 조음위치에 동화되어 /킁공준님/이라고 발음되어 '큰'의 종성이 치경연구개음 /ㅇ/으로 발음된다. 치경비음 종성을 연구개음화(후방화) 시키는 오류를 보였다고 분석하면 매우 곤란해질 것이다. 말소리 발달 연구자나 말소리장애 평가자라면 이런 음운현상에 익숙해져야 할 것이다.

2. 말소리의 출현

1) 옹알이 시기: 초기 발성 발달 모형

생후 1년 동안 영아는 말 산출 기관의 해부생리적 측면과 인지언어적 측면의 발달과 함께 다양한 소리를 산출하며 말소리 산출 능력을 발달해 간다. 이 시기에 영아가 내는 다양한 소리를 통칭하여 초기 발성 또는 언어이전기 발성(early or prelinguistic vocalization)이라고 한다. 영아는 초기 발성을 통해 배고픔, 편안함, 불편함과 같은 감정을 표현하고, 구강 기관의 구조와 기능을 탐색하며, 자신의 소리를 듣고, 청각적 피드백을 발달시킨다. 또한 주변 성인과 상호작용을 하면서 점차 소리와 의미를 연결시켜 나간다. 언어이전기에 산출되는 발성은 이후 말소리 습득과 어휘 발달의 기초를 형성하며, 말-언어발달의 연속선상에서 향후 발달 양상을 예측하고 조기 개입의 필요성을 판단하는 데 중요한 근거가 된다. 따라서 언어치료사는 본격적인 언어 산출 단계뿐만 아니라, 언어이전기 발성의 발달적 특성을 충분히 이해하고 있어야 하며, 이를 토대로 보다 체계적이고 적절한 평가 및 중재를 계획할 수 있어야 한다. 이러한 이유로 많은 학자가 초기 발성의 유형을 분류하여 발달 단계별로 설명하고자 하였다.

먼저 언어이전기 초기 발성의 대표적 학자인 Oller가 제안한 초기 발성 유형이 있다. Oller(2000)는 초기 발성을 크게 비언어적 발성(non-speechlike vocalizations)과 언어적 발성(speechlike vocalizations)으로 분류하여 설명하였다. 비언어적 발성에는 딸꾹질, 트림과 같은 생리적 소리와 기쁨, 배고픔, 편안함과 같은 한 가지 고정된 신호(메시지)를 전달하는 웃음 및 울음소리, 칭얼대는 소리가 포함된다. 반면에 원시 발성(protophone)이라고도 지칭되는 언어적 발성에는 조음기관의 움직임 없이 성대의 불완전한 진동으로만 내는 소리부터 자음과 모음이 포함된 음절성 옹알이까지 월령이 증가함에 따라 단계적으로 출현하는 발성 유형이 포함된다. Oller(2000)가 제시한 발성 유형을 정리하면 〈상자 3-1〉과 같다. 이러한 언어적 발성은 한 가지 고정된 의미만을 전달하는 것이 아니라, 동일한 소리라도 맥락에 따라 다양한 메시지를 담을 수 있는 유연한 특성을 지닌다.

상자 3-1 초기 발성 유형

비언어적 발성		
생리적 소리: 트림, 딸꾹질		
고정된 발성 신호: 울음, 웃음, 불편함으로 인한 끙끙거림		
언어적 발성(원시 발성)		
발달 단계	**출현 시기(개월)**	**주요 발성**
발성(phonation)	0~2	조음기관의 움직임 없이 산출되는 모음 같은 소리, 준모음(quasi-vowel)
원시 조음 (primitive articulation)	1~4	조음기관의 움직임을 동반한 모음 같은 소리, 쿠잉
확장(expansion)	3~8	완전모음(full vowel), 자음 같은 소리와 모음 같은 소리로 구성된 경계선급 옹알이
음절성 옹알이	5~10	[바바]와 같은 형태의 음절

출처: Oller (2000).

초기 발성 유형 중 자음과 모음이 결합된 형태인 음절성 옹알이는 이후 아동이 산출하는 낱말의 기본적인 음성적 단위로서 기능한다(Lee et al., 2018). 따라서 초기 발성 발달 과정에서 음절성 옹알이의 출현은 가장 중요한 발달적 이정표(milestone)에 해당하고, 음절성 옹알이의 출현 여부와 시기를 바탕으로 아동의 말-언어발달을 예측해 볼 수 있다.

특히 Oller와 그의 동료들은 아동이 산출한 전체 발성을 음절 단위로 구분하여 전체 발성 중 음절성 옹알이가 차지하는 비율을 구하여 아동의 말 발달 수준을 판단하였다. 음절성 옹알이 비율이 .15 이상일 경우, 부모가 지각할 정도로 아동이 음절성 옹알이를 안정적으로 산출할 수 있음을 의미하여 아동이 음절성 옹알이 단계에 진입한 것으로 판단하였다(Lynch et al., 1995; Oller et al., 1994). 음절성 옹알이 단계에 대한 이러한 기준을 바탕으로 대다수의 일반 아동이 5~6개월경에, 늦어도 10개월 이전에는 음절성 옹알이 단계에 진입한다(Lee et al., 2018).

Oller 연구진과 동일한 방식으로 한국 아동의 음절성 옹알이 비율을 살펴본 장현성, 하승희(2019)의 연구에 따르면, 4~6개월 아동의 음절성 옹알이 비율은 평균 .05이고, 7~9개월 아동은 이 비율이 .16으로 증가하였다. 또한 4~6개월 된 모든 아동의 음절성 옹알이 비율이 0.15 이하였다. 반면, 7~9개월이 된 아동 중 약 62%는 0.15 이상으로 음절성 옹알이 단계에 진입한 것으로 나타나, 생후 6개월 이후 한국 아동의 음절성 옹알이 산출 비율이 급격히 증가하는 발달 경향을 객관적으로 보여 주었다.

반면에 청각장애, 구개열, 다운증후군과 같은 선천적 문제를 가지고 태어난 아동들은 음절성 옹알이의 산출이 지연된다(Chapman et al., 2001; Cobo-Lewis et al., 1996; Ertmer et al., 2007; Ha & Oller, 2022; Nathani et al., 2006; Iyer & Ertmer, 2014; Oller et al., 1985). 한 예로 Chapman 등(2001)은 생후 9개월의 구개열과 일반 아동을 대상으로 .15의 기준을 바탕으로 음절성 옹알이 단계에 진입한 아동의 현황을 살펴보았다. 연구 결과, 일반 아동의 93%가 음절성 옹알이 단계에 도달하였지만, 구개열 아동은 57%만이 .15 이상의 음절성 옹알이 비율을 보여 많은 수의 구개열 아동이 음절성 옹알이를 늦게 산출하는 것으로 나타났다.

한편, 국내 연구로 Ha와 Oller(2022)는 4~6개월부터 16~18개월까지 3개월 간격으로 구개열 아동의 초기 발성 발달을 종단적으로 추적하였다. 구개열 아동은 옹알이 유형과 구조와 상관없이 전체적인 발성의 양은 일반 아동과 비슷한 수준이였다. 하지만 음절성 옹알이와 성문/인두음, 활음을 제외한 진자음(true consonants)으로만 구성된 음절성 옹알이의 비율은 유의한 집단 차이를 보였으며 집단 간 차이의 폭은 7~9개월 이후부터 지속적으로 증가하였다. 음절성 옹알이의 .15를 기준으로 음절성 옹알이 단계에 진입한 아동 현황을 살펴보았는데, 7~9개월에 50%, 10~12개월에는 90% 일반 아동이 음절성 옹알이 단계에 진입하였다. 반면에 구개열 아동은 7~9개월에는 .15 이상의 음절성 옹알이 비율을 보이는 아동이 없었고, 10~12개월에 들어서야 60%, 13~15개월에는 70%,

16~18개월에는 90%의 아동이 음절성 옹알이 단계에 진입하여, 10%의 아동은 끝내 .15 이상의 음절성 옹알이를 18개월까지도 산출하지 못하였다. 이러한 선행연구는 음절성 옹알이의 출현 시기와 양을 바탕으로 이후 말-언어발달을 예측해 볼 수 있으며, 음절성 옹알이 비율이 말-언어발달 지연을 보일 아동을 조기에 확인할 수 있는 객관적 지표로 사용될 수 있음을 제안하고 있다.

초기 발성 발달과 관련된 또 다른 대표적 모델로는 Stark Assessment of Early Vocal Development-Revised(이하 SAEVD-R)이 있다(Nathani et al., 2006). SAEVD-R에서는 청지각적인 특성을 토대로 초기 발성을 5단계와 23개의 하위 발성 유형으로 나누어 〈표 3-6〉과 같이 제시하고 있다. SAEVD-R의 발달 단계별 발성 유형을 살펴보면, 생후 0~2개월에 해당하는 1단계에서는 생리적이고 반사적인 소리가 주로 산출되고, 완전하지는 않지만 약간의 목울림 소리로 지각되는 유사공명음(quasi-resonant nuclei)이 산출된다. 생후 1~4개월에 나타나는 2단계 발성은 1단계에 비해 생리적인 조절력이 증가해 완전공명음(fully resonant nuclei)이 산출되기 시작하고, 전사가 가능한 뚜렷한 자음과 모음의 형태는 아니지만 청지각적으로 자음, 모음과 유사한 소리가 단독으로 또는 결합되어 나타난다. 생후 3~8개월에 관찰되는 3단계에는 완전한 공명성을 보여 전사가 가능한 모음이 단독 또는 연속적으로 산출되기 시작하고, 자음과 모음 같은 소리의 연속체 또는 자음과 모음 사이의 포먼트 전이구간이 긴 경계선급 옹알이(marginal babbling)가 있다. 생후 5~10개월에 관찰되는 4단계에서는 성인 형태의 자음이 출현하는 시기로, 반복적 음절성 옹알이의 산출이 주요한 특징이다. 마지막으로, 생후 9~18개월에 해당하는 5단계에서는 의미 있는 낱말 산출이 시작되는 시기로 VC, VCV, VCVC 등의 복잡한 음절 구조와 다음절 발성이 다양한 억양 패턴과 함께 나타나고 자곤 또는 이중모음을 포함하여 가장 발전된 발성 형태가 관찰된다. SAEVD-R은 초기 발성의 조작적 정의와 출현하는 시기를 상세하게 제시하고 있어, 연구와 임상현장에 비교적 용이하게 적용하여 아동의 발달 수준을 객관적으로 평가할 수 있다.

국내에서도 SAEVD-R을 이용하여 아동의 초기 발성 발달 수준을 제시하고자 하였다(김민영, 하승희, 2013; 김진숙 등, 2012; 하승희 등, 2014; Ha, 2017). 한 예로 하승희 등(2014)은 생후 5개월부터 20개월의 58명의 한국 일반 아동을 대상으로 초기 발성 발달 패턴을 살펴보았다. 월령이 증가함에 따라 1, 2단계는 유의미하게 감소하고 음절성 발성에 해당하는 4, 5단계는 증가하였다. 모음 발성과 경계선 옹알이로 구성된 3단계는 월령 집단 간 유의미한 차이 없이 5~20개월 아동이 모두 활발하게 산출하였다. 이러한 연구 결과는 SAEVD-R을 토대로 영어권 일반 아동의 초기 발성 발달 패턴을 살펴본 Nathani 등(2006)과 동일하며, 언어에 상관없이 보편적인 발성 발달 패턴을 보였다.

동시에 한국 아동에게서 고유하게 관찰되는 발성패턴도 관찰되었다. 영어권 아동의 경우에는 9~15개월에 단일 CV음절이나 동일한 CV음절이 반복되는 옹알이 형태를 포함하는 4단계 발성이 활발하게 산출하는 것으로 보고된 반면, 동일 월령 대에 한국 아동은 CV 또는 CVC음절 외에 VC, VCV, VCVC, VCCV, CVC와 같은 복잡한 구조와 긴 음절을 포함하는 5단계 발성을 10% 이상으로 활발하게 산출하였다. 특히 영어권 아동에 비해 한국 아동은 모음으로 시작하는 발성을 보다 활발하게 산출하는 것으로 나타났다. 이러한 결과는 동일한 방식으로 직접 자료 수집하여 영어권과 한국어권 아동의 초기 발성 형태를 비교한 Ha 등(2021)에서도 입증되었다. 한국 아동이 선호하는 모음으로 시작하는 초기 발성의 형태는 한국 아동의 초기 어휘 목록에서 모음으로 시작하는 VCV 구조의 낱말(예, 엄마, 아빠, 응, 아니, 이거 등)이 많다는 점과 관련이 있다. 이러한 결과는 생후 10개월 이후에는 아동의 주변 환경 언어, 즉 모국어의 영향이 초기 발성에 나타난다는 주장을 뒷받침하고 있다(Boysson-Bardies & Vihman, 1991; Davis & MacNeilage, 1995; Vihman et al., 1986).

또한 Ha(2017)는 구개열 아동과 일반 아동을 9~18개월간 SAEVD-R을 이용하여 초기 발성 발달을 종단적으로 추적하였다. 일반 아동은 월령이 증가함에 따라 1, 2단계 발성은 감소하고, 4, 5단계 발성은 증가하는 발달 패턴을 보인 반면에, 구개열 아동은 1, 2단계 발성의 감소와 4, 5단계 발성의 증가하는 패턴이 9~12개월 사이에 나타났으나, 이후에는 그 변화가 두드러지게 나타나지 않았다. 또한 CV, CVCV와 같은 자음으로 시작하는 반복적 옹알이를 포함하는 4단계 발성은 구개열과 일반 아동의 초기 발성의 차이를 보다 더 민감하게 보여 주었다.

Oller의 초기 발성 모형과 SAEVD-R은 아동의 초기 발성 발달 수준을 객관적으로 확인하여, 이후 말-언어발달 상의 문제를 조기에 확인하고 예측하여 보다 더 적극적으로 중재할 수 있는 객관적 근거를 제공할 수 있다는 점에서 시사하는 바가 크다.

표 3-6 초기 발성 발달 단계별 하위 유형

발성 단계	하위 유형	약어	조작적 정의
1단계: 발성 단계 (0~2개월)	Vegetative Sounds	VEG	• 딸꾹질, 트림, 재채기와 같은 생리적인 소리들
	Crying Sound	CR	• 울음/으르렁 소리 또는 불편한 소리가 연속적으로 산출된 소리 • 울면서 산출되는 부정확한 음절(마마마)은 CR로 분류
	Quasi-Resonant Nuclei	Q	• 유사 공명음, 불완전 공명음 • 낮은 음도로 꿀꿀거리는 듯한 소리 • 2000Hz 이상의 에너지가 부족하여 산출되는 소리 • 성인 모음으로는 전사 불가
	Two or more Quasi-Resonant Nuclei	Q2	• Q가 2회 이상 산출된 소리
2단계: 초기 옹알이 단계 (1~4개월)	Fully Resonant	F	• 완전 공명음, Q보다 길고 공명도 명확하지만 성인 모음으로 전사 불가 • 발성 음질이 나쁨(거친 소리, 높은 음도 등)
	Two of more Fully Resonant	F2	• F가 2회 이상 산출된 소리
	Closant-Vocant	CV	• 모음과 같은 소리(Vocant), 자음과 같은 소리(Closant) • 고립된 자음과 같은 소리(트릴, 입술 사이로 진동을 내는 소리, 클릭 소리), 고립된 자음 소리들이 포함
	Two or more closant-vocant	CV2	• CV가 2회 이상 산출된 소리
	Chuckle	CH	• 적어도 2번 싱긋 웃거나 연속적으로 웃는 소리
3단계: 확장 단계 (3~8개월)	Vowel	V	• 단일 모음 • Q보다 길고 완전히 공명된 소리로 성인 모음으로 전사 가능 • F보다 음질이 좋고 더 쉽게 인식
	Two or more Vowels	V2	• V가 2회 이상 산출된 소리
	Vowel Glide	Vg	• 활음으로 음질에서 변화가 있는 모음류, 포먼트 전이가 느림 • 포먼트 전이가 200ms 이하이면서 막히는 소리가 함께 산출되면 CV로 분류, 포먼트 전이가 200ms 이하이면서 막히는 소리가 없으면 5단계의 DIP로 분류

	Ingressive Sound	IN	• 흡기음, 연속적인 짧은 흡기 소리
	Squeal	SQ	• 높은 음도로 연속적으로 꽥 지르는 소리
	Marginal Babbling	MB	• 경계선 옹알이로 자음과 같은 소리와 모음과 같은 소리의 연속체 또는 활음의 연속체 • 모음과 같은 소리 또는 자음과 같은 소리만 산출된 소리
4단계: 기본 음절 단계 (5~10개월)	Single consonant-Vowel syllable	CV	• 단일 자-모음 음절
	Canonical Babbling	CB	• 중첩적 옹알이 • CV음절이 두 개 이상인 소리 1) 반복적 옹알이: 자-모음이 같은 순서로 반복적으로 산출된 소리 2) 반복되지 않은 옹알이: 자-모음 결합이 서로 다른 순서로 산출되는 소리
	Whisper	WH	• 속삭이는 소리 • V, V2, Vg, MB, CB, CV를 속삭이면서 산출된 소리
	Consonant-vowel combination + isolated consonant	CV-C	• 자-모음 결합에 독립된 자음이 뒤따르는 소리 • CV와 C사이에 묵음 간격이 있는 소리
	Disyllables	CVCV	• CV음절이 두 번 산출되는 소리
5단계: 후기 옹알이 단계 (9~18개월)	Complex syllables	CMPX	• 복잡한 음절들 1) CV 음절 외에 단일 음절(VC, CVC) 2) 복잡한 이음절들(VCV, VCVC, VCCV) 3) 다양한 강세와 억양이 없는 여러 음절을 포함한 다음절의 연속체(VCVCV, VCVCCV) 4) 다양한 강세와 억양 패턴이 있으나 자음과 모음이 변하지 않는 다음절 발화
	Jargon	JN	• 자곤 • 적어도 두 개의 다른 자음과 모음의 연속체이고 강세와 음도의 변화가 있는 소리 • 3음절 이상이 포함되어야 자곤으로 분류
	Diphthongs	DIP	• 이중모음(외, 야, 유, 와) • 빠른 포먼트 전이(200ms 미만)와 전반적인 음절 길이가 500ms 이하인 소리

출처: Stark Assessment of Early Vocal Development-Revised, Nathani et al. (2006).

2) 프레임-콘텐츠 가설

프레임-콘텐츠 가설(Frames, then content hypothesis)은 MacNeilage와 Davis(1990)가 인간의 초기 발성을 토대로 말소리 발달 과정을 설명하고자 제안한 이론으로, 음성 산출의 기원을 언어적 또는 인지적 처리 과정이 아닌 운동 조절(motor control)의 관점에서 이해하려는 대표적인 접근이다. 이 가설은 초기 발성 산출이 의미 중심의 표현에서 출발하는 것이 아니라, 생득적인 하악 운동(jaw oscillation)에 기반한 리듬 구조, 즉 '프레임(frame)'의 반복에서 시작된다고 본다. 이후 발달 과정에서 개별 자음과 모음, 즉 '콘텐츠(content)'가 이러한 프레임 내에 점차 삽입되면서 말소리체계가 정교화된다고 설명한다. 이 가설의 핵심은 말소리가 처음부터 정밀하게 조음되는 것이 아니라, 턱의 상하 운동이라는 기본적인 운동 패턴을 통해 형성된 음절 구조 속에 다양한 조음 요소가 채워지는 순차적 발달 구조를 따른다는 점에 있다. 초기 옹알이에서 자주 나타나는 자음-모음(CV) 구조는 이러한 프레임의 결과로 이해되며, 이는 말소리 발달의 생물학적 기반에 대한 통찰을 제공한다.

MacNeilage와 Davis(1990)는 프레임의 유형을 조음 위치에 따라 세 가지로 분류하였다. 중립 프레임(neutral frames)은 양순성 자음과 중설 모음의 결합으로 /마/, /바/와 같은 음절을 산출하며, 전방 프레임(frontal frames)은 설정성 자음과 전설 모음이 결합되어 /디/, /티/ 등으로 실현된다. 후방 프레임(back frames)은 설배성 자음과 후설 모음의 조합으로 /구/와 같은 음절을 이룬다. 이러한 프레임은 말소리 산출의 기본 틀로 작용하며, 이후 입술, 혀, 연구개, 성대 등 조음기관의 움직임이 세분화되면서 개별 음소 수준의 조음(content)이 정교하게 통합된다.

프레임-콘텐츠 가설은 말소리 발달의 초기 단계를 이해하는 데 그치지 않고, 말소리장애 아동의 특성을 해석하는 데에도 중요한 이론적 틀을 제공한다. 예를 들면, 일부 말발달이 느린 아동의 경우, 하악 중심의 프레임 기반 운동은 가능하나, 정교한 조음 조절이 요구되는 콘텐츠 단계에서는 어려움을 보일 수 있다. 이와 같이 프레임과 콘텐츠의 통합 과정에서의 실패는 구조적 혹은 운동조절적 결함으로 설명될 수 있으며, 중재 접근 또한 이러한 발달 순서를 고려하여 설계되어야 함을 시사한다. 그러나 이 가설은 혀, 입술 등 다양한 조음기관의 협응을 요구하는 복잡한 조음패턴을 충분히 설명하지 못하며, 언어 간 음운구조의 차이나 말-언어발달에 있어 사회적 · 인지적 요소의 영향을 간과한다는 비판을 받는다(Lee et al., 2018; Oller et al., 1999). 또한 구개열 아동이 보이는 보상조음이나 일부 비전형적인 말소리 발달을 보이는 아동의 양상을 설명하는 데에도 한계를 보이기도 한다.

3) 옹알이와 낱말의 관계

초기 발성이 이후 발달하는 말과 관련이 없다는 견해(Jakobson, 1968)로 인해 초기 발성이 주목을 받지 못하던 시간도 있었지만, 현재는 초기 발성과 말이 말-언어 습득 과정에서 연속적으로 이어져 있음이 여러 연구 결과를 통해서 밝혀졌다. 초기 발성과 말의 연속적인 관련성은 음절성 옹알이와 초기 낱말이 동일한 자음과 모음, 음절 및 발화 구조를 공유하고 있다는 점(Davis & MacNeilage, 1995; Storkel & Morrisette, 2002)에서 잘 나타난다. 영어권 선행연구에 따르면, 아동은 초기 발성에서 파열음, 비음, 활음을 선호하며, 단음절(monosyllable)이나 열린 음절(open syllable)과 같은 CV 구조도 공통적으로 선호하는 것으로 나타났다(Kent & Bauer, 1985; Vihman et al., 1986). 6개월 이후부터의 음절성 옹알이와 12개월 이후의 초기 낱말에 공통적으로 관찰되는 한국 아동의 VCV음절 선호도도 한국 아동에게서 고유하게 관찰되는 특징인 동시에 초기 발성과 말의 연속성을 지지하는 결과라 할 수 있다(Ha et al., 2021; 김호, 하승희, 2022). 6~8개월, 12~14개월의 초기 발성과 18~20개월의 낱말을 바탕으로 자음 산출 특성을 살펴본 김호, 하승희(2022)의 연구에서는 〈표 3-7〉과 같이 조음방법 측면에서는 비음과 파열음이, 조음위치 측면에서는 양순음, 치경음, 연구개음이 초기 발성과 낱말 모두에서 전체 자음의 약 95% 이상을 차지하는 공통적인 특성을 보였다. 또한 6~8개월의 초기 발성에서는 비음이 평균 66%, 양순음이 평균 52%로 가장 높은 산출률을 보였으나, 이후 12~14개월의 초기 발성에서는 파열음과 치경음의 산출이 증가해 파열음이 평균 52%, 치경음이 평균 37%로 가장 높은 산출률을 보였다. 그러나 18~20개월의 낱말에서는 다시 비음이 평균 54%, 양순음이 평균 57%로 가장 높은 산출률을 보이면서 6~8개월의 초기 발성에서 나타난 자음 산출과 유사한 양상이 나타났다. 이러한 결과는 낱말의 자음 특성이 초기 발성의 말소리 발달 순서에 맞는 후기 단계의 진보된 특성을 보이는 것이 아닌, 초기 단계와 유사한 형태로 나타난다는 MacNeilage 등(1997) 연구와 일관성을 보인다. 선행 연구에서는 이러한 연구 결과를 아동의 낱말에서 나타나는 음운-음성학적 회귀성을 발음의 용이성과 관련지어 해석하였다. 비음은 파열음과 다르게 구강 내에 높은 압력을 필요로 하지 않는 말소리이며, 양순음은 혀의 세분화된 조작 없이 하악의 움직임만을 수반하여 발음할 수 있기 때문에 비교적 다른 자음 유형에 비해 산출이 용이하다. 따라서 아동이 초기 발성에서는 다양한 소리를 탐색하고 산출하지만, 낱말 산출 시에는 음절성 발성의 초기 단계에서 습득하였던 쉬운 말소리 목록을 재구성하여 산출을 시도하여, 6~8개월의 초기 발성에서 나타났던 자음 특성의 경향을 보이며 음운-음성학적 회귀성이 나타난다. 또한 아동은 초기 발성에서 습득한 말소리로 구성된 낱말을 더 일찍 빈번하게 사용한다. 이는 초기 발성을 통해 경험하고 발달시킨 조음운동 능력을 바탕으로 초기 발성과 음성학적으로 유사한 낱말을 산출할 수 있게 됨을 의미하고, 언어이전기부터 나타나는 연속적인 말소리 발달을 보여 주는 것이다.

표 3-7 75% 아동에게서 관찰된 자음 목록

	6~8개월(초기발성)	12~14개월(초기발성)	18~20개월(낱말)
초성	ㅁ, ㄴ	ㅁ, ㄴ, ㅂ, ㅃ, ㄷ, ㄸ, ㄱ, ㄲ	ㅁ, ㄴ, ㅃ, ㄷ, ㄸ, ㄱ, ㄲ
종성	ㅁ, ㅇ	ㅁ, ㄴ, ㅇ, ㄱ	ㅁ, ㄴ, ㅇ

출처: 김호, 하승희(2022).

초기 발성을 말 습득 과정의 연속성 상에서 중요하게 살펴봐야 함은 말소리와 어휘 습득 상의 지연과 문제를 보이는 아동의 경우 대부분 옹알이 시기에서부터 일반 아동과 차이를 보인다는 점에서도 잘 나타난다. 말 늦은 아동, 청각장애, 다운증후군, 구개열 아동은 언어이전기부터 음절성 옹알이의 출현 시기, 양, 구조 면에서 일반 아동과 다르다. 이러한 차이는 첫 낱말 시기와 어휘 습득이 본격적으로 이루어지는 시기에도 이어져서 유의하게 지연되거나 다른 발달 패턴을 보인다(Cobo-Lewis et al., 1996; Chapman et al., 2001, 2003; Ertmer et al., 2007; Lee & Ha, in press, 2024; Oller et al., 1998; 김호, 하승희, 2021). 한 예로, 구개열 아동과 일반 아동을 대상으로 종단 연구를 진행한 Chapman 등(2003)의 연구에서는 13개월 아동의 성문음, 인두음, 활음을 제외한 진자음(true consonant)만으로 구성된 음절성 옹알이 비율이 21개월 때의 어휘 및 자음 목록 파열음 비율과 유의미한 상관관계를 보였다. 이는 초기 발성을 통해 어휘 및 말소리 습득 수준을 예측할 수 있음을 시사한다.

제4장

말소리의 발달

1. 첫 50 낱말기(12~24개월)

아동이 첫 낱말을 표현하는 12개월부터 어휘가 폭발적으로 발달하는 18~24개월은 말-언어발달 상의 개인차가 큰 시기로 아동마다 표현하는 어휘 수가 실제로 다양하다. 이 시기의 조음음운 능력은 어휘와 아주 밀접한 관계를 보이면서 발달하기 때문에 아동의 나이보다는 표현하는 어휘 수에 따라 말 발달 수준을 고려해야 한다.

낱말을 처음 학습할 때는 단어 내 일련의 개별 음소에 대한 인식 없이 전체 단어(통단어)로서 학습하고 산출한다(Ferguson & Farwell, 1975; Menyuk & Menn, 1979). 아동이 50개 이상의 어휘를 습득하는 시기가 되면 말소리 습득 단위가 낱말에서 개별 음소 수준으로 변하고, 오류패턴의 유형도 음절생략 및 축약, 반복 및 동화, 종성생략과 같은 전체 단어 음운변동이 점차 줄어들고 분절음 변화 음운변동이 주를 이룬다. 단어를 다양한 형태로 산출하는 모습도 서서히 사라지면서 일정한 오류패턴으로 아동의 말소리 오류를 설명할 수 있게 된다.

이 시기에는 조음음운상의 제약으로 인해 특정 어휘를 선호하거나 기피하는 모습도 관찰된다. 대표적인 예로, 구강자음 산출이 어려운 구개열 아동은 구강자음으로 시작하거나 구성된 단어를 기피하고, 비음과 모음으로 구성된 단어를 선호하는 어휘의 선택적 사용(lexical selectivity)을 두드러지게 보인다(박보라, 하승희, 2016; 하승희, 2014). 또한 선호하는 어휘나 특정 소리패턴을 다양한 의미로 사용하는 동음이의어의 특성을 보이기도 한다.

첫 50 낱말기에 관찰되는 일반적인 음소목록을 살펴보면, 12개월에 양순음을 시작으로 치경음을 산출하고, 18개월에는 연구개음을 산출하면서 구강 앞쪽 소리부터 시작해서 점차 구강 뒤쪽 소리를 발달한다. 조음방법과 발성유형 측면에서는 12개월에 비음과 파열음을 산출하고, 18개월에는 경음이 출현하기 시작한다. 24개월이 되면 일부 파찰음과 마찰음, 유음을 제외한 대부분의 자음을 산출하면서 초성에는 대략 10개의 자음을, 종성에는 2~3개의 자음을 산출하여, 일반 아동은 이 시기에 10~12개의 자음목록 수를 보유하게 된다(정경희 등, 2006; 홍경훈, 심현섭, 2002; 문희원, 하승희, 2012; 피민경, 하승희, 2017).

12~30개월 아동의 초기 어휘에 나타난 음운 특성을 살펴본 하승희와 피민경(2018)의 연구에 따르면, 특정 월령대의 75% 이상 아동에서 공통적으로 보고된 표현어휘 수는 12~17개월 아동이 1개(예: 엄마), 18~23개월 아동이 7개, 24~30개월 아동이 139개로 나타났다. 50% 이상 아동에서 공통적으로 보고된 표현어휘 수는 12~17개월 아동이 3개(예: 엄마, 아빠, 맘마), 18~23개월 아동이 42개, 24~30개월 아동이 412개로 나타났다. 〈표 4-1〉은 하승희, 피민경(2018)에서 12~30개월의 75% 이상과 50% 이상 아동이 산출하는 낱말에 나타난 상위 5개의 자음과 모음 목록을 제시한 것이다. 첫 50 낱말기에 해당하는 아동의 표현어휘에 나타난 말소리 목록을 살펴보면, 75% 이상 아동에게서 공통적으로 보고된 초성 자음은 12~17개월에 양순음 /ㅁ/이고, 18~23개월에는 /ㅁ, ㄲ/, /ㅃ, ㄱ, ㅈ, ㄴ/ 순서로 나타났다. 즉, 대부분의 아동이 조음위치 면에서 양순음만이 들어간 어휘를 표현하다가 월령이 증가하면서 치경음, 경구개음, 연구개음이 들어간 어휘를 표현하였다. 조음방법 측면에서는 비음만으로 구성된 어휘를 표현하다가 점차 파열음, 파찰음이 들어간 어휘를 표현하였다. 종성 자음은 12~17개월에 양순음 /ㅁ/, 18~23개월에 /ㅁ, ㅇ, ㄹ/로 나타났다. 단모음은 12~17개월에 /ㅏ, ㅓ/, 18~23개월에 /ㅏ/, /ㅓ, ㅔ, ㅜ, ㅡ, ㅣ/ 순으로 사용하였다. 50% 이상 아동에게서 공통적으로 보고된 초성과 종성 자음은 좀 더 다양하여, 18~23개월에 일부 아동은 초성에 마찰음과 종성에 파열음이 들어간 어휘도 표현하였다.

또한 이 시기에 사용하는 낱말 구조를 살펴보면, 〈표 4-2〉와 같이 12~17개월의 75% 이상 아동이 공통적으로 산출한 낱말 구조는 2음절 VCV의 한 가지 유형이었다. 18~23개월 아동의 낱말 구조는 1음절 3개, 2음절 4개로 총 7개 유형이었으며, 이 중 가장 많이 나타난 낱말 구조는 여전히 VCV였다.

표 4-1 초기 어휘에 나타난 음소 비율

			12~17개월				18~23개월				24~30개월			
			75%a		50%b		75%		50%		75%		50%	
표현어휘수			1		3		7		42		139		412	
		rank	type	%	type	%	type	%	type	%	type	%	type	%
자음	초성	1	ㅁ	100.00	ㅁ	75.00	ㅁ, ㄲ	25.00	ㄱ, ㅁ, ㄴ	12.50	ㄱ	15.84	ㄱ	13.41
		2			ㅃ	25.00	ㅃ, ㄱ, ㅈ, ㄴ	12.50	ㅃ, ㄲ	10.71	ㅁ	9.95	ㄹ	11.03
		3							ㅂ, ㅈ	7.14	ㅂ, ㅅ, ㅈ	7.69	ㅁ	8.66
		4							ㅅ, ㅊ, ㅎ	5.36	ㄴ, ㄹ	7.24	ㅂ	8.10
		5							ㄷ, ㄸ	3.57	ㄲ	6.79	ㅅ	7.82
	종성	1	ㅁ	100.00	ㅁ	100.00	ㅁ, ㅇ, ㄹ	33.33	ㅇ	41.935	ㅇ	31.00	ㅇ	26.04
		2							ㄹ	22.581	ㄹ	22.00	ㄹ	22.64
		3							ㄴ	16.129	ㄱ	15.00	ㄴ	15.47
		4							ㅁ	12.903	ㄴ	12.00	ㄱ	13.96
		5							ㄱ	6.4516	ㅁ	11.00	ㅁ	12.83
모음		1	ㅏ, ㅓ	50.00	ㅏ	83.33	ㅏ	54.55	ㅏ	47.62	ㅏ	26.20	ㅏ	26.45
		2			ㅓ	16.67	ㅓ, ㅔ, ㅜ, ㅡ, ㅣ	9.09	ㅣ	15.87	ㅣ	19.93	ㅣ	15.58
		3							ㅗ	11.11	ㅗ	13.65	ㅓ	13.46
		4							ㅓ	9.52	ㅓ	10.33	ㅗ	12.16
		5							ㅜ, ㅡ	7.94	ㅔ/ㅐ	8.49	ㅜ	8.03

표 4-2 초기 낱말 구조

	12~17개월				18~23개월				24~30개월			
	75%[a]		50%[b]		75%		50%		75%		50%	
	type	%	type	%	type	%	type	%	Type	%	type	%
1	VCV	100.00	VCV	66.67	VCV	33.33	VCV, CVC	16.28	CVCV	15.29	CVCV	17.87
2			CVCV	33.33	CV, CVC, VC, CVCV, CGVCV, CVCCVC	11.11	CV	11.63	CVC	14.12	CVC	11.47
3							CVCCVC	9.30	CV	10.00	CV	6.93
4							CVCV	6.98	VCV	7.06	VCV	6.40
5							CGVCV, VCCV	4.65	CVCVC	5.29		

[a]75% 이상의 아동에게서 관찰, [b]50% 이상의 아동에게서 관찰
출처: 하승희, 피민경(2018).

50% 이상 아동이 산출한 낱말의 경우 12~17개월 아동은 2음절 VCV, CVCV 구조만을 산출하였다. 18~23개월 아동의 낱말 구조는 1음절 4개, 2음절 11개, 3음절 3개, 4음절 2개로 총 20개 유형이었다. 이 중 상위 5개 낱말 구조는 CVC, VCV, CV, CVCCVC, CVCV, CGVCV, VCCV 순으로 나타났다.

말 습득에 있어 첫 50 낱말기의 주요한 특성은 변이성이다. 언어 및 조음 기제의 불안정한 기능으로 인해 첫 50 낱말기의 아동의 말소리 산출은 개인 간 차이가 크고, 개인 내에서도 동일한 단어를 여러 다른 형태로 산출하는 변이적인 특성을 보인다(Vihman & Greenlee, 1987). 이러한 변이성은 첫 50 낱말기 이후 36개월까지 점진적으로 감소하다가, 이후 일반 아동의 경우 변이성을 거의 보이지 않고 안정적인 말 산출 특성을 보인다(김희윤, 하승희, 2016).

2. 음소 습득기

아동이 첫 50 낱말기를 지나 표현어휘가 급격히 증가하는 시기에 이르면, 말소리 습득 과정도 보다 정교한 체계로 확장된다. 초기에는 통단어단위로 전체적인 음운패턴을 습득하지만, 점차 개별 음소 단위로의 분석과 조절 능력이 발달하면서 본격적인 말소리 발달이 이루어진다. 이 시기에는 말명료도, 음소목록, 단어단위 음운지표, 자음정확도, 변이성과 같은 다양한 지표를 통해 아동의 말소리 습득 수준을 평가할 수 있다. 이 절에서는 객관적인 말 지표를 바탕으로 아동의 말소리 발달 경향을 보다 체계적으로 이해하고, 정상적인 발달 패턴과 지연 또는 장애 여부를 구별할 수 있는 기초 자료를 제공하고자 한다.

1) 말명료도

말명료도(speech intelligibility)는 화자의 말을 청자가 이해한 정도로서 전반적인 구어 의사소통 능력을 평가하는 데 유용한 말 지표이다. 특히 말소리 습득 초기 단계에 있거나, 심각도가 높은 말소리장애 아동은 개별 음소의 정확도보다는 말명료도를 통해 말 산출 능력과 전반적인 의사소통 능력을 살펴보고, 말 발달이나 지연 수준을 평가하는 데 보다 적절할 수 있다.

말명료도를 평가하는 방법으로는 아동의 전체 발화 중 평가자가 정확하게 이해한 단어 또는 어절의 비율로 보고하는 개방형(open-set) 단어 및 어절 확인법이 가장 보편적으로 사용되고 있다(김미진, 하승희, 2012; 김수진 등, 2013; 하승희, 황진경, 2013; Flipsen, 2006). 개방형 단어 및 어절 확인법은 말명료도를 평가하는 데 있어 가장 신뢰할 수 있는 방법 중 하나로 간주되지만, 자발화에서 아동이 의도한 바를 정확히 알기 어려운 경우에는 평가에 제한이 있을 수 있다(Bernthal et al., 2021). 이와 함께, 화자에게 정해진 단어 목록을 자발적으로 또는 모방을 통해 산출하게 한 뒤, 평가자가 이해한 단어를 목록에서 선택하는 폐쇄형(closed-set) 단어 확인법도 있다. 또한 등간척도(interval scale)를 사용하여 이해 가능 정도를 평정하는 방법도 사용된다.

말명료도 평가는 화자, 청자, 평가 문맥에 따라 달라질 수 있다. 먼저, 화자의 조음 능력에 따라 말명료도 수준이 달라지기는 하나, 조음 오류 수뿐만 아니라 오류유형 및 일관성 등에 따라 달라지기 때문에 자음정확도와 말명료도의 상관관계는 높지 않은 편이다(Namasivayam et al., 2013; Shriberg & Kwiatkowski, 1982). 일반적으로 발달적 오류패턴과 같이 일반 아동에게서도 자주 관찰되는 오류는 비발달적이거나 특이한 오류패턴에 비해 이해하기가 쉽다. 오류가 일관적으로 나타날 경우에도 청자가 화자의 의도를 예측하기가 상대적으로 용이해져 말명료도가 높아진다. 고빈도 음소에서 오류가 발생하는 경우 말명료도에 중대한 영향을 미칠 수 있다. 예를 들어, 한국어 고빈도 음소인 /ㄱ/를 전방화하는 아동은, 비슷한 자음정확도를 보이면서 다른 음소에 오류를 나타내는 아동보다 말명료도가 현저히 낮다. 또한 말속도, 크기, 음도, 억양, 강세, 음질, 유창성과 같은 초분절적 요소도 말명료도 평가에 영향을 끼친다. 평가 대상자의 말에 대한 청자의 경험과 친숙도에 따라 말명료도는 달라질 수 있다. 나이 어린 아동이나 말소리장애 말 패턴에 익숙하지 않은 사람들보다 아동의 부모나 언어치료사가 아동의 말을 더 잘 이해하는 경향이 있다(김미진, 하승희, 2012). 또한 평가 문맥이 단어인지 대화 수준인지에 따라서, 그리고 대화일 경우 주제에 따라 말명료도가 달라질 수 있다. 음향학적 정보뿐만 아니라 언어학적 맥락을 통해 의미를 추론할 수 있는 경우, 말명료도가 더 높게 측정될 수 있다.

2세부터 4세까지의 아동을 대상으로 한 연구에서는 말명료도가 다양한 요인의 영향을 받아 연령별로 서로 다른 말명료도 지표가 보고되고 있다. 〈표 4-3〉은 한국 아동을 대상으로 단어 및 자발화에서 측정한 말명료도 지표를 정리한 것이다.

김미진과 하승희(2012)는 23개의 목표단어 그림을 제시한 후, 아동이 해당 단어를 말하는 장면을 녹음하여 말명료도를 측정하였다. 평가 방법으로는 아동의 어머니와 아동 발화에 익숙하지 않은 청자가 녹음된 발화를 듣고 이해도를 평가하는 방식을 사용하였다.

그 결과, 아동의 어머니는 2세 전반 아동의 발화를 44.4% 이해했으며, 2세 후반 아동의 발화를 66.1% 이해하는 것으로 나타났다. 반면, 아동 발화에 익숙하지 않은 청자는 각각 37.5%와 56.8%의 비율로 아동의 발화를 이해하여, 어머니보다 낮은 이해도를 보였다.

이와 유사한 연구로, 하승희와 황진경(2013)은 아동과의 놀이 상황에서 수집한 50개 어절을 사용하여 말명료도를 측정하였다. 연구에서는 아동과의 놀이에 참여하지 않은 언어병리학과 학생들에게 녹음된 발화를 들려준 후, 받아 적은 내용을 전사하여 전체 어절 중 명료하게 인식한 비율을 계산하였다. 그 결과, 2세 전반 아동의 말명료도는 86.7%, 2세 후반 아동은 90.8%로 나타났다.

또한 김수진 등(2013)은 가정에서 부모와 나눈 일상적 대화를 녹음한 후, 아동의 발화만을 남기고 어머니의 발화를 삭제 및 편집하여 말명료도를 평가하였다. 평가자들은 받아 적은 발화를 연구자들이 사전에 준비한 전사 자료와 비교하여 일치하는 어절 수의 비율을 산출하였으며, 그 결과 2세 아동의 말명료도는 49.0%로 나타났다. 특히 2세 아동은 음운 발달 초기 단계에 있어 조음 및 음운 능력이 불안정하고 개인차가 크기 때문에 말명료도 수준이 다양하게 분포했다.

국내 연구에서는 3세 아동의 말명료도가 연구마다 다르게 보고되었는데, 김수진 등(2013)은 50%대, 김미진과 하승희(2012)는 70%대, 하승희와 황진경(2013)은 90%대로 나타났다. 이러한 차이는 말명료도가 화자, 청자, 평가 문맥에 따라 달라질 수 있기 때문으로 해석된다. 하지만 공통적으로 3세를 기점으로 아동의 말명료도가 급격히 향상하며, 이 시기부터 구어 의사소통 능력이 크게 발달하는 것으로 나타났다. 즉, 3세 이상의 아동이 발화한 내용 중 절반 이상이 청자가 이해하지 못한다면, 이는 중재가 필요한 상황으로 판단할 수 있다(Bernthal et al., 2021).

표 4-3 명료도 지표 평균(SD) 단위(%)

연구	김미진, 하승희(2012)		하승희, 황진경(2013)	김수진, 김정미, 윤미선(2013)
명료도 평가 조건	아동 발화에 대한 친숙도에 따른 말명료도		대화 맥락	대화 맥락 없이 아동 발화만 제시
검사어	단어		자발화	자발화
	엄마	친숙하지 않은 사람		
2세 전반	44.4(22.6)	37.5(21.8)	86.7(3.3)	49.0(15.5)

2세 후반	66.1(20.8)	56.8(16.5)	90.8(5.5)	
3세 전반	79.6	71.6	94.8	51.1
3세 후반	79.6	73.9	97.2	
4세 전반				56.7
4세 후반				

2) 음소목록 및 자음 습득 시기

표현어휘가 제한적이고, 조음정확도가 낮은 초기 음운발달 단계에는 성인의 목표 발화와 비교해서 정확성을 살펴보는 말 지표보다는 아동이 산출하는 음소목록이 아동의 말 발달 수준과 중재 방향에 대해 보다 더 구체적인 정보를 제공한다. 자음목록은 보통 첫 50 낱말기와 2세 전반에 유용한 지표로서 일반적으로 아동의 자발화에서 3회 이상 산출되거나, 서로 다른 2개 이상의 단어에서 산출된 자음의 수로 구한다(Stoel-Gammon & Dunn, 1985; Stoel-Gammon, 1985).

아동의 자발화에서 서로 다른 2개 이상의 단어에서 산출된 자음만을 자음목록에 포함시켰을 때 2세 전반에는 평균 12개, 2세 후반에는 평균 14.7개의 자음목록 수를 보였다(하승희 등, 2016). 동일 연령대 아동의 50% 이상에게 공통적으로 포함된 자음목록을 살펴보면, 2세 전반에는 초성에 /ㅍ, ㅆ/, 종성 /ㅂ, ㄷ, ㄱ/를 제외한 모든 음소가 자음목록에 포함되었다. 또한 2세 후반 50% 이상의 아동들은 한국어의 모든 음소를 초성과 종성 위치에서 산출하는 것으로 나타나, 절반 이상의 아동이 3세 전에 한국어 자음을 안정적으로 산출하는 것으로 나타났다.

자음의 습득 시기는 일반적으로 표준화된 검사도구 맥락에서 아동이 산출한 단어를 성인의 목표 발화와 비교하여 정확한 자음을 기준으로 정한다. 일반적으로 특정 연령대의 75% 이상의 아동이 정확하게 산출한 자음을 해당 연령에 습득했다고 간주한다. 2세 후반에 75% 아동이 정확하게 산출한 자음을 살펴보면 한국 조음음운프로파일(Korean Articulation Phonology Profile: K-APP, 하승희 등, 2021)의 1음절 CVC 환경에서는 어두 초성와 종성 위치의 /ㄱ/를 제외한 파열음, 비음, 마찰음 /ㅎ/, 설측음이 2세 후반에 습득되었다. 자발화에서 자음정확도를 살펴본 Kim, Kim과 Stoel-Gammon(2017)에서도 비음, 파열음 /ㅂ, ㅍ, ㅃ, ㄸ, ㄱ/, 마찰음 /ㅎ/가 2세에 습득 기준에 도달하였다. 반면에 1~4음절의 다음절어로 구성된 아동용 발음평가(Assessment of Phonology and Articulation for Children: APAC, 김민정 등, 2005)에서는 /ㅃ, ㅍ, ㄸ, ㅎ/만이 2세 후반에 초성 위치에서 습득되고 대부분의 음소가 3세 전반 이후에 습득되었다.

3) 단어단위 음운지표

말소리 발달 단계에서 50 낱말기에 있는 아동의 말소리 습득과 산출 단위는 통단어(whole-word)이다. 이 시기 아동은 개별 음소에 대한 음운지식이 아직 발달하지 않아 음소의 정확성뿐만 아니라 산출할 수 있는 음운구조면에서도 제한적이다. 또한 동일한 단어를 산출할 때마다 발음의 형태가 달라질 수 있으며, 동일한 음소가 다른 단어에서 실현될 때는 다른 음소로 인식하고 다른 형태로 발음하기도 한다. 따라서 이 시기에는 분절음 수준에서의 평가보다는 단어단위로 산출의 정확도를 평가하는 것이 아동의 말소리 습득 수준과 치료에 대한 유용한 정보를 얻을 수 있다. Ingram(2002)은 50 낱말기 아동, 즉 1~2 낱말 조합으로 의사소통하면서, 음운구조의 제약을 보이는 말소리 발달 초기 단계에 있는 아동의 조음음운 능력을 보다 타당하게 평가하기 위해 단어단위 음운지표를 제안하였다. 단어단위 음운지표는 단순히 분절음의 정확도만 살펴보기보다는 아동이 산출할 수 있는 음운구조의 복잡성, 변이성을 살펴보기 위해 고안되었다. 평균음운길이, 단어단위 근접률, 단어단위 정확률, 단어단위 변화율에 해당한다. U-TAP2는 평균음운길이, 단어단위 근접률, 단어단위 정확률에 대한 2세 후반에서 7세까지의 규준을 제시하고 있다. 단어 또는 자발화 문맥에서 단어단위 음운지표를 이용해 한국 아동의 말소리 습득 과정을 정리하면 〈표 4-4〉와 같다.

(1) 평균음운길이(Phonological mean length of utterance: PMLU)

아동이 산출한 단어의 길이와 정확한 자음의 수를 측정한다. 이 지표는 말소리를 습득해 가면서 점진적으로 다음절 단어도 음절 축약 없이 정확한 단어 길이로 정확하게 자음을 산출해 가는 발달 과정을 정량화하여 살펴보는 데 유용하다.

Ingram(2002)은 평가 목적과 언어 유형에 따라 단어단위 음운지표를 구하는 방법이 수정·보완될 수 있음을 언급하면서, 평균음운길이 계산 규칙을 다음과 같이 제시하였다.

① 샘플 크기: 50개 단어가 분석에 적절하고, 적어도 25개 단어를 바탕으로 분석해야 한다.

② **어휘 유형**: 성인과의 일반적인 대화에서 아동이 사용하는 단어(명사, 동사, 형용사, 전치사, 부사)를 선택하고, 과대평가를 막기 위해 감탄사, 의성어는 제외하고, 일반적으로 성인 간에는 사용하지 않는 유아어(예, 까까, 응가, 쉬, 치카)는 포함하지 않는다.

③ **합성어**: 합성어는 띄어쓰기 없이 한 단어로 표기하는 경우에만 단일 단어로 취급하여 계산한다.

④ **변이성**: 단어당 한 번의 발화만 계산에 포함하는데, 한 단어를 여러 형태로 산출했다면 가장 빈번한 형태를 분석에 포함하고, 빈번한 형태가 없다면 마지막으로 발화한 것을 계산한다.

⑤ **계산 규칙**: 아동이 발음한 각 자음과 모음에 대해 1점씩 부여하고 첨가한 자음이나 모음에는 점수를 부여하지 않는다.

⑥ **정확한 자음**: 정확한 자음에 대해 추가로 1점을 부여한다. 모음의 정확성은 일반적으로 전사신뢰도가 낮기 때문에 계산하지 않는다.

평균음운길이는 아동이 말소리를 습득하는 과정에서 단어 길이와 구조를 지켜 나가고 분절음을 정확하게 산출해 가는 과정을 정량화하는 데 용이하다. 예를 들어, 아동이 '그네'를 [에]로 표현하다가, 점차 [게]로 표현하고 이후 [그에]로 표현하다 마지막에 [그네]로 정확하게 표현했다면 평균음운길이가 1 → 2 → 4 → 6으로 증가하여 아동의 말소리 습득 과정을 정량적으로 잘 포착해 준다. 따라서 음운구조에 제약을 받으면서 음절축약 및 생략을 빈번하게 보이는 50 낱말기 또는 초기 음운발달기에 있는 아동을 평가하거나, 치료에 대한 진전 정도를 정량화하여 살펴볼 때 평균음운길이가 유용하다.

평균음운길이를 바탕으로 아동의 말 발달을 살펴본 대다수의 국내 연구에서는 음절생략 및 축약, 종성생략을 빈번하게 보이는 2세 아동은 6 정도의 평균음운길이를 보이다가 음운구조 면에서 안정적인 산출을 보이는 4세 아동은 8 정도의 평균음운길이를 보이는 것으로 보고하고 있다(석동일, 2006; 윤미선 등, 2013; 하승희 등, 2016; 하지완 등, 2019).

한편 김민정과 하승희(2018)는 평균음운길이의 제한점을 보완하여 가중평균음운길이(weighted phonological mean length of utterance)라는 새로운 지표를 제안하였다. 기존의 평균음운길이는 모음의 정확도를 고려하지 않고 자음의 산출을 이분법적으로만 평가한다는 제한점이 있다. 하지만 아동의 말소리 습득 과정을 살펴보면, 아동은 말소리의 여러 자질을 한 번에 정확하게 산출하기보다는 점진적으로 충실하게 발달시킨다. 예를 들어, 일반 아동이 보이는 발달적 오류패턴은 일반적으로 조음 위치, 방법, 발성 유형과 같은 자음의 자질 중 한 가지만 대치한 오류이다(예. [ㅈ] 계열을 동일한 조음 위치의 [ㄷ] 계열로 대치하는 오류). 반면에 비발달적 오류패턴은 자음의 여러 자질을 동시에 대치하는 오류인 경우가 많다(예. [ㅈ] 계열을 [ㄱ] 계열로 대치하는 오류). 가중평균음운길이는 이러한 말소리의 습득 과정과 발달적·비발달적 오류패턴의 특성을 고려하여 아동이 산출한 자음 자질에 따라 추가점수체계를 마련하였다. 평균음운길이와 마찬가지로 산출된 모음과 자음마다 1점을 부여한 후에 모음이 정확한 경우 1점의 추가 점수를 부여하고, 자음은 유지된 조음위치, 방법, 발성유형 자질에 따라 최대 2점의 추가 점수를 부여하는 방식이다. 가중평균음운길이의 자세한 점수체계는 김민정과 하승희(2018)를 참고하기 바란다. 가중평균음운길이는 말소리장애 아동의 다양한 생략 및 대치 오류를 차별적으로 정량화하고, 치료를 통해 모음이 정확해지고, 음절구조가 확장되며, 자음의 조음방법, 조음위치, 발성 유형 자질이 점진적으로 정확해지는 진전 과정을 반영하는데, 기존의 말 지표에 비해 좀 더 민감하고 타당할 수 있다. 그러나 다소 복잡한 점수체계로 임상적 효율성이 떨어질 수 있는데, 이를 극복하기 위해 표준화된 조음음운 검사도구인 K-APP(하승희 등, 2021)의 자동 분석 프로그램에서는 평균음운길이와 함께 가중평균음운길이를 자동으로 계산하여 제시해 주고 있다.

(2) 단어단위 근접률(proportion of whole-word proximity: PWP)

목표어의 평균음운길이를 아동의 평균음운길이로 나눈 값으로, 이 수치가 1에 가까울수록 목표어와 동일한 음운구조와 음소를 산출했음을 의미한다. 앞선 예시에서 '그네'를 정확하게 산출하기까지 [에] → [게] → [그에] → [그네]의 과정을 거쳤다면, 아동의 단어단위 근접률은 0.17 → 0.5 → 0.67 → 1.0으로 증가하며, 성인의 목표 형태에 점점 가까워지는 과정을 정량적으로 잘 보여 준다.

한국 2세 아동은 단어단위 근접률에서 약 0.8을 보였으며, 3세부터는 0.92~0.94를 나타냈고, 4세에는 0.96 이상을 보이면서 목표어에 거의 근접한 말 산출 수준을 보인다(석동일, 2006; 윤미선 등, 2013; 하지완 등, 2019).

(3) 단어단위 정확률(proportion of whole-word correctness: PWC)

전체 단어 중 정확하게 산출한 단어의 비율로, 말소리 산출의 단위가 통단어 시기에 아동의 말 발달을 간편하게 살펴볼 수 있다. 2세 아동은 대략 0.4의 단어단위 정확률을 보이다가 3세 후반에 단어 정확도가 비약적으로 발달하여 약 0.7으로 증가하고, 5세 이후에는 0.9 이상을 보이면서 치경마찰음의 포함된 일부 단어를 제외하고는 모든 단어를 정확하게 산출한다(석동일, 2006; 윤미선 등, 2013; 하지완 등, 2019).

(4) 단어단위 변화(이)율(Proportion of whole-word variation: PWV)

말소리 습득 초기에 아동은 동일한 단어를 다양한 형태로 발음하는 변이성을 발달적으로 보일 수 있다(김희윤, 하승희, 2016; 황진경, 하승희, 2012). 단어 변이성은 조음음운체계의 미성숙으로 인해 말 발달 과정 중에 일시적으로 보일 수 있는 특성이다. 그러나 단어 변이성을 보이는 시기가 3세 이후로 장기화되고, 변이성의 정도가 양적으로 많고, 정확한 산출보다 다양한 형태로 불규칙적이고, 예측하기 어려운 오류를 보일 경우에는 정상적인 변이성과 구별되는 병리적인 비일관성에 해당한다. 병리적인 비일관성은 Dodd(2005)가 제안한 말소리장애 하위 유형인 비일관적 음운장애와 아동기 말실행증의 주요 증상이다. 따라서 아동이 보이는 단어 변이성이 발달 과정에서 일시적으로 나타나는 특징인지, 말소리장애의 증상인지를 정량적으로 평가할 필요가 있다. 이를 위해 단어단위 변화율이 고안된 지표이다.

단어단위 변화율은 특정 단어를 여러 번 산출했을 때, 각기 다른 형태로 발음된 횟수를 총 산출 기회 수로 나누어 계산한다. 예를 들어, 아동이 '공'을 모두 [고]로 동일하게 3번 산출했다면 서로 다른 형태의 수가 0이므로 0/3=0이다. 또는 [고], [도], [곤]으로 각각 산출했다면 서로 다른 형태의 수가 3이므로 3/3=1이다. 즉, 단어단위 변화율의 범위는 0~1이고 수치가 높을수록 동일한 단어를 다양한 음운 형태로 산출함을 의미한다.

단어단위 변화율을 통해 한국 아동의 말 발달을 살펴본 문헌은, 2세는 대략 0.4대의 단어단위 변화율을 보이다가 3~4세 이후는 0.3대로 감소하여 연령이 증가함에 따라 일관성을 보였다(박현, 석동일, 2012; 박희정, 황하정, 박현, 2011; 박현, 손은남, 2012).

표 4-4 단어단위 음운지표로 살펴본 말소리 발달

저자	석동일(2006)			윤미선 등(2013)			하승희 등(2016)			피민경, 하승희(2018)			하지완 등(2019)		
연령	3, 4, 5세			2, 3, 4세			24-36개월			18-30개월			2;6-7;11		
음운지표	PMLU	PWP	PWC	PMLU	PWP	PWC	PMLU	PWP	PWC	PMLU	PWP	PWC	PMLU	PWP	PWC
1;6-1;11										6.72	.80	.47			
2;0-2;5				6.37	.86	.45	5.91	.86	.55	8.70	.81	.47			
2;6-2;11				6.87	.89	.53	6.58	.92	.69				7.34	.86	.47
3;0-3;5	7.24	.78	.70	7.75	.92	.59							7.62	.89	.54
3;6-3;11				8.31	.96	.78							8.07	.94	.73
4;0-4;5	8.37	.91	.81	8.45	.97	.82							8.20	.96	.79
4;6-4;11				8.52	.98	.89							8.23	.96	.81
5;0-5;5	10.55	.98	.97										8.44	.97	.91
5;6-5;11													8.51	.99	.95
6;0-6;11													8.56	.99	.98
7;0-7;11													8.56	1.00	.99

* 하지완 등(2019)의 연구는 단어수준 검사에서, 그 외의 연구들은 자발화 문맥에서 분석함.

이 빠르게 이루어지는 18개월에서 30개월 사이에는 아동은 동일한 단어를 여러 가지 형태로 산출하여 변이성이 두드러지게 나타나다가 성장하면서 조음정확도가 높아지고 변이성은 점차 감소한다. 어린 연령대의 일반 아동이 보이는 변이성(variability)은 단어 산출 시 나타나는 오류유형과 빈도 면에서 정상에서 벗어난 비일관성(inconsistency)과는 구별되며, 3세 이후 말소리 산출이 안정화면서 자연스럽게 감소하고 사라지는 것이 정상적인 발달 과정이다.

일반 아동의 발달 과정에서 나타나는 변이성에 대해 McLeod와 Hewett(2008)이 2~3세 일반 아동을 대상으로 진행한 연구에서는 목표단어의 53.7%가 변이적으로 산출되었다. Holm 등(2007)에서는 3세 0개월부터 3세 5개월의 일반 아동이 목표단어의 13%를 변이적으로 산출하였으며, 86%는 3회 중 적어도 한 번은 단어를 정확하게 산출하였다. 동일한 연구에서 6세의 경우 목표단어의 2.6%를 변이적으로 산출하였고, 98.2%는 3회 중 적어도 한 번의 정확한 산출을 하여 연령이 증가함에 따라 변이성이 감소하고 조음정확도가 증가하는 경향이 나타났다.

국내 연구를 살펴보면 황진경과 하승희(2012)는 2세 6개월부터 4세 11개월까지의 일반 아동에게 2~4음절의 단어를 4회씩 산출하도록 하여 변이성을 측정하였다. 아동의 연령이 높아질수록 일관적인 산출을 보였다. 2세 후반과 3세 사이에 급격하게 변이성이 감소하기 시작하였고 4세가 되면 변이성이 나타나지 않아 비교적 안정적인 산출을 보였다. 또한 24~36개월 아동의 단어 변이성과 음소 변이성을 자발화 상황에서 측정한 김희윤과 하승희(2016) 연구에 따르면 2세 전반에는 2회 이상 산출한 어절 중 52%가 다양한 형태로 산출되다가 2세 후반에는 36%로 단어 변이성이 감소하였다. 음소 변이성의 경우 2세 전반에는 아동의 자음 목록 중 69%의 음소가 다양한 형태로 산출되다가 2세 후반에는 52%로 음소 변이성이 감소하였다. 단어와 음소의 변이성은 모두 자음정확도와 자음목록 수 간에 음의 상관관계를 보여, 아동이 자음을 다양하고, 정확하게 산출함에 따라 산출의 변이성이 사라졌다. 또한 동일한 단어를 3~5번 발음한 뒤에 서로 다른 형태 수를 전체 단어 수로 나누어 계산하는 단어단위 변화율(Ingram & Ingram, 2001)로 아동의 변이성을 살펴볼 수도 있다. 2세 아동은 평균 .35~.42의 단어단위 변화율을 보인다(박희정 등, 2011; 박현, 석동일, 2012). 한편, 한은지와 하지완(217)의 연구에서는 3~6세 아동 모두에서 조음복잡성이 낮은 단어보다 높은 단어에서 변이성이 유의하게 많이 나타났다. 즉, 목표 단어의 조음난이도가 높고 음절길이가 길고, 음운구조가 복잡할수록 변이성은 증가할 수 있다.

3. 음소 발달기: 자음의 발달

모음은 옹알이에서 시작하여 상당히 초기에 발달되고, 단모음은 빠르게 완성되는 것에 비해 자음은 학령기 초기에 이르기까지 발달하고 완성되는 것으로 알려져 있다. 빠르게 발화하는 경우, 모음은 정확하게 전사하는 것이 어렵고, 방언의 영향도 많이 받는 반면, 자음은 방언의 영향도 비교적 적다. 자음이 보다 어렵고 후기에 발달하기 때문에 말소리장애의 진단 과정에서도 상대적으로 자음에 대한 평가와 치료에 초점을 더 많이 두고 있다.

우리말 자음은 음절 내 위치, 즉 초성과 종성에서 다르게 발음되고 발달에 있어서도 차이를 갖는다. 전체적으로 정리해 본다면 초성의 발달은 〈표 4-6〉과 같이 요약할 수 있고, 종성의 발달은 〈표 4-7〉과 같이 요약할 수 있다.

다양한 문맥을 기준으로 연구한 결과의 비교는 〈표 4-8〉에 제시하였다. 1음절 단어 조건은 다음절 단어보다 쉽고 문장은 더 어려울 것이다. 또한 자발적인 것은 유도하는 것보다 정확도가 높을 수 있다. 자발화는 단어보다 문법적으로 복잡하여 더 느리게 습득 연령이 산출될 것으로 예상하였으나, 단어유도문맥과 비교하여 어려운 후기발달 음소들도 다소 빠른 연령에 습득기준에 도달하는 것으로 나타났다. 문맥뿐 아니라 연구자들마다 정조음 판정의 엄격성 등에서 다소 차이가 있을 수 있어서 연구들을 직접 비교하는 것은 어려우며, 각 연구 안에서 음소가 발달하는 순서에 집중하는 것이 더 적절할 것이다.

표 4-6 우리말 초성 발달 연령(75% 기준)

	2세 후반	3세 전반	3세 후반	4세 전반	4세 후반	5세 전반	5세 후반
ㅁ, ㄴ, ㅎ	*						
ㅂ, ㄷ	*	**					
ㄱ		*					
ㅈ			*	**			
ㅅ				*	**		
ㄹ						*	

※ 평음을 기준으로 작성하였다. 발성유형은 유사한 시기에 습득되는 것으로 관찰되었으며, 약간의 차이지만 파열음은 경음이 평음보다 먼저 발달하고 격음이 평음보다 늦게 발달한다. 결국 경음-평음-격음이 일반적인 발달 순서이다.

*, ** 문맥이나 연구자에 따라 습득 연령에 차이가 있는 경우

표 4-7 우리말 종성의 발달 연령(75% 기준)

	2세 후반	3세 전반	3세 후반	4세 전반	4세 후반
ㅁ, ㄴ	*	**			
ㅇ		*			
ㄹ	*	**			
ㅂ, ㄷ			*		
ㄱ				*	

※ 자발화의 어중 어말 조건을 기준으로 작성하였다.
*, ** 문맥이나 연구자에 따라 습득 연령에 차이가 있는 경우

표 4-8 우리말 자음의 습득연령(75% 이상이 바르게 조음한 숙달연령)

<table>
<tr><th></th><th></th><th colspan="2">다음절 단어</th><th>1음절 단어</th><th>자발화</th></tr>
<tr><th></th><th></th><th>김영태
(1996)</th><th>김민정, 배소영
(2005)</th><th>하승희, 김민정
(2019)</th><th>Kim et al.,
(2017)</th></tr>
<tr><td>생성기</td><td>2;0-2;5</td><td rowspan="2">ㅂㅃㅍㄷㄸㅌㄱ
ㄲㅋㅁㄴㅇㅎ</td><td></td><td></td><td rowspan="2">ㅂㅃㅍㄸㄱㅁㄴ
ㅎ -ㅁ -ㄴ</td></tr>
<tr><td rowspan="2">목록 확장기</td><td>2;6-2;11</td><td>ㅂㅃㅍㄸ</td><td>ㅂㅃㅍㅁㄴㄱㄲ
ㅋㅎㅈ-ㅁ-ㄴ-
ㅇ-ㄹ-ㄷ</td></tr>
<tr><td>3;0-3;5</td><td rowspan="2">ㅈㅉㅊ</td><td>ㄷㄱㄲㅁㄴㅎㅉ
ㅊ-ㅂ-ㅁ-ㄷ-ㄹ</td><td>-ㄱ</td><td rowspan="2">ㄷㅌㄲㅋㅉ
-ㄷ -ㅇ -ㄹ</td></tr>
<tr><td rowspan="3">정교화기</td><td>3;6-3;11</td><td>ㅈ-ㄴ</td><td></td></tr>
<tr><td>4;0-4;5</td><td rowspan="2">ㅅ</td><td>ㅋ-ㄱ -ㅇ</td><td>ㅊㅉ</td><td rowspan="2">ㅈㅊㅅㅆㄹ-
-ㅂ -ㄱ</td></tr>
<tr><td>4;6-4;11</td><td></td><td></td></tr>
<tr><td rowspan="2">안정기</td><td>5;0-5;5</td><td rowspan="2">ㅆ, ㄹ</td><td>ㄹ-</td><td>ㅅㅆㄹ-</td><td></td></tr>
<tr><td>5;6-5;11</td><td></td><td></td><td></td></tr>
</table>

이 장에서는 우리말의 자음 소리에 대한 특성과 발달을 함께 살펴보고자 한다. 자음을 나열하고 분류하는 다양한 기준이 있지만, 여기에서는 발달하는 순서에 따라서 기술할 것이다. 우리말 자음의 초성 위치를 기준으로 일반적인 발달 순서는 비음, 파열음, 파찰음, 유음, 마찰음이라고 할 수 있다. 말소리에 대한 특성을 함께 살펴보아야 하는 이유는 단지 소리의 습득 순서뿐 아니라 문맥에 따른 차이 등 구체적인 발달 양상을 설명하는 데 중요하기 때문이다.

1) 자음별 발달

(1) 비음

① 조음방법

비음은 공명음으로, 성도를 빠져나오면서 아무런 장애를 받지 않고 만들어지는 소리이다. 비음을 조음하기 위해서는 연구개를 내려 비강으로 기류를 흐르게 해야 한다. 비음을 산출할 때, 연인두를 제대로 개방하지 못하면 파열음으로 산출될 수 있고, 조음 혹은 공명 문제로 다루기도 한다. 우리말뿐 아니라 전 세계의 말소리 발달 연구에서 공통적으로 가장 빠르게 발달하는 음소목록이 비음과 파열음이다.

우리 말소리에서 자음 중 공명음은 비음과 유음이 있는데, 공명음은 초성과 종성에서 모두 고빈도로 사용된다. 기류가 성도를 빠져나오면서 아무런 장애를 받지 않으면서 만들어지는 소리를 말한다. 모음을 핵으로 하여 자음들이 결합되어 음절을 구성하게 되는데, 장애음들만 결합되는 경우보다 공명음이 같이 결합될 때 발음이 훨씬 부드럽고 용이하다. 자신과 친구들의 이름을 발음해 보자. 종성이 모두 공명음인 경우가 장애음인 경우보다 더 쉽게 발음되는 것을 확인할 수 있을 것이다. 고빈도로 사용되는 소리는 보다 기본적인 소리로 산출하기 더 용이한 소리들인 경우가 많다.

② 조음위치

우리말 비음은 양순, 치경, 연구개의 조음위치에서 발음된다. 양순비음과 치경비음은 초성과 종성에 모두 올 수 있지만, 연구개비음은 초성에 올 수 없고 종성에만 올 수 있다. 초기 50 낱말에 가장 빈번하게 포함되는 어휘 '엄마, 맘마, 나, 아냐, 멍멍' 등을 살펴보면, 양순비음과 치경비음 연구개비음은 최초의 자음목록이라고도 할 수 있다. 문희원과 하승희(2012)의 1~2세 유아의 초기 말소리 발달 연구에서는 14명 중 50% 이상의 아동이 정확하게 산출한 초기 음소는 초성의 양순비음이다. 가장 산출하기 쉬운 1음절 단어에서는 2세 후반에 양순, 치경, 연구개 비음이 모두 발달하였다(하승희, 김민정, 2019). 자발화에서는 양순비음과 치경비음이 2세 후반에 정확하게 산출되었지만, 모든 위치를 고려한다면 연구개비음은 3세 후반이 되어서야 정확하게 산출되었다(Kim et al., 2017). 연구개비음은 후설모음 뒤에서 어말종성 조건에서는 초기에 나타나지만, 전설모음이나 어중종성 조건까지 고려한다면 3세 후반에야 정확하게 산출된다. 비음 발달 연구 결과들을 종합해 볼 때, 우리말 비음은 조건에 따라 발달연령에 차이가 크게 보이는 음소로 1세에서 3세 사이에 발달하며, 양순비음, 치경비음이 먼저 발달하고 마지막으로 연구개비음이 발달한다.

③ 단어 내 위치(어두, 어중, 어말), 음절 내 위치(초성, 종성)

비음은 대부분의 자음과 마찬가지로 초성에서 먼저 발달하고 종성이 나중에 발달한다. 비음의 오류가 가장 오래 남는 조건은 어중종성이다. 어중종성에서 세 비음 산출을 비교한 결과, 양순비음과 치경비음은 3세 전반에 90%의 정확도를 보인 반면, 어중종성 연구개비음은 3세 전반에 75%의 정확도를 보였고 3세 후반에 90%의 정확도를 보였다(우혜경, 김수진, 2013).

상자 4-1 비음의 음향학적 특징 더 알아보기

단어와 음절 내 위치에 따라서 비음의 음향학적 특성이 다르게 나타난다. 우리말 어두초성 비음은 어중에 비해 짧고, 비음성이 약한 것이 특징이다. 어두에 비해 어중초성 비음은 길고 비음성이 강하게 나타난다. 어말종성으로 올 때, 비음은 상당히 긴 길이를 보인다. 음성적 특징은 다른 폐쇄음과 비음의 종성자음들과 마찬가지로 파열시키지 않고 폐쇄 상태로 조음한다. 어중종성의 경우는 바로 뒤에 있는 음소에 따라서 다양하게 실현된다. 구체적인 스펙트로그램과 음향학적 특징은 이 교재의 범위를 넘어서는 것으로, 궁금하다면 『한국어의 말소리』(신지영, 2014)를 참고할 것을 권한다.

(2) 파열음

① 조음방법

파열음은 성도의 일부를 폐쇄하여 산출하는 장애음으로 19개의 자음 중 9개가 파열음이며, 자음의 가장 대표적인 조음방법이라고 할 수 있다. 우리말 파열음은 양순, 치경, 연구개 위치에서 평음, 경음, 격음의 세 가지 발성 유형으로 산출된다. 평음은 초성뿐 아니라 종성에서도 모두 산출될 수 있는 반면, 경음과 격음은 초성에서만 산출된다. 조음방법은 초성과 종성 모두 해당 조음위치에서 폐쇄한다는 공통점을 갖고 있지만, 초성에서는 폐쇄 후 열리는 파열 국면을 갖는 반면, 종성에서는 폐쇄에서 정지된 채로 파열 국면

을 갖지 않는다. 불파음 종성은 초성에 비해 약하게 들릴 수밖에 없으며, 유아의 입장에서는 지각적으로도 잘 구별되는 초성에서 먼저 발달하고, 종성은 나중에 발달된다.

유아 초기 말소리 목록 연구를 살펴보면, 15개월이 되면서 2회 이상 산출된 자음 목록에 격음을 제외한 모든 파열음, 즉 /ㅂ, ㄷ, ㄱ, ㅃ, ㄸ, ㄲ/가 관찰되었다(하승희, 박보라, 2015). 출현하는 연령과 습득되는 연령은 차이가 있다. 자발화 초성에서는 격음을 포함하여 3세 후반이 되어야 파열음 초성을 90% 이상 정확하게 산출되고, 종성에서는 4세 후반이 되어야 정확하게 산출된다(Kim et al., 2017). 15개월경부터 출현하는 파열음은 4세 후반에야 모든 자리에서 모든 목록이 습득된다.

구체적으로 습득 연령을 확인하려면, 다양한 조건에서 검토할 필요가 있다. 우선 산출에 가장 유리한 1음절 단어 조건을 살펴본다면, 초성에서는 2세 후반에 양순, 치경, 연구개 파열음 비음이 모두 발달한 반면, 종성에서 연구개음은 3세 전반이 되어서야 습득되었다(하승희, 김민정, 2019). 다음절 단어 문맥에서 어중종성 조건이 가장 어려운데, /ㅂ/는 4세 전반, /ㄱ/는 4세 후반이 되어야 90% 이상 아동이 정확하게 산출했다. 어중종성 /ㄷ/의 발음은 청각적 구분이 어려워서 분석에 포함되지 않는다. 어중에서 잘 구분되지 않는 /ㄷ/를 제외하고 6개의 어중 종성 발달 순서를 볼 때 비음과 유음, 즉 공명음 /ㅁ, ㄴ, ㅇ, ㄹ/는 3세 전반에 습득되었다고 볼 수 있는 반면, 폐쇄음 /ㅂ, ㄱ/는 4세 후반이 되어서야 습득된 것이다(우혜경, 김수진, 2013). 파열음 발달 연구 결과들을 종합해 볼 때, 우리말 파열음은 초성과 종성 조건에 따라 발달연령에 차이가 크게 보이는 음소로 1세부터 4세 사이에 발달하며, 조음위치 측면에서는 양순음과 치경음이 먼저 발달하고, 마지막으로 연구개음이 발달한다. 발성유형 측면에서는 경음과 평음이 먼저 발달하고, 격음이 나중에 발달한다. 〈표 4-9〉는 파열음에서 90% 이상의 아동이 정확하게 발음하는 습득 연령을 단어와 음절 내 위치에 따라서 나누어 정리한 것으로, 조건에 따라서 연령 차이가 크게 나타나는 것을 알 수 있다.

표 4-9 파열음의 단어와 음절 내 위치에 따른 습득 연령

	1음절 단어	다음절 단어	자발화
초성	2세 후반	4세 전반	3세 후반
어말종성	3세 전반	4세 전반	4세 후반
어중종성		4세 후반	4세 후반

② 조음위치

파열음은 폐쇄되는 위치에 따라서 양순, 치경, 연구개음이 있다. 양순음은 윗입술과 아랫입술이 닿아서 만들어진다. 치경음은 혓날(혹은 혀끝과 혓날)이 이와 잇몸에 닿아서 조음이 된다. 양순음과 치경음은 우리말뿐 아니라 영어권에서도 영유아 초기 단어 산출 목록에도 포함되어 있을 만큼 빠르게 산출되지만 연구개음은 상대적으로 후기에 발달되는 것으로 알려져 있다. 그러나 후설모음으로 CVC 구조의 1음절 단어의 어두 조건에서 일반 아동의 파열음 발달을 분석한 결과(Kim & Stoel-Gammon, 2009)에서는 양순음이 가장 빠르게 발달한 것은 분명하고, 다음으로 치경음과 연구개음의 발달은 유사한 것으로 보이기도 한다.

조음위치에 따라서 주변 모음의 영향을 다르게 받는다. 양순음을 산출하는 데는 혀가 기여하지 않기 때문에 뒤에 오는 모음의 영향을 받지 않는다. 연구개음은 혓몸이 연구개에 닿아서 조음이 되므로 주변 모음에 영향을 많이 받게 된다. 혓날이 관여하는 치경음은 그 영향이 상대적으로 작고, 혓몸이 관여하는 연구개음은 모음에 크게 영향을 받는다. 후설모음이 후행하는 /kɑ/의 경우에는 연구개에서 기류를 막지만, 전설모음이 후행하는 /ki/의 경우에는 조음점이 앞으로 많이 이동하여 거의 경구개파열음 /c/에 가깝게 발음될 수도 있다.

음소는 독립적으로 발음되는 것이 아니고, 연쇄 과정으로 이해해야 한다. 앞의 음소가 어느 정도 조음이 되고 나면 바로 뒤의 음소도 조음을 하기 시작하며, 이를 동시조음(coarticulation)이라고 한다. 동시조음은 빠르고 효율적으로 말을 산출할 수 있도록 하는데, 말소리의 발달 과정에 보다 효율적이 되는 것은 분명하다. 동시조음은 조음기관의 운동성에 영향을 받게 되는데, 어려운 조건과 쉬운 조건이 있다. 양순음은 원순모음문맥에서, 치경음은 전설모음문맥에서, 연구개음은 후설모음문맥에서 산출이 보다 용이하고, 이렇게 산출하는 오류패턴은 2세까지 빈번하게 관찰된다고 하였다(Braine, 1974; Davis & MacNeilage, 1990; Stoel-gammon, 1983; Tyler & Langsdale, 1996). 우리말 습득 과정에서도 연구개음은 후설모음 앞에서 상대적으로 빠르게 정확히 산출되는 반면, 후행하는 모음이 전설모음이면 치경음으로 전방화되는 것을 확인할 수 있었다(김민정, 1997; 김민정, 이성은, 2010). 말소리장애 아동의 경우에는 전설모음 앞에서는 경구개파열음이 치경파열음으로 산출되었을 뿐 아니라, 원순모음 앞에서는 양순파열음으로 산출되는 사례도 보고된 바 있다(김민정, 2014).

③ 발성유형

2세 미만의 일반 유아 14명의 말소리 목록을 연구한 문희원, 하승희(2012)의 결과에서 14명 중 7명 이상이 3회 이상 보여 준 음소목록은 /ㅃ, ㄸ, ㄲ, ㅁ, ㅂ/ 다섯 개였다. 파열음의 경음 세 개가 모두 포함된 것으로 볼 때, 경음은 파열음 중 가장 빠르게 출현하는 음소이다. 〈표 4-10〉에서 보는 바와 같이 일음절 단어 조건의 어두초성에서도 경음은 가장 빠르게 습득되는 것을 알 수 있다. 성문하압을 만들기 위해서 성대를 폐쇄할 때 가장 정확하게 할 수 있는 방법은 세게 막는 것이다. 또한 이렇게 세게 폐쇄를 해서 만든 소리는 청지각적으로도 강하게 들린다. 두드러지게 잘 들리고 산출하기 쉬운 동작으로 구성된 경음이 빠르게 습득되는 것은 당연해 보인다. 1~2세를 대상으로 1음절 단어에서 유도한 파열음의 발달 특징에서도 조음방법과 조음장소에 대한 오류는 빠르게 사라지는 반면, 발성유형 오류가 오래 남는 것으로 나타났다(권지윤 등, 2024).

〈상자 4-2〉에는 우리 말소리 파열음의 발성유형을 구분하는 음향학적 특징을 정리·소개하였다. 우리말에서 어두초성에서는 특히 평음과 격음이 모두 기식성을 갖고 있고 격음은 기식성을 크게 만들면서 성대진동시간(voice onset time: VOT)이 훨씬 길어지는 것으로 구분되고, 평음은 후행 모음의 음도를 낮추어서 격음과 확연하게 구분되고 있다. 격음과 평음, 두 가지 소리는 모두 어린 유아에게 성대차원에서 경음보다 어려운 조음동작을 요구하는 것이다. 이는 〈표 4-10〉에서 산출한 소리의 지각적 정확도에 반영되어 있다. 표에서 제시된 지각적 정확도를 보면 격음과 평음의 발달은 유사한 것으로 보인다. 일반적으로는 평음이 격음보다 먼저 발달하는 것으로 알려져 있는데(류은주 등, 2019), 유도 조건이나 문맥 혹은 빈도의 영향이 잘 통제되어 있는지 확인하고 비교할 필요가 있다.

표 4-10 연령 집단에 따른 파열음 조음위치별 산출 지각 정확도(%)

연령집단		양순음					치경음					연구개음			
		/p*/	/pʰ/	/p/	전체		/t*/	/tʰ/	/t/	전체		/k*/	/kʰ/	/k/	전체
2;6	/p*/	93.9	4.1	2.0		/t*/	85.4	0.0	14.6		/k*/	88.0	6.0	6.0	
	/pʰ/	26.5	28.6	44.9		/tʰ/	31.3	33.3	35.4		/kʰ/	30.6	40.8	28.6	
	/p/	20.8	27.1	52.1	58.2	/t/	24.0	16.0	60.0	59.6	/k/	32.7	22.4	44.9	58.1
3;0	/p*/	88.0	0.0	12.0		/t*/	94.0	0.0	6.0		/k*/	90.0	4.0	6.0	
	/pʰ/	12.2	63.3	24.5		/tʰ/	16.0	62.0	22.0		/kʰ/	14.0	62.0	24.0	
	/p/	12.2	24.5	63.3	71.6	/t/	24.0	24.0	52.0	69.3	/k/	18.4	20.4	61.2	71.1

3;6	/p*/	97.9	0.0	2.1		/t*/	93.6	4.3	2.1		/k*/	94.0	2.0	4.0	
	$/p^h/$	2.0	69.4	28.6		$/t^h/$	6.0	60.0	34.0		$/k^h/$	0.0	74.0	26.0	
	/p/	4.0	16.0	80.0	82.3	/t/	2.0	24.0	74.0	75.5	/k/	8.0	18.0	74.0	80.7
4;0	/p*/	97.9	0.0	2.1		/t*/	98.0	2.0	0.0		/k*/	95.8	0.0	4.2	
	$/p^h/$	0.0	79.6	20.4		$/t^h/$	4.0	62.0	34.0		$/k^h/$	6.0	58.0	36.0	
	/p/	2.0	18.0	80.0	85.6	/t/	2.1	33.3	64.6	74.8	/k/	6.0	22.0	72.0	75.0
Adult	/p*/	100.0	0.0	0.0		/t*/	100.0	0.0	0.0		/k*/	96.0	0.0	4.0	
	$/p^h/$	0.0	92.0	8.0		$/t^h/$	0.0	98.0	2.0		$/k^h/$	0.0	92.0	8.0	
	/p/	6.0	2.0	92.0	94.6	/t/	0.0	8.0	92.0	96.7	/k/	4.0	4.0	92.0	93.3

상자 4-2 파열음의 발성유형을 구분하는 음향적 특징과 발달 더 알아보기

파열음의 음향적 특징은 폐쇄 후 개방의 순간 기류의 방출을 스펙트로그램상에서 수직의 세로선으로 관찰할 수 있다. 세로선 후에 모음 산출을 위해 성대가 진동되는 데 걸리는 시간, 즉 발성시작시간(VOT)을 관찰할 수 있다. 격음의 VOT는 성대에서 마찰을 만들고 성대진동을 시작하는 데 상대적으로 시간이 많이 걸리므로 길게 나타난다. VOT가 상대적으로 짧은 평음과 경음은 후행 모음의 f0와 H1-H2로 첫 번째 배음과 두 번째 배음 간의 진폭 차이(amplitude difference)가 확실하게 변별된다. 평음은 경음보다 후행 모음의 기본주파수 f0가 확실하게 낮고, 경음의 H1-H2는 음의 값으로 나타난다. VOT와 H1-H2, 기식성 소음의 비주기파, 후행 모음의 주파수 높이가 폐쇄음들을 변별해 주는 음향적 신호들이다. 조음위치는 VOT와 후행 모음의 기본주파수 높이에 반영되고, 발성유형은 VOT와 후행 모음의 기본주파수와 기식성 비주기파에 반영된다. 조음위치와 발성유형에 따라서도 습득 연령에 차이가 있는데, 이런 음향학적 산출을 위한 조음기관 조절이 영향을 미친다. 일부 아동은 발성유형을 구분하기 위해서 VOT 조절은 먼저 익혀서 실현하지만 성대를 낮추어 후행 모음의 기본주파수를 낮추는 조절은 나중에 익히는 것으로 나타났다. 유아는 VOT 길이를 구분해서 발성유형을 구분하여 산출하지만, VOT 길이만으로는 성인들이 지각적으로 변별하는 데 실패할 수 있는 것이다(Kim & Stoel-Gammon, 2009).

(3) 파찰음

① 조음장소와 조음방법

우리 말소리에서 파찰음은 치경경구개 위치에서만 산출되고 세 가지 발성유형으로 산출된다. 다른 장애음들과 조음위치가 겹치지 않는다. 혀끝은 아랫니 혹은 아랫잇몸 경계 근처에 대고, 혓날은 경구개 앞쪽을 막아서 기류를 잠시 막았다가, 혓날을 살짝 내려서 좁은 통로를 만들어 난기류를 만든다. 파찰음은 비음과 폐쇄음보다는 후에 발달하는 것으로 알려져 있다. 단어유도 조건(하승희, 김민정, 2019; 하지완, 김수진, 2019)과 자발화 조건(Kim et al., 2017)에서 모두 3세에서 4세 전후로 습득된다고 알려져 있다.

② 발성유형

기류를 막았다가 난기류를 만드는 과정에서 세 개의 발성유형을 갖게 된다. 난기류를 만드는 시점에서 어두 평음과 격음은 기식성을 만들고 경음은 성대를 세게 닫아 강한 폐쇄를 이룬다. 평음에 비해 격음은 더 강한 기식성을 보인다. 그러나 어중에서는 격음만 기식성을 보인다. 파열음과 같이 후행하는 모음의 기본주파수를 낮추어서 평음을 산출한다.

③ 단어 내 위치와 모음문맥의 영향

어두초성에서는 파열음과 같이 평음과 격음 모두 기식성이 나타난다. 어중초성에서는 격음에서만 기식성이 관찰된다. 어중초성은 유성음화 될 수도 있고 아닐 수도 있다. 박애경과 이승환(2000)은 2~4세 일반 아동을 대상으로 비단어 CV, VCV 조건에서 /ㅈ/의 조음정확도를 연구한 결과, 두 조건 모두 /ㅣ/문맥에서 가장 빠르게 높은 정확도를 보이는 것으로 나타났다. 치경경구개 위치에서 조음되는 자음의 유사한 위치인 고모음 /ㅣ/ 문맥은 가장 산출하기 쉬운 조건 때문에 조음이 쉬운 것으로 여겨진다.

(4) 유음

① 조음방법과 조음장소 및 변이음

우리말 음소 중 유음은 일반 아동의 음소발달 과정에서 후기에 습득되는 말소리에 속한다. 한국어의 유음은 음소로는 한 가지 종류만 존재하는데, 실현되는 양상은 두 가지 변이음, 즉 초성으로만 실현되는 탄설음([ɾ])과 종성으로 실현되는 설측음([l])이 있다. 초성의 경우에도 어두초성은 두 가지 변이음으로 모두 실현될 수 있고('라면'을 발음해 보면 탄설음과 설측음 모두 가능하다는 것을 알 수 있다), 선행 음절 종성에 유음이 있어 연이어 오는 후행 음절 초성에 유음이 중복될 경우, 후행 음절의 초성도 설측음으로 실현된다('골라'를 발음해 보면 설측음인 것을 알 수 있다). 탄설음([ɾ])은 혀끝을 윗잇몸에 가볍게 댔다가 튀기듯이 떼면서 조음하는 소리이며, 설측음([l])은 혀끝을 올려 윗잇몸에 대고 혀의 양옆을 내려 혀의 양옆으로 기류를 통과시켜 조음하는 소리이다(신지영, 2014).

/ㄹ/는 자음 소리 중 /ㄴ/, /ㄱ/에 이어 아동 구어 발화에서 세 번째 고빈도 음소로 성인 발화 자료에서도 세 번째로 높은 빈도를 나타내는 음소이다(김수진, 신지영, 2020). 공명음인 비음과 유음은 초성 뿐 아니라 종성에서도 사용되므로 상대적으로 초성에만 올 수 있는 음소들보다 모두 고빈도로 사용된다. 초성에서 실현되는 형태인 탄설음([ɾ])보다 종성에서 실현되는 형태인 설측음([l])이 먼저 발달한다(김민정, 배소영, 2005; 김영태, 1996).

설측음은 이르게 습득되지만, 유음을 후기 발달 음소라고 하는 이유는 어중초성의 탄설음이 후기에 발달하기 때문이다. 탄설음은 영어권 아동들에게도 후기에 발달하는 어려운 음소에 속해서 6세까지도 활음화가 지속적으로 관찰된다(Smit, 1993). 혀끝은 아랫니와 아랫잇몸 뒤에 대고, 혓날은 치경경구개에 닿았다가 살짝 떼면서 발음한다. 혀는 그냥 전체를 편 상태에서 넓게 앞쪽 혀 끝부분을 순간적으로 대었다가 내리면서 산출하는데, 이때 혀끝이 이에 닿지 않는다. 파열음 /ㄷ/와 비교한다면 폐쇄의 순간이 매우 빠르고 순간적이어야 하는데, 이러한 운동 속도는 어린 아동들에게 어려운 동작이다. 〈표 4-8〉에서 75%가 습득한 연령을 살펴보면 탄설음은 자발화에서는 4세에 발달한다고 한 반면, 1음절 단어와 다음절 단어 등 유도 조건에서는 5세에 습득되는 것으로 나타났다. 왜곡을 오류로 비교적 엄격하게 평가한 김미진 등(2020)의 연구에서도 유음은 5세 전반에 75% 이상 정확하게 반응한 것으로 나타났다.

② 문맥(단어와 음절 내 위치, 형태소 등)

영어권의 경우, 탄설음은 활음화가 지배적인 오류패턴으로 나타난 반면, 한국어의 경우는 초성과 종성에서 다른 양상을 보였다. 자발화를 분석한 결과에서 초성 탄설음 /ㄹ/는 발달 과정에서 주로 활음화가 많고, 다음으로 생략이 나타난 반면, 종성 설측음 /ㄹ/는 주로 생략되었고 다음으로 활음화가 관찰되었다(최민실, 김수진, 2013).

어휘형태소와 문법형태소에서 유음의 발달을 보기 위해서 수행된 최민실과 김수진

(2013)의 연구는 이전의 다른 자발화 연구와는 다르게 접근하였다. 대부분의 자발화 연구는 서로 다르게 발화된 100어절 혹은 50발화 등을 분석하면서 오류율을 계산하였다. 이렇게 접근할 때, 문법형태소에서 유음 특히 탄설음은 거의 산출되지 않았고 오류에 포함되지 않으므로, 어휘형태소와 문법형태소에서 설측음과 탄설음이 각각 15회씩 산출될 때까지 자발화를 전사하였다. 3세 아동의 경우 1시간에서 4시간까지 발화 자료를 분석해야 문법형태소에서 탄설음이 15회 산출되었다. 4세 아동들의 오류율을 비교하면 형태소에 따른 설측음과 탄설음의 발달 수준이 극적인 차이를 보여 준다. 우선 〈표 4-11〉의 4세 전반 아동의 설측음을 보자. 4세 전반에 설측음은 어휘형태소에서 약 2%의 오류를 보일 만큼 완전 습득된 것에 비해, 문법형태소에서는 42%의 오류를 보였다. 탄설음은 〈표 4-12〉에서와 같이 연령별 오류율이 나타난다. 4세 전반에도 어휘형태소에서 탄설음의 오류율은 여전히 27%였으며, 문법형태소에서는 51%의 오류율을 보여서 절반 이상에서 오조음 하는 것으로 나타났다.

표 4-11 형태소 종류에 따른 3, 4세 아동의 설측음 오류율

	설측음			
	3세 전반	3세 후반	4세 전반	4세 후반
어휘형태소	12.1 (12.2)	11.3 (9.3)	2.4 (4.83)	0 (0)
문법형태소	41.8 (22.4)	46.1 (12.4)	32.1 (17.6)	17.8 (10.4)

표 4-12 형태소 종류에 따른 3, 4세 아동의 탄설음 오류율

	탄설음			
	3세 전반	3세 후반	4세 전반	4세 후반
어휘형태소	37.5 (24.7)	33.8 (24.2)	27.1 (20.2)	9.5 (13.8)
문법형태소	76.5 (23.4)	54.5 (35.9)	51.7 (18.8)	28.3 (9.5)

(5) 마찰음

① 조음위치와 조음방법

한국어의 마찰음은 /ㅅ, ㅆ, ㅎ/ 세 개로, 9개인 영어에 비하면 매우 단출한 편이다. 치경마찰음은 평음과 경음 두 개이고, 성문음은 단 한 개로 발성유형 대립이 없다. 치경마찰음은 혓날과 윗니의 뒤쪽과 잇몸 사이에 좁은 통로를 만들고 난기류를 통과시키면서

만든다. 성문마찰음은 두 성대 사이에 좁은 통로를 만들고 난기류를 통과시켜 산출하는 소리이지만 비교적 조기에 발달하는 것으로 나타났다. 그러나 치경마찰음은 혀를 치경에 완전히 접촉시키지 않고 일정하게 그 틈을 유지해야 하기 때문에 매우 섬세한 조음운동 능력을 요구한다. 또한 치경마찰음의 조음위치는 후행하는 모음에 따라 조금씩 달라진다. 단모음 /ㅣ/나 활음 /j/가 뒤에 오면 치경마찰음 /ㅅ/의 조음위치는 치경음 /s/가 아니고 치경경구개음 /ɕ/가 된다(김수진, 신지영, 2020).

성문마찰음은 초기에 발달하는 음소로 알려져 있으나 치경마찰음은 가장 나중에 발달하는 음소 중 하나이다. 〈표 4-6〉의 초성 자음 발달표를 살펴보면, 4세에 숙달되고, 5세가 되어서야 완전 습득이 되는 것을 알 수 있다. 치경마찰음의 발달이 이렇게 느린 이유는 치경이라는 조음장소에서 마찰이라는 조음방법을 실현하는 것이 매우 어렵기 때문이다. 치경마찰음의 발달에 대한 연구 결과들은 〈표 4-8〉에서 비교해 볼 수 있다.

② 발성유형

치경마찰음에서만 평음과 경음의 발성유형 대립이 있다. 평음과 경음의 습득 연령은 크게 차이가 있지 않고, 경음이 약간 늦게 발달하는 것으로 알려져 있다(김영태, 1996; 전희정, 이승환, 1999). 치경마찰음 /ㅅ/는 격음과 같은 기식성을 강하게 갖고 있는 소리이지만 음운론적으로는 평음이다. 문승재(1997)는 음향분석 결과 물리적 특성에서 기식성을 강하게 보이므로 격음으로 보아야 한다고 주장한 바 있다. 그러나 신지영(2011)은 평음인지 격음인지 결정하는 것에 음운론적 변동 양상이 중요한데, 치경마찰음 /ㅅ/는 다른 장애음의 평음들과 동일한 변동을 보인다고 하면서 음운론적으로는 평음이라고 하였다. /ㅅ/를 격음으로 본다면 '장애음 뒤 경음화'로 변동되지 않을 것이다. 예를 들어서 '박수'에서 /ㅅ/를 격음으로 본다면 격음 그대로 발음하면서 경음으로 바꾸지 않겠지만, 우리말을 사용하는 화자들은 자연스럽게 '장애음 뒤 경음화'시켜서 /박쑤/라고 발음하는 것을 볼 수 있다.

음운론적 변동 양상을 본다면 치경마찰음은 분명히 음운적으로 평음이지만, 음향학적 양상으로 본다면 강한 기식성을 어두와 어중에서 보이고 유아들의 귀에 정확하게 입력되는 것 같다. 발달적 오류양상에서도 어두초성에서는 치경폐쇄음 중 격음으로 대치하는 경우가 가장 많고, 어중초성에서는 평음으로 대치하는 경우를 관찰할 수 있다. 예를 들어, 치경마찰음을 발음하지 못하는 유아가 어두조건인 '사과를 /다과/보다는 /타과/로 발음하는 것을 더 빈번하게 관찰할 수 있지만. 어중조건인 '이사'는 /이다/라고 발음하는 것을 쉽게 관찰할 수 있다. 우리 말소리에서 치경마찰음 /ㅅ/는 학자들의 견해뿐 아니라 유아의 귀와 입에서도 평음이지만 격음 특징을 함께 보여 주는 것 같다.

③ 단어 내 위치의 영향

자발화에서 3세 아동은 어휘형태소에서 치경마찰음은 어두와 어중에 관계없이 95% 이상 정확하게 사용하고 있었다. 많은 연구는 검사 어휘와 같은 특정 맥락에서 유도하였고 숙달연령이 4세경이라고 하였지만, 실제로 일상에서 우리나라 아동들은 3세에 습득한다고 할 수 있을 것이다. 이러한 수행은 〈표 4-13〉에 제시한 바와 같이 어휘형태소의 경우 어절 내 조건 즉 어두와 어중에 따른 오류율에서 통계적으로 유의미한 차이가 없었다(김수진 등, 2012).

표 4-13 형태소와 어절 내 위치별 치경마찰음 /ㅅ/ 오류율 기술통계

		평균(%)	표준편차
어휘형태소 어두초성	3세	5.82	6.10
	4세	0.00	0.00
	합계 평균	2.91	5.15
어휘형태소 어중초성	3세	4.18	4.49
	4세	0.45	0.69
	합계 평균	2.32	3.67
문법형태소 어중초성	3세	15.64	10.74
	4세	4.09	7.89
	합계 평균	9.86	10.93

④ 문맥(모음과 형태소)의 영향

치경마찰음에서 모음문맥의 영향을 살펴본 연구들은 비교적 일치된 결과를 보여 주었는데, /ㅅ/의 정확도는 CV조건의 /ㅣ/문맥에서 다른 모음문맥보다 유의미하게 빠르게 습득하였다(박애경, 이승환, 2000; 전희정, 이승환, 1999; 허승룡, 2017; 허혜정, 성철재, 2015). /시/에서 /ㅅ/는 경구개치경음이 되고 후행하는 모음 /ㅣ/의 조음장소와 흡사하여 조음에 수월해지기 때문이다. 세 가지 후행 모음 조건을 고려했을 때 /ㅏ/ 문맥에서는 조금 늦게 습득되었다.

어휘형태소는 문법형태소에 비해 의사 전달에 중요하다. 영어권에서도 유아들은 어휘형태소를 더 정확하게 발음하는 경향이 있다. 한국어 특성상 문법형태소는 어두에 올 수 없기 때문에 동일한 어중 위치에서 형태소 특징에 따른 치경마찰음의 오류율을 분석한 결과에서는 문법형태소에서 오류가 현저하게 높게 나타났다. 구체적인 오류율을 살펴보면, 3세경에는 평균 15%, 4세경에는 평균 4%로 나타났다(김수진 등, 2012). 〈표 4-13〉에서 볼 수 있는 바와 같이 자발화의 어휘형태소에서 치경마찰음은 3세경에 90% 이상 습득되는 것에 비해, 문법형태소에서 치경마찰음은 4세경에 습득된다고 할 수 있을 것이다.

자음이 정확하게 발음되는 기준은 두 가지가 있다. 왜곡을 오류로 보는 경우와 정반응으로 보는 경우이다. 말소리장애의 전반적인 중증도를 보기 위해서 자음정확도를 보는 경우에는 왜곡을 오류로 포함하지 않은 개정자음정확도가 더 상관이 높게 나타난다. 왜곡 오류를 위주로 보이는 대상자를 진단하거나 치료하기 위해서 언어치료사들은 왜곡에 관심을 가져야 하는 경우가 있다. 음소에 따라서는 일반 아동들도 말소리를 습득하는 동안 정교화의 과정이 오래 걸리는 음소들이 있다. 이러한 습득의 여정은 다양한 오류패턴을 갖게 되고 특히 완전히 다른 음소로 대치하는 것은 아니지만 정조음 주변의 조음장소에서 정확한 반응 범주에 들어가지 못하는 왜곡 오류형태를 오래 보여 줄 수 있다. 발달 과정에서 가장 다양한 형태로 오래도록 왜곡을 관찰할 수 있는 것이 치경마찰음이다. 정반응을 보다 엄격한 기준을 적용하여 왜곡을 오류로 보는 연구에서는 어중초성에서의 유음인 탄설음 /ㄹ/보다 치경마찰음이 더 늦게 완성되는 것으로 나타났다(김미진 등, 2020). 6세가 되어서야 치간음화 위주의 왜곡 오류는 서서히 줄어들었지만, 7세에도 치간음화와 약화 등 여전히 27%가 넘는 오류를 보였다. 유음의 왜곡과 같이 연구한 위 연구에서는 우리 말소리 가운데 치경마찰음이 가장 늦게까지 발달하는 음소임을 다시 한번 상기시켜 주었다. 미세하게 목표 소리를 벗어난 왜곡 반응까지 민감하게 분석할 경우, 말소리 발달의 완성이 7세까지도 완전히 완료되는 것은 아님을 선행 연구 결과는 시사하고 있다.

2) 오류패턴의 발달

처음 말을 배우는 아동이 정확하게 발음할 수는 없다. 이때 보이는 오류형태는 공통적인 특성을 갖고 있다. 이러한 공통적 특성을 발달적 오류패턴이라고 한다. 과거에는 음운변동이라는 표현을 사용했는데, 정상적인 음운변동과 혼동되는 것을 피하기 위해 최근에는 오류패턴이라는 표현을 더 많이 사용한다. 오류패턴은 어린 아동이 지각 및 산출 용량의 발달적인 한계로 인해 음운론적 단위를 변화시키거나 생략하는 일련의 심리언어적 작용으로 정의되며, 목표가 되는 성인의 산출과 아동의 산출 간의 관계를 설명하는 가장 효율적인 수단이다(Dodd et al., 2003).

말소리 진단 및 치료에서 오류패턴을 분석하는 이유는 말소리 오류들 간의 공통성을 확인하기 위한 방법으로, 아동들의 말소리 오류를 전반적으로 이해하거나 묘사하기 위한 것이다(Bernthal et al., 2017). 특히 말소리 오류가 많은 조음음운장애 아동의 오류패턴 분석은 임상현장에서 매우 유용하게 쓰일 수 있다. 먼저, 오류패턴 분석 결과는 중재 결정을 내리는 데 중요한 참고 자료가 되는데, 오류가 일반발달 과정에서 나타나는 오류인지 그 전형성을 살펴보는 것은 물론이고, 연령 규준과 비교하여 아동의 생활연령에서 나타날 수 있는 오류인지, 더 어린 연령에서 나타나는 지연된 오류인지 등에 대한 정보를 주어 오류의 발달적 적합성을 판단할 수 있게 해 준다.

오류패턴의 전형성을 판단하는 기준은 연구자에 따라 다르다. Smit(1993)는 대부분의 공식 검사가 연령 기준 5~10%ile을 일반적인 발달 기준으로 판정하는 것을 근거로 한 연령에서 5% 이상 나타나면 전형적인 것으로, 5% 미만인 경우 비전형적인 것으로 간주하였다. 국내의 기준을 살펴보면, 김민정(2006)은 3회 이상 특정 오류패턴을 보인 아동이 10%를 초과하는 경우 나이에 적절한 오류패턴으로, 어떤 연령에서도 10%를 초과하지 않는 경우 특이한 오류패턴으로 분류하였다. 하지완과 김수진(2020)도 10% 이상의 아동이 보이는 오류패턴을 전형적 오류패턴으로 제안하였다.

임상장면에서 유용한 오류패턴의 전형성 판단을 위해서 일반적인 아동의 오류패턴 발달양상에 대한 연구가 선행되어야 한다. 따라서 일반발달 아동들이 발달 과정에서 흔히 보이는 발달적 오류패턴에 관해서는 국내외 다양한 연구가 진행되어 왔다. 영어권에서는 Dodd 등(2003), Bernthal 등(2017), Edwards와 Shriberg(1983), Lowe(1994) 등이 발달적 오류패턴 목록을 만들었는데, 그 목록은 대체로 유사한 편이다. 구체적으로는 강세에서 약한 음절생략, 어말 자음 생략, 자음군 축약, 동화, 연구개음 전방화, 파열음화, 활음화 등이다. 결국 아동이 소리를 지각하는 측면에서 약하게 입력되는 소리가 생략되거나, 혹은 아동이 산출하는 데 어려운 소리들이 생략 혹은 대치되는 형태라고 할 수 있다.

김민정(2006)은 조음음운 평가를 위한 단어 검사의 표준화 작업과 함께 일반 아동에게 나타나는 오류패턴과 말소리장애 아동에게 나타날 수 있는 오류패턴을 제안하였다.

김수진(2014)은 안정적인 말소리 패턴이 나타나기 시작한다고 알려진 2세와 4세의 자발화 분석을 통해 초기와 후기 음운오류패턴을 분석하였다. 김민정(2006)과 김수진(2014)에서 제안하였던 음운오류패턴 목록과 발달 연령 기준은 현재까지 국내의 여러 관련 연구를 위한 기초 자료로 사용되고 있으며, 후속 연구들을 통해 지속적으로 수정하고 보완되었는데 〈표 4-14〉와 같이 요약할 수 있다. 이 두 체계는 표준화된 말소리 검사에 분석 기준으로 제시되어 임상현장에서 사용되고 있는데, 한국 조음음운 프로파일(Korean Articulation Phonology Profile: K-APP)(하승희 등, 2021)에는 김민정(2006)을 기반으로 한 오류패턴 분석체계가, 우리말조음음운평가2(Urimal Test of Articulation and Phonology: UTAP2)(김영태 등, 2020)에는 김수진(2014)을 기반으로 한 오류패턴 분석체계가 제시되어 있다.

표 4-14 발달적 오류패턴

<table>
<tr><th></th><th colspan="3">김수진, 신지영(2020)</th><th>김민정(2021)</th></tr>
<tr><td rowspan="5">전체 단어 변동</td><td colspan="2" rowspan="3">음절구조 변동</td><td>음절생략</td><td>음절생략 및 축약</td></tr>
<tr><td>어말종성생략</td><td>음소생략/종성생략</td></tr>
<tr><td>어중종성생략</td><td rowspan="2">전형적 자음 연쇄 단순화</td></tr>
<tr><td colspan="2" rowspan="2">동화 변동</td><td>어중종성역행동화</td></tr>
<tr><td></td><td>자음조화/음소반복</td></tr>
<tr><td rowspan="10">음운 대치 변동</td><td rowspan="7">조음방법 오류</td><td rowspan="4">유음오류</td><td>유음생략</td><td rowspan="2">유음의 단순화</td></tr>
<tr><td>유음의 활음화</td></tr>
<tr><td>유음의 비음화</td><td rowspan="2">유음의 비음 · 파열음화</td></tr>
<tr><td>유음의 파열음화</td></tr>
<tr><td rowspan="2">마찰음오류</td><td>마찰음의 파찰음화</td><td>파찰음화</td></tr>
<tr><td>마찰음의 파열음화</td><td rowspan="2">파열음화</td></tr>
<tr><td>파찰음오류</td><td>파찰음의 파열음화</td></tr>
<tr><td>조음위치 오류</td><td>전방화</td><td>연구개음 전방화</td><td>연구개음의 전방화</td></tr>
<tr><td rowspan="2">발성유형 오류</td><td rowspan="2">경음화</td><td>평음의 경음화</td><td>긴장음화</td></tr>
<tr><td>격음의 경음화</td><td>기식음화</td></tr>
<tr><td colspan="2" rowspan="4">왜곡 변동</td><td colspan="2">치경마찰음의 치간음화</td><td>치간음화</td></tr>
<tr><td colspan="2">치경마찰음의 경구개음화</td><td>구개음화</td></tr>
<tr><td colspan="2">치경마찰음의 설측음화</td><td></td></tr>
<tr><td colspan="2">탄설음의 설측음화</td><td>겹자음화</td></tr>
</table>

두 체계는 대체로 많은 항목들을 공통적으로 포함하고 있으나, 분류 방식이나 명칭 등에서 차이가 있다. 가장 눈에 띄는 차이는 전형적 오류패턴인 어중종성오류의 분류 방식에 있다. 먼저 어중종성 위치에서 나타나는 '어중종성생략'과 '어중종성역행동화'는 오류가 나타나게 된 기저의 문제를 일부 공유한다. 이러한 이유로 김민정(2021)은 '어중종성생략'과 '어중종성역행동화'를 '전형적 자음 연쇄 단순화'라고 명명한 단일의 오류패턴으로 분류했다. 그러나 음소가 생략되는 오류와 인접 자음의 영향을 받아 동화되는 오류는 본질적으로 다르므로 이를 단일의 오류패턴으로 분석하게 되면 이후 중재 목표를 설정하기 위해 추가 분석이 요구될 수 있다. 그러나 때때로 어중종성에서 나타난 오류가 '어중종성생략'인지 '어중종성역행동화'인지 모호한 때가 있다. 김수진과 신지영(2020)의 연구와 같이 드러난 형태만으로 '어중종성생략'과 '어중종성역행동화'를 분석하게 되면 혼동의 여지없이 오류패턴을 분명하게 범주화할 수 있다는 장점이 있으나, 이 역시 오류가 실현된 기저의 문제를 고려하지 않은 분류 방식으로 이후 중재 목표를 설정하기 위해 추가 분석이 요구될 수 있다. 김민정(2021)은 역행동화의 결과로 나타난 생략과의 구분을 위해 어중종성의 순수한 생략을 '종성생략'으로 분류하였으며, '종성생략' 유형을 어말종성 또는 어중종성의 생략으로 정의하고 '어말종성생략'과 '어중종성생략'을 하나의 오류패턴으로 분류하였다. 그러나 음소의 산출 난이도는 단어 내 위치에 따라 확연히 다르며, '어말종성생략'과 '어중종성생략'을 같은 유형의 오류로 분류하는 데에는 이견이 있을 수 있다. 이루다(2024)는 앞선 쟁점에 더해서 보다 정확한 발달적 오류패턴 분석을 위하여 다음과 같은 수정 보완 의견을 제시하였다.

① 어중종성생략 구분: 격음/경음 앞 생략과 평음/공명음 앞 생략을 구분한다. 결국 격음/경음 앞 탈락은 어중종성의 역행동화의 결과인 반면, 평음/공명음 앞 탈락은 순수한 종성생략이라고 할 수 있다. 예를 들어서 '채쌍/책쌍'은 경음 앞 생략으로 어중종성 역행동화의 결과로 해석할 수도 있고 어중종성을 단순히 생략한 결과일 수 있다. 그러나 '치대/침대'는 평음 앞 생략으로 단순한 어중종성생략인 것이다. 어중종성생략을 정확하게 구분할 수 있는 조건을 분석하는 것이 아동의 발음오류패턴을 보다 명확하게 볼 수 있게 해 준다.

② 연구개음 전방화 조건 추가 표기: 연구개파열음 /ㄱ/가 치경파열음 [ㄷ]로 전방화되는 것이 발달적 오류패턴이다(대/개, 다방/가방). 그러나 경구개파찰음으로 전방화되

는 경우는 특별히 / ㅣ / 모음이 후행할 때만 발달적이다(짐/김, 토찌/토끼).

③ 유음 오류 조건 추가 표기: 일반 아동의 유음 오류 특성을 세분화하여 제시할 필요가 있다. 어두초성 유음이 비음화되고(나면/라면), 어중초성 탄설음이 파열음화(고대/고래)되는 경우는 발달적 오류패턴이다. 일반 아동에게서 탄설음은 활음화가 더 빈번하고 다음으로 생략이 나타나는 반면(고예>고애), 설측음은 생략이 더 빈번하고 활음화는 드물게 나타난다(무컵>무j컵/물컵).

발달적인 오류패턴을 분석하기 위해서는 분석 대상이 된 문맥을 고려하는 것이 중요하다. 특정 단어 수준의 검사 결과나 문장 검사에서 발화 분석 자료를 수집하는 경우 특정 오류패턴이 과장되게 출현하거나 특정 오류패턴이 나타나지 않을 수 있기 때문이다. Dodd 등(2003)은 평가에 사용된 자극 단어들에 충분한 산출 기회수가 포함되어야 한다는 것을 전제로 하였는데, 특정 오류패턴을 지닌 것으로 판단되는 기준 횟수를 5회 이상으로 제안하였다. 예를 들어, 연구개음 전방화를 관찰하고자 한다면 연구개음이 산출될 기회가 5회 이상은 있어야 관찰이 적절한 것이다. 또한 3세 미만의 어린 유아의 발화를 수집하기 위해서는 자발화와 같이 연령에 적절한 문맥에서 구해야 한다. 한국어의 경우 김수진(2014)은 자발화 분석에 기초하여 음운 발달 과정에서 전형적으로 나타나는 발달적 오류패턴을 제안하면서, 2세 아동에게서 나타나는 초기음운패턴과 이후의 발달 과정에서 4세 이후에도 지속적으로 나타나는 후기음운패턴을 함께 제시하였다(〈표 4-15〉 참조).

2세에는 생략 및 축약, 반복 및 동화, 자음연쇄 단순화와 같은 전체 단어 음운 변동이 빈번하게 나타나며, 마찰음, 파찰음의 파열음화, 마찰음의 파찰음화, 유음의 단순화, 유음의 비음 및 파열음화도 빈번하게 관찰된다. 김민정(2006)에서 2세 후반 아동에게서 전형적 어중 자음군 단순화, 반복자음조화, 어말종성생략, 치경마찰음의 치간음화, 파찰음·마찰음의 파열음화, 파찰음화·경구개음화, 유음의 단순화, 긴장음화·탈기식음화, 연구개음의 전방화, 유음의 비음화·파열음화가 관찰되었다. 피민경과 하승희(2020)에서 2세 후반 아동에게서 전형적 어중 자음군 단순화, 종성생략, 반복자음조화, 음절 탈락, 폐쇄음화, 폐찰음화, 유음단순화, 연구개음의 전방화가 관찰되었다. 자발화를 토대로 오류패턴을 살펴본 김수진(2014)은 음절탈락, 어말종성생략, 어중종성생략, 유음생략, 마찰음의 파열음화, 파찰음화, 파찰음의 파열음화, 유음의 활음화, 파열음화, 연구개음의 전방화, 경음화, 치경음동화, 단모음화, 평순모음화를 2세 아동이 보인다고 보고하고 있다.

대다수의 연구가 한국 일반 아동을 대상으로 2세 후반부터 오류패턴을 살펴보는 경우가 많아 2세 전반의 오류패턴에 대한 정보는 상대적으로 부족하다. 특히 2세 전반 아동은 불안정한 음운체계 및 말운동 조절능력으로 인해 일반적으로 어느 연령대에서도 보고되지 않는 비발달적 오류패턴, 예를 들면, 어두 및 어중초성생략, 고모음화, 저모음화와 같은 모음 오류가 관찰될 수 있다. 따라서 2세 전반 아동을 포함한 말 자료를 바탕으로 한 객관적인 근거 자료 수집이 필요하다.

표 4-15 2세와 4세 아동이 보이는 오류패턴

	2세 오류패턴	4세 오류패턴
음절 구조 변동	음절생략	–
	어중초성생략	
	어말종성생략	
	어중종성생략	어중종성생략
	유음생략	유음생략
음운 대치 변동	유음의 파열음화	–
	유음의 활음화	
	마찰음의 파열음화	마찰음의 파열음화
	마찰음의 파찰음화	–
	파찰음의 파열음화	파찰음의 파열음화
	연구개음 전방화	–
	평음화	–
	경음화	경음화
동화	역행동화	역행동화
모음 변동	단모음화	단모음화
	평순모음화	평순모음화

국내에서 수행된 단어, 유도 문맥, 자발화 등의 다양한 수준에서 공통적으로 관찰된 한국어 말소리 습득 과정에서 사라지는 발달적인 음운오류패턴을 연령별로 요약해 본다면 〈표 4-16〉과 같다(김수진 등, 2021; 하지완, 김수진, 2020). 연령별로 살펴본다

면 3세에 사라지는 변동은 연구개음전방화, 경음화, 어말종성생략이었다. 다음으로 4세에 사라지는 변동은 마찰음의 파찰음화와 파찰음의 파열음화, 유음의 활음화, 어중종성생략과 역행동화였다. 또한 5세 전반에 사라지는 변동은 치경마찰음의 파열음화와 유음생략이었다. 5세 전반이 되면서 발달적 음운오류패턴은 거의 사라진다고 할 수 있을 것이다. 이 표는 따라 말하기로 유도한 문장 수준에서 도출된 발달적 오류패턴을 이전의 단어 수준에서 관찰된 오류패턴과 자발화에서 관찰된 오류패턴과 비교하고, 공통적으로 나타난 오류패턴을 연령별로 정리한 것으로 이 결과는 특정 문맥에 국한시키지 않고 적용할 수 있다.

표 4-16 **발달적 오류패턴(연령별로 10% 이상의 아동이 보인 오류패턴)**

<table>
<tr><th>음운오류패턴</th><th>3;0–3;5</th><th>3;6–;11</th><th>4;0–4;5</th><th>4;6–;11</th><th>5;0–5;5</th><th>5;6–;11</th><th>6;0–6;5</th></tr>
<tr><td>마찰음파열음화</td><td style="background:#ddd"></td><td style="background:#ddd"></td><td style="background:#ddd"></td><td style="background:#ddd"></td><td style="background:#ddd"></td><td></td><td></td></tr>
<tr><td>마찰음파찰음화</td><td style="background:#ddd"></td><td style="background:#ddd"></td><td style="background:#ddd"></td><td style="background:#ddd"></td><td></td><td></td><td></td></tr>
<tr><td>유음생략</td><td style="background:#ddd"></td><td style="background:#ddd"></td><td style="background:#ddd"></td><td style="background:#ddd"></td><td style="background:#ddd"></td><td></td><td></td></tr>
<tr><td>유음활음화</td><td style="background:#ddd"></td><td style="background:#ddd"></td><td style="background:#ddd"></td><td style="background:#ddd"></td><td></td><td></td><td></td></tr>
<tr><td>파찰음파열음화</td><td style="background:#ddd"></td><td style="background:#ddd"></td><td style="background:#ddd"></td><td style="background:#ddd"></td><td></td><td></td><td></td></tr>
<tr><td>어중종성생략</td><td style="background:#ddd"></td><td style="background:#ddd"></td><td style="background:#ddd"></td><td style="background:#ddd"></td><td></td><td></td><td></td></tr>
<tr><td>어중종성역행동화</td><td style="background:#ddd"></td><td style="background:#ddd"></td><td style="background:#ddd"></td><td style="background:#ddd"></td><td></td><td></td><td></td></tr>
<tr><td>어말종성생략</td><td style="background:#ddd"></td><td style="background:#ddd"></td><td></td><td></td><td></td><td></td><td></td></tr>
<tr><td>연구개음전방화</td><td style="background:#ddd"></td><td></td><td></td><td></td><td></td><td></td><td></td></tr>
<tr><td>경음화</td><td style="background:#ddd"></td><td></td><td></td><td></td><td></td><td></td><td></td></tr>
</table>

제5장

음운처리 기술 발달

1. 음운처리 기술

정확한 말 산출을 위해서는 구어의 소리 정보를 잘 지각하여 인식하고, 심상어휘집에 위치한 단어 내 음소자질과 배열 규칙에 관한 음운표상과 단어의 뜻, 속성, 이름과 관련된 의미 및 어휘표상에 접근한 뒤, 일련의 조음 움직임을 계획하고 실행하는 단계를 거쳐야 한다. 아동의 말 습득은 말처리 과정 내 모든 요소가 서로 상호보완적인 관계를 맺으면서 음운, 의미, 어휘 표상과 말운동프로그램이 점진적으로 뚜렷하고 견고해지는 과정이다. 따라서 말 습득은 소리 정보 입력 및 산출 단계뿐만 아니라 인지-언어학적 요인에 의해서도 영향을 받게 된다. 일부 아동은 인지-언어학 상의 결함으로 인해 말소리장애를 보이기 때문에 전체적인 말 처리 과정에서 인지-언어학적 요인과 관련된 단계에 대한 이해가 필요하다(Torrington Eaton & Berstein Ratner, 2016; Roepke, 2024).

음운처리(phonological processing)는 구어와 문어 정보를 처리할 때 말소리체계에 대한 지식과 정보를 사용하는 인지적 요소가 강한 능력이다(Wagner & Torgesen, 1987). 음운처리 기술을 바탕으로 말소리 정보를 저장하고, 보유하며, 음소 자질 및 배열 규칙과 같은 추상적인 언어 규칙을 포함하는 음운표상에 빠르고 정확하게 접근하고 인출하여, 인지적으로 말소리를 조작하고 배열하게 된다. 따라서 말을 정확하게 산출하기 위해서는 음운처리 기술의 원활한 발달이 뒷받침되어야 한다. 일반적으로 음운처리 기술은 말지각, 음운인식, 음운기억, 음운인출(phonological retrieval) 또는 음운재부호화

(phonological recoding) 등을 통해 파악할 수 있다(Anthony & Lonigan, 2004; Preston & Edwards, 2007; Roepke, 2024; Rvachew, 2007; Wagner & Torgesen, 1987).

말소리장애뿐 아니라 언어발달장애, 읽기장애 등 다양한 의사소통장애 분야에서 이루어진 오랜 연구의 역사만큼이나 음운인식과 음운처리는 언어치료 전공자들에게 이제는 익숙한 용어가 되었다. 그럼에도 두 용어의 명확한 차이에 대해 질문하는 학생을 간혹 만나게 되는데, 앞에서 언급하였듯이 음운처리는 음운인식보다 상위의 개념, 즉 음운인식을 포괄하는 개념이다. 그러나 음운인식 과제, 특히 난이도가 높은 음운인식 과제일수록, 이를 성공적으로 수행하기 위해서는 음운기억, 음운인출과 같은 음운인식 이외 음운처리 기술이 적극 요구되기도 하는데, 이 경우에는 음운인식이 여타 음운처리 기술들을 포함하는 보다 상위의 개념으로 여겨지기도 한다. 어떠한 능력이든 과제를 통해 그 능력을 측정하게 되면, '과제' 자체를 성공적으로 수행하기 위해서는 반드시 인지적 기술이 요구되며, 그것이 말소리와 관련된 과제라면 특히 음운적 인지 기술의 지원이 필요하다. 음운처리 기술은 말소리에 대한 지식과 정보를 사용하는 인지적 요소임을 앞에서 정의한 바 있다. 음운처리는 음운인식, 음운기억, 음운인출 등을 통해 파악될 수 있지만, 그 반대로 음운인식, 음운기억, 음운인출 과제를 성공하기 위해서는 음운처리 기술이 뒷받침되어야 하며, 때로는 특정 음운처리 기술이 다른 음운처리 과제의 수행을 예측하는 요인이 되기도 한다. 따라서 음운처리, 음운인식, 음운기억, 음운인출을 하나의 상위 개념 아래 위치하는 독립적인 하위 기술들로 이해하기보다는 상호 밀접하게 영향을 주고받는, 서로 간 교집합을 전제하는 처리기술들로 이해하는 것이 때로는 도움이 될 것이다.

1) 음운인식

음운처리 기술 중 음운인식은 단어를 인식할 때 의미가 아닌 말소리 단위로 인식, 탐지하고, 조작하는 능력으로, 말소리의 구조를 인식하는 것을 의미한다(Anthony & Francis, 2005; Hakes, 1982). 음운인식 능력을 살펴보기 위한 과제로는 말소리 단위 수 세기, 말소리의 합성, 탈락, 변별, 분절, 분리 및 대치 등이 있다. 한국어의 음운인식은 단어, 음절, 음절체와 종성, 음소 단위로 살펴볼 수 있다(김애화, 2007).

표 5-1 음운인식 과제 예

단위	과제유형	예시
단어	변별	배(탈 것), 새, 배(신체) 중에서 다르게 소리 나는 것은 무엇이지요?
	합성	'딸기'에 '우유'를 더하면 무슨 소리가 되지요?
	탈락	'유리구두'에서 '구두'를 빼면 무슨 소리가 남지요?
음절	변별	'거울, 모자, 거위' 중에서 앞의 소리가 다른 것은 어떤 거지요?
	합성	'양'에 '말' 소리를 더하면 무슨 소리가 되지요?
	탈락	'제주도'에서 '제'를 빼면 무슨 소리가 남지요?
	수세기	'장난감'에는 몇 개의 소리가 있지요?
	분절	'사탕'을 나누면 어떻게 되지요?
	대치	'우유'에서 '유'를 '비'로 바꾸면 뭐가 되지요?
음소	변별	'종, 실, 집' 중에 첫소리가 다른 것은 무엇이지요?
	합성	/ㄱ/ 소리에 /ㅐ/를 더하면 무슨 소리가 되죠?
	탈락	'손'에서 /ㅅ/ 소리를 빼면 뭐가 남지요?
	수세기	'집'은 몇 개의 소리로 이루어져 있죠?
	분절	'방'을 만드는 소리를 따로따로 말해 보세요.
	대치	'별'에서 /ㄹ/ 소리를 /ㅇ/

2) 음운기억

음운기억은 음운에 대한 정보를 저장하고 유지하는 능력을 의미한다(Wagner & Torgesen, 1987). 음운기억은 다시 두 가지로 나뉘는데 음운단기기억(phonological short-term memory)과 음운작업기억(phonological working memory)으로 분류된다. 말 처리 과정에서 음운단기기억은 단순히 구어로 받아들인 정보를 부호화하고 일시적으로 저장하는 역할을 한다(Gathercole & Baddeley, 1993). 음운작업기억은 음운 정보를 단순 저장하는 것뿐만 아니라 저장된 정보가 사라지지 않도록 적극적으로 시연 과정을 거치고 조작하고 처리하는 것을 가능하게 한다(Baddeley, 1992). 음운단기기억은 일반적으로 무의미 낱말 또는 숫자 따라 말하기 과제를 이용하여 평가한다. 음운단기기억 평가 과제인 무의미 낱말(비단어) 따라 말하기는 아동에게 의미가 없는 단어를 들려주었을 때 아동이 이를 즉각적으로 따라말하는 과제로, 말 산출을 위해 의미 단서나 시각적 자료가 필요하지 않다. 또한 말 처리 과정 중 어휘 표상(lexical representation)의 영향을 최소화하여 음운기억 능력을 평가하는 유용한 과제이다(Gathercole & Baddeley, 1989). 음운작업기억은 숫자나 단어 자극을 유지하면서 조작하는 능력으로 숫자 거꾸로 따라 말하기를 통해 살펴본다. 또한 평가 대상자가 일련의 문장을 읽고, 각 문장의 의미를 이해한 뒤 마지막 단어를 기억한 후에 문장의 마지막 단어들을 순서대로 기억해 내는 읽기 폭(reading span) 과제도 음운작업기억 능력을 평가하기 위해 사용된다(Wagner & Torgesen, 1987).

3) 음운인출

음운처리 기술 중 음운인출은 기호나 상징체계를 말소리로 다시 부호화(recoding)하는 능력이다. 일반적으로 빠른 자동 이름대기를 통해 평가한다. 글자, 숫자, 그림이나 색깔 등을 사용하여 제시된 자극의 이름을 최대한 빠르게 산출하는지 살펴봄으로써 장기기억에 저장되어 있는 음운 정보에 대한 접근 능력이 효율적인지 평가한다(Wagner & Torgesen, 1987).

2. 음운처리 기술의 발달 과정

음운처리 기술 중 음운인식의 발달 시기와 단계는 여러 언어권에서 유사하게 나타난다고 보고된다(Ziegler & Goswami, 2005). 한국 아동의 음운인식의 발달 현황을 살펴본 연구는 말소리 단위의 수세기, 변별, 합성, 분리, 분절, 탈락, 대치 등 다양한 과제를 통해 말소리 단위 인식 및 조작 능력을 살펴보았다(예. 김미배, 배소영, 2007; 김선옥, 조희숙, 2005; 김애화 등, 2010; 신혜정 등, 2009; 이차숙 등, 2008; 홍성인 등, 2002; 황보명, 2017). 음운인식 과제 유형마다 발달되는 시기가 다소 상이한 결과를 보여 주고 있으나, 일반적으로 음운인식은 4세 무렵부터 점차 발달하며, 단어, 음절, 음절체-종성, 음소 순으로 큰 단위에서 작은 단위로 발달한다. 특정 수준의 과제에서 평균 50% 이상의 정반응률을 보이기 시작하는 연령을 기준으로 음운인식의 발달을 살펴보면 일반적으로 단어 수준에서는 4세에, 음절 수준에서는 5세에, 음소 수준에서는 6세에 비약적인 발달을 보인다. 〈표 5-2〉는 각 연구에서 각 음운인식 과제에서 50% 이상의 정반응률을 보이기 시작하는 최소 연령을 정리한 것이다. 음소 수준에서의 음운인식 능력은 6세부터 본격적으로 발달을 보이지만, 학령기 동안에도 문자 교육에 영향을 받으면서 지속적으로 발달한다(김애화, 2012). 특히 6세부터 학령기 아동의 음운인식 발달을 살펴본 김미배, 배소영(2007)에서 초등 4학년 아동은 음소 수준에서 탈락, 합성, 변별, 분절 과제에서 평균 90%, 76%, 60%, 75%의 정반응률을 보이면서, 음소 수준에서의 음운인식은 고학년 이후에 완성될 수 있다는 결과를 보여 주었다.

음운기억에서 음운단기기억은 주로 무의미 낱말(비단어), 숫자, 문장 따라 말하기를 통해서 음운 정보를 저장하고 유지하는 능력을 살펴보고 있다. 최근에는 말 산출의 정확도가 떨어지는 말소리장애 아동의 경우, 구어 반응을 통해 음운기억을 측정하는 기존 과제로 평가할 때 산출 문제와 기억 문제를 구별하기 어렵다는 제한점이 지적되었다. 이에 따라 그림 지적하기를 통해 음운기억을 평가하는 방법이 제안되기도 하였다(정세인, 하지완, 2023; 원호슬, 하승희, 2022; 하승희 등, 2024). 음운단기기억은 5~6세 사이에 비약적으로 발달하기 시작하면서 학령기 동안에도 지속적으로 발달하는 경향을 보인다(이기은, 하지완, 2018; 하승희 등, 2024).

음운작업기억은 음운단기기억과 함께 5~6세 이후에 비약적으로 발달하는 경향을 보이기는 하나 음운 정보를 저장하고, 유지하는 것뿐만 아니라 저장된 정보를 조작하고 처리하는 기술을 요구하기 때문에 음운단기기억에 비해서 좀 더 늦게 발달을 한다. 예를 들어, 이기은과 하지완(2018)에서는 5세 일반 아동은 숫자 바로 따라 말하기 수행력이 거꾸로 따라 말하기에 비해 유의하게 높게 나타났으나, 6세가 되면 음운작업기억력이 급격히 향상되어 숫자 바로 따라 말하기와 거꾸로 따라 말하기의 유의한 차이가 없어졌다. 한편 고선희 등(2009)은 취학 직전의 유치원 아동과 초등학교 2학년, 4학년, 6학년 아동을 대상으로 읽기 폭 과제를 실시하여 음운작업기억을 살펴보았다. 연구 결과, 유치원 아동과 초등학교 2학년 및 4학년까지는 학년 간의 읽기 폭 증가가 유의미하게 나타났으나 4학년과 6학년의 평균 읽기 폭 차이는 통계적으로 유의미하지 않았다. 연구는 취학 직전부터 4학년까지는 음운작업기억이 지속적으로 발달하다가 4학년 이후부터 둔화되는 경향성을 보여 주었다.

음운인출도 음운인식, 음운기억과 마찬가지로 5~6세 이후에 비약적으로 발달하고 학령기 이후까지 지속적으로 발달하는 것으로 나타난다(김민선, 2011; Avall et al., 2019). 4세에서 10세까지 빠른 자동 이름대기 발달 현황을 살펴본 Avall, Wolff와 Gustafsson(2019)는 4세와 6세 사이에 빠른 자동 이름대기 수행력이 가장 급속도로 발달함을 보여 주었다.

표 5-2 한국 아동의 음운인식 발달

연구		홍성인 (2002)	김선옥, 조희숙 (2005)	김미배, 배소영 (2007)	이차숙 등 (2008)	황보명 (2017)
단어	변별	4세				5세
	합성	5세				5세
	탈락	5세				6세
음절	변별	5세	5세	6세	3세(첫음절 변별) 4세(끝음절변별)	6세
	합성	5세	5세	6세	4세	5세
	탈락	5세	5세	6세	5세	5세
	수세기					5세
	분절			6세		5세
	대치				5세 이상	6세
음소	변별	6세	5세 이상	4학년	5세(초성변별) 3세(중성, 종성변별)	6세
	합성	6세	5세 이상	4학년	5세	6세
	탈락	6세	5세 이상	2학년	4세	6세 이상
	수세기					6세
	분절			4학년		6세
	대치				5세	6세

3. 음운처리 기술과 말소리장애의 관계

음운처리 기술상의 어려움은 말소리장애의 원인뿐 아니라 결과로도 설명할 수 있다. 먼저, 음운처리 기술 상의 결함으로 인해 말소리장애가 발생할 수 있는데, 음소의 구별과 배열, 단어의 음운구조를 정확하게 인식하고 보유하며 계획하는 데 어려움을 겪을 경우, 정확한 말소리 산출이 어려워진다. 예를 들어, 개별 말소리가 '음운표상'이라 불리는 장기기억 저장소에 명확하게 저장되지 않거나, 음운표상이 견고하게 자리 잡는 데 중요한 역할을 하는 음운단기기억과 음운작업기억이 취약할 경우, 음운표상의 발달이 지연되거나 문제가 발생할 수 있다(Bernthal et al., 2019, p. 185). 음운표상이 불완전하거나 왜곡되면 아동은 단어의 정확한 음소 배열을 학습하거나 정확하게 산출하는 데 어려움을 겪어 말소리장애를 보일 수 있다.

한편, 말소리장애의 결과로서 음운처리 기술 상의 어려움이 나타나는 경우도 있다. 4세 이후부터 점진적으로 이루어지는 음운처리 기술의 발달은 정확한 말소리 산출의 경험을 바탕으로 이루어질 수 있다. 말소리장애 아동과 같이 발음 오류를 지속적으로 경험하게 되면, 이는 음운처리 기술의 기초적 요소인 음운인식, 음운기억, 음운인출 발달에 부정적인 영향을 미칠 수 있다. 말소리장애가 음운처리 기술 상의 결함을 더욱 두드러지게 하고, 이러한 결함이 말소리장애의 악순환을 강화하는 데 기여함을 보여 준다. 즉, 음운처리 기술의 기저 결함이 말소리장애를 유발하고, 말소리장애가 음운처리 기술의 발달을 저해하는 상호작용이 발생하며, 이는 전체적인 말 처리 능력의 저하로 이어질 수 있음을 나타낸다.

음운처리 기술상의 어려움이 말소리장애의 원인인지 혹은 결과인지에 대해서는 학자와 연구마다 의견이 다를 수 있으나, 다수의 연구에서는 공통적으로 말소리장애 아동이 언어-인지적 처리 과정 상의 결함 또는 음운처리 기술 상의 취약함을 보인다고 보고하고 있다. 여러 연구는 말소리장애 하위 유형에 상관없이, 말소리장애 아동이 전반적으로 음운인식과 음운기억을 포함한 음운처리 과정에서 어려움을 보인다고 보고하고 있다(피민경 등, 2020; Preston & Edwards, 2007; 2010; Roepke et al., 2020; Rvachew, 2007). 예를 들어, 초성 자음 생략이나 마찰음의 유음화와 같은 비발달적인 오류를 보이는 아동은 종성 자음 생략이나 유음의 활음화와 같은 발달적 오류를 보이는 아동보다 음운인식(Preston & Edwards, 2010; Roepke et al., 2020)과 음운인출(하승희, 피민경, 2022) 측정에서 낮은 점수를 받았다. 또한 유음이나 마찰음 상의 잔존 오류를 보이는 청소년들은 또래보다 음운인식과 음운기억 측정에서 낮은 점수를 받았다(Preston & Edwards, 2007). 말실행증을 가진 아동도 음운인식에 어려움을 겪는 것으로 보고되었다(McNeill et al., 2009; Moriarty & Gillon, 2006; Murray et al., 2014).

말소리장애 아동을 대상으로 음운기억을 살펴본 연구에서 음운단기기억과 음운작업기억 중 어느 영역에서 취약성을 보이는지에 대해서는 연구마다 서로 상이하다. Eaton과 Ratner(2016)는 말소리장애 아동과 일반 아동 간 음운단기기억에서는 유의한 차이를 보였으나, 음운작업기억에서는 차이를 보이지 않았다. 반면에 Waring 등(2017)에서는 비발달적 오류를 보이는 말소리장애 아동이 연령, 성별, 어휘력이 동일한 일반 아동과 비교해 음운단기기억에는 유의한 차이를 보이지 않았지만 유운작업기억에서는 낮은 수행력을 보였다. 또한 3~5세 영어를 습득하는 아동을 대상으로 음운기억과 말 발달 간의 관계를 살펴본 Waring 등(2019)에서는 음운작업기억이 아동의 자음정확도를 유의하게 예측하는 것으로 나타났다. 말소리장애 대상자의 연령, 과제 난이도 등으로 인해 음운기억과 관련된 연구결과는 세부적으로 다르지만, 일부 말소리장애 아동이 전반적으로 단어를 듣고 기억하고, 단어를 개별 말소리로 쪼개고 조작하고 배열하는 능력이 취약하다고 보고되고 있다. 이러한 음운기억 상의 문제는 읽기 상의 어려움으로 연결되기 때문에 말소리장애가 학령기에 읽기 문제로 이어질 가능성이 높다.

말소리장애 아동의 음운기억을 살펴본 국내 연구에서도 공통적으로 말소리장애 아동이 음운기억 상의 취약함을 보인다고 보고하고 있다(이기은, 하지완, 2018; 윤영아, 이지윤, 2020; 정세인, 하지완, 2023; 피민경 등, 2020; 원호슬, 하승희, 2022). 대표적인 예로, 이기은과 하지완(2018)은 5~6세 일반 아동과 비교하여 말소리장애 아동이 음운단기기억과 음운작업기억 과제에서 두 연령대 모두에서 낮은 수행력을 보인다는 결과를 제시하였다. 또한 하승희와 피민경(2022)은 음운지연 및 음운장애 아동이 일반 아동과 비교하여 음운인식, 음운기억, 음운인출을 포함한 음운처리 능력에서 어떠한 차이를 보이는지 조사하였다. 말소리장애 아동 27명(음운지연 10명, 음운장애 17명)과 일반 아동 20명을 대상으로 음운인식, 음운기억, 음운인출 과제를 실시한 결과, 음운장애 아동은 일반 아동보다 단어 수준에서 음운인식능력이 유의하게 낮았으며, 음운지연 및 일반 아동에 비해 무의미 낱말 따라 말하기 과제 수행력도 유의하게 낮았다. 음운지연과 음운장애 아동은 일반 아동에 비해 음운인출 수행력도 유의하게 낮았다. 이러한 결과는 일반 아동과 비교해 말소리장애 아동은 낮은 음운처리 기술을 보이며, 특히 비발달적 오류 패턴을 보이며 음운 규칙 습득에 어려움을 겪는 음운장애 아동은, 음운처리 기술에 있어서도 뚜렷한 결함을 나타내는 것으로 확인되었다.

4. 말소리장애와 읽기장애의 관계

음운처리 기술 발달은 문자 해독 및 읽기 발달과 밀접한 관련이 있다. 다수의 연구가 음운인식, 특히 음소 수준에서의 음운인식이 초기 읽기능력을 예측한다고 보고하고 있다(Catts et al., 2001; Gillon, 2019; Melby-Lervag et al., 2012; Muter et al., 2004; Stanovich, 2000). 영어권에서는 일반적으로 음소 수준에서의 음운인식이 문자 해독 능력과 밀접한 관련이 있다고 알려져 있다(Mann & Foy, 2003). 우리말은 음소 수준뿐만 아니라 음절, 음절체-종성의 음운인식이 문자 해독 능력과 관련이 있는 것으로 보고되기도 한다(김애화 등, 2011; Cho & McBride-Chang, 2005; Kim, 2007, 2009). 음운인식 상의 어려움과 읽기장애를 원인-결과의 관계로 보는 견해보다는 서로 영향을 끼치고 동시에 발생한다고 보는 견해와 연구 결과가 좀 더 강하다(Stanovich, 2000). 발달적인 측면에서도 단어 내 구조를 알고, 작은 언어 단위로 쪼개고 합성할 수 있는 능력이 읽기 기술 발달에 필요하고, 철자 지식과 읽기 능력이 발달할수록 음운인식 능력도 보다 더 견고하게 발달해 나간다. 또한 음운처리 기술 중 음운기억과 음운인출도 초기 읽기 단계에서 중요한 역할을 하는 것으로 알려져 있다(윤효진, 2024). 특히 음운인출은 문자 해독보다는 읽기 유창성과 밀접한 관련이 있는 것으로 알려져 있다(Pennington et al., 2001; 김애화 등, 2011).

앞서 논의한 바대로 음운처리 기술과 말소리장애는 상호 긴밀한 관계를 보이며, 말소리장애가 음운처리 기술의 기저 결함에서 비롯되기도 하고, 반대로 말소리장애가 음운처리 기술의 발달을 저해하기도 한다. 이러한 음운처리 기술과 말소리장애와의 복합적인 상호작용은 말소리장애 아동이 학령기에 이르러 읽기장애와 같은 학업상의 어려움으로까지 이어질 수 있음을 시사한다. 특히 다수의 연구가 말 산출과 음운인식 간의 긴밀한 관계를 보고하는데, 조음 오류가 빈번할수록 음운인식 과제 수행력이 떨어지는 것으로 나타났다(Foy & Mann, 2001; Mann & Foy, 2007).

학령전기 말소리장애 아동은 음운인식상의 어려움을 보이고, 그 결과로 읽기와 쓰기 상의 어려움을 보이게 된다(Anthony et al., 2011; Gillon, 2019; Nathan et al., 2004; Preston & Edwards, 2010; Schuele, 2004). 그러나 모든 말소리장애 아동이 읽기 상의 어려움을 보이는 것은 아니다. 말운동 상의 결함으로 인한 말소리장애 아동보다는 음운 규칙을 습득하고, 적용해 나가는 데 어려움을 보이는, 소위 음운장애 아동이 음운인식과 읽기 상의 문제를 보이는 경향이 높다.

또한 구문 규칙을 습득하는 데 어려움을 보이는 언어장애를 동반한 아동은 음운인식과 읽기 상의 문제를 보일 가능성이 높다(Lewis et al., 2000). 음소 수준에서 조작할 수 있는 기술은 음운표상의 깊이와 견고함을 바탕으로 이루어질 수 있다. 따라서 단어를 구성하는 말소리 자질, 음운구조에 대한 추상적 지식체계를 나타내는 음운표상이 견고하게 발달되지 않거나, 적절한 음운표상으로 접근하는 능력이 떨어질 경우, 말소리 산출상의 어려움과 동시에 읽기 발달에도 어려움을 보일 수 있다(Anthony et al., 2011).

국내 연구에서도 일반 아동에 비해 말소리장애 아동이 음운처리 및 단어 재인과 같은 읽기 능력이 떨어진다고 보고하고 있다(고유경, 김수진, 2010; 권보라, 신명선, 2023; 유민아 등, 2021; 최유경, 하승희, 2021). 음운처리 기술과 말소리장애 및 읽기장애의 관계를 종합해 보면, 음운처리 기술이 발달하기 시작하는 4세 이후에도 지속적인 말 문제를 보이는 아동의 경우에는 학령기에 읽기장애를 보일 가능성이 높다. 따라서 4세 이상의 말소리장애 아동에게는 말명료도 및 정확도 향상뿐만 아니라 음운인식, 음운기억, 음운인출과 관련된 기술을 직접적으로 중재할 필요가 있음을 시사한다.

ㄱㄴㄷ

제3부

말소리장애의 진단 및 평가

제6장 표준화 검사도구를 이용한 진단평가
제7장 자발화 평가와 심화 검사
제8장 말처리 능력 평가

정신건강 분야에서 진단(diagnosis)은 정해진 증상과 기준에 따라 특정 정신건강 상태를 식별하는 것이다. 말언어장애 분야에서 언어치료사는 표준화 검사도구 또는 경우에 따라 비표준화 진단방법을 이용하여 대상자가 말소리장애인지 아닌지, 말소리장애일 경우 중증도는 어떠한지를 진단하게 된다. 이에 반해 평가(assessment)는 증상, 행동, 병력을 포함한 다양한 개인의 정신건강에 대한 정보를 수집하는 과정을 말한다. 이 정보는 보호자 인터뷰, 아동 관찰, 직접 검사 등을 통해 구할 수 있다. 평가의 목적은 정확한 진단을 내리고 효과적인 치료계획을 수립하기 위해 충분한 정보를 수집하는 것이다. 이처럼 진단과 평가의 개념은 서로 구별되지만, 그럼에도 두 절차는 서로 긴밀하게 연결되어 있어 구분이 모호한 측면도 있다.

말소리장애의 진단평가 절차는 대상자의 말소리 산출 능력과 직·간접적으로 연관 있는 여러 영역에 대한 평가 결과를 종합하여 말소리장애 여부를 진단하는 과정이다. 이는 다양한 맥락에서 이루어질 수 있는데, 그 이유는 음절이나 단어 검사에서는 나타나지 않았던 문제가 문장과 같이 언어단위가 길어지면서 출현하기도 하는데, 표준화 검사보다 자발화 분석을 통해 발견된 오류가 실제 의사소통상황에 더 큰 영향을 미칠 수도 있기 때문이다.

그러나 진단평가 과정의 전체 흐름은 검사자마다 크게 다르지 않다. 대부분 배경정보 수집, 청각 및 청지각 선별 검사, 조음기관 구조 및 기능 검사, 표준화 검사, 자발화를 이용한 평가, 그 외 심화 검사 순으로 진행된다. 배경정보 수집 시에는 청각결함 여부를 반드시 확인하고, 결함이 없더라도 청각 및 청지각 선별 검사를 실시하여 말소리의 입력과 지각 과정에 어려움이 없는지 검증하도록 한다. 청지각 선별 검사의 경우, 오류를 보인 음소에 대해서는 지각 단계에 문제가 없는지를 꼭 확인할 필요가 있다. 말소리장애 분야에서 표준화된 청지각 검사가 없기 때문에 검사자가 자체적으로 검사를 제작하는 경우가 흔한데, 이에 대해서는 제8장 말처리 능력 평가의 '말처리 프로파일' 부분에서 B와 D 단계의 과제를 참고하여도 좋다.

조음기관 구조 및 기능 검사를 비롯하여 표준화 검사도구를 활용할 수 있는 것은 제6장에서, 그 외 심화 검사나 자발화 검사는 제7장에서 구체적으로 살펴보도록 하겠다. 제6장의 표준화 검사도구는 말소리 산출 능력과 직접적으로 관련된 기능을 측정하기 위해 사용되며, 이러한 측정 과정은 평가의 일환이자 진단의 근거가 된다.

제6장

표준화 검사도구를 이용한 진단평가

표준화 검사를 이용한 진단평가는 평가 대상의 수행 수준을 규준집단과 비교함으로써 해당 아동이 말소리장애인지 여부를 판별하는 가장 보편적인 방법이다. 표준화 검사는 평가하고자 하는 대상의 특성, 평가 목적, 검사 내용 등을 모두 고려하여 개발되었으며, 무엇보다 검사의 타당도와 신뢰도를 어느 정도 갖추고 있다. 즉, 평가하고자 하는 영역의 내용을 타당하게 평가하기 위해 체계적으로 표준화되었고, 누가 사용하더라도 검사의 실시, 채점, 결과해석이 동일할 수 있도록 신뢰할 수 있게 제작되었다. 따라서 검사의 취지에 맞게, 제시된 절차대로 검사도구를 사용하는 것이 중요한데, 이는 검사 매뉴얼에 상세히 안내되어 있으므로 모든 검사자는 매뉴얼을 잘 숙지한 후 표준화 검사도구를 사용해야 한다. 이 장에서는 정확한 말소리 산출을 위한 필요조건인 조음기관의 구조와 기능 평가 및 말소리 산출 능력에 대한 직접적인 평가를 위해 사용하는 검사도구들에 대해 살펴보고, 표준화 검사도구를 통해 분석해야 할 내용에는 어떠한 것들이 있는지 알아보도록 하겠다.

1. 조음기관 구조와 기능에 대한 진단

1) 조음기관 구조 및 기능 평가

말소리장애의 감별진단을 위해서는 신경계, 조음 및 청각 기관의 기질적인 문제 여부를 우선적으로 확인해야 한다. 조음기관의 구조적 문제가 말소리 산출 상의 문제를 일으키는 주요한 원인인 경우에는 다른 말소리장애 유형과는 다르게 수술 또는 교정을 통해 구조적 문제를 해결하는 임상적 의사결정이 우선시되어야 하는 경우가 많다. 따라서 언어치료사는 정상적인 조음기관의 구조와 기능에 대한 적절한 이해를 갖추고 평가와 진단을 정확하게 해야 한다. 아동을 대상으로 표준화된 국내 조음기관 구조 및 기능 평가로는 조음기관 구조 · 기능 선별 검사(Speech Mechanism Screening Test for Children: SMST-C, 김재옥 등, 2023)와 한국 조음음운프로파일(Korean Articulation Phonology Profile: K-APP, 하승희 등, 2021)의 Part I(〈표 6-1〉 참조)과 II(〈표 6-2〉 참조) 하위 검사가 있다. 이 하위 검사들을 살펴보기에 앞서 조음기관별로 구조와 기능적인 이상으로 발생할 수 있는 문제 상황을 설명하고, 말소리장애 진단 맥락에서 각 기관을 평가하는 방법을 기술하도록 하겠다.

① 입술

입술의 구조적인 문제를 보이는 경우는 구순열(cleft lip)이 있으나, 구순열은 일반적으로 생후 3개월에 입술교정수술을 받게 되면 말 습득 및 산출에 부정적인 영향을 끼칠 정도의 구조적인 이상이 남아 있는 경우는 거의 없다. 입술교정수술을 받은 아동 중 간혹 입술을 오므리거나 내밀 때 입술 주변의 구륜근이 부자연스럽게 보이는 경우는 있으나 말 산출에 영향을 끼치는 정도는 미비하다. 한편 뇌성마비 또는 신경계 결함으로 인한 마비말장애의 경우 안면 근육의 마비 또는 약화가 동발될 수 있으며, 이로 인해 입술의 움직임이 둔화되거나 비대칭적인 움직임을 보일 수 있다. 특히 구륜근의 긴장 조절이 어려워 입술을 다물지 못하거나, 말 산출 시 파열음이나 마찰음 등의 조음정확도에 영향을 미칠 수 있다.

평가 시에는 먼저 평가 대상자와 마주 본 상태에서 얼굴 전체의 안정성과 긴장도를 살펴보고, 입술을 다물었을 때의 전체적인 모양이나 크기, 대칭성이 어떠한지 살펴본다.

촛불을 불 때처럼 입술을 오므리게 하거나, 미소를 짓게 하여 입술의 움직임이 자연스럽고, 좌우대칭을 이루는지, 움직임의 범위와 조절력이 적절한지를 평가한다.

② 치열 및 교합 상태

5세 이후 혼합치열기가 시작되면서 유치 앞니가 빠지고 영구치가 나오기 시작하면, 일시적으로 치열의 변화로 인해 치간음화나 구개음화와 같은 치경마찰음의 왜곡이 나타날 수 있다. 치열의 일시적인 변화를 넘어, 구조적으로 치아의 배열이나 상악과 하악 치열의 맞물림이 비정상적인 경우, 즉 부정교합(Malocclusion)이 존재하는 경우 말소리 산출에 보다 지속적이고 뚜렷한 영향을 미칠 수 있다.

부정교합은 일반적으로 상악과 하악의 첫 번째 어금니의 교합 상태를 기준으로 판단한다. 정상 교합(Class I)은 상악의 첫 번째 어금니가 하악의 첫 번째 어금니보다 1/3 이내로 약간 앞에 위치하면서 서로 맞물리는 상태이다. 반면, 제1형 부정교합(Class I malocclusion)은 첫 번째 어금니의 위치 관계는 정상 교합과 같지만, 앞니 또는 다른 치아가 겹쳐 나 있거나 틀어져 있는 등 배열에 문제가 있는 상태이다. 제2형 부정교합(Class II malocclusion)은 상악의 첫 번째 어금니가 하악의 첫 번째 어금니보다 2/3 이상 앞에 위치한 상태이다. 제3형 부정교합(Class III malocclusion)은 상악의 첫 번째 어금니가 하악의 첫 번째 어금니보다 2/3 이상 뒤쪽에 위치한 상태이다. 이러한 제3형 부정교합은 구개열 아동에서 빈번하게 관찰되며, 부정교합 정도가 심한 경우 중설구개음화(mid-dorsum palatal stop)나 설측음화와 같은 조음 오류를 필연적으로 보일 수 있다.

그 외에도 다양한 교합 이상이 말소리 산출에 영향을 줄 수 있다. 예를 들어, 개방 교합(open bite)은 입을 다물었을 때 상하 앞니가 맞물리지 않고 틈이 생긴 상태이다. 주로 구강으로만 숨을 쉬거나 손가락 빨기 등 비정상적인 구강 습관 등으로 인해 발생할 수 있다. 교차 교합(crossbite)은 정상적인 경우와 반대로, 상악 치아가 하악 치아보다 안쪽에 위치하는 경우이다. 과개 교합(deep bite)은 상악의 앞니가 하악의 앞니가 보이지 않을 정도로 깊게 물려 있는 상태이다.

언어치료사는 평가 시 대상자의 치열과 상악과 하악의 교합 상태를 살펴보고, 구조적 이상이 말소리 산출에 부정적인 영향을 끼치는지를 판단해야 한다. 특히 조음 오류가 구조적 제약에 기인한 필연적 오류(obligatory error)인지, 아니면 기능적 문제나 습관에 따른 학습된 오류인지를 구분하는 것이 중요하다.

③ 혀

임상에서 가장 빈번하게 관찰되는 혀의 이상 구조로는 설소대 단축증(ankyloglossia, tongue-tie)으로, 혀의 아랫면과 입의 바닥을 연결하는 막인 설소대(frenulum)가 짧아 혀의 운동이 제한되는 경우이다. 설소대 단축증은 진단 기준이 명확하게 정립되지 않아 출현율이 4.2%에서 10.7%로 연구마다 다양하게 보고되고 있다(Segal et al., 2007). 보통 혀를 내밀었을 때 혀가 앞니 밖으로 나오는 정도로 판단하는데, 심한 경우 혀의 가운데 부분이 밖으로 나오지 못해 혀 끝 모양이 하트 또는 'W'모양이 된다. 혀 끝을 들어올려 치경 부위에 닿을 수 없을 정도로 설소대가 짧은 경우 정확한 말소리 산출이 어렵다. 평가 시 설소대 단축증은 혀 모양보다는 제한된 혀 움직임이 말 산출에 영향을 주는 정도를 바탕으로 수술을 권고하는 것이 적절하다.

염색체 이상으로 발생하는 증후군 중 일부 유형[예. 다운증후군, 베크위드-비데만(Beckwith-Wiedemann)]은 신체적 증상 중 하나로 혀가 구강 구조에 비해 크고 두꺼운 대설증(macroglossia)을 보인다. 혀가 큰 정도가 다양한데, 혀가 구강 밖으로 나오고 구강을 닫을 수 없을 정도로 큰 경우에만 혀 부분 절제술을 실시한다.

최근 국내에도 설암(tongue cancer)의 발생률이 증가하면서, 혀절제술 후 말명료도 증진을 위한 재활 훈련이 필요한 환자의 수가 증가하고 있다(Jung et al., 2021). 혀절제술 후 남아 있는 조직이나 이식한 조직을 보상적으로 사용하여 말 산출을 할 수 있도록 언어치료사가 재활 훈련을 실시하기도 한다. 구개보조장치(palatal augmentation prosthesis)를 경구개 부위에 착용하여 제한된 혀 움직임을 보완하여 말명료도를 향상시키는 방법도 고려해 볼 수 있다.

조음기관 구조 및 기능 검사를 진행하는 동안 혀를 밖으로 내밀게 한 후 혀의 두께와 크기, 휴지 시의 안정성을 관찰하고, 혀 끝이 밖으로 나오는 정도와 혀 끝의 모양을 관찰한다. 혀를 위로 올려 치경에 닿게 하거나, 좌우, 상하 움직임을 유도하여 혀의 움직임의 범위를 살펴본다. 설암 환자의 경우에는 혀절제술과 조직 이식 또는 구개보조장치와 같은 보철기 착용 후에 변화된 구조를 평가하고, 변화된 구조의 움직임의 범위, 속도, 힘을 평가하여 말명료도 향상을 유도할 수 있는 목표를 설정한다.

④ 경구개

경구개는 입천장의 앞쪽을 이루는 구조로, 상악골(maxilla)의 구개돌기(palatine process)와 구개골(palatine bone)로 구성되며, 이 두 뼈는 좌우 대칭으로 구개봉합(median palatine suture)을 따라 연결된다. 경구개는 구강과 비강을 구분 짓는 해부학적 경계이며, 비강의 바닥을 함께 형성한다. 이 구조에 해부학적 이상이 있을 경우 말소리 산출에 영향을 줄 수 있으므로, 언어치료사는 조음기관 평가 시 경구개의 형태를 면밀히 살펴야 한다.

경구개 구조 평가에서는 먼저 너비와 높이, 아치의 곡률, 그리고 좌우 대칭성을 관찰한다. 상악골과 구개골의 너비가 좁고, 비강 쪽으로 깊이 오목하게 형성되어 경구개 높이가 과도하게 높아진 경우에는, 구개가 전반적으로 아치형으로 솟아오른 형태를 보인다. 이러한 형태는 특히 취약 X 증후군(Fragile X syndrome)과 같은 염색체 이상 관련 아동에게서 빈번하게 나타난다. 경구개가 좁고 높을수록 혀의 후방부가 구개에 닿기 어려워져, 경구개음이나 연구개음의 조음정확도가 낮아질 수 있다.

또한 구개열 수술 이력이 있는 아동의 경우에는 경구개 부위에 잔존 누공(fistula)이 있는지 여부도 함께 평가해야 한다. 누공이 존재하면 말 산출 시 구강 내 기류가 비강으로 빠져나가는 비누출(nasal emission)이 나타날 수 있으며, 이는 구조적 원인에 기인한 필연적 오류로 이어질 수 있다. 따라서 경구개 해부학적 구조 평가는 조음 기능과의 연관성을 함께 고려하여, 말소리 산출에 미치는 영향을 종합적으로 판단하는 것이 중요하다.

⑤ 연구개

연구개는 입천장의 뒤쪽 1/3에 해당하며 연구개의 뒤 끝부분은 구개수 또는 목젖으로 불린다. 구개올림근, 구개긴장근, 목젖근, 구개설근, 구개인두근 등의 근육으로 구성되어 있다. 구개올림근과 구개설근의 움직임으로 인해 상하 움직임을 보이면서 구강과 비강이 분리되거나 연결된다. 휴지 시와 비음(nasal consonant)을 산출할 때에는 연구개는 내려가 있어서 비강 호흡을 가능하게 한다. 구강자음을 산출할 때에는 연구개가 뒷쪽 인두벽을 향해 올라가서 연인두 폐쇄를 이루어 성대에서 만들어진 음향 에너지가 구강으로 향하면서 구강 공명이 더해진다. 또한 불기, 삼키기, 구토와 같은 비구어 활동 시에도 연구개가 움직여서 연인두 폐쇄를 이룬다.

일부 구개열 아동은 생후 12개월 즈음에 입천장교정술을 받은 이후에 지속적으로 연구개 부위의 구조와 움직임이 제한적일 수 있고, 이로 인해 조음과 공명 상의 문제를 보일 수 있다. 또한 연구개의 대표적인 구조적 문제로 점막하 구개열이 있다. 점막하 구개열의 세 가지 고전적 증상으로는 갈라진 목젖, 점막 밑 근육이 파열된 상태로 인해 점막 색깔이 희거나 푸르스름한 상태, /아/ 발성 시 경구개 경계 부위에 V자 모양으로 홈이 생기는 상태이다. 점막하 구개열의 구조적 손상 정도도 개인마다 다르기 때문에 이 세 가지 증상이 모두 나타나는 경우도 있지만 일부만 나타나거나 증상이 구강 검사에서 관찰되지 않는 경우까지 다양하다.

조음기관 구조 및 기능 검사에서는 먼저 휴지 시의 연구개와 목젖의 모양을 관찰하여, 점막하 구개열의 고전적 증상과 같은 구조적 이상이 유무를 확인한다. 연구개의 움직임을 평가할 때는 설압자로 혀를 가볍게 누른 상태에서 모음 /아/를 길게 발성하게 하여, 연구개 양측이 대칭적으로 위로 상승하고, 목젖이 좌우로 치우지지 않고 중앙에서 위로 움직이는지를 관찰한다. 연인두 기능은 구강 검사만으로 정확하게 평가하는 데 제한적이지만, 모음 연장 발성 중 코를 막았다 떼어서 음질의 변화가 있는지 살펴보는 방법으로 연인두 폐쇄 여부를 간접적으로 확인할 수 있다. 모음 연장 발성 시 코를 막았다 뗄 때마다 음질의 변화가 있는 경우 연인두 폐쇄가 불완전하게 이루어져 기류가 비강으로 빠져나가는 것을 의미한다. 일부 아동은 저모음 /아/에서는 음질의 변화가 없다가, 고모음 /이/나 /우/에서만 음질의 변화가 관찰되는 경우도 있으므로, 모음별로 연인두 폐쇄 기능을 평가하는 것이 바람직하다.

구강 검사로 연구개의 모양과 움직임을 확인할 수 있으나 연구개 뒤쪽 인두벽의 구조와 움직임을 관찰할 수 없기 때문에 구강 검사만으로는 연인두 폐쇄 여부를 정확하게 진단할 수 없다. 따라서 연인두 부위의 구조적 · 기능적 이상이 의심이 되는 경우 비내시경을 통해 연구개 뒤쪽과 인두벽의 움직임을 관찰할 수 있는 심화 검사를 권고해야 한다.

⑥ 인두

인두는 입과 코에서 들어오는 공기와 음식물을 각각 기도와 식도로 전달하는 역할을 한다. 인두는 긴 원통 모양으로 비인두(nasopharynx), 구인두(oropharynx), 하인두(laryngopharynx)로 세 부위로 나눌 수 있다. 이 중 비인두와 구인두는 공명기관으로서 말 명료도에 중요한 역할을 한다. 비인두는 비강 뒤쪽에서 시작되어 연구개까지 이어지는 부분이다. 비인두에는 이관(Eustachian tube)이 열려 있어 중이와 연결된다. 연구개 뒤쪽 비인두벽에는 아데노이드(adenoids) 또는 인두편도로 불리는 림프 조직이 위치해 있다. [그림 6-1]과 같이 아데노이드가 정상 범위를 넘어 과도하게 비대해져 연구개 뒤쪽 부위에 닿을 정도로 커진 경우, 코로 호흡하는 것이 어려워져 구강호흡에만 의존하게 되며, 이로 인해 수면 무호흡증이나 과소비성(hyponasality)을 보일 수 있다. 두개골 바닥과 척추가 비정상적인 각도로 만나 연구개의 길이보다 비인두강이 깊게 위치해 있는 경우 연인두 폐쇄가 불완전하게 이루어지는 연인두 형성부전(velopharyngeal insufficiency)을 보일 수 있다.

구인두는 목젖에서부터 혀뿌리까지 이어지는 부분으로 구강 검사로 관찰할 수 있는 부위이다. 구인두 양쪽 전구협궁(anterior faucial pillar)과 후구협궁 사이에 구개편도(tonsils)가 위치해 있다([그림 6-1] 참조). 일반적으로 아동은 성인에 비해 구개편도가 큰 편이고, 성장하면서 크기가 감소한다. 일부 아동은 정상범위 이상으로 구개편도가 큰 구개편도비대증을 보일 수 있다. 구개편도의 비대 정도에 따라 말 산출에 부정적인 영향을 끼칠 수 있는데, 양쪽 편도가 맞닿을 정도로 큰 경우, 말할 때 구강으로 기류가 나가지 않아 말의 명료도가 저하될 수 있다. 또한 구개편도비대증은 연구개 주변 근육의 움직임을 방해하여 과다비성이나 과소비성을 초래할 수 있다. 송윤경(2016)은 편도절제술 후에도 일반 아동에 비해 조음교대운동속도가 낮고 자음 정확도가 떨어지며 다양한 오류패턴을 보인다고 하였다. 이는 편도 비대가 아동의 말운동 능력에 지속적인 영향을 미칠 수 있음을 시사한다. 따라서 구개편도가 아동의 조음 능력과 말운동 기술에 영향을 미치는지에 대해서는 보다 객관적인 자료가 필요하다.

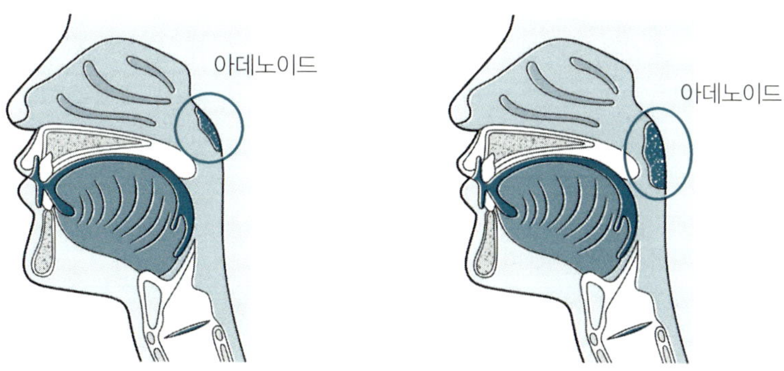

[그림 6-1] **아데노이드(인두편도) 위치와 아데노이드 비대증**

한국 조음음운프로파일(Korean Articulation Phonology Profile: K-APP, 하승희 등, 2021)에는 조음기관 구조 및 기능 평가를 위한 하위 검사를 포함하고 있다(〈표 6-1〉, 〈표 6-2〉 참조). 말소리 산출 능력 평가에 앞서, 이를 활용하여 조음기관의 기질적 문제 여부를 우선적으로 확인해 보는 것도 좋은 방법이다.

표 6-1 **K-APP의 조음기관 구조 검사의 관찰사항**

<table>
<tr><th>조음기관</th><th colspan="2">지시사항</th></tr>
<tr><td rowspan="2">턱</td><td colspan="2">입을 크게 벌려 보세요.</td></tr>
<tr><td colspan="2">어금니를 꽉 물어 보세요.</td></tr>
<tr><td rowspan="2">입술</td><td colspan="2">촛불을 '후' 불 때처럼 입술을 내밀어 보세요.</td></tr>
<tr><td colspan="2">미소를 지어 보세요.</td></tr>
<tr><td rowspan="6">혀</td><td colspan="2">혀를 입 밖으로 내밀어 보세요.</td></tr>
<tr><td colspan="2">혀를 입술 왼쪽에 대 보세요.</td></tr>
<tr><td colspan="2">혀를 입술 오른쪽에 대 보세요.</td></tr>
<tr><td colspan="2">혀를 올려 윗입술에 대 보세요.</td></tr>
<tr><td colspan="2">혀를 내려 아랫입술에 대 보세요.</td></tr>
<tr><td colspan="2">혀끝을 올려 앞니 뒷부분에 대 보세요.</td></tr>
<tr><td rowspan="2">연인두</td><td colspan="2">'아, 아, 아' 소리 내 보세요.
(설압자로 혀를 아래로 눌러 연구개 움직임이 있는지 관찰한다.)</td></tr>
<tr><td colspan="2">콧구멍을 막았다 떼었다 할 거예요. '우~' 길게 소리 내 보세요.
(음질의 변화가 있는지를 관찰한다.)</td></tr>
<tr><td rowspan="4">성대</td><td rowspan="4">'아~'를 길게 소리 내 보세요.
시작!</td><td>(길게 소리 낼 수 있는지 관찰한다.)</td></tr>
<tr><td>(음도가 적절한지 관찰한다.)</td></tr>
<tr><td>(강도가 적절한지 관찰한다.)</td></tr>
<tr><td>(음질이 적절한지 관찰한다.)</td></tr>
</table>

표 6-2 **K-APP의 조음기관 기능의 평가 예시**

<table>
<tr><th>조음기관</th><th colspan="2">관찰사항</th></tr>
<tr><td rowspan="2">얼굴</td><td rowspan="2">휴식 시</td><td>머리, 얼굴, 목, 몸통 등 전체적인 자세의 안정성</td></tr>
<tr><td>얼굴의 전체 모양과 좌우 대칭</td></tr>
<tr><td>입술</td><td colspan="2">입을 다물게 했을 때 입술의 모양 및 크기</td></tr>
<tr><td rowspan="2">턱</td><td colspan="2">입을 다물게 했을 때 턱의 좌우 대칭</td></tr>
<tr><td colspan="2">어금니를 물고 입술을 옆으로 벌렸을 때 윗턱과 아래턱의 교합</td></tr>
<tr><td rowspan="2">치아</td><td rowspan="2">어금니를 물고 입술을 옆으로 벌렸을 때</td><td>앞니의 교합</td></tr>
<tr><td>치아 및 치열 상태</td></tr>
</table>

구강 및 인두강	입을 벌리게 했을 때	경구개의 높이 및 너비
		구개누공(firstula)의 여부
		경구개와 연구개의 색깔
		연구개와 목젖의 모양
		구개 편도의 크기
		비인두강의 깊이
혀	혀를 내밀게 했을 때	혀의 두께와 크기 및 안정성
		혀가 나오는 정도 및 끝 모양

2) 말운동 기술

조음기관의 말운동 기술을 살펴보는 대표적인 과제로 조음교대운동(diadochokinesis: DDK)이 있다. 이 과제는 양순음, 치경음 또는 연구개음과 모음이 결합된 일음절을 반복적으로 산출하게 하는 교대운동속도(alternate motion rate: AMR)와 /퍼터/, /퍼터커/와 같은 이음절과 삼음절을 이용한 일련운동속도(sequential motion rate: SMR)로 구성되어 있다. 평가 대상자가 검사어를 한 호흡에 빠르고 정확하게 반복 산출하게 하여, 조음기관의 연속적인 움직임의 속도, 정확성, 규칙성, 협응성 등을 살펴본다. K-APP(하승희 등, 2021)은 하위 검사로 조음교대운동을 포함하고 있으며, 2세 후반부터 9세까지 1~3음절의 초당 반복 횟수와 규칙성, 속도, 정확도에 대한 청지각적 판단에 대한 규준을 제시하고 있다. K-APP의 조음교대운동에서는 2~3세 어린 아동을 포함하고 있어, 일반적으로 사용되는 기식음 대신에 비교적 일찍 습득하는 파열음 중 경음을 검사어로 사용하였다.

Ha(2023)는 K-APP의 조음교대운동 과제를 이용해 일반 아동의 말운동 기술 발달 패턴을 살펴보고, 이를 말소리장애 아동의 말운동 기술과 비교하였다. 연구 결과, 아동기 내내 조음교대운동속도는 증가했으며, 9세에 이르러서도 성인의 수행력에 미치지 못해 학령기에도 지속적으로 말운동 기술이 향상됨을 보여 주었다. 조음교대운동 과제를 정확하게 산출한 토큰만으로 구한 초당 반복 횟수는 말소리장애 아동과 일반 아동 간에 유의한 차이를 보이지 않았다. 그러나 일부 말소리장애 아동은 검사어, 특히 일련운동속도를 정확하게 산출하지 못해, 조음교대운동 과제의 청지각적 평가에서 정확도와 규칙성 면에서 유의한 차이를 보였다. 이러한 결과는 William과 Stackhouse(1998) 연구와도 일관성이 있으며, 초당 반복 횟수만으로 아동의 말운동 기술을 평가하기보다는 조음기관의 반복된 움직임의 정확성과 규칙성을 종합적으로 살펴봐야 함을 시사한다.

조음기관의 근력(strength) 또한 말운동 기술을 반영하는 중요한 지표로, 특히 혀의 근력에 대해서는 일반 아동과 말소리장애 아동을 대상으로 활발하게 연구되어 왔다. 대표적으로 Potter 등(2019)의 연구에서는 일반 아동의 혀 근력이 3세에서 6세 5개월 사이에 가장 빠르게 증가하며, 이후 17세까지 느리지만 지속적으로 증가함을 보여 주었다. 이 연구에서는 원인을 모르는 말소리장애 아동의 경우 혀 근력은 일반 아동과 차이가 없음을 밝혔다. 이에 반해 말운동장애 아동은 일반 아동과 원인을 모르는 말소리장애 아동에 비해 혀의 근력이 떨어졌으나, 말소리장애의 심각도와는 유의미한 관련성은 없는 것으로 나타났다. 일반적으로 말을 할 때에는 혀의 전체 가용 근력 중 20%만을 사용하기 때문에(Forrest, 2002), 말운동장애 아동을 제외하고는 혀의 근력 문제로 인해 말의 명료도와 정확도가 떨어지는 경우는 거의 없다. 혀의 근력보다는 일정 기간 압력을 유지하는 지구력, 안정성과 미세한 말운동 조절 능력이 말 산출 능력과 더욱 밀접한 관련이 있는 것으로 보고되기도 하였다(Robin et al., 1992).

그러나 이와 다소 상이한 결과를 보고한 연구 또한 찾아볼 수 있다. 방지철 등(2024)의 연구에서는 Iowa Oral Performance Instrument(IOPI)를 이용하여 원인을 모르는 말소리장애 아동과 일반 아동 간 양순파열음과 치경파열음 산출 시 초성과 종성에서의 입술과 혀 근력을 비교하였다. 그 결과, 일반 아동의 경우 양순파열음과 치경파열음 모두에서 초성보다 종성 산출 시 입술과 혀의 근력이 유의하게 증가하였던 반면, 말소리장애 아동은 초성과 종성의 두 위치 간 근력에 유의한 차이가 없었다. 결과적으로 종성에서만 말소리장애 아동과 일반 아동 간 유의한 근력 차이가 나타났는데, 이와 관련하여 종성에서 불파음으로 실현되는 우리말 파열음의 특성상 종성에서는 조음기의 폐쇄 유지를 위해 더욱 강한 압력이 요구됨을 상기할 필요가 있다. 이러한 연구 결과에 근거할 때, 적정 수준 이상의 강한 힘이 요구될 때에는 원인을 모르는 말소리장애 아동의 경우도 입술과 혀 근력이 일반 아동의 수준에 미치지 못할 가능성 또한 배제할 수 없다.

3) 조음기관 구조 이상과 말소리장애와의 관계

조음기관의 구조적 이상이 말소리장애를 일으키는 주요 원인 중 하나이지만, 조음기관의 구조적 이상이 반드시 말소리장애를 일으키는 것은 아니다. 조음기관의 구조적 문제의 정도에 따라 말 산출 능력에 영향을 끼치는 정도도 다양하지만, 아동마다 영향을 받고 반응하는 정도도 다양하다. 대표적인 예로 점막하 구개열의 고전적 증상을 보이는 아동이 점막하 구개열로 인해 말 문제를 모두 보이는 것은 아니다. 점막하 구개열 아동 중에서 적게는 5%에서 많게는 50% 정도만이 과다비성과 같은 공명 문제나 조음 문제를 보인다고 보고되고 있다(Jung et al., 2020). 또한 설소대단축증을 보이는 아동도 모두 조음의 문제를 보이는 것은 아니다. 조음기관의 구조적 제한이 뚜렷해도 일부 아동은 구조적 문제를 보완하고자 노력을 보이기도 하고, 보상적인 말 패턴을 발달시켜 정확하고 명료한 발화를 구사하기도 한다. 반대로 조음기관의 구조적 제한이 경미함에도 불구하고 말소리 오류가 심하게 나타날 수 있다. 따라서 중재 방향을 결정할 때 언어치료사는 조음기관의 구조만을 보고 판단하기보다는 조음기관의 이상이 말에 영향을 끼치는 정도를 파악한 후에 임상적 의사 결정을 해야 한다. 즉, 아동의 말소리 오류가 조음기관의 구조적 문제를 해결해야지만 없어지는 필연적 오류(obligatory error)인지, 조음중재를 통해 잘못된 말 패턴을 없애고 정확한 말 산출을 유도할 수 있는 보상적 오류(compensatory error)인지 구별하여 중재 방향을 결정해야 한다.

2. 말소리 산출 능력 평가

말소리 산출 능력 평가를 목적으로 국내에서 개발된 표준화 검사도구에는 우리말 조음음운 검사2(Urimal Test of Articulation and Phonology: UTAP2; 김영태 등, 2020), 아동용 발음평가(Assessment of Phonology and Articulation for Children: APAC; 김민정 등, 2007), 한국 조음음운 프로파일(Korean Articulation Phonology Profile: K-APP; 하승희 등, 2021) 등이 있다.

1) 우리말 조음음운 검사2

(1) 검사 내용

우리말 조음음운 검사2(UTAP2; 김영태 등, 2020)는 단어 수준과 문장 수준에서 검사를 실시할 수 있다. 단어 수준 검사는 자음 검사 부분과 단모음 검사 부분으로 이루어져 있는데, 사물, 인물, 장소 등의 그림을 이용하여 자음 19개와 단모음 7개의 조음을 유도하도록 되어 있다. 문장 수준 검사에서는 11개의 상황 그림을 이용해 각 그림당 4~6개의 음운단어를 산출하도록 유도하는데, 아동으로 하여금 그림을 보면서 검사자가 하는 말을 그대로 따라하게 한다. 또한 비일관적 오류를 보이는지 여부를 판단하기 위해, 단어 수준 검사의 다음절 단어 10개에 대해 추가적으로 3회씩 반복 조음하도록 구성되어 있다.

(2) 검사 대상

단어는 2세 후반부터 7세까지, 문장은 3세부터 7세까지 규준이 제공된다. 검사대상이 8세 이상일 경우 7세의 규준자료가 적용되어 결괏값이 산출된다. 아동에게 친숙한 그림 자극을 이용하여 평가가 진행되기 때문에 취학 전 아동에게 가장 적합한 도구이지만, 표현어휘가 부족한 유아 또는 그림을 사용하기에 적합하지 않은 성인은 모방을 통해 검사를 실시하는 것을 허용하고 있다.

(3) 분석 내용

① 단어 수준 검사

우리말 19개 자음들이 어두초성, 어중초성, 어중종성, 어말종성에 올 때 그 난이도가 달라지는 점을 감안하여, 각 위치에서 산출 가능한 자음을 검사할 수 있도록 하였다. 자음 산출에 대해서는 다음과 같은 분석이 가능하다. 첫째, 목표단어(예: 바지)에서 지정된 자음(총 48개)(예: ㅂ)에 대한 오류반응을 기록한 후, 이에 대한 자음정확도를 구하는 UTAP 자음정확도(이하 UTAP PCC)를 구할 수 있다. UTAP PCC는 왜곡을 오류에 포함시키는지 여부에 따라 UTAP PCC와 UTAP PCC-R로 구분된다. UTAP PCC-R은 왜곡을 오류에 포함시키지 않고 정조음으로 간주한 것이다. 예를 들어, '사탕'의 /ㅅ/를 [θ] 또는 [ʃ]로 산출한 경우 우리 말소리에 존재하지 않는 발음이므로 왜곡 오류로 분류되지만, PCC-R 계산 시에는 정조음으로 분류된다. 둘째, 목표단어에 포함된 모든 자음에 대해 아동이 올바르게 산출한 자음의 음소목록 파악이 가능하다. 셋째, 목표단어(예: 바지)의 모든 자음(총 94개)(예: ㅂ, ㅈ)에 대한 자음정확도(PCC)인 전체 자음정확도(이하 Total PCC)를 구할 수 있다. 이 경우에도 Total PCC와 Total PCC-R을 구할 수 있다. 넷째, 30개의 목표단어 산출 시 나타난 오류에 대해 음운오류패턴 분석을 실시할 수 있다. 출현한 오류패턴이 발달적 혹은 비발달적 오류패턴에 해당하는지, 그리고 나이에 적절한지 여부를 판단할 수 있는 규준자료를 제공하고 있다. 다섯째, 30개의 목표단어에 대해 단어단위 말소리 지표인 단어단위 정확률(PWC), 평균음운길이(PMLU), 단어단위 근접률(PWP)을 구할 수 있다.

모음 검사 부분에서는 우리말 단모음 7개(ㅣ, ㅔ/ㅐ, ㅡ, ㅜ, ㅓ, ㅗ, ㅏ)를 검사하도록 하였다. 목표단어에서 지정된 단모음(총 7개)에 대한 정조음 여부와 오류반응을 기록한 후, 이에 대한 모음정확도(PVC)를 구할 수 있다.

② 문장 수준 검사

단어 수준 검사와 마찬가지로 발화 중에 음소가 산출될 수 있는 모든 위치(어두초성, 어중초성, 어중종성, 어말종성)와 모음문맥에서 우리말 19개의 자음을 검사할 수 있도록 하였다. 문장 수준 검사에서는 다음과 같은 분석이 가능하다. 첫째, 목표 음운단어의 모든 자음(총 171개)에 대한 오류반응을 기록한 후, 이에 대한 Total PCC를 구할 수 있다. 지정된 자음만 분석하는 UTAP PCC의 경우 아동의 수준을 간편하게 평가한다는 점이 가장 큰 장점이기 때문에, 단어 수준 검사보다 상대적으로 난이도가 높고 시간이 더 소요되는 문장 수준 검사에서는 UTAP PCC를 시행하지 않는다. 또한 문장 수준 검사의 Total PCC에서는 왜곡을 정조음으로 간주한 Total PCC-R에 대한 규준만을 제공하고 있다. 둘째, 11개의 문장에서 유도한 47개의 목표 음운단어 산출 시 나타난 오류에 대해 음운오류패턴 분석을 실시할 수 있다. 출현한 오류패턴이 발달적 혹은 비발달적 오류패턴에 해당하는지, 그리고 나이에 적절한지 여부를 판단할 수 있는 규준자료를 제공하고 있다. 셋째, 47개의 목표 음운단어에 대해 단어단위 말소리 지표인 PWC, PMLU, PWP를 구할 수 있다. 넷째, 초성위치에 올 수 있는 18개 자음('ㅇ'는 어두초성에서 실현되지 않으므로 모음문맥 분석에서 제외)에 대해 7개의 단모음 문맥에서 정조음 여부를 파악할 수 있는 모음문맥 분석이 가능하다.

③ 비일관성 검사

10개의 다음절 목표단어를 세 차례 더 반복 산출하게 함으로써, 동일한 단어에 대해 비일관적 오류를 보이는 아동을 선별할 수 있다.

(4) 특징

전산을 정확하게 입력해 주면 지표값을 자동으로 계산해 주는 분석프로그램과 규준에 근거하여 결과보고서를 작성해 주는 채점프로그램을 제공하고 있다. 인싸이트 홈페이지(http://www.inpsyt.co.kr)에 접속하여 로그인한 후, 'My 페이지' 검사 실시 페이지에서 'UTAP2 우리말조음음운 검사2 분석프로그램' 또는 '답안입력 실시' 버튼을 클릭하여 분석프로그램과 채점프로그램을 사용할 수 있다.

2) 아동용 발음평가

(1) 검사 내용

아동용 발음평가(APAC; 김민정 등, 2007)는 단어 검사와 연결발화 검사로 이루어져 있다. 단어 검사는 어린 아동이 쉽게 자발적으로 표현할 수 있는 37개의 단어로 구성되어 있으며, 음운빈도가 높은 자음은 더 많이 포함되어 있다. 그림 이름대기를 통해 단어 수준의 말소리 산출을 유도하는데, 이때 틀리게 발음한 말소리에 대해서는 단어 또는 음절 수준에서 검사자의 모델링을 듣고 따라 말하도록 하여 수행력이 향상되는지를 살펴보는 자극반응도 검사를 실시할 수 있다. 연결발화 검사는 우리말의 모든 자음이 초성에 2회 이상 포함되어 있는 '겨울 이야기'를 들려준 후, 다시 말하기 또는 따라 말하기를 통해 말소리 산출을 유도한다. 눈사람, 바닷가, 컴퓨터 게임, 치과 병원의 네 가지 주제에 대해 아동과 이야기를 나누며 대화 수준에서의 말소리 산출을 추가적으로 유도할 수도 있다.

(2) 검사 대상

검사 대상은 3세 이상의 학령전기 아동 또는 이 수준에 해당하는 학령기 아동이다. 단어 수준 검사에서는 대상 아동의 발음이 또래 아동과 비교하여 어느 수준인지 판단할 수 있도록 다양한 지표값과 음운오류패턴에 대한 규준이 제공된다. 어휘 능력이 부족하여 검사 단어를 자발적으로 산출하지 못하는 어린 아동의 경우 표준화 검사보다는 비공식 검사를 이용할 것을 그리고 청소년이나 성인의 경우 그들의 연령에 적절한 읽기나 대화 자료를 이용할 것을 권하고 있다.

(3) 분석 내용

① 단어 검사

어두초성, 어중초성, 어중종성, 어말종성의 네 가지 단어 내 위치에서 자음을 검사할 수 있는데, 각 자음계열별로 모음문맥과 후행 자음을 다양하게 구성하였다. 전체 목표자음 중 틀리게 산출한 말소리 수, 전체 자음에 대한 자음정확도, 자음계열별 목표 말소리 중 틀리게 산출한 말소리 수의 분석이 가능하다. 왜곡을 오류에 포함하는지 여부에 따라 '일반'과 '개정'에 체크하도록 되어 있다. 자음정확도의 경우, 백분위점수가, 자음계열별 틀린 말소리 수에 대해서는 표준점수가 제공되며, 조음방법, 조음위치, 발성유형 및 음절 내 음소 위치에 따른 프로파일링이 가능하다.

또한 출현한 음운오류패턴이 대상 아동의 나이에 적절한지 여부를 판단할 수 있는 규준을 제공하고 있다. 아동이 보인 오류패턴이 본인 연령대에서 10%를 초과하는 아동이 사용하는 패턴이라면 '나이에 적절한 오류패턴'으로, 본인 연령대에서는 10% 이하가 사용하지만 그보다 어린 연령대에선 10%를 초과하면 '지체된 오류패턴'으로, 어떤 연령대에서도 10%를 초과하는 아동이 사용하지 않는 패턴이라면 '특이한 오류패턴'으로 해석한다.

② 자극반응도 검사

단어 검사에서 부정확하게 발음한 단어에 대해 검사자가 모델링을 제시하고 따라 말하도록 한다. 단어에서 자극반응도가 없으면 더 단순한 음운환경인 음절에서 자극반응도 검사를 실시한다. 자극반응도가 있으면 '+'로, 없으면 '−'로 표시하여 중재 시 참고한다.

③ 연결발화 검사

연결발화 검사에서도 단어 검사와 마찬가지로 '일반'과 '개정' 중에서 선택한 후 전체 자음정확도와 자음계열별 자음정확도를 구하고 오류패턴 분석을 실시할 수 있다. 연결발화의 자음정확도가 단어 검사와 유사한지 혹은 그보다 높거나 낮은지 표시하도록 되어 있다. 또한 이해가능도를 산출할 수 있는데, 측정방법은 다음의 두 가지 중에서 선택한다. 첫째, 아동이 산출한 총 어절 수에 대한 이해 가능한 어절 수의 비율을 백분율로 계산한다. 둘째, 아동의 발화가 명료하고 대부분 이해 가능한지, 불명료하나 대부분 이해 가능한지, 자주 되물어야 하는지, 친숙한 사람만 이해할 수 있는지, 친숙한 사람도 이해하지 못하는지를 주관적으로 판단하여 해당하는 박스 안에 체크 표시한다.

(4) 특징

기존 그림판을 수정하고, 새로운 검사 문항과 규준을 적용하여 온라인 자동채점이 가능하도록 개정한 APAC-R이 곧 출시 예정이다.

3) 한국 조음음운 프로파일

(1) 검사 내용

한국 조음음운 프로파일(K-APP; 하승희 등, 2021)은 아동기 말실행증을 포함하여 말소리장애의 다양한 특성을 확인하고, 아동이 보이는 말 산출 과정에서의 강약점을 다각적으로 평가하고 감별진단할 수 있다. 특히 오류패턴과 낱말 일관성 검사를 토대로 Dodd(2005)가 제안한 언어학적 증상에 따른 말소리장애 하위 유형인 조음장애, 음운지연, 일관성 음운장애, 비일관적 음운장애를 분류할 수 있다. K-APP은 조음기관 구조, 조음기관 기능, 의미 낱말, 무의미 낱말, 연결발화의 총 5가지 하위 검사로 이루어져 있다. 조음기관 기능 검사의 경우 〈1단계〉 조음기관 단일 움직임, 〈2단계〉 연속 움직임, 〈3단계〉 조음교대운동의 세부 단계로, 의미 낱말 검사의 경우 〈1단계〉 일음절 낱말, 〈2단계〉 다음절 낱말, 〈3단계〉 1-2-3음절 낱말, 〈4단계〉 낱말 일관성의 세부 단계로 구성되었다.

(2) 검사 대상

각 검사 단계별로 2세부터 9세까지의 규준을 제시하고 있다. 말소리장애 아동이 주요 검사 대상이지만, 성인 말실행증, 마비말장애 등 말운동장애 환자들의 진단에도 활용할 수 있다.

(3) 분석 내용

① 조음기관 구조 및 조음기관 기능

평가 대상자의 휴지 시 얼굴, 입술, 턱, 치아, 구강 및 인두강, 혀의 모양과 구조를 관찰하기 위한 『Part I 조음기관 구조』와 조음기관의 기능상의 문제를 파악하기 위한 『Part II 조음기관 기능』으로 구성되어 있다. 조음기관 기능 검사는 〈1단계〉 조음기관의 단일 움직임, 〈2단계〉 조음기관의 연속 움직임, 〈3단계〉 조음교대운동으로 구성하여, 조음기관의 한 가지 움직임과 두 가지 연속 움직임, 조음교대운동속도(Alternate Motion Rate: AMR)와 일련운동속도(Sequential Motion Rate: SMR) 과제를 토대로 조음기관의 움직임의 속도, 규칙성, 범위, 협응성을 관찰할 수 있다. 관찰 항목에 대해 정상이면 2점, 약간 비정상이면 1점, 비정상이면 0점을 부여한다. 조음교대운동은 정확하게 산출한 1음절(빠, 따, 까), 2음절(빠따), 3음절(빠따까) 말 과제를 바탕으로 초당 반복횟수 측정하고, 동시에 조음기관 움직임의 속도, 정확성, 규칙성을 청지각적으로 판단하여 평가한다. 조음기관 구조와 기능의 각 하위 검사에서 관찰 내용에 대한 원점수와 초당 반복횟수를 기반으로 백분위점수와 표준점수 급간을 제공한다.

② 의미 낱말

『Part III 의미 낱말』 검사는 〈1단계〉 일음절 낱말, 〈2단계〉 다음절 낱말, 〈3단계〉 1-2-3음절 낱말, 〈4단계〉 낱말의 일관성, 총 4단계로 구성되어 검사 낱말의 길이와 음운구조에 따라 정확도와 일관성이 달라지는지 살펴볼 수 있다. 〈1단계〉 일음절 낱말에서는 자음정확도, 모음정확도, 음운오류패턴을, 〈2단계〉 다음절 낱말에서는 평균음운길이, 가중평균음운길이, 자음정확도, 개정자음정확도, 모음정확도, 음운오류패턴을 분석한다. 〈3단계〉 1-2-3음절 낱말 검사는 동일한 음절의 정확도가 낱말 길이와 음운구조에 따라 변하는지를 알아보는 검사이다. 1음절, 2음절, 3음절 각각에서 정확한 발음에 대해서는 1점을, 무반응 또는 부정확한 반응에 대해서는 0점을 부여하여, 총점 15점에 대한 원점수를 구한다. 〈4단계〉 낱말 일관성 검사는 비일관적 음운장애를 감별진단하기 위해 고안한 단계로, 2단계의 다음절 낱말을 3회씩 산출하게 하여 낱말을 일관되게 발음하는지를 살펴본다. 3회 모두 동일한 형태로 정확하게 발음하면 3점, 3회 중 정반응이 있지만 두 가지 이상의 다른 낱말 형태로 말하면 2점, 3회 모두 동일한 형태로 부정확하게 말하면 1점, 3회 모두 부정확하고 다른 낱말 형태로 말하면 0점을 부여하여, 총점 66점에 대해 일관성 점수가 30점 이하이면 비일관적 음운장애로 진단할 수 있다. 모든 단계에서 백분위점수와 표준점수 급간이 제공된다.

③ 무의미 낱말

K-APP의 『Part IV 무의미 낱말』은 2음절부터 5음절까지 총 25문항으로, 무의미 낱말을 따라 말하게 함으로써 음운기억 및 말운동 프로그램 능력을 살펴볼 수 있다. 낱말정확도와 음운정확도를 측정하여 백분위점수와 표준점수 급간을 구할 수 있다.

④ 연결발화

『Part V 연결발화』 낱말과 비교해서 연결발화에서 조음음운 능력이 달라지는지, 말실행증의 특징이 관찰되거나 말 산출의 문제가 초분절적 요소와 관련이 있는지 분석한다. 연결발화를 유도하는 과제로 숫자 세기와 그림 설명하기를 이용하여 자동구어와 문장을 만들어서 표현하는 과제에서 수행력의 차이가 있는지 살펴본다. 연결발화에서 모음 오류, 자음 오류, 오류패턴, 모색행동, 운율 등에 대한 관찰사항을 3점 척도로 평가한다. 총점 20점에 대한 원점수를 구하여 백분위점수와 표준점수 급간을 구할 수 있다.

(4) 특이 사항

K-APP 온라인 자동 분석 프로그램은 객관적인 측정치를 제공하여 평가 대상자의 수행력을 규준과 비교할 수 있도록 한다. 프로파일 그래프를 포함한 종합적인 결과보고서를 제공하여, 5개의 하위 검사 및 세부 단계 결과를 한눈에 비교할 수 있도록 한다.

3. 말소리 산출 능력 분석

진단평가 과정에서 측정(measurement)이란 표준화된 방법을 사용하여 정신건강의 특정 측면을 정량화하는 것이다. 앞에서 살펴보았던 표준화 검사 또는 자발화 자료에서 측정 가능한 말소리 지표들은 다양하며, 표준화 검사에서는 각 지표에 대한 측정값을 제공된 규준과 비교해 볼 수도 있다. 정량적 측정치를 구하기 어렵거나 규준이 제공되지 않은 경우에도 정성적 분석을 통해 말소리 산출과 관련된 대상자의 특성과 수준을 파악해 볼 수 있고 말소리장애 하위 유형을 유추해 볼 수도 있다. 이에, 본 절에서는 정확한 진단과 중재 계획 수립을 위해 대상자의 발화 자료에서 측정 또는 분석해야 하는 진단 지표, 오류유형, 오류패턴, 비일관성 및 자극반응도에 대해 설명하고자 한다.

1) 말소리장애 진단 지표

가장 널리 사용되는 말소리장애 진단 지표는 자음정확도이다. 그러나 말소리장애 진단평가 과정에서는 자음정확도 이외에도 개정자음정확도, 단어단위 음운지표, 말명료도, 말용인도 등 다양한 지표를 활용할 수 있다. 어떤 지표로 측정하는가에 따라 진단 결과가 달라질 수 있는 만큼, 검사자는 각 진단 지표의 목적과 측정방법을 잘 숙지하여 대상자의 능력을 가장 잘 드러내줄 수 있는 최상의 진단 지표를 선택할 수 있어야 할 것이다(김수진, 신지영, 2020). 제2부 '말소리 발달'에서 자음정확도, 단어단위 음운지표, 말명료도 등의 발달 과정을 살펴보며 각 지표의 측정방법에 대해 이미 설명을 덧붙인 부분이 있다. 다소 중복되는 측면이 있지만, 말소리장애 진단 시 적어도 다음 진단 지표들은 꼭 계산을 해볼 것을 강조하는 차원에서 각 지표의 측정방법을 다음에 정리해 놓았다.

(1) 자음정확도, 개정자음정확도 및 조정자음정확도

자음정확도(Percentage of Correct Consonant: PCC)는 무의미음절, 단어, 문장, 자발화 맥락에서 목표음소의 정확도를 볼 수 있다. 일반적으로 임상현장에서는 단어 수준 또는 유도된 문장 맥락에서 목표자음의 정확도를 측정한다. 자음정확도에 기반하여 말소리장애의 심각도를 판단하기도 한다(〈표 6-3〉 참조).

$$\text{자음정확도(PCC) (\%)} : \frac{\text{바르게 조음한 자음 수}}{\text{조음해야 할 총 자음 수}} \times 100$$

표 6-3 자음정확도와 말소리장애 심각도의 관계

말소리장애 심각도	자음정확도(PCC)
경도(Mild)	85~100%
경도-중등도(Mild-Moderate)	65~84.9%
중등도-중도(Moderate-Severe)	50~64.9%
중도(Severe)	<50%

출처: Shriberg & Kwiatkowski (1982).

자음정확도에는 왜곡을 오류로 보지 않는 개정자음정확도(PCC-revised: PCC-R)도 있다. Shriberg 등(1997)은 대부분의 말소리장애 아동이 보이는 오류유형은 주로 생략이나 대치이기 때문에 왜곡 오류를 이와 같은 비중으로 측정할 필요가 없으며, 때문에 개정자음정확도가 말소리장애에 대한 더 유용한 척도라 제안하였다. 이에 '아동용 발음평가(APAC) 검사'와 '우리말조음음운 검사2(UTAP2)'는 연령별 자음정확도와 더불어 개정자음정확도도 함께 제시하여 진단 시 준거로 활용할 수 있도록 하고 있다.

왜곡 오류 중 일반 아동에서도 빈번하게 관찰되기 때문에 임상적으로 무시해도 좋을 오류와 비발달적이거나 특이한 오류를 구별하기 위해 조정자음정확도(PCC-adjusted: PCC-A) 또한 개발되었다. 한국 아동의 경우, 치경마찰음의 치간음화나 구개음화는 발달적 왜곡 오류로 간주되어 조정자음정확도를 구할 때 정조음으로 처리한다. 반면, 치경마찰음을 인두 혹은 비강 마찰음으로 산출하는 경우에는 비발달적이고 특이한 왜곡 오류로 간주하여 오조음으로 계산한다. 따라서, 조정자음정확도는 중재가 필요한 비발달적이고 특이한 오류를 정량적으로 구별하는 데에 유용하다.

(2) 단어단위 음운지표

독립된 분절음의 정확도를 평가하는 것으로는 아동이 실제 의사소통 상황에서의 음운능력을 평가하는 데 한계가 있다. 아동이 말을 습득하는 과정에서 음소가 아닌 통단어를 배워서 말한다는 것에서 영감을 얻어 단어단위의 음운지표들이 고안되었다. 마치 구문능력을 평가할 때 몇 개의 형태소나 어휘를 한 발화에서 사용할 수 있는지 살펴보기 위하여 평균발화길이(Mean Length of Utterance: MLU)를 통해 살펴보는 것과 같이, 아동이 산출하는 음운단어(통단어) 안에 몇 개의 음소를 조합하여 사용할 수 있는지 평가할 수 있다. 단어단위에서 음운발달을 살펴보는 지표들 가운데 가장 널리 사용되고 있는 지표는 평균음운길이(Phonological Mean Length of Utterance: PMLU), 단어단위 근접률(Proportion of Whole-Word Proximity: PWP), 단어단위 정확률(Proportion of Whole-word Correctness: PWC) 등이다(Ingram, 2002; Ingram & Ingram, 2001).

단어단위 음운평가는 자발화에서 산출된 말소리를 분석하기 위해서 고안되었다. 자발화에서 분석하기 위해서는 단어경계에 대한 논의가 선행되어야 한다. 문어에서 사용하는 기본 단위가 문장과 단어라면 구어의 기본 단위는 발화와 음운단어라고 할 수 있다. 음운단어는 구어에서 띄어 말하는 가장 작은 단위이며, 음운단어의 경계는 음운변동이 일어나는 데 중요한 역할을 한다. 그러나 음운단어는 사람마다, 상황마다 다르므로 분석에 어려움이 있어서, 언어치료 분야의 많은 말소리 분석 연구에서 어절을 평가 단위로 사용하고 있다(김수진 등, 2013; 하승희, 황진경, 2013). 윤미선 등(2013)은 자발화에서 어절의 기준을 〈상자 6-1〉과 같이 제안하였다.

상자 6-1 단어단위 음운분석을 위한 어절 기준

1 어절 구분은 원칙적으로 학교 문법의 띄어쓰기 기준을 따른다.

2 다음 어절은 분석에서 제외한다.

- 불명료한 어절(발음이 정확하지 않은 어절이 아니라 전사가 불가능한 수준)
- 바로 직전 대화 상대방의 말을 단순히 모방한 어절
- 아기 말, 감탄사, 호응발화(응, 네, 어), 외국어, 고유명사(이름)
- 언어적 실수가 목표발음에 영향을 끼치는 경우

3 의성어나 의태어, 외래어는 어절로 선정한다.

4 1의 원칙에도 불구하고 다음의 경우는 두 어절을 하나의 어절로 본다.

- 본용언+보조용언: 해 봐(1), 해 주세요(1)
- 관형어+불완전 명사: 할 거야(1), 할 수 있어(2), 갖고 싶은 거(2)
- 안/못 부정어+동사: 안 해(1), 안 먹어(1)
- 수사+단위: 한 개(1), 한 자루(1), 두 마리(1)

5 복합명사의 경우 '된장찌개'와 같이 사전에 등재된 경우는 어절 1개로 인정하며, 사전에 없는 경우에도, 구어에서 일반적으로 붙여 발음하는 음운단어라면 1개로 인정한다.

출처: 윤미선, 김수진, 김정미(2013).

① 평균음운길이

평균음운길이(PMLU)는 단어 수준의 복잡성을 반영하는 지표로, 아동이 사용한 단어의 분절음 수와 아동이 정확하게 산출한 자음의 수로 산출한다. 즉, 아동이 사용하는 단어의 음운구조가 복잡해지고 길이가 길어지면, 분절음의 수가 증가하며 이를 통해 단어의 복잡성이 지표에 반영된다. 예를 들어, 아동이 '할머니'를 '한니'라고 발화한 경우, '한니'의 각 분절음(ㅎ, ㅏ, ㄴ, ㄴ, ㅣ)에 모두 1점씩, 5점을 부여한 후 정확하게 산출한 자음(ㅎ, ㄴ)에 1점씩을 더하므로 2점을 더 부여하여 총 7점을 주는 것이다. 우리말 자발화에서 PMLU 계산 기준에 대해서는 〈상자 6-2〉를 참고할 수 있다(윤미선 등, 2013).

상자 6-2 평균음운길이 점수 계산 기준

1 자음과 모음에 1점씩을 주고 정확히 발음한 자음에 1점을 추가한다.
 – 예: 나무(6)
2 이중모음 /j, w, ɰ/에도 각 1점을 추가한다.
 – 예: 와(2), 사과(7)
3 적절한 위치에서 산출한 분절음에만 점수를 주고 첨가한 자음이나 모음은 점수를 주지 않는다.
 – 목표단어 '다르지'에 대해 아동 발화가 '달르지'일 경우 첨가한 종성 /ㄹ/은 제외: 다르지(9), 달르지(9)
 – 목표단어 '한다'에 대해 아동 발화가 '한다요'일 경우 첨가한 음절을 제외: 한다(8), 한다요(8)
 – 목표단어 '이거'에 대해 아동 발화가 '여거' 일 경우 이중모음의 /j/는 제외: 이거(4), 여거(4)
4 목표단어형태는 문어 기준이 아니라 구어 기준으로, 철자법이 아닌 발음되는 형태로 계산한다.
 – '있대'의 목표형태는 '이때'(4), '없다'는 '업따'(6)
5 목표형태는 성인발음을 원칙으로 하나 구어적인 특징을 고려한다.
 – '할께'는 보통 구어로 '하께'로도 사용하므로 목표 발화 형태는 하께/할게를 모두 인정한다.

출처: 윤미선 등(2013).

② 단어단위 근접률

목표단어, 즉 성인이 산출한 형태의 PMLU와 아동이 산출한 PMLU의 비율로 구한 단어단위 근접률(PWP)은 아동이 얼마나 목표단어에 유사하게 산출하였는지를 보여 주는 지표이다. 앞선 아동 발화 예에서 아동의 의도에 있는 목표형태 '할머니'는 모든 분절음과 정확한 자음 수를 더하여 PMLU는 11점이다. 앞에서 예를 든 아동의 산출 점수는 7점이므로 단어단위 근접률 PWP는 7/11, 즉 .63이다.

③ 단어단위 정확률

단어단위 정확률(PWC)은 단어 전체가 정확하게 발음된 비율로 다시 말해서 전체 단어 중 정확하게 산출한 단어의 비율이다. 예를 들어, 아동이 "한니 안녕."이라고 발화하였다면 두 개의 어절에서 "안녕"이라는 한 개의 어절은 정확하게 산출되었고 "한니"라는 어절은 부정확하게 산출되었으므로 단어단위 정확률 PWC는 1/2, 즉 .5이다.

(3) 말명료도

화자 입장에서 의사소통이 성공한다는 것은 결국 청자가 자신의 의도를 정확하게 알아듣는 것으로, 그 성공한 정도를 언어치료분야에서는 '말명료도'라고 한다(Bernthal, Bankson, & Flipsen, 2013). 말명료도는 언어치료사뿐 아니라 다른 관련 전문가들이나 장애인 당사자와 가족 등이 말소리 산출 능력을 언급할 때 쉽게 소통할 수 있는 편리한 지표이므로 일반아동의 언어발달과 말소리장애 영역 전반에서 널리 활용되고 있다. 말명료도를 평가하는 방법에는 평정법과 개방형 또는 폐쇄형 단어(어절) 확인법이 있다(김수진, 신지영, 2020).

① 평정법

3점, 5점, 7점 혹은 9점 척도를 이용한다. 홀수 척도뿐 아니라 짝수 척도를 사용할 수도 있다. 3점 척도의 예를 들면, '0점; 전혀 명료하지 않다' '1점; 주제를 알면 어느 정도 명료하다' '2점; 명료하다'로 표시할 수 있다. 발화 전체를 듣고 전반적인 수준을 평정할 수도 있고 각 발화에 대하여 하나씩 평정한 뒤 평균을 낼 수도 있다.

② 개방형 단어(어절) 확인법(percentage of intelligible words or syllables)

평가받는 사람(화자)이 발화하는 것을 평가자(청자)가 받아 적은 뒤, 화자가 의도한 단어 수(혹은 어절 수)에 대해 청자가 정확하게 이해한 단어 수(혹은 어절 수)의 비율을 백분율로 구한다. 자발화 문맥에서 측정하는 것이 바람직하다.

$$\text{말명료도(\%)} : \frac{\text{청자가 바르게 받아 적은 발화 단어(혹은 어절) 수}}{\text{화자가 의도한 발화 단어(혹은 어절) 수}} \times 100$$

③ 폐쇄형 단어(어절) 확인법

화자로 하여금 정해진 단어(혹은 어절) 목록을 말하거나 읽으면 청자가 이를 받아 적거나 선택한다. 전체 단어 수(혹은 어절 수)에 대해 청자가 정확하게 받아 적거나 선택한 단어 수(혹은 어절 수)의 비율을 백분율로 구한다. 자발화에서 화자가 의도한 바를 파악하는 데에 제한이 많은 경우 폐쇄형 확인법을 사용할 수 있다.

(4) 말용인도

말용인도(speech acceptability)는 말이 주는 호감에 대한 청자의 주관적인 판단을 의미

번호	1	성별	여자	나이	만 40세	출신	충청도	평가자	1

전혀 용인 불가 / 매우 용인 가능함

말용인도 0 ———————— 100

초분절 영역 항목

전혀 문제없음 / 매우 심각함

음성 음도 0 ———————— 100

▲ 높은 음도(High pitch)
▲ 낮은 음도(High pitch)

음량 0 ———————— 100

▲ 큰 음성(Loud)
▲ 약한 음성(Soft/Weak)

음질 0 ———————— 100

▲ 거친 소리(Rough)
▲ 바람 새는 소리(Breathy)
▲ 쥐어짜는 소리(Strained)
▲ 발성 일탈(Phonation breaks)
▲ 음도 일탈(pitch breaks)
▲ 이상음성떨림(Voice tremor)

공명 0 ———————— 100

▲ 과다비성(Hypernasality)
▲ 과소비성(Hyponasality)
▲ 맹관공명(Cul-de-sac)

운율 억양 0 ———————— 100

▲ 단조로운 억양(Monotonous intonation)
▲ 과도한 억양 변이(Excessively variable intonation)
▲ 비정상적인 억양(Abnormal intonation contour)

말속도 100 ———————— 100

▲ 빠른 말속도(Fast rate)
▲ 느린 말속도(Slow rate)
▲ 속도 변이(Variable rate)
▲ 음소 연장(Prolonged phonemes)
▲ 잦은 쉼(Frequently pauses)
▲ 적절하지 않은 위치에서의 쉼(Inappropriate pauses)

[그림 6-2] **말용인도와 초분절 영역 항목 중증도 평가기록지(예시)**

출처: 이성은 등(2010).

하는 용어로, 한진순과 심현섭(2008)은 일반인 청자가 들은 문장에 대해 '문제가 없어 정상적인 발화로 받아들일 수 있으며 마음에 드는 정도'로 정의하였다. 주로 후두적출이나 구개열과 같이 말 산출 기관의 구조적 혹은 기능적 결함을 갖게 되는 말장애에서 말 산출 능력을 평가하는 지표로서 말명료도와 함께 사용되고 있다.

말명료도가 의사소통에서 성공한 정도를 반영하는 지표로 분절 영역의 중요성이 강조된 반면, 용인도는 분절 영역과 함께 초분절 영역의 영향력이 모두 강조된다. 이성은 등(2010)에서 제공한 평가기록지 [그림 6-2]는 말용인도와 초분절 특성에 대한 지각 평가 절차에 활용할 수 있다. 이 기록지의 평정점수는 각 평가 영역별로 0점에서 100점까지 표시된 직선 위에 평가자의 감각에 의존하여 특정 점수를 표시하는 직접평정법(Direct Magnitude Scaling: DMS)을 활용하였다.

2) 오류유형 분석

조음 오류유형은 음절 구조를 변경하는 생략과 첨가, 음소를 변형하는 대치, 왜곡, 그리고 왜곡을 동반한 대치로 구분할 수 있다. 모음에 대해서도 오류유형 분석을 실시할 수는 있지만, 오류유형 분석은 주로 자음 오류를 분석할 때 사용된다(김수진, 신지영, 2020).

① 첨가

목표단어에 포함되지 않은 음소가 첨가된 형태로 산출하는 오류이다. 발달적으로는 잘 관찰되지 않지만, 일부 말소리장애 아동들에서 관찰되기도 한다.

② 생략(탈락)

목표단어에 있는 음소를 일부 생략하여 산출하는 오류이다. 예를 들어, '아이스크림'이라는 단어를 [아이킴(VVCVC)]으로 산출하는 경우를 볼 수 있는데, 이 예에서 '스'는 생략되었고, '크'와 '림'은 '킴'으로 축약되었다. 두세 음절이 하나의 새로운 음절을 이루게 되면 '축약'이라 명명할 수도 있다. 2세경 어린 아동이나 말소리장애가 심한 아동은 음절생략과 축약을 보일 수 있고, 종성생략은 좀 더 지속적으로 보인다. 특히 어중종성생략은 4세 이전의 일반 아동과 말소리장애 아동에서 흔하게 관찰된다.

③ 대치

목표단어에 있는 특정 음소(목표음소)를 다른 음소(대치음소)로 바꾸어 산출하는 오류이다. 예를 들어서 '/책쌍/(책상)'을 [책땅]이라고 산출하는 것으로 목표음소 /ㅆ/를 [ㄸ]로 대치한 것이다. 말소리장애 아동에게서 가장 빈번하게 관찰되는 대치형태는 마찰음과 파찰음을 파열음으로, 마찰음을 파찰음으로, 유음을 파열음 또는 활음으로, 연구개음을 치경음으로 대치하는 것이다.

④ 왜곡

음운적 측면이 아닌 음성학적 측면에서 목표단어가 아닌 다른 소리를 산출하는 것이다. 우리말 음소에 존재하지 않는 소리이기 때문에 철자로 전사하는 것에 제한이 따르며, 정밀전사로 표현이 가능하다. 예를 들어, /s/를 치(간)음(위아래 이 사이에서 마찰음을 냄)으로 발음한다면 우리말 음소에는 치간마찰음이 존재하지 않기 때문에 이는 왜곡에 해당한다. 그러나 영어권에는 /θ/ 음소가 존재하므로 이 경우 대치에 해당한다. 조음방법적으로 난이도가 가장 높은 치경마찰음과 탄설음에 대해서는 일반 아동도 말소리 발달 후기까지 왜곡 오류를 보일 수 있고, 다수의 말소리장애, 특히 조음장애 아동에서는 왜곡 오류는 지속적인 잔존 오류로 남기도 한다.

⑤ 왜곡을 동반한 대치

일반적으로 대치에 포함하기도 한다. 목표음소를 대치하는 오류를 보이는 동시에 정확한 대치음소도 아닌 대치음소의 왜곡형태로 산출하는 것이다. 말실행증 아동이 보이는 대치는 정밀하게 분석해 보면 왜곡을 동반한 대치에 해당하는 경우가 많다(Freed, 2020).

3) 오류패턴 분석

(1) 발달적 오류패턴

발달적 오류패턴은 정상발달 과정 중에도 나타날 수 있지만 일반 아동의 경우 특정 연령대에 도달하면 이 패턴들이 사라지기 시작한다. 나이가 들며 음운과 조음 능력이 성숙해지면 스스로 오류를 제거해 가며 성인의 음운체계에 진입하게 되는 것이다. 이에 반해, 말소리장애 아동은 일반 아동에서는 특정 연령 이후 사라지는 발달적 오류패턴을 나이가 들어서도 지속적으로 보이며, 결과적으로 음운지연의 양상을 나타낸다. 그렇기 때문에 일반 아동 집단에서 말소리장애를 선별하기 위해서는 발달적 오류패턴의 종류와 발달 과정을 잘 숙지하고 있어야 한다. 이에 대해서는 제4장 '자음의 발달'에서 '오류패턴의 발달' 부분에 자세히 기술되어 있으므로, 이 절을 공부하기에 앞서 반드시 그 부분을 먼저 숙지할 것을 권한다. 또한 '언어치료사를 위한 말소리 전사와 오류패턴 분석'(김수진 등, 2025)에는 발달적 오류패턴의 분석방법 및 오류의 예가 상세히 설명되어 있으니, 이런 워크북을 보충적으로 활용하여도 좋다.

발달적 오류패턴이 말소리장애 아동에서 얼마나 빈번하게 나타나는지를 알아보기 위해서 이루다(2023)는 말소리장애 아동 50명을 대상으로 UTAP2 단어와 문장 검사를 시행했을 때 발달적 오류패턴을 보인 아동의 비율을 살펴보았다. [그림 6-3]에서 알 수 있듯이 말소리 문제로 치료실을 찾는 많은 아동은 다양한 발달적 오류패턴을 함께 보이는 경우가 많다. 따라서 대부분의 발달적 오류패턴이 중재 목표음소에 포함될 가능성이 매우 높다.

단어단위패턴	각 오류패턴을 보인 말소리장애 아동의 비율(n=50)
어말종성생략	76%
어중종성오류	96%
– 평음/공명음 앞 어중종성생략	46%
– 경음/격음 앞 어중종성생략	78%
– 어중종성역행동화	86%
동화	68%
분절대치패턴	**각 오류패턴을 보인 말소리장애 아동의 비율(n=50)**
연구개음의 전방화	36%
전형적 마찰음오류	84%
– 마찰음의 파열음화	80%
– 마찰음의 파찰음화	60%
전형적 파찰음오류	88%
전형적 유음오류	94%
– 어중초성 유음생략	88%
– 유음의 활음화	66%
– 어두초성 /ㄹ/ 비음화	46%
– 어중초성 /ㄹ/ 파열음화	8%
경음화	58%

[그림 6-3] 발달적 오류패턴을 보인 말소리장애 아동의 비율

출처: 이루다(2023).

(2) 비발달적 오류패턴

비발달적 오류패턴은 일반 아동의 정상 말소리 발달 과정에서는 나타나지 않거나 매우 드물게 나타나는 독특한 오류이지만, 말소리장애 아동에서는 종종 관찰되곤 한다. 비발달적 오류패턴은 발달적 오류패턴보다 말명료도에 더 부정적인 영향을 주기 때문에 치료에 있어 우선 순위에 놓인다(Smit, 1993). 따라서 치료사는 대상 아동의 말소리 오류에 비발달적 패턴이 존재하는지, 존재한다면 어떤 특성을 보이는 오류인지를 구체적으로 파악하려는 노력을 해야 한다.

위에서 살펴보았던 발달적 오류패턴 이외에 특정 양상의 오류가 반복적으로 관찰된다면, 이는 비발달적 패턴이라 간주하여도 무방할 것이다. 그렇기 때문에 비발달적 오류패턴을 정확하게 분석하기 위해서도 발달적 오류패턴을 잘 숙지할 필요가 있다. 비발달적 오류패턴을 보이는 아동은 발달적 오류패턴을 보이는 아동보다 그 수가 많지 않음에도, 오류의 양상은 훨씬 다양하여 발생가능한 패턴들을 미리 규정하는 것이 쉽지 않다. 예를 들어, '모자'를 [모가]라고 발음한 것과 같이 조음위치 오류와 조음방법 오류가 모두 포함되어 있는 경우, 이를 '경구개음의 연구개음화' '파찰음의 파열음화' '경구개파찰음의 연구개파열음화' 중 무엇으로 명명해야 할지 의사결정을 하는 데에 주저하게 된다. 이 같은 이유로 숙련된 치료사들조차도 비발달적 오류패턴을 파악하여 오류패턴명을 제시하는 것은 상당히 부담되는 작업일 수 있다.

비발달적 오류패턴에 대해 가이드라인을 제공한 국내 문헌은 많지 않지만, '임상중심 말소리장애'(김민정, 2021)와 '언어치료사를 위한 말소리 전사와 오류패턴 분석'(김수진 등, 2025)에서는 발달적 오류패턴과 구분하여 비발달적 오류패턴들을 정리해 놓았다. 특히 '언어치료사를 위한 말소리 전사와 오류패턴 분석'에서는 발달적 오류패턴과 비발달적 오류패턴을 분석하는 훈련을 할 수 있도록 다양한 예시와 연습문제들을 제공하고 있으므로, 이 교재를 활용하여 발달적 오류패턴뿐 아니라 비발달적 오류패턴을 분석하는 데에도 익숙해질 수 있을 것이다. 비발달적 오류패턴을 분석할 때에 치료사가 가장 먼저 할 일은 우선 해당 오류가 비발달적 오류패턴에 해당하는 것인지를 확인하는 것이고, 그 이후 말소리의 변화가 단어단위에서 일어난 것인지 아니면 분절음 수준에서 특정 자질이 다른 자질로 바뀐 것인지를 파악하는 것이다. 그러고 나서 단어단위 오류패턴과 분절대치 오류패턴 내에서 그 오류가 구체적으로 어떤 패턴에 해당하는지 결정하도록 한다.

〈표 6-4〉는 김수진 등(2025)과 김민정(2021)에서 제시된 비발달적 오류패턴의 종류

를 정리한 것이다. 오류패턴명 또는 오류패턴의 정의가 다소 다른 것들이 일부 있지만, 비발달적 패턴의 범위와 증상은 두 교재가 대동소이함을 알 수 있다. UTAP2는 김수진 등(2025)의 오류패턴을, APAC과 K-APP은 김민정(2021)의 오류패턴을 토대로 하고 있다. 김수진 외(2025)의 경우, UTAP2의 단어와 문장 수준 검사를 실시하며 말소리장애 아동 50명 중 10% 이상의 아동에서 나타난 비발달적 패턴을 정리한 것이다. 따라서 이 패턴들은 일반 아동에서는 드물게 관찰되는 독특한 비발달적 오류패턴임에는 틀림없지만, 이 목록에 포함되지 않은 더욱 독특한 비발달적 오류패턴도 있을 수 있음을 명심한다. 또한 〈표 6-4〉에는 왜곡 오류패턴은 포함되지 않았다. 왜곡 오류패턴 또한 발달적 패턴과 비발달적 패턴이 존재하므로, 이에 대해서도 앞으로 더 많은 연구가 요구된다. 〈더 볼거리 6-1〉과 〈더 볼거리 6-2〉에는 김수진 등(2025)의 발달적 오류패턴과 비발달적 오류패턴의 종류와 그 예들이 정리되어 있으니, 이를 참고하여 두 오류패턴을 비교해 보도록 한다.

표 6-4 비발달적 오류패턴 목록

<table>
<tr><th></th><th colspan="2">김수진, 하지완, 김지영, 이루다(2025)</th><th colspan="2">김민정(2021)</th></tr>
<tr><td rowspan="7">단어 단위 패턴</td><td>어두초성 생략</td><td>어두초성이 생략됨</td><td rowspan="2">초성생략</td><td rowspan="2">어두초성 또는 어중초성이 생략됨</td></tr>
<tr><td>어중초성 생략</td><td>탄설음 /ㄹ/를 제외한 어중초성이 생략됨</td></tr>
<tr><td rowspan="2">음소첨가</td><td rowspan="2">음소가 첨가됨</td><td>음절첨가</td><td>음절이 첨가됨</td></tr>
<tr><td>음소첨가</td><td>모음, 활음 또는 자음이 첨가됨</td></tr>
<tr><td>어중초성 순행동화</td><td>어중초성이 바로 앞에 인접한 어중종성과 완전히 같은 소리로 변하거나, 조음위치 또는 조음방법이 같은 소리로 변함</td><td>비전형적 자음연쇄 단순화</td><td>어중초성을 생략하거나 어중초성을 어중종성에 순행동화시킴</td></tr>
<tr><td rowspan="2">도치/이동</td><td rowspan="2">한 자음의 위치가 단어 내 다른 위치로 바뀌거나, 각기 다른 위치에 있는 두 자음의 위치가 서로 맞바뀜</td><td>음절 도치 · 이동</td><td>음절의 위치가 서로 바뀌거나 이동함</td></tr>
<tr><td>음소 도치 · 이동</td><td>음소의 위치가 서로 바뀌거나 이동함</td></tr>
</table>

<table>
<tr><td rowspan="4">조음 위치 오류</td><td>양순음화</td><td>조음방법의 변화 없이 양순음이 아닌 소리가 양순음으로 변함</td><td>양순음화</td><td>연구개음, 경구개음, 치경음이 양순음으로 대치됨</td></tr>
<tr><td>비전형적 치경음화</td><td>조음방법의 변화 없이 치경음이 아닌 소리가 치경음으로 변함</td><td>치경음 · 경구개음화</td><td>양순음이 치경음이나 경구개음으로 대치됨</td></tr>
<tr><td>연구개음화</td><td>조음방법의 변화 없이 연구개음이 아닌 소리가 연구개음으로 변하거나, 연구개음이 아니면서 파열음이 아닌 소리가 연구개파열음으로 변함</td><td>연구개음화</td><td>양순음, 치경음, 경구개음이 연구개음으로 대치됨</td></tr>
<tr><td>성문음화</td><td>조음방법의 변화 없이 성문음이 아닌 소리가 성문음으로 변하거나, 성문음이 아니면서 마찰음이 아닌 소리가 성문마찰음으로 변함</td><td>성문음화</td><td>양순음, 치경음, 경구개음, 연구개음이 성문음으로 대치됨</td></tr>
<tr><td rowspan="5">조음 방법 오류</td><td>비전형적 파열음화</td><td>조음위치의 변화 없이 파열음이 아닌 소리가 파열음으로 변함</td><td></td><td></td></tr>
<tr><td>비전형적 파찰음화</td><td>조음위치의 변화 없이 파찰음이 아닌 소리가 파찰음으로 변함</td><td>파열음의 파찰음화</td><td>파열음이 파찰음으로 대치됨</td></tr>
<tr><td>마찰음화</td><td>조음위치의 변화 없이 마찰음이 아닌 소리가 마찰음으로 변함</td><td>마찰음화</td><td>파열음, 파찰음이 마찰음으로 대치됨</td></tr>
<tr><td>비전형적 비음화</td><td>조음위치의 변화 없이 비음이 아닌 소리가 비음으로 변하거나, 치경음 및 경구개음이 아니면서 비음이 아닌 소리가 치경비음으로 변함</td><td>비음화</td><td>장애음이 비음으로 대치됨</td></tr>
<tr><td></td><td></td><td>탈비음화</td><td>비음이 장애음으로 대치됨</td></tr>
<tr><td rowspan="2">발성 유형 오류</td><td>평음화</td><td>경음 혹은 격음이 평음으로 변함</td><td>이완음화</td><td>/ㅍ,ㅌ,ㅊ,ㅋ/나 /ㅃ,ㄸ,ㅉ,ㄲ/가 /ㅂ,ㄷ,ㅈ,ㄱ/로 대치됨</td></tr>
<tr><td>격음화</td><td>평음 혹은 경음이 격음으로 변함</td><td>기식음화</td><td>/ㅂ,ㄷ,ㅈ,ㄱ/나 /ㅃ,ㄸ,ㅉ,ㄲ/가 /ㅍ,ㅌ,ㅊ,ㅋ/로 대치됨</td></tr>
<tr><td rowspan="2">기타 오류</td><td>j활음화</td><td>유음 이외의 자음이 활음 /j/로 변함</td><td rowspan="2">활음화</td><td rowspan="2">유음 외 자음이 활음으로 대치됨</td></tr>
<tr><td>w활음화</td><td>자음이 활음 /w/로 변함</td></tr>
</table>

4) 비일관성 분석

제4장 '음소 습득기'의 '변이성' 발달 부분에서 살펴보았듯이, 단어의 변이성은 조음음운체계의 미성숙으로 인해 말소리 발달 과정 중 일시적으로 보일 수 있는 현상이다. 그러나 3세 이후에도 변이성을 빈번하게 보이거나 오류형태가 예측하기 어려울 정도로 불규칙적인 경우 정상적 변이성과 구별되는 병리적 비일관성에 해당한다. 변이성 측정을 위해 단어단위 변화(이)율이 제안되기도 하였는데, 단어단위 변화율은 특정 단어를 여러 번 산출했을 때 각기 다른 형태로 발음된 횟수를 총 산출 기회 수로 나누어 계산한다. 예를 들어 아동이 '공' 모두 [고]로 동일하게 3번 산출했다면 서로 다른 형태의 수가 0이므로 0/3=0이다. 또는 [고], [도], [곤] 으로 각각 산출했다면 서로 다른 형태의 수가 3이므로 3/3=1이다. 즉, 단어단위 변화율의 범위는 0~1이고 수치가 높을수록 동일 단어를 다양한 음운형태로 산출함을 의미한다.

최근 출판된 말소리장애 검사도구들에는 비일관성 평가가 포함되어 있는데, 여기에서는 보다 간단한 방법으로 비일관성을 측정하도록 하고 있다. 이때, 단어 변이성과 마찬가지로 비일관성 또한 동일한 단어를 여러 차례 산출했을 때 다양한 오류형태를 보이는 경우임을 명심하자. 즉, 모음문맥 또는 인접 음소의 영향에 따라 산출양상이 달라지는 음소의 변이성을 의미하는 것이 아니다. 예를 들어, [뚜박](수박), [타과](사과), [치호](시소)처럼 /ㅅ/ 음소를 문맥에 따라 [ㄸ, ㅌ, ㅊ, ㅎ]와 같이 다르게 산출하는 것이 아니라, '해바라기'라는 하나의 단어를 [해바바지], [해야바지], [해바기]와 같이 여러 가지 오류형태로 산출하는 것이다. 그러므로 비일관성을 평가할 때에는 동일 단어를 여러 차례 반복 산출하게 하는 것이 중요하다. 따라서 같은 단어를 K-APP은 3회, UTAP2는 4회 반복 산출하도록 하고 있다. 두 검사도구 간 구체적인 측정방법은 상이하다. K-APP에서는 단어의 음절길이를 증가시켜 가며 3회 모두 동일 형태로 정확하게 말하면 3점, 2회 중 정확한 반응이 있지만 두 가지 이상의 다른 단어형태로 말하면 2점, 3회 모두 동일 형태로 부정확하게 말하면 1점, 3회 모두 부정확하고 다른 단어형태로 말하면 0점으로 평점한 후, 총점이 기준점 이하이면 병리적 비일관성으로 진단하도록 하였다. 반면, UTAP2에서는 Dodd(2005)의 연구에 근거하여, 다음과 같은 측정방법을 제안하였다. 첫째, 한 단어에 대한 4회의 시도 중 적어도 두 가지 이상 다른 오류형태가 있을 때(예: [낸잔고, 내짜꼬, 냉장고, 내짜끄]) 비일관적 단어라 할 수 있다. 둘째, 전체 10개 단어 중 4개 이상, 즉 40% 이상이 비일관적 단어에 해당 경우 비일관성을 동반한 말소리장애장애라 진단할 수 있다.

셋째, 전체 10개 단어 중 2~3개, 즉 20~30%의 단어에서 비일관성이 관찰되는 경우 비일관적 말소리장애라고 진단하지는 않지만 주의를 기울여야 한다. 이때 주의할 점은 오류형태는 한 가지이고 정반응 형태를 포함하고 있는 경우(예: [냉장고, 냉장고, 번잔고, 낸잔고])는 정상적 변이성으로 판단하여 비일관적 단어산출이라고 보지 않는다. 또한 수의적인 정상적 음운현상이나 전사방법의 차이(예: [팝콘, 팍콘, 파콘, 팝콘])를 비일관성이라고 판단하지 않도록 주의해야 한다.

목표단어의 음운길이가 길고 음운구조가 복잡할수록 비일관성이 나타날 가능성은 높아진다. 비일관적 오류는 음운산출계획의 구성, 보유, 인출의 어려움으로 인해 발생하는 것으로, 머릿속에서 단어의 음운표상을 떠올린 채 그 단어가 어떤 음소들과 순서로 구성되었는지를 상기하며 음소들을 선택, 배열하는 것은 길고 복잡한 단어일수록 더 어렵기 때문이다(Dodd et al., 1989). 따라서 비일관적 음운장애가 의심되는 아동일 경우 대상아동이 알고 있는 다음절 단어 여러 개를 선정하여 3~4회 이상 반복 산출하게 하여 오류형태에 비일관성이 있는지를 잘 관찰해야 한다. 필요한 경우, K-APP과 UTAP2의 단어 목록 이외에도 다음절 단어 항목을 더 추가하여 보다 심층적으로 비일관성 검사를 실시해볼 수 있다.

5) 자극반응도

자극반응도는 오류가 있는 음소에 대해 시각적·청각적·촉각적 등 여러 단서를 제공하며 수행력이 향상되는지, 향상된다면 그 정도는 어떠한지를 측정하는 과정이다. 자극반응도 검사 시에는 무의미음절 문맥에서 청각적 또는 시각적 단서를 강조하며 특정 음소가 산출되는 맥락을 찾아가기도 하는데, 이는 경우에 따라 문맥 검사와 구분이 모호한 면이 있다.

자극반응도(stimulability)는 치료 계획을 세우는 데에 있어 중요한 변수이기도 하다. 일반적으로 자극반응도가 큰 음소는 치료효과가 빠르게 나타나므로, 치료 진전의 가시화 측면에서 효과적인 것으로 알려져 있다. 그러나 자극반응도가 큰 음소는 치료하지 않아도 자연적으로 치유될 가능성 또한 배제할 수 없기 때문에, 그 음소의 변화 과정은 간간이 점검만 해볼 것을 권하는 학자도 있다(Miccio, Elbert, & Forrest, 1999). 이에 반해 자극반응도가 낮은 음소의 경우, 그 음소를 치료하는 과정에서 뒤따르는 일반화 효과가 극대화될 수 있으므로, 음운체계의 재구조화가 필요한 대상자는 자극반응도가 낮은 음소부터 치료할 것을 권하기도 한다(김수진, 신지영, 2020).

더 볼거리 6-1

● 발달적 오류패턴의 정의와 예시

단어단위패턴				
오류패턴			정의	예시
어말종성생략			어말종성이 생략됨	/김빱/ → [김빠] /도짜리를/ → [도짜리르]
어중종성 오류	평음/공명음 앞 어중종성생략		인접한 어중초성이 평음 혹은 공명음일 때, 혹은 모음 앞에서 어중종성이 생략됨	/풀바테/ → [푸바테] /호랑이/ → [호라이] /신나는/ → [시나는]
	경음/격음 앞 어중종성생략		인접한 어중초성이 경음 혹은 격음일 때 어중종성이 생략됨	/접씨/ → [저씨] /목또리/ → [모또리] /봉투에/ → [보투에]
	어중종성 역행동화		어중종성이 바로 뒤에 인접한 어중초성과 완전히 같은 소리로 변하거나, 일부 자질이 동일한 소리로 변함	/자동차/ → [자돈차] /냉장고/ → [낸장고] /돌고래가/ → (/독고래가/) → [도꼬래가]
동화			같은 단어 내 다른 자음과 완전히 같은 소리로 변하거나, 동일한 자질을 갖는 소리로 변함	/공/ → [곰] /토끼/ → [코끼/ /자동차/ → /자종차/
분절대치패턴				
오류패턴			정의	예시
조음위치 오류	연구개음의 전방화		조음방법의 변화 없이 연구개음이 치경음으로 변함. 혹은 연구개파열음이 / l / 모음이나 활음 /j/ 앞에서 경구개파찰음으로 변함	/기차/ → [디차/지차/ /해바라기 → [해바라디/해바라지/ /땡땡이/ → [땡때니/ /포크/ → [포트]
조음방법 오류	전형적 마찰음 오류	마찰음의 파열음화	치경마찰음이 치경파열음으로 변함	/색깔/ → [태깔] /찌거써요/ → [찌거떠요]
		마찰음의 파찰음화	치경마찰음이 경구개파찰음으로 변함	/빨간색/ → [빨간잭] /풍선/ → [풍천]
	전형적 파찰음 오류	파찰음의 파열음화	경구개파찰음이 치경파열음으로 변함. (경구개 위치에서 파열음으로 산출하는 오류 포함)	/자동차/ → [다동타] /창바끄로/ → [탕바끄로]

	전형적 유음 오류	유음생략	초성 및 종성 위치에서 유음이 생략됨	/목또리/ → [목또이] /까라써요/ → [까아써요] /코끼리/ → [코끼이]
		유음의 활음화	유음이 활음 /j/로 변함	/로봇/ → [요봇] /동무러네/ → [동무여네]
		어두초성 /ㄹ/ 비음화	어두초성 위치에서 유음이 치경비음으로 변함	/라면/ → [나면] /로봇/ → [노봇]
		어중초성 /ㄹ/ 파열음화	어중초성 위치에서 유음이 치경파열음으로 변함	/해바라기/ → [해바다기] /하루여따/ → [하두여따]
발성유형 오류	경음화		평음 혹은 격음이 경음으로 변함	/해바라기/ → [해빠라기/ /단추/ → [단쭈] /사탕/ → [사땅]

출처: 김수진 등(2025).

더 볼거리 6-2

● 비발달적 오류패턴의 정의와 예시 목록

단어단위패턴		
오류패턴	정의	예시
어두초성생략	어두초성이 생략됨	/김빱/ → [임빱] /냉장고/ → [앵장고] /땡땡이와/ → [앵땡이와]
어중초성생략	탄설음 /ㄹ/를 제외한 어중초성이 생략됨	/그네/ → [그에] /비빔빱/ → [비임빱] /놀러가기로/ → [놀러가이로]
음소첨가	음소가 첨가됨	/이불/ → [니불] /나무/ → [남무] /접씨/ → [접씹] /해써요/ → [햅써요]
어중초성순행동화	어중초성이 바로 앞에 인접한 어중종성과 완전히 같은 소리로 변하거나, 조음위치 또는 조음방법이 같은 소리로 변함	/목또리/ → [목꼬리] /맨뒤에/ → [맨뉘에] /창바끄로/ → [창마끄로]

도치/이동	한 자음의 위치가 단어 내 다른 위치로 바뀌거나, 각기 다른 위치에 있는 두 자음의 위치가 서로 맞바뀜	/접씨/ → /저썹/ /냉장고/ → [내장공] /코뿔쏘가/ → [포꿀쏘가]

분절대치패턴			
오류패턴		정의	예시
조음위치오류	양순음화	조음방법의 변화 없이 양순음이 아닌 소리가 양순음으로 변함	/기차/ → [비차] /도짜리를/ → [보짜리를] /냉장고/ → [냄장고]
	비전형적 치경음화	조음방법의 변화 없이 치경음이 아닌 소리가 치경음으로 변함	/밤/ → [담] /모기/ → [노기] /여페서/ → [여테서]
	연구개음화	조음방법의 변화 없이 연구개음이 아닌 소리가 연구개음으로 변하거나, 연구개음이 아니면서 파열음이 아닌 소리가 연구개파열음으로 변함	/비누/ → [기누] /하마/ → [항아] /호두/ → [코두] /입쑬/ → /입꿀/ /노리터/ → [노기터]
	성문음화	조음방법의 변화 없이 성문음이 아닌 소리가 성문음으로 변하거나, 성문음이 아니면서 마찰음이 아닌 소리가 성문마찰음으로 변함	/포도/ → /호도/ /초코/ → /호코/ /강아지/ → [가하지] /씩씨기는/ → [힉씨기는]
조음방법오류	비전형적 파열음화	조음위치의 변화 없이 파열음이 아닌 소리가 파열음으로 변함	/나무/ → [나부] /라면/ → [다면] /호랑이/ → [호라기]
	비전형적 파찰음화	조음위치의 변화 없이 파찰음이 아닌 소리가 파찰음으로 변함	/나비/ → /자비] /세타끼/ → [세차끼] /병아리/ → [병아지]
	마찰음화	조음위치의 변화 없이 마찰음이 아닌 소리가 마찰음으로 변함	/과자/ → [과사] /토마토/ → [소마토] /코끼리/ → [코끼시]
	비전형적 비음화	조음위치의 변화 없이 비음이 아닌 소리가 비음으로 변하거나, 치경음 및 경구개음이 아니면서 비음이 아닌 소리가 치경비음으로 변함	/포도/ → [포노] /요구르트/ → [용우르트] /찌거써요/ → [니거써요] /가방/ → /가낭]

발성유형오류	평음화	경음 혹은 격음이 평음으로 변함	/땅콩/ → [당콩] /코뿔쏘가/ → [코불쏘가]
	격음화	평음 혹은 경음이 격음으로 변함	/해바라기/ → [해파라기] /냉장고/ → [냉창고] /목또리/ → [목토리]
기타 오류	j활음화	유음 이외의 자음이 활음 /j/로 변함	/냉장고/ → [냉양고] /가방/ → [야방]
	w활음화	자음이 활음 /w/로 변함	/머거써요/ → [머워써요] /해바라기/ → [해와라기]

출처: 김수진 등(2025).

제7장

자발화 평가와 심화 검사

공식적인 표준화 검사의 장점은 길지 않은 시간 동안 목표음소를 모두 검사할 수 있으며, 모든 대상자에게 동일한 검사를 동일한 방법으로 실시하므로 검사 결과의 공유가 원활하다는 점이다. 그러나 실생활의 의사소통에 화자의 말소리 산출 능력이 미치는 영향을 면밀하게 보여 주지 못한다는 단점 또한 있기 때문에, 이를 보완하기 위해서는 자발화 평가와 심화 검사를 실시할 필요가 있다. 자발화 평가에서도 앞에서 설명하였던 말소리 산출 능력 분석 절차를 모두 실시해 볼 수 있으므로, 가급적이면 표준화 검사 이외에도 자발화 샘플링을 통한 발화 자료에 대해 다각적인 말소리 산출 수행력 분석이 필요하다.

1. 자발화 평가

1) 자발화 평가의 의의

현재 말소리 산출 능력을 평가하는 데 가장 이상적인 샘플링 방법은 무엇일까. 가장 대표성 있는 발화는 무엇일까. 말언어 평가자들이 끊임없이 하는 질문이다. 평가 도구나 방법은 타당도와 신뢰도를 갖추어야 한다. 자발화 평가는 가장 타당도가 높은 평가 방법이라고 할 수 있지만 신뢰도 측면에서는 부족한 평가 방법일 수 있다. 자발적 대화는 대화 상대자의 특성이나 대화 주제의 특성 등이 크게 영향을 미칠 수 있기 때문에 안정적이고 신뢰로운 말자료를 수집하기에는 어려움이 있기 때문이다. 한편 표준화 검사에서 사용하는 단어 이름대기 과제는 신뢰도가 높기는 하지만 문장 성분과 운율적 특성이 제한적이므로 일상 발화에서 나타나는 대표적인 조음 특성을 반영하는 데에는 한계가 있다(김수진, 신지영, 2015). 이에 반해 자발화 문맥은 아동의 조음 능력에 대해 다양한 정보를 제공할 수 있다. 자발화는 자발적인 연결발화 혹은 대화와 같은 의미로 사용되는 문맥으로 아동의 일상적인 발화를 통해 전반적인 말소리장애의 중증도를 평가할 수 있다. 또한 아동이 자주 사용하는 말소리 안에서 음소의 정확성 및 오류패턴의 일관성을 살펴볼 수 있다. 많은 연구자는 이런 근거로 자발화를 아동의 말소리를 대표할 수 있는 평가 문맥이라고 하였다(Bernthal et al., 2014; Shriberg & Kwiatkowski, 1985; Stoel-Gammon, 1991).

자발화 평가는 임상에서도 중요한 평가로 활용되고 있다. 자발화를 수집하여 말소리 산출형태를 분석하면서 얻을 수 있는 이점은 다음과 같다. 첫째, 말 능력을 반영하는 가장 타당도가 높은 평가 문맥이다. 둘째, 자연스러운 음운오류패턴을 관찰할 수 있다. 셋째, 반복적으로 산출되는 형태에서 산출의 비일관성을 관찰할 수 있다. 다시 말해서, 특정 음소를 계속 정확하게 산출하는지 혹은 다른 특정 음소로 일관되게 대치하는지 등 장애의 수준을 판단하거나 치료목표를 세우는 데 중요한 세부정보들을 알아낼 수 있다. 넷째, 다양한 언어학적 맥락의 영향을 관찰할 수도 있다. 길거나 복잡한 발화에서도 짧고 간단한 발화에서 같은 수행 수준을 보이는지도 확인할 수 있다. 어휘나 형태소의 종류, 난이도와 빈도, 이웃하는 음소에 따라서도 오류가 다르게 나타나는지 관찰할 수 있다. 다섯째, 대화상대자에 따른 차이나 주제에 따른 차이 등을 관찰할 수 있다. 심리적 인지적 부하가 많은 상황과 적은 상황에서의 수행 수준도 비교할 수 있다. 특히 어린 아동일수록 주변과 대상자에 따른 수행에서 차이가 크게 나타날 수 있다. 이제 이러한 자발화 평가를 진행하는 절차와 분석방법에 대해서 살펴보자.

2) 자발화 평가의 절차 및 분석

(1) 자발화 유도하기

자발화 조건은, 첫째로, 자발적으로 산출하는 것, 둘째로, 연결된 발화를 산출하는 것이다. 임상에서 연결된 발화를 수집하는 방법으로는 일상적인 대화, 이야기, 따라 말하기, 읽기 등이 있다. 이 가운데 자발적 산출이라는 조건을 충족한 대화와 이야기를 자발화 평가라고 할 수 있다. 다시 이 중 어린 아동에게 적용할 수 있는 방법은 대화이다.

말소리 평가를 위한 대화 유도 방법은 우선 대상에 따라서 크게 두 가지로 나눌 수 있다. 우선 하나는 치료실 밖에서 가정에서 가족과의 대화를 녹음이나 녹화하도록 하고 파일을 받아 분석하는 방법이 있고, 다른 하나는 언어치료사가 직접 대화를 유도하는 방법이다. 4세 이상의 아동에게 라포가 형성된 후에 진단상황에 자연스러운 발화를 유도하고자 할 때 흔히 사용되는 방법은 다음과 같다. ① 글씨가 없는 그림책을 보고 설명해 달라고 요구하거나, ② 흔하게 경험할 수 있는 상황(놀이공원 등)에 대한 사진을 보여 주고 개인 경험을 말하도록 하거나, ③ 아동이 선호하는 게임이나 놀이 방법을 말해 달라고 할 수 있다. ④ 단어 수준에서 나온 어휘들을 한 개의 그림에 넣고 묘사하도록 하면, 단어 수준과 연결발화 수준에서의 수행을 비교하는 데에 유용하다. 예를 들어서 코끼리, 호랑이, 김밥, 책상이라는 어휘를 검사하였을 때, '책상 위에서 코끼리가 김밥을 코로 들어 올리고 있고, 책상 아래 호랑이가 있는 그림'을 제시하고 설명해 달라고 할 수 있다.

라포가 형성되기 어려운 경우나, 너무 어린 경우 발화 유도에 너무 긴 시간이 필요할 수 있다. 가정에서의 대화는 휴대폰이 일반화되어 있어서 부모가 녹화하거나 녹음한 파일을 바로 전달하는 것이 편리해졌다. 요즘은 과거에 비해서 녹음 파일을 받아 분석하는 것이 편리해져 가정에서의 자발화 녹음을 연구와 임상에서 추천하기 용이해졌다. 다만 가정에서 자발화를 수집할 때에는 필요한 발화량을 확보하기 위해서는 몇 차례의 수집이 필요한 경우도 있다. 자발화 분석에서 모방과 같이 제외되는 조건이 있는데, 이 내용을 잘 전달해야 할 것이다.

(2) 자발화 전사하기

자발화를 수집한 뒤에 가장 먼저 선행되어야 할 일은 전사인데, 전사의 첫 과업은 발화경계를 정하는 작업이다. 학령전기 말언어장애 아동의 평가와 중재에 중요한 자발화는 구어형태인데, 문어는 문법단위를 중심으로 단어 혹은 구와 절로 그 경계를 나눌 수 있는 반면 구어는 운율 단위를 중심으로 분석되며, 이 운율 단위는 소리의 높낮이, 휴지, 길이와 같은 운율적 특징을 중심으로 정의된다. 문어에서 사용하는 기본 단위가 문장이라면 구어의 기본 단위는 발화에 해당한다. 발화는 억양구, 강세구, 음운단어로 나눌 수 있다(김수진, 신지영, 2020). 음운단어는 구어에서 띄어 말하는 가장 작은 단위이며, 음운단어의 경계는 음운변동이 일어나는 데 중요한 역할을 한다.

발화는 구어의 단위로 언어마다 다른 특성을 보일 수 있으며, 실제로 구어는 연속선상에서 이루어지므로 단위를 나누는 것이 쉽지 않다. 말소리장애 아동의 자발화에서는 억양구나 강세구보다는 음운단어의 경계가 중요하다. 단어경계는 특정 언어에 따라 달라질 수 있다. 핀란드(Saaristo-Helin, 2009; Saaristo-Helin et al., 2006) 또는 네덜란드어 화자를 대상으로 한 연구(Taelman et al., 2005)를 살펴보아도, 단어경계를 정하는 데 있어 영어와 다르게 문법형태소를 포함한 단위를 단어경계로 해야 한다고 제안하고 있다. 이처럼 언어에 따라 달라지는 분석 단위의 설정은, 핀란드어와 유사한 교착어 특성을 지닌 한국어에도 적용 가능하다. 따라서 발화를 전사하면서 음운단어 경계는 자연스럽게 문법형태소를 포함하는 어절 형태와 유사하게 된다. 특히 단어단위의 음운분석을 할 때, 단어의 단위를 국어 문법에서 정한 단어로 볼 것인가, 어절로 볼 것인가, 구어의 음운단어로 볼 것인가에 따라 단위 안에 존재하는 음운길이가 달라진다. 한국어에서 단어와 어절은 문어에서 띄어쓰기의 단위로 사용되고 있다. 단어를 기본으로 하여 띄어쓰기를 하되, 문법형태소인 조사를 붙여 쓰는 형태를 어절이라 한다. 말소리장애를 위한 단어단위 분석에서 이미 어절은 평가 단위로 널리 사용되고 있다(김수진 등, 2013; 정윤희, 윤미선, 2013; 하승희, 황진경, 2013).

어절을 음운단어의 단위로 할 때 혼란을 야기하는 상황은 불완전 명사나 보조용언이 사용될 때이다(최민실, 김수진 2013). 매번 발화를 전사할 때 아동의 발화에 나타난 음운단어나 강세구를 구분하여 전사하게 된다면 언어치료사들에게 있어 부담스러운 일이 될 수도 있고 전사하는 사람들 간의 신뢰도를 확보하는 것도 어려울 수 있다. 음운단어는 화자가 말할 때마다 차이를 보일 수 있는 가변적 구조인데 비해, 단어와 어절은 표준문법체계에서 정확하게 규정한 고정 구조라는 점에서 차이가 있다. 그래서 대부분의 자발화 분석 과정에서는 불완전 명사나 보조용언 수의 단위 등을 제외하고는 대부분 어절을 음운단어 경계로 전사하고 분석하고 있다. 어절 또는 음운단어의 구분과 선정기준은 〈상자 6-1〉을 참고할 수 있다.

말소리장애 진단을 위한 자발화 표본의 크기에 대해서 Ingram과 Ingram(2001)은 자발화에서 최소한 25개의 단어를 분석해야 하며, 50개 내외를 분석할 것을 추천하였다. 대부분의 많은 연구들도 이 규칙을 따르고 있다(윤미선 등, 2013). 표본의 크기가 크다는 것은 신뢰도를 높이는 것에는 기여할 수 있지만 현장에서는 시간과 노력이 더 많이 필요함을 의미하는 것으로 적절한 크기를 찾고자 하는 노력이 필요하다. 임상이나 연구에서 자발화 수집을 통해 아동의 말소리 특성을 알고 싶다면, 반복된 표현을 제외하고 새로운

50어절을 수집하는 선에서 적용할 것을 권한다. 실제로 연구자들은 표본의 크기에 따른 시간과 노력이 임상과 교육 현장에서 단어단위의 음운분석을 어렵게 하는 요인이라고 지적하였기 때문이다(Taelman et al., 2005).

(3) 분석하기

자발화를 전사하였다면 〈상자 7-1〉의 내용을 분석하여 말소리 발달 수준을 진단하거나 치료 효과를 평가하는 데 활용할 수 있다.

상자 7-1 자발화로 분석할 수 있는 말 특성

1. 정확성 지표: PCC-R, PCC, 단어단위 지표인 PWC, 명료도 등
2. 정확성과 음운길이 지표: PMLU, PWP
3. 특정 음소 산출 능력: 음운오류패턴: 주로 발달적인 패턴들 중심으로 연구개음 전방화, 마찰음의 파열음화와 파찰음화, 파찰음 파열음화, 종성생략, 어중종성생략 및 역행동화 등 유음의 탈락과 활음화 그 외 특이한 비전형적 오류패턴이 있는지 분석
4. 특정 문법적 요소에서 오류가 있는지 분석: 어휘형태소와 문법형태소에서 오류 양상: 예를 들어, 단어와 문장 검사에서 오류가 나타난 음소에 대해서 모든 형태소에서 오류가 있거나 문법형태소에서만 오류가 있는지 분석
5. 특정 어휘, 특정 모음 문맥에서 오류가 있는지를 분석
6. 초분절적 요소: 앞의 1~5번은 분절적인 요소들에 집중했다면 초분절적인 요소를 평가할 수 있다. 말속도, 운율, 음성의 크기와 질, 유창성 등에 문제가 있는지 평정
7. 언어적 요소: 음운론적인 문제가 있는 아동의 60%가 언어의 다른 영역, 즉 어휘나 문법 혹은 화용 차원의 문제를 가지고 있는 경우가 있다. 대화나 이야기를 통해서 언어의 다른 측면에 문제가 있는지 선별할 수 있을 것이다.

〈상자 7-1〉에서 제안한 자발화 분석 방법은 단지 자발화에서만 사용되는 분석 방법이라기보다는 모든 구어 발화에 적용할 수 있는 방법들이다. 그러나 특별히 첫 번째와 두 번째의 정확성 지표와 음운길이 지표의 경우 그 개발 배경과 최적의 문맥은 자발화이다.

우선, 정확성 지표로 자음정확도(PCC-R)와 명료도 및 단어단위 정확률(PWC)을 구할

수 있다. 자음정확도는 가장 대표적인 말소리장애 지표로, 자발화의 자음정확도는 말소리장애의 중증도와 매우 관련이 높은 것으로 알려져 있다. 자음정확도는 산출해야 하는 목표자음 중 정확하게 산출된 자음의 비율의 백분위로, 우리말을 사용하는 어린 아동의 발달 수준은 〈표 7-1〉에 다른 지표들과 함께 제시하였다. 또한 말명료도는 청자가 이해한 정도로 말소리장애의 진단 준거에 포함된 중요한 개념이다. 단어단위 정확률은 자발화에서 가장 빠르게 구할 수 있는 효율성이 높은 지표이며 자음정확도와 상관도 높아서 임상현장에서 쉽게 적용할 수 있다.

표 7-1 한국어 사용 아동의 자발화 문맥 지표 평균(SD)

	PCC-R*(%)	명료도*(%)	PMLU**	PWP**	PWC**
1세 후반	56(13.0)	77(5.3)			
2세 전반	73(9.3)	87(3.4)	6.37(1.02)	.86(.04)	.45(.09)
2세 후반	83(5.7)	91(5.5)	6.87(1.02)	.89(.06)	.53(.15)
3세 전반	94(3.0)	95(2.5)	7.75(.59)	.92(.04)	.59(.15)
3세 후반	97(2.1)	97(2.1)	8.31(.67)	.96(.04)	.78(.16)
4세 전반			8.45(.46)	.97(.01)	.82(.05)
4세 후반			8.52(.70)	.98(.02)	.89(.07)

* 하승희, 황진경(2013).
** 윤미선 등(2013).

단어단위 정확률을 비롯한 평균음운길이(PMLU)는 모두 단어단위 음운분석 방법이다. 단어단위 음운분석 방법은 통단어 전략으로 언어를 습득하는 초기 발달 수준의 아동에게 가장 적절한 분석 방법이며(Ingram & Ingram, 2001), 이 때 언어 습득 과정에서 통단어란 일반적인 구어에서는 음운단어와 유사하고 문어에서는 어절과 유사한 단위이다. 평균음운길이는 한 단어 안에서 사용된 모든 음소에 1점을 부여하고 정확하게 발음한 자음에 1점을 더 부여한 뒤에 각 단어의 점수를 합하고 단어의 개수로 나누어서 구한다. 기본적으로 아동의 자발화를 분석 대상으로 하는데 이는 영유아의 초기 자발화에서 말소리 산출 능력을 간단한 지표로 보여 주기 위해 만들어졌기 때문이다. 자발화 분석에서 가장 널리 쓰이고 있는 평균발화길이(MLU)는 구문론적 능력을 반영하는데, 평균음운길이는 음운론적 능력을 반영하는 것이다.

Ingram과 lngram(2001)은 평균음운길이와 어휘 발달을 기준으로 하여 Brown(1973)의 평균발화길이 단계와 같은 개념으로 초기 말언어발달의 6단계를 제안하였다. 평균음운길이의 중간값 3을 I 단계로 보았으며, 중간값 4, 5, 6, 7에 이르는 시기를 각각 말언어발달의 II, III, IV, V 단계라고 하고 평균음운길이 8 이상은 모두 VI단계로 보았다. 영어권 아동의 경우 음운 발달에서 평균음운길이 8까지는 길이가 중요하지만 그 이상으로 가면 상대적으로 중요한 요소가 아님을 의미한다. 상대적으로 영어에는 1음절 단어가 많고, 우리말은 문법형태소를 포함하여 어절을 음운단어로 분석하기 때문에 영어권에 비해서 우리나라 아동의 평균음운길이가 조금 더 길게 나타나는 경향이 있다(윤미선 등, 2013; 하승희, 황진경, 2013). 성인의 산출형태와 비교한 단어단위 근접률(PWP)은 언어권에 따라 특정적인 패턴을 크게 보이지 않는다. 다른 분석 방법들은 다음에 소개되는 심화평가 방법에서 더 구체적으로 알아보고자 한다.

2. 심화 평가

검사는 목적에 따라 선별 검사(screening test), 종합 검사(comprehensive test), 심화 검사(deep test) 등으로 분류할 수 있다. 선별 검사는 결함 가능성이 있는 대상자를 빠르게 찾아내기 위한 것으로, 간단한 진단 절차를 통해 이루어지고 경우에 따라 비전문가도 실시할 수 있다. 선별 검사에서 정상 수준에 못 미치는 것으로 평가된 대상자는 종합 검사가 의뢰된다. 종합 검사는 해당 영역 전반을 다루는 포괄적인 검사 문항들로 구성되어 있는데, 대상자의 능력을 다각도로 분석하고 진단함으로써 그 결과에 기반하여 장애 여부, 장애 정도, 장애 특성, 치료 여부, 치료 방향 등을 결정한다. 초기 개발된 표준화 검사도구인 그림자음 검사(김영태, 1994), 우리말 조음·음운평가(U-TAP)(김영태, 신문자, 2004) 등은 선별 검사의 성격이 강했던 반면, 최근 개정되거나 개발된 우리말 조음음운 검사2(UTAP2)(김영태 등, 2020), 한국 조음음운 프로파일(K-APP)(하승희 등, 2021) 등은 다양한 과제들의 수행력을 포괄적으로 평가하여 대상자의 능력을 종합적으로 판단하는 종합 검사의 특성을 가지고 있다. 그에 반해 심화 검사는 선별 검사나 종합 검사 과정에서 좀 더 자세히 살펴봐야 할 필요가 있다고 판단된 세부 영역을 심층적이고 집중적으로 평가하는 절차이다. 평가하고자 하는 세부 영역과 목적에 따라 검사자가 직접 제작하여 사용하는 경우가 많기 때문에, 대부분 비표준화 검사이며 비공식적 평가이다. 따라서 앞에서 다룬 조음기관 구조 및 기능 검사, 말소리장애 표준화 검사, 자발화 평가를 제외하고,

말소리 산출과 관련된 대상자의 능력을 보다 심도 깊게 파악하기 위해 검사자가 행하는 모든 진단평가 과정을 심화 검사라고도 할 수 있다. 이 교재에서는 언어 단위, 음소 문맥, 말소리 산출 유도방법 관련한 심화 검사를 다룰 것인데, 그 외에도 다양한 심화 검사가 있을 수 있다.

1) 언어 단위에 따른 수행

조음활동을 하는 본질적인 이유는 의사를 전달하기 위한 것이므로, 일상생활에서의 말소리 산출은 항상 언어적 맥락 안에서 이루어진다. 이때 말소리는 음절, 단어, 문장과 같은 다양한 언어 단위에 포함되어 산출되는데, 어떤 단위에서 조음되느냐에 따라 동일한 음소가 다르게 산출되기도 한다. 따라서 최소 말소리 단위인 음소, 최소 발화 단위인 음절, 최소 의사소통 단위인 단어, 실생활의 의사소통 맥락을 가장 잘 반영하는 문장 등에서 동일 말소리를 산출하게 하여 수행력을 비교하는 방식으로 심화 검사를 실시해 볼 수 있다.

우선 독립음(음소) 검사는 언어적 영향을 배제하고 조음 능력 자체만을 평가할 수 있다는 장점이 있다. 만일 독립음 차원에서 정조음이 가능하다면 그 아동은 해당 음소를 조음하기 위한 기본적인 운동실행(motor execution) 능력은 갖추고 있다고 볼 수 있다. 따라서 그렇지 못한 아동보다는 예후가 좋은 편이다. 그러나 앞에서도 언급했듯이 말소리 산출은 항상 언어적 맥락 안에서 이루어지기 때문에, 일상생활에서 음소를 단독으로 산출할 일은 없다. 또한 한국어의 경우 자음 홀로 소리를 낼 수 없고 항상 모음과 함께 발음이 되기 때문에, 자음의 단독 산출을 유도하는 음소 단위 평가는 부자연스러운 측면이 있다. 이 때문에 독립음 검사는 표준화 검사 과정에서 오조음하는 것이 확인된 음소에 한해, 자극반응도를 확인하는 차원에서 실시하는 경우가 많다. 그보다는 음절 단위 검사를 더 흔히 사용하는데, 음절 단위 검사는 다양한 음성 문맥에서 조음 정확성이 달라지는지를 평가할 수 있다는 이점이 있다. 이를 문맥 검사라고도 하며, 이에 대해서는 다음 '음소 문맥에 따른 수행' 부분에서 자세히 다루도록 하겠다.

단어 수준 검사는 대부분의 표준화 검사에 포함되어 있다. 그러나 정확한 조음평가를 위해서는 Bernhardt와 Holdgrafer(2001) 및 Tyler(2005)는 100단어를, Grunwell(1985)는 최소 100단어, 이상적으로는 200~250단어를 샘플링할 것을 권고한 바 있다. 이에 근거할 때, 검사자는 표준화 검사에 포함된 단어 이외에 추가 단어 목록을 자체적으로 제작하여 심화 평가를 실시할 필요가 있다. 단어 목록은 음절 구조, 음절 길이, 조음복잡성, 단어 내 음소 위치, 단어 빈도, 단어 친숙도 등을 고려하여 신중히 선정해야 한다. 음소와 음절 단위 검사는 검사자가 모델링을 제시한 후 따라하기 방식으로 산출을 유도할 수밖에 없는 것에 반해, 단어단위 검사는 그림을 보여 주고 아동 스스로 단어 이름을 조음하도록 유도할 수 있다는 점에서 보다 자연스럽고 자발적인 평가 방법이다.

단어 수준 검사에서 조음정확도에 영향을 주는 변수 중 하나로 단어의 길이(음절 길이)와 복잡성을 들 수 있다. 특히 비일관적 음운장애와 말실행증 아동은 단어의 음절수가 증가하고 음운구조가 복잡해질수록 오류 빈도 또한 증가하는 것으로 알려져 있다(하승희, 피민경, 2022; ASHA, 2007; Dodd, 2005; Dodd & Bradford, 2000; Forrest, 2003). 이에 한국 조음음운 프로파일(K-APP; 하승희 등, 2021)에서는 '1-2-3음절 낱말 검사'에서 동일한 음절의 정확도가 단어 길이와 음운구조에 따라 변하는지를 평가하도록 하고 있다. 동일한 음절임에도 1음절보다 2음절에서, 2음절보다 3음절에서 오류를 더 많이 보인다면, 이는 음소 선택과 배열의 어려움(비일관적 음운장애) 또는 조음운동 계획 및 프로그래밍 결함(말실행증)을 시사하기 때문이다. 더불어 동일한 단어를 여러 차례 산출하게 할 때 여러 오류형태를 보이는지 관찰하는 것도 비일관적 음운장애 진단을 위해 필수적인데, 이때에도 단어 길이가 긴 다음절 단어를 사용하는 것이 좋다.

단어 수준 검사의 또 다른 변수로 단어의 친숙도가 있다. 보통 친숙한 단어는 더 쉽고 민첩하게 발음되지만, 오조음이 습관화된 경우 친숙한 단어이기 때문에 계속 틀리게 발음하기도 한다. 어렸을 때 오조음한 음소를 나이가 들며 정조음하게 되면 그 음소가 포함된 단어의 형태는 새롭게 재구성되어야 한다. 예를 들어, 마찰음을 습득하여 마찰음의 파열음화를 더 이상 사용하지 않게 되면 '사탕'의 음운표상은 더 이상 /타탕/이 아니고 /사탕/으로 수정되어야 한다. 그럼에도 불구하고 /타탕/이라는 음운표상이 고착되어 그 단어를 이전과 동일한 형태로 계속 틀리게 발음하는 말소리장애 아동이 있을 수 있는데, Stackhouse와 Wells(1997)는 이들의 문제를 '음운표상의 업데이트'에 필요한 인지적 유연성의 부족 때문으로 설명하였다.

그에 반해 비일관성 음운장애나 말실행증 아동의 경우에는 친숙하지 않은 단어는 명확하지 않은 음운표상 또는 새로운 말운동프로그래밍에 대한 부담감 때문에 조음하기 더 어려워하는 경향이 있다. 따라서 아동의 특성에 따라 친숙한 단어와 친숙하지 않은 단어를 산출하게 하여 그 수행력을 비교해 보는 심화 검사가 필요할 수 있다. 이때 특정 단어에 대한 친숙함 정도는 개인마다 다르기 때문에, 모두에게 친숙하지 않은, 즉 처음

접해 보는 말소리조합인 비단어(무의미 낱말) 목록을 제작하여 비단어 따라 말하기 검사를 실시해 보는 것도 좋은 방법이다. 이에 조음음운 프로파일(K-APP)(하승희 등, 2021)에서는 무의미 낱말 검사를 세부 검사 항목에 포함하였다. 비단어 따라 말하기 검사에 대해서는 다음 '단어 여부에 따른 수행' 부분에서 좀 더 다루도록 하겠다.

마지막으로, 문장 수준 검사는 정확하게 발음하지 못하는 몇몇 음소가 있더라도, 문맥에 의한 의미적 단서의 도움으로 청자에게 전달되는 말명료도에는 긍정적 측면이 있을 수 있다. 그러나 화자의 입장에서는 단어보다 길고 복잡하게 말해야 하는 어려운 과제로, 성공적인 문장 산출을 위해서는 조음뿐 아니라 호흡, 발성, 공명의 모든 말운동 요소 간 유기적 협응이 요구되고, 문법, 의미론 등 언어학적으로도 복잡한 처리 과정이 요구된다(김수진, 신지영, 2020). 그래서 대부분의 말소리장애 아동은 단어 수준보다 문장 수준에서 조음정확도와 말명료도가 더 떨어지는 경향이 있다. 특히 문장 검사에서는 단어에서는 볼 수 없는 조사, 어미 등 문법형태소에 대한 조음 능력을 살펴볼 수 있다는 이점이 있다.

김수진 등(2012)은 3~4세 아동들을 대상으로 형태소 종류에 따른 치경마찰음의 오류율을 비교하였는데, 연구 결과 어휘형태소보다 문법형태소에서 오류율이 유의하게 더 높았다. 예를 들어, '주스 마셨어.'라는 문장에 대해 어휘형태소 '쥬스'에서는 [주스]로 정조음하였으나 선어말어미와 어말어미 '-었어'가 포함된 /마셔써/에서는 [마셔쩌]로 오조음하거나, '쓰고 왔어'라는 구문에 대해 어휘형태소 '쓰-'가 포함된 /쓰고/는 정조음하지만 문법형태소 '-았어'가 포함된 '왔어'는 [와떠]로 오조음하는 경우가 빈번하게 관찰되었다. 이는 의사소통 상황에서 의도를 전달하는 데에 중요한 역할을 하는 어휘형태소는 정확하게 발음하지만, 상대적으로 덜 중요한 문법형태소에서는 어휘형태소만큼 주의를 기울이지 않아 오류를 보이게 되는 것으로 해석할 수 있다(김수진, 신지영, 2020).

뿐만 아니라 우리말의 경우 용언이 문장의 가장 마지막에 위치하기 때문에, 용언에 포함된 많은 문법형태소들은 말운동적 차원에서도 불리한 위치에 자리하고 있다. 개별 음소로는 정조음할 수 있음에도, 문장의 끝으로 갈수록 잔여 운동에너지가 부족하여 결국 문법형태소에서 오조음을 보일 수도 있기 때문이다. 따라서 문장 산출이 가능한 아동에 대해서는 단어 수준 검사와 문장 수준 검사를 둘 다 실시하여 두 검사 간 수행력을 비교해 볼 필요가 있다. 최근 개정되거나 출판된 대부분의 표준화 검사에는 문장 수준 검사를 포함하고 있으므로, 표준화 검사 내 문장 검사를 활용하는 것도 좋은 방법이다.

2) 음소 문맥에 따른 수행

일상의 의사소통생활에서 음소는 단독으로 산출될 일이 없고 음소들을 연속하여 의미 있는 발화를 만들게 된다. 이어지는 말의 흐름 속에서 인접한 음소들은 서로 영향을 미칠 수 있는데, 이를 동시조음 효과라 한다. 즉, 동일한 음소라도 특정 음성 맥락(phonetic context)에서는 발음이 더 쉬울 수도 혹은 더 어려울 수도 있다. 어느 정도로 가까이 인접해 있어야 서로 영향을 주고받을 수 있는지에 대해서는 연구자마다 다소 의견이 다르지만, 목표음소 바로 앞이나 뒤에 오는 음소의 영향에 대해 부정하는 경우는 없다. 따라서 목표음소의 앞 또는 뒤에 다양한 음소를 배치하여, 정확한 음소 산출을 촉진할 수 있는 특정 음성 맥락을 찾는 문맥 검사를 실시해 볼 수 있다. 영어권에서 최초로 개발된 문맥 검사인 '맥도날드 심화 검사(Deep Test of Articulation: McDonald, 1964)'와 그 이후 출판된 '씨코드 문맥조음 검사(Secord Contextual Articulation Test: S-CAT; Secord & Shine, 1997)' 및 '조음문맥 검사(Contextual Test od Articulation: Aase et al., 2000)' 등은 다양한 음성적 문맥과 세부 과제하에서 개별 음소들을 평가하도록 되어 있다. 국내의 경우에는 UTAP2의 문장 수준 검사에서 자극어에 포함된 다양한 모음문맥에서 자음의 정조음 양상을 분석하도록 되어 있으므로, 이를 활용해 볼 수 있다.

그 밖에 흔히 사용되는 문맥 검사로 목표자음 뒤에 모음을 다양하게 배치하거나 목표자음의 위치를 달리하여 산출하게 하는 무의미음절 문맥 검사를 들 수 있다. 무의미음절이기 때문에 따라 말하기 과제를 통해 산출을 유도할 수밖에 없어, 무의미음절 모방 검사라고도 한다(김민정, 2021). 아동들이 어려워하는 음소인 치경마찰음, 유음, 경구개파찰음, 연구개파열음 등에 대해서는 무의미음절 문맥 검사를 실시할 것을 권하는데, 이때 음소에 따라 정조음 또는 오조음하는 문맥이 관찰되기도 한다. 예를 들어, 전설고모음 /이/ 앞에서 치경마찰음과 경구개파찰음은 정조음하는 것에 반해, 유음은 생략을, 연구개파열음은 전방화 오류를 보이는 경우가 흔하다. 이는 전설고모음 산출 시 동반된 혓몸의 전방부 상승이 인접 자음의 조음위치에 영향을 주었기 때문이다. 〈표 7-2〉는 문맥 검사의 실시 예이다. 이를 통해서도 목표음소들의 정조음 또는 오조음에 영향을 주는 모음문맥이 존재함을 알 수 있다.

표 7-2 **문맥 검사 반응 예**

음소	독립음	ㅣ			ㅡ			ㅜ			ㅏ		
		어두	어중	어말	어두	어중	어말	어두	어중	어말	어두	어중	어말
ㅅ		시	이시		**트**	**으뜨**		**투**	**우뚜**		**타**	**아따**	
ㅈ		지	이지		**드**	**으드**		**두**	**우두**		**다**	**아다**	
ㄹ		**이**	**이이**	일	**으**	jㅡ	을	**유**	**우유**	울	**야**	**아야**	알
ㄱ		**지**	**이지**	익	그	으그	윽	구	우구	욱	**다**	**아다**	악

모음뿐 아니라 인접 자음의 영향 또한 고려해야 한다. 영어권에서는 자음군에 대한 문맥 검사가 활발하게 실시되고 있지만, 우리말은 초성과 종성에 올 수 있는 자음의 수가 한 개로 한정되어 있어 자음군에 대해서는 염두에 둘 필요가 없다. 그러나 어중종성과 어중초성에 자음이 존재하는 음절구조에서는 자음이 연달아 조음되어야 하기 때문에 인접 자음의 영향을 무시할 수 없다. 특히 뒤에 오는 어중초성의 특성에 어중종성이 역행동화되는 경우를 흔히 볼 수 있다. 단독으로 조음할 때 또는 어말종성의 위치에서는 정조음하는 음소도 어중종성에서는 쉽게 역행동화될 수 있기 때문에, 해당 오류가 분절음 차원의 어려움으로 인한 것인지 아니면 역행동화 오류패턴인지를 파악하기 위해 문맥 검사를 실시할 필요가 있다. 예를 들어, [곤주](공주), [욘서](용서), [본투](봉투)와 같은 오류를 보이는 아동이 있다면, 오조음한 /ㅇ/을 어말종성(예: 공, 똥, 가방), 인접자음이 없는 어중종성(예: 호랑이, 고양이), 동일위치 자음이 연속되는 어중종성(예: 웅가, 공기)에서 산출하게 하여 각각의 정확도를 비교해 본다. 만일 모든 문맥에서 오조음한다면 이는 분절음 /ㅇ/의 어려움으로 인한 것으로 볼 수 있지만, 인접 자음이 없거나 인접 자음의 조음위치가 동일한 경우 정조음을 하는 등 문맥에 따라 수행력이 달라진다면 이는 인접 자음의 영향으로 해석할 수 있다. 여러 문맥 조건의 단어를 찾는 것이 용이하지 않다면 혹은 아동의 어휘력이 제한적이라면, 앞에서 기술한 무의미음절 문맥을 활용하여 자극어 조건을 다양하게 만들어 봐도 좋다. 이때 주의할 점은 정상적인 음운변동 중에도 조음위치 동화라는 역행동화 현상이 있으므로, [염필](연필), [칭구](친구), [강기](감기)와 같이 허용되는 음운변동을 오류로 분석하지 말아야 한다는 것이다.

Gierut(1986)는 문맥에 따른 오류의 일관성을 찾기 위해 하나의 말소리를 다양한 언어학적 맥락에서 분석할 것을 제안하였고, 이에 기반 하여 도출된 결과를 음운산출지식(Productive Phonological Knowledge: PPK)이라고 하였다. PPK가 가장 높은 1단계부터 가장 낮은 6단계까지 수준을 구분하였는데, PPK 수준이 높은 음소는 치료 예후가 좋은 반면 낮은 음소는 예후가 좋지 않은 것으로 보고되었다(Elbert et al., 1984). 국내에서도 〈표 7-3〉과 같이 PPK를 한국어 실정에 맞게 수정 보완하여 사용한 연구를 찾아볼 수 있다(이손희, 하지완, 2019; 김수희, 하지완, 2024).

표 7-3 음운산출지식(PPK) 분석 방법 및 유음에 대한 예시

PPK 단계	점수	설명	유음에 대한 예시
1단계	5점	모든 문맥에서 오류 없이 정확하게 산출된 경우	동물 → 동물 (+) 코끼리 → 코끼리 (+) 하라버지 → 하라버지 (+) 즐거운 → 즐거운 (+)
2단계	4점	특정 단어에서만 습관화된 오류를 보이는 경우	동물 → 동물 (+) 코끼리 → 코끼리 (+) 하라버지 → 하버지 (−) 즐거운 → 즐거운 (+) * 특정 단어 '할아버지'에서만 오류
3단계	3점	특정 모음문맥에서 오류를 보이는 경우 또는 특정 모음문맥에서 정조음이 가능한 경우	동물 → 동물 (+) 코끼리 → 코끼이 (−) 하라버지 → 하라버지 (+) 즐거운 → 즐거운 (+) * /ㅣ/모음 앞에서만 오류
4단계	2점	초성에서는 정확하나 종성에서 오류를 보이는 경우 단, 유음은 종성에서 정확하나 초성에서 오류를 보이는 경우 (연구개비음, 성문마찰음의 경우 4단계 평가 불가능)	동물 → 동물 (+) 코끼리 → 코끼이 (−) 하라버지 → 하야버지 (−) 즐거운 → 즐거운 (+) * 초성: −, 종성: +
5단계	1점	초성에서도 오류를 보이는 경우 단, 연구개비음, 유음은 종성에서도 오류를 보이는 경우	동물 → 동물 (+) 코끼리 → 코끼이 (−) 하라버지 → 하야버지 (−) 즐거운 → 즈거운 (−) * 종성: +/−
6단계	0점	목표음소가 전혀 산출되지 못하는 경우	동물 → 동무 (−) 코끼리 → 코끼이 (−) 하라버지 → 하야버지 (−) 즐거운 → 즈거운 (−)

3) 단어 여부에 따른 수행

앞의 '언어 단위에 따른 수행' 부분에서 친숙하지 않은 단어에서의 산출 능력 저하를 파악하기 위해, 비단어(무의미 낱말) 따라 말하기 검사를 실시해 볼 것을 권한 바 있다. 동일한 음소들로 구성된 유사한 구조의 말소리 조합일지라도, 친숙한 단어와 처음 접해 보는 비단어 간에는 산출 능력에 차이가 있을 수 있기 때문이다. 대부분의 대상자가 비단어에서 더 어려움을 보이지만, 간혹 잘못된 습관이 고착된 경우 오히려 자주 사용하는 단어에서 오류를 보이기도 한다.

일반 아동의 경우도 단어보다 비단어에서의 수행력이 더 떨어지는 것이 보편적이다. 하지만 말소리장애 집단에서는 비단어 따라 말하기 수행력 저하가 더욱 두드러지는데, 그 이유는 비단어의 조음이 말소리장애 아동에게는 결코 쉽지 않는 여러 기저 처리 과정들을 거치기 때문이다. 비단어는 저장된 표상이 없으므로 검사자가 자극어를 들려준 후 그것을 즉각적으로 따라 하게 하는 따라 말하기 과제를 사용하여 평가한다. 검사자가 들려준 말소리를 그대로 따라만 하면 되는 별로 어렵지 않은 과제로 여겨질 수 있지만, 이는 청각 처리, 음소재인, 음운기억, 운동프로그래밍, 운동실행 등의 여러 처리 과정들을 거쳐야 하는, 생각보다 어렵고 복잡한 과제이다. 이 중 어떠한 과정에서 어려움이 있더라도 비단어 산출의 정확성은 떨어질 수밖에 없기에, 말소리장애 아동에서 비단어 따라 말하기의 수행력이 떨어지는 것은 어떻게 보면 너무나 당연한 결과이다.

이에, 여러 연구에서 말소리장애 집단의 비단어 따라 말하기 수행력이 일반 아동 집단보다 유의미하게 떨어진다는 것이 확인된 바 있다(김나연, 하지완, 2014; 김미진, 하지완, 2019; 김지영, 하지완, 2019; 김효정 등, 2015; 류은주 등, 2019; 원호슬, 하승희, 2022). 비단어라는 특성상 저장된 언어지식의 영향을 받지 않으므로 전 연령층의 의사소통장애인 선별에 활용할 수 있고 다문화 화자와 외국인에도 적용 가능하다는 점에서 비단어 따라 말하기의 보편적인 의사소통장애 선별검사로서 중요성이 부각되고도 있다(Campbell et al., 1997). 더 나아가 비단어 따라 말하기에서의 오류를 분석함으로써 음운부호화, 음운기억, 조음전환 중 어떠한 기저 결함을 갖고 있는지를 유추할 수 있다는 연구(류은주, 하지완, 2024), 비단어 따라 말하기를 통해 더 이상 말소리장애로 진단되지 않지만 과거에 말소리장애 이력이 있는 아동을 선별해 낼 수 있다는 연구(김지영, 하지완, 2025) 등 비단어를 활용한 흥미로운 연구들도 찾아볼 수 있다.

4) 유도 방법에 따른 수행

말소리 산출을 유도하는 방법은 다양하다. 검사자의 말을 그대로 따라 하게 할 수도 있고, 그림을 보고 그 단어를 말하게 할 수도 있고, 대화상황에서 자발적으로 말을 하도록 할 수도 있고, 들려준 이야기를 다시 말하게 할 수도 있고, 지문을 읽게 할 수도 있다. 어떠한 과제를 사용하였는지에 따라 대상자의 조음정확성이나 말명료도가 달라지기도 하는데, 이는 과제별로 화자에게 요구되는 말처리 기술이 상이하기 때문이다. 예를 들어, 따라 말하기 과제에서는 청각적 자극에 주의를 기울여 자극어와 똑같이 조음을 생성해야 하는 반면, 그림 보고 이름대기 과제에서는 스스로 음운표상을 떠올린 후 운동프로그램을 인출하여 실행해야 한다. 만일 동일 음소 또는 동일 단어에 대해 과제 간 수행력이 다르거나 특정 과제에서 대상자의 반응이 독특한 양상을 띤다면 이는 말소리장애의 하위유형 감별에 유용한 정보를 제공한다. 이 차이는 과제에 따라 대상자에게 제공되는 단서의 양과 수준이 달라지기 때문이기도 한데, 오조음한 자음을 다른 방식으로 유도해 가며 수행력의 향상 정도를 관찰하고자 한다면 이는 역동적 평가의 과정으로도 볼 수 있다.

이 중 따라 말하기 과제는 자극반응도 검사에 빈번하게 활용된다. 자극반응도는 오류를 보인 음소에 대해 단서를 제공하여 수행력이 향상되는 정도를 관찰하는 것으로, 치료 방향과 계획 수립의 근거가 된다. 시각적 · 촉각적 · 청각적 단서 중 청각적 단서가 가장 많이 사용되는데, 오류를 보인 말소리를 다양한 음성문맥에 배치하여 청각적 단서를 제공하며 반응을 유도해 가면 이는 결과적으로 문맥 검사와 유사한 상황이 된다. 따라 말하기 과제를 이용하여 정조음이 가능한 문맥을 찾아가는 절차는 아동의 잠재력을 탐색하는 과정이라 할 수 있다. 자극반응도가 있는 음소는 그렇지 않은 음소보다 치료 예후가 좋은 편이므로, 전통적으로는 자극반응도가 높은 음소부터 치료를 시작하는 경향이 있었다. 그러나 최근에는 다른 견해들도 있는데, 자극반응도가 아주 높은 음소는 적극적 치료개입 없이도 저절로 습득될 여지가 있으므로 치료목표에 포함하지 말고 간간이 점검만 해 볼 것, 자극반응도가 낮은 음소를 먼저 치료할 경우 더 많은 일반화 효과를 기대할 수 있으므로 치료의 효율성 측면에서는 더 긍정적이라는 것 등이 그것이다(김수진, 신지영, 2020).

따라 말하기 또는 모방하기 과제를 가장 어려워하는 대상자들도 있다. 말실행증 아동은 자연스러운 대화 상황에서 자발적으로 말할 때보다 따라 말하기를 통해 말소리 산출을 요구받을 때 더 어려워한다. 본인의 의지와 상관없이 바로 그 순간 검사자와 똑같이

그 발음을 해야 한다는 것은 말운동프로그래밍 측면에서는 무척 부담되는 과제이기 때문이다. 그에 반해 말실행증과 감별진단이 쉽지 않은 비일관적 음운장애의 경우에는, 오류를 보였을 때 목표단어를 들려주고 모방을 유도하면 스스로 오류를 수정하여 정확성이 향상되는 모습이 관찰되기도 한다(Dodd et al., 1989). 모방을 유도하기 위해 검사자가 자극어를 들려주는 것이 스스로 떠올린 불명확한 음운표상을 보완하는 데에 도움이 된다는 것이 그 이유이다. 우리말 조음음운 검사2(UTAP2; 김영태 등, 2020)에서는 따라 말하기 과제를 이용하여 문장을 산출하게 한다. 4~6어절의 문장을 그대로 따라 말하는 것은 음운단기기억이 부족한 아동, 언어장애를 동반한 아동들에게는 쉽지 않은 과제일 것이다. 그러므로 일부 아동에게는 목표음소의 조음을 유도하기 위해 문장 따라 말하기 과제를 사용하는 것이 적절하지 않을 수 있다. 그러나 짧지 않은 문장을 기억하여 그대로 말하기 위해 모든 주의를 기울인 결과, 조음활동에는 주의를 할당하지 못하여 조음과 관련된 본인의 취약점을 여과 없이 드러내 보이는 경우도 있다. 이처럼 말소리 산출 유도 방법, 유도를 위한 자극어의 길이 등에 따라 검사대상자의 수행양상이 달라질 수 있으므로, 다양한 과제의 심화 검사들을 통해 대상자의 능력을 다각적으로 평가할 필요가 있다.

더 볼거리 7-1

● **원인을 모르는 말소리장애 특성에 대한 국내 연구**

원인을 모르는 말소리장애는 이질적인 특성을 지닌 집단이다. 그동안 원인을 모르는 말소리장애 아동들에게서 특징적으로 관찰되는 요인들을 파악하기 위한 연구들이 다수 진행되었으나, 아직까지 명백하게 밝혀진 바가 없으며, 이로 인해 원인을 모르는 말소리장애가 여러 구별되는 하위집단들로 구성되었다는 결론으로 이어지게 되었다.

국내에서도 원인을 모르는 말소리장애를 대상으로 하는 다양한 연구들이 진행되고 있다. 국내 말소리장애 분야에서 연구자와 임상가들이 주로 이용하는 학술지로는 『Communication Sciences & Disorders(CSD)』와 『언어치료연구』, 『말소리와 음성과학』 등이 있다. 이 세 학술지를 기준으로 2010년부터 2020년 상반기까지 원인을 모르는 말소리장애 아동을 대상으로 한 연구는 『CSD』에서 31편, 『언어치료연구』에서 18편, 『말소리와 음성과학』에서 7편으로 총 56편이다. 이 중 외국어 화자를 대상자로 한 연구 4편을 제외하고, 한국어 화자 아동을 대상으로 한 연구는 총 52편이다.

국내연구에서 연구자들은 다양한 독립변수들을 사용하여 말소리장애 아동의 특성을 파악하고자 하였다. 〈표 7-4〉는 말소리장애 아동을 대상으로 한 56편의 연구에 사용된 독립변수들을 크게 말소리(분절적 지표, 초분절적 지표, 그 외 지표), 구조/기능, 말소리 지각, 언어, 인지, 기타로 분류하고 나열한 것이다.

표 7-4 말소리장애 아동을 대상으로 한 연구의 평가지표들

대분류	중분류	소분류	변수	문헌
말소리	분절적 측면	음소정확도/오류율	자음정확도, 특정 음소정확도, 조음 오류율, 자음오류유무	2, 7, 8, 9, 11, 12, 13, 17, 18, 19, 22, 23, 25, 26, 31, 32, 33, 34, 36, 41, 42, 44, 45, 47, 48, 49
		오류유형	오류유형	8, 16, 26, 32
		오류패턴	음운오류패턴(음운변동)	7, 8, 11, 18, 19, 32, 44, 50, 51
		말소리 목록	말소리 목록	33
		자질 관련 변수	자질정확도, 자질유지율, 자질별 오류율	7, 22, 51
	초분절적 측면	음향음성학적 변수	음도, 크기, 음질, 기본주파수, 주파수변동률, 진폭변동률, 소음대배음비, 음성난기류지수, 약한음성지수, 주파수 및 진폭 변화량, 강도 범위, 모음 공간 면적, 마찰 구간 길이, 기식구간 길이, 음향학적 변수(중심적률, 왜도, 첨도, 무게중심, 분산)	10, 12, 15, 28, 29
		발성	성대진동시작시간	20
		속도	전체구어속도, 말속도, 조음속도	34, 38
		쉼	쉼의 빈도, 길이, 부적절한 쉼의 유형	38
	그 외 지표	단어단위 지표	평균음운길이, 가중평균음운길이, 단어단위 근접률, 단어단위 정확률	9, 21
		일관성/변이성	조음일관성, 산출변이성, 오류변이성	44, 46, 47
		말명료도	말명료도	29, 34, 36, 48
		말용인도	말용인도	48
구조/기능	조음기관 구조		휴식 시 안면 대칭성, 조음기관의 외관상 구조	10, 12
	조음기관 기능		비구어 운동 능력, 안면운동, 조음교대운동 능력	10, 12

지각	말소리 지각력		말소리 지각력	30, 45
언어	어휘력		수용어휘력, 표현어휘력	2, 13, 23, 25, 31, 37, 42, 44, 45
	읽기		읽기 재인	1
	쓰기		정량적/정성적 평가 결과	17
인지	음운처리	음운인식	음운인식	1, 17, 25, 37, 40, 43
		음운기억	단어 따라 말하기(정확도, 반응시간), 문장 따라 말하기 정확도, 비단어 따라 말하기(수행력, 변이성, 반응시간, 오류유형), 숫자 따라 말하기	3, 5, 13, 14, 16, 31, 35, 37
		음운표상	판단과제 수행력 및 반응시간, 내적인식과제 수행력 및 반응시간, 인출과제 수행력	3, 23, 39
		음운부호화	음운부호화	52
	지능		비언어성 지능	13
	기억		형태배열, 공간위치, 단어배열기억	35
	학습 능력		순서학습 능력	40
기타	비유창성		비유창성 유형, 점수, 출현율, 발생 위치	26, 27
	내면적 특성		의사소통태도, 자아존중감, 자아효능감	24, 41
	외국어 능력		영어 어휘력 및 어휘 학습 능력	13
	지속 주의		청각적·시각적 지속 주의 과제의 수행력 및 반응시간	42

1. 고유경, 김수진(2010); 2. 고유경, 서은영, 오경아 등(2017); 3. 김나연, 하지완(2014); 4. 김나연, 하지완(2018); 5. 김미진, 하지완(2019); 6. 김미진, 하지완, 김화수(2020); 7. 김민정(2014); 8. 김민정(2015); 9. 김민정, 하승희(2018); 10. 김보선, 김성태(2019); 11. 김수진(2010); 12. 김재옥(2019); 13. 김지영, 하지완(2019); 14. 김효정, 최선영, 하지완(2015); 15. 남정훈, 이봉원(2010); 16. 류은주, 하지완, 김화수(2019); 17. 민종현, 이경재, 최성희 등(2015); 18. 박가연, 김수진(2015); 19. 박은숙, 이란, 이은주(2017); 20. 박종석, 이영미(2016); 21. 박희정(2015); 22. 박희정, 신혜정(2016); 23. 배세령, 하지완, 구민모, 황유미, 편성범(2016); 24. 서수진, 신명선(2014); 25. 서은영, 고유경, 오경아, 김수진(2017); 26. 신가은, 하지완(2015); 27. 안진영, 하지완, 권도하(2013); 28. 양민교, 최예린, 김은연, 유현지(2018); 29. 엄선화, 신혜정(2018); 30. 원민주, 하승희(2015); 31. 이기은, 하지완(2018); 32. 이란, 이은주(2015); 33. 이루다, 김수진(2019); 34. 이서희, 신혜정(2016); 35. 이세연, 김화수(2014); 36. 이영미(2018); 37. 이현정, 김영태, 황보명(2018); 38. 이홍임, 김수진(2017); 39. 정일권, 최선영, 하지완(2015); 40. 정필연, 임동선(2016); 41. 조양아, 김유경(2017); 42. 주미진, 하지완(2018); 43. 최유미, 하승희(2018); 44. 피민경, 하승희(2020); 45. 하승희(2016); 46. 하승희, 서동기(2019); 47. 한은지, 하지완(2017); 48. 한진순(2010); 49. 홍새미, 심현섭(2011); 50. 황상심, 김수진(2015); 51. 황상심, 이숙향(2011); 52. 황지혜, 하지완(2019).

원인을 모르는 말소리장애 아동들이 갖는 표면적인 말 산출 특성을 알아보기 위한 변수들은 크게 분절적 측면에서의 말소리, 초분절적인 측면에서의 말소리, 그 외 말소리와 관련된 지표들로 나누어 볼 수 있다. 분절적인 측면에서의 말소리와 관련된 변수로는 자음정확도, 조음 오류율을 비롯한 음소정확도, 오류유형, 음운오류패턴, 말소리 목록, 자질 관련 변수들이 있었다. 초분절적인 측면에서의 말소리와 관련된 변수에는 다양한 음향음성학적 변수들과 발성, 속도, 쉼 관련 변수들이 있었으며, 기타 말소리와 관련된 지표 변수들로는 여러 가지 단어단위 지표들과 일관성 혹은 변이성, 말명료도, 말용인도가 있었다.

말소리장애 아동들의 표면적인 말소리 특성 외 동반 특성을 살펴보기 위한 변수들은 구조 및 기능, 말소리 지각, 언어, 인지, 기타 변수들로 나뉘었다. 구조 및 기능과 관련된 변수에는 안면 대칭성이나 조음기관의 외관상 구조, 조음기관의 운동 능력 변수들이 있었으며, 말소리지각과 관련된 변수로는 말소리 지각력이 있었고, 언어와 관련된 변수들로는 어휘력, 읽기 및 쓰기 변수들이 있었다. 인지와 관련된 변수에는 음운인식, 음운기억, 음운표상, 음운부호화를 포함하는 음운처리 변수들과 비언어성 지능, 기억, 순서학습 능력이 있었으며, 기타 변수들로는 비유창성, 내면적 특성, 외국어 능력, 지속주의 능력 관련 변수들이 있었다.

전체 변수들을 살펴보면, 이 중 가장 많이 사용된 변수는 음소정확도(자음정확도, 자음오류율 등)로, 이는 분절적인 측면에서 말소리 능력을 살펴보는 지표 중 하나이다. 음소정확도는 말소리장애의 심각도를 구분하는 기준이 되는데, 경도, 중도, 심도로 말소리장애를 비교적 간단하게 분류할 수 있다. 실제로 여러 연구에서는 음소정확도를 사용하여 심각도 수준으로 말소리장애 아동 집단을 구분하기도 하였다. 초분절적인 측면에서의 말소리 관련 변수들을 살펴본 연구들은 분절적 말소리 관련 변수나 기타 말소리 관련 지표들에 비해 비교적 적게 수행되었다.

제8장

말처리 능력 평가

언어심리학적 관점에서 한 대상자의 전체 말소리 산출 과정의 강·약점을 다각적으로 평가해야 한다는 주장은 말소리장애와 관련한 대부분의 평가가 결함에 대해 기술만 해 줄 뿐 결함을 초래한 기저 원인에 대해서는 설명해 주지 못한다는 비판에서 비롯되었다. 동일 오류를 보이는 유사한 수준의 말소리장애라 하더라도 문제 발생에 영향을 주는 기저 어려움은 다양하며, 따라서 대상자마다 효율적인 중재 방향 또한 제각각 다를 수 있다. 말소리장애 분야에 언어심리학적 이론을 접목하여 연구의 흐름을 주도하는 대표적 학자인 Stackhouse와 Wells는 1997년 출간한『Children's speech and literacy difficulties I: A psycholinguistic framework』이후 여러 책과 논문들에서 말소리장애 아동들에 대한 말처리 능력(speech processing) 평가의 중요성을 강조하여 왔다.

말처리 능력 평가는 기존 대부분의 평가들처럼 최종적으로 산출한 표면적인 발음형에 초점을 둔 것이 아니라, 말소리 산출을 위해 화자에게 요구되는 기저의 인지, 언어, 운동 처리 과정 전반을 다룬다. 특정 몇몇 단계에만 관심을 갖고 이를 집중적으로 평가하는 경우도 있지만, 말처리 과정의 각 단계는 다른 단계들과 상호작용하며 서로 영향을 주고받기 때문에 각 단계의 처리 능력을 정확하게 파악하기 위해서는 말처리 과정 전반의 수행력을 평가하여 비교하는 것이 바람직하다. 또한 언어심리학에서는 말처리 능력의 약점뿐 아니라 강점 파악의 중요성도 강조하는데, 이는 특정 단계의 약점이 다른 단계의 강점을 통해 보완될 여지가 있는 만큼 말처리 과정의 강·약점 파악은 중재 활동 시 중요한 정보를 제공하기 때문이다.

말처리 능력 평가는 임상적 활용에 있어 제한점이 지적되기도 하였는데, 가장 큰 제한점은 주어진 평가 기간 내에 각 말처리 단계에 가장 적합한 과제들을 고안해 말처리 과정 전반의 수행력을 살펴보는 것은 시간과 노력이 많이 드는 쉽지 않은 작업이라는 것이다. 이에 최근에는 디지털 시스템으로 말처리평가 프로그램을 개발하여, 좀 더 손쉽게 평가와 분석이 가능한 여건을 제공하고자 노력한 시도도 찾아볼 수 있다(김지영 등, 2023).

Stackhouse와 Wells(1997, 2007)는 말소리장애 분야에 언어심리학적 진단평가의 틀을 제공할 수 있는 말처리 모델(speech processing model)과 말처리 프로파일(speech processing profile)을 제시하였다. 말처리 모델은 말을 산출하기 위해 거치는 기저의 처리 단계와 경로들을 상자와 화살표로 표현한 모델로, 각 단계에서 요구되는 처리 과정과 단계 간 처리경로를 설명해 준다. 말처리 프로파일은 각 말처리 단계가 평가하고자 하는 것이 무엇인지를 질문으로 제시하며, 해당 질문에 답을 얻을 수 있는 과제들을 수행하게 함으로써 또래와 비교하거나 개인이 가진 강·약점을 파악하게 해 준다. 말처리 모델에 관해서는 제1장 '말처리모형에 따른 분류'에서 이미 설명한 바 있다. 따라서 이 장에서는 말처리 모델에 대해 간단하게 정리하고, 대부분은 말처리 프로파일에 할애하도록 하겠다.

1. 말처리 모델

Stackhouse와 Wells(1997)는 말 산출을 위한 전체 말처리 과정을 [그림 8-1]과 같이 상자와 화살표로 나타내었다. 얇은 선의 상자들은 처리 과정(processing)을, 굵은 선의 상자들은 저장된 지식(표상)을, 화살표들은 정보의 경로를 나타낸다. 처리 과정의 좌측은 입력(input) 과정을, 우측은 출력(output) 과정을 의미한다. 또한 입체 상자는 선 상자와 쌍방향 화살표로 되어 있는 것을 볼 수 있는데, 이는 상자들 간 활발한 정보 교류가 존재함을 의미한다.

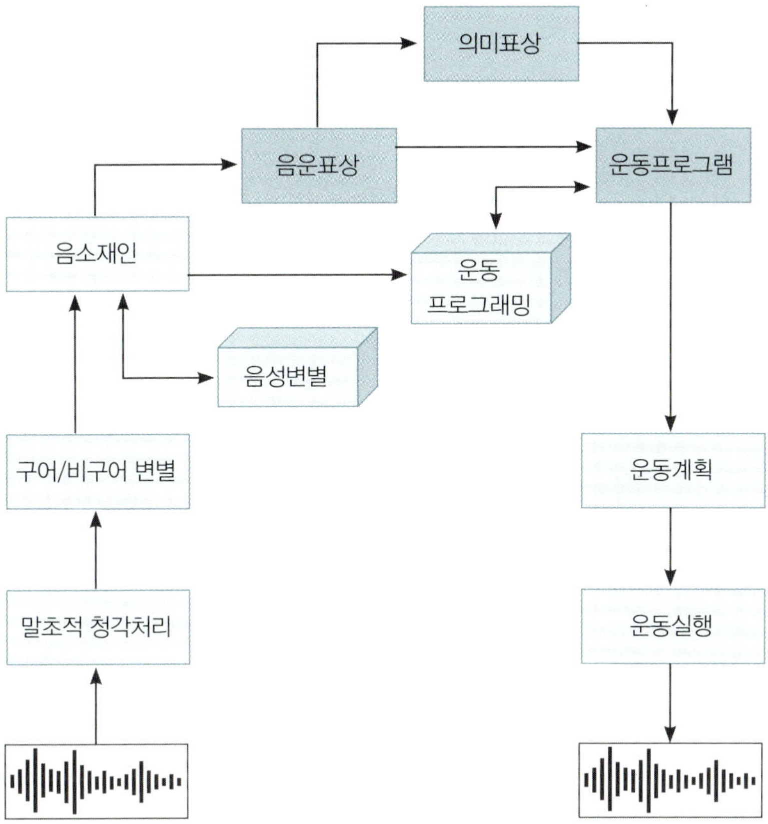

[그림 8-1] Stackhouse와 Wells의 말처리 모델(Speech processing model)

말처리 모델의 각 단계에 대한 설명을 〈표 8-1〉에 정리하였다.

표 8-1 **말처리 모델의 단계별 설명**

말처리 단계		설명
입력 과정 (input processing)	말초적 청각처리 (peripheral auditory processing)	소리들을 말초적으로(청각적으로) 처리하는 단계. 말소리를 포함하여 모든 주변 소리들을 처리함
	구어/비구어 변별 (speech/non-speech discrimination)	말소리와 말소리가 아닌 다른 소리(예: 환경음)를 구분하는 단계. 이것이 가능해야 이후 말처리 단계로 넘어갈 수 있음
	음소재인 (phonological recognition)	저장된 음운지식에 기반하여 들은 말소리를 알고 있는 친숙한 음소로 인지하는 단계

	음성변별 (phonetic discrimination)	말소리들 간 음성적 차이를 구분하는 단계. 낯선 말소리를 듣게 되면 음운재인 단계와 상호작용하며 저장된 음소와 비교하게 되고, 이후 그 소리는 새로운 음소로 저장되거나 아니면 이미 저장된 음소들 중 하나로 재인하게 됨.(특히 초기 언어학습 또는 외국어 학습 시 요구되는 능력)
저장된 지식 (stored knowledge)	음운표상 (phonological representation)	저장된 어휘의 음운구조에 대한 지식
	의미표상 (semantic representation)	저장된 어휘의 의미와 개념에 대한 지식
	운동프로그램 (motor program)	알고 있는 어휘의 조음운동 제스처에 대한 저장된 정보
출력 과정 (output processing)	운동프로그래밍 (motor programming)	새로운 운동프로그램을 생성하는 단계. 운동프로그램 단계와 상호작용하며 저장된 운동 제스처 일부를 가져와 조합하여 프로그래밍하기도 함. 프로그래밍을 거친 운동 제스처는 이후 운동프로그램으로 저장됨.(이전에 말해 본 적 없는 어휘를 말할 때 요구되는 능력)
	운동계획 (motor planning)	실시간 문맥 또는 상황에 맞게 목표한 운동 제스처를 재조합하는 단계
	운동실행 (motor execution)	말초적인 조음운동 산출 단계

그렇다면 이러한 전체 말처리 과정의 각 단계별 강·약점을 어떻게 파악할 수 있을까? 이에 대해서는 다음 말처리 프로파일을 통해 어느 정도 해답을 얻을 수 있을 것이다.

2. 말처리 프로파일

Stackhouse와 Wells(1997)는 말처리 과정의 각 단계를 평가하고자 할 때 검사자가 대상자를 향해 던져야 하는 질문들을 말처리 프로파일을 통해 정리하였다([그림 8-2] 참조). [그림 8-2]의 좌측에는 입력(input) 능력을 평가할 수 있는 A부터 F까지의 질문들을, 우측에는 출력(output) 능력을 평가할 수 있는 G부터 K까지의 질문들을 나열하였다.

INPUT

F

Is the child aware of the internal structure of phonological representations?

아동은 음운표상의 내적 구조를 인식하고 있는가?

E

Are the child's phonological representation accurate?

아동의 음운표상은 정확한가?

D

Can the child discriminate between real words?

아동은 단어를 변별할 수 있는가?

C

Does the child have language-specific representations of word structure?

아동은 단어 구조에 대한 언어별 표상을 가지고 있는가?

B

Can the child discriminate speech sounds without reference to lexical representation?

아동은 어휘표상의 참조 없이 말소리를 변별할 수 있는가?

A

Does the child have adequate auditory perception?

아동은 적절한 청지각 능력을 가지고 있는가?

OUTPUT

G

Can the child access accurate motor programs?

아동은 정확한 운동프로그램에 접근할 수 있는가?

H

Can the child manipulate phonological units?

아동은 음운단위를 조작할 수 있는가?

I

Can the child articulate real words accurately?

아동은 단어를 정확하게 조음할 수 있는가?

J

Can the child articulate speech without reference to lexical representations?

아동은 어휘표상의 참조 없이 말소리를 조음할 수 있는가?

K

Does the child have adequate sound production skills?

아동은 적절한 소리산출 기술을 가지고 있는가?

L

Does the child reject his/her own erroneous forms?

아동은 자신의 오류형태를 거부할 수 있는가?

[그림 8-2] Stackhouse와 Wells의 말처리 프로파일(speech processing profile)

출처: Stackhouse & Wells (1997).

프로파일의 상단에 가까운 질문일수록 어휘표상(지식)에 대한 접근이 요구되며, 하단에 가까운 질문일수록 표상에 대한 접근이 요구되지 않는다. 예를 들어, '아동은 적절한 청지각 능력을 가지고 있는가?'라는 질문 A에 대해서는 저장된 표상으로의 접근이 요구되지 않는 과제로 평가하는 반면, '아동은 음운표상의 내적 구조를 인식하고 있는가?'라는 질문 F에 대해서는 저장된 음운표상 기반의 과제로 평가를 진행한다.

① A단계: 아동은 적절한 청지각 능력을 가지고 있는가

환경음 변별 검사를 사용하여 A 단계의 질문에 답할 수 있다. 이 단계에서는 언어적 지식이 요구되지 않는다.

② B단계: 아동은 어휘표상의 참조 없이 말소리를 변별할 수 있는가

비단어 각운 판단 검사, 단음절 비단어 변별 검사, 다음절 비단어 변별 검사와 같이 들어본 적 없는 말소리 자극들을 이용하여 검사한다. 단, 이때 비단어 자극어도 환경음이 아닌 말소리들로 구성된 자극어라는 것을 명심한다. 또한 동일한 B단계를 평가하지만 자극어의 복잡성에 따라 난이도는 달라지며, 단음절 변별, 각운 판단, 다음절 변별 순으로 난이도가 높아진다.

Stackhouse와 Wells(1997)의 과제 간 성격의 차이를 명확히 구분해 놓았는데, 변별(discrimination) 검사는 두 자극어를 제시한 후 둘의 소리가 같은지, 다른지를 '변별하게' 하는 검사인 반면, 각운 판단(judgement) 검사는 제시한 두 자극어가 같은 각운으로 구성되어 있는지, 아닌지를 '판단하게' 하는 검사이다. 예를 들어, '벅'-'걱'이라는 동일한 자극어를 제시하더라도 '두 소리가 같아, 달라?'라고 물어볼 경우(변별 검사), 대상자는 첫 소리에만 주의를 기울여 두 자극어가 '다르다.'라고 대답하면 된다. 하지만 '두 소리가 같은 각운으로 이루어져 있어?'라고 물어볼 경우(각운 판단 검사), 대상자는 음절핵인 중성(모음)과 종성을 결합한 /억/이라는 각운을 확인할(identify) 수 있어야 하며 그 후 그 각운이 같은지, 다른지를 변별하고 나서, '네.'라고 대답할 수 있을 것이다. 다음절 비단어 변별 검사에 대해서는, Stackhouse와 Wells(1997)는 'IKIBUS-IBIKUS' 'KIRIVIN-KIVIRIN'과 같이 다음절 구조에서 음절배열을 달리한 자극어 쌍을 예로 들었다. 이때에는 자극어의 모든 소리와 순서 정보들에 주의를 기울여 정보를 처리한(process) 후에 '다르다'고 대답할 수 있기 때문에, B단계에서 가장 난이도가 높다.

③ D단계: 아동은 단어를 변별할 수 있는가

C단계는 이중언어 또는 다중언어 환경에 있는 아동에게만 요구되는 단계이므로 여기에서는 제외하도록 하겠다. D단계는 비단어가 아닌 단어 자극어를 사용한다는 점만 제외하면 B단계와 검사 방식이 거의 동일하다. 그러나 D단계에서는 저장된 어휘지식을 활용할 수 있다는 점에서 B단계와 상향적처리(top-down processing)와 하향적처리(bottom-up processing)의 정도가 다르다. 이를테면, B단계의 비단어 변별은 청각적으로 입력된 개별 분절음에 초점을 두고 상향적 처리에 의존하는 반면, D단계의 단어 변별은 저장된 어휘지식을 활용하여 주어진 두 단어가 같은지, 다른지를 하향적 처리에 기반하여 구분한다. 이 때문에 D단계를 B단계보다 말처리 프로파일의 상단에 위치시켰다.

D단계의 과제들로는 단어 변별 검사, 단어 각운 판단 검사, 단어 각운 탐지 검사 등이 있다. 이때 탐지(detection) 검사는 판단 검사와 성격이 다른데, 각운 판단 검사는 두 개의 단어를 들려주고 두 단어가 동일한 각운으로 이루어져 있는지, 아닌지를 판단하게 하는 과제인 반면, 각운 탐지 검사는 세 개의 단어를 들려주고 이 중 각운이 같은 두 개를 선택하게 하는 과제이다. 검사 방식의 예를 살펴보면, 세 개의 인형을 보여 준 후 1번 인형은 'SHELL', 2번 인형은 'BELL', 3번 인형은 'SEA'라고 말했다고 하며, 이 중 같은 각운의 단어를 말한 인형들을 가리키라고 하는 식이다. 각운 탐지뿐 아니라 음절체 탐지를 하게 할 수도 있다. 대상자의 연령, 어휘 수준 등에 따라 적절한 검사 단어들이 다를 수 있으므로, 특정 대상아동을 염두에 둔 후 우리말의 예시 항목을 만들어 볼 수 있다. 가령 '공' '콩' '곰'에 대해 각운 탐지에는 '공'과 '콩'을, 음절체 탐지에는 '공'과 곰'을 선택하면 된다.

탐지와 판단 과제는 변별 과제보다 메타인지 능력이 더 요구되고, 탐지 과제는 판단 과제보다 작업기억 능력이 더 요구되므로, D단계 내에서 세 과제의 난이도는 변별, 판단, 탐지 순으로 높아진다.

④ E단계: 아동의 음운표상은 정확한가

이전 단계의 평가들이 소리 자극만을 제공하였던 것에 반해, E단계 평가를 위해서는 소리 자극과 함께 그림 자극을 제공한다는 차이가 있다. 그림을 보면, 그것이 아는 단어일 경우, 해당 단어의 음운표상을 스스로 떠올리게 되는데, 이 저장된 표상이 정확하게 구성되어 있는지를 평가하는 것이 E단계의 목적이다. 이때 음운표상은 저장된 단어의 전체 소리정보에 대한 지식을 말하는 것으로, 개별 분절음의 정확성 그 이상을 의미한다는 것이다. 음소재인(phonological recognition)과 음운표상(phonological recognition) 둘 다

'phonological'이라는 용어를 사용하기 때문에 이 둘을 혼돈하는 경우가 간혹 있는데, 전자는 언어학적 의미의 '음소'인 반면, 후자는 언어심리학적 의미의 '음운'을 일컫는다. 즉, 음소재인은 들려준 개별 말소리를 청자의 머릿속에 저장된 익숙한 음소(분절음)로 인지하는 것이고, 음운표상은 저장된 어휘의 음운정보들(구성된 모든 음소의 존재, 각 음소별 위치, 음소 간 배열 등)에 대한 지식이다.

E단계 평가 과제로 청각변별 그림선택 검사와 청각변별 그림판단 검사가 있다. 청각변별 그림선택 검사는 두 개의 그림 중에서 검사자가 들려주는 자극어(단어)에 해당하는 그림을 선택하는 과제로, 두 단어는 '공'–'콩'과 같이 유사한 음운표상으로 구성되어 있다. 청각변별 그림판단 검사는 한 개의 그림이 제시되고 이에 대한 자극어를 들려주면 그것이 맞는 발음인지 아닌지를 답하는 과제로, 들려주는 자극어는 맞는 발음이거나 또는 한 개 음소만 다른, 목표단어와 음성적으로 매우 유사한 비단어이다. 예를 들어, '물고기' 그림을 보여 준 후, '/물꼬기/'로 들려주면 '네.'라고 답하고, '/물꼬지/'로 들려주면 '아니요.'로 답해야 한다. 두 검사 모두 저장된 음운표상을 떠올려야 하고 그것이 정확할수록 수행력이 우수하다는 공통점이 있지만, 청각변별 그림판단 과제는 목표어와 음성적으로 매우 유사한 자극어를 거부할 수 있어야 한다는 점에서 인지적으로 더 부담되는 과제이다.

⑤ F단계: 아동은 음운표상의 내적구조를 인식하고 있는가

입력의 가장 상단에 있는 F단계는 저장된 어휘로의 접근뿐 아니라 그 어휘의 음운구조를 정확하게 인식하고 있는지를 평가하는 것이다. F단계의 모든 검사는 그림 자료만으로 이루어지고 검사자가 자극어를 들려 주지 않기 때문에, 음운정보가 외부적으로 전혀 제공되지 않는다. 어휘집에 저장된 어휘를 자발적으로 떠올리고 그것의 내부 구조를 탐색하게 하는 단계로, 검사 과제로는 음절체 탐지, 각운 탐지, 음소(초성, 종성) 탐지, 어휘 탈락 검사 등을 들 수 있다.

음절체 탐지의 경우, 예를 들어, '공' '곰' '달' 그림을 제시한 후 세 그림에서 음절체가 같은 것을 가리키도록 하는데, 이때 검사자는 아무런 소리자극도 들려주지 않고 대상자로 하여금 어떠한 말 산출도 요구하지 않는다. 같은 방식으로 음소(초성 또는 종성) 탐지 과제를 구성해 볼 수 있으며, 음절체와 각운보다 음소의 단위가 더 작기 때문에 음소 탐지 과제의 난이도가 더 높다. 어휘 탈락 검사에서는, 예를 들어, '양말' 그림과 '말' 그림을 차례대로 보여 준 후 앞의 그림에서 뒤의 그림을 빼면 어떤 단어가 되는지를 보기 그림

중에서 고르게 한다. 어휘 탈락은 각운 또는 음소 탐지보다 음운조작 능력이 더 요구되므로, 난이도가 더 높다. 우리가 흔히 음운인식 검사로 알고 있는 과제들과 근본적인 평가 목적이 크게 다르지 않지만, F단계는 산출을 배제한 수용 기반 처리 능력만을 요구한다는 점에서 기존 음운인식 과제들과 차이가 있다.

⑥ G단계: 아동은 정확한 운동프로그램에 접근할 수 있는가

단어를 정확하게 산출한다는 것은 정확한 운동프로그램에의 접근을 전제하므로, 이름대기 과제를 사용하여 G단계를 평가할 수 있다. 이 단계는 저장된 운동프로그램에의 올바른 접근 여부를 파악하는 것이 목적인 만큼, 상향적 처리의 도움 없이 자발적으로 정확한 이름대기가 가능한지를 살펴보는 것이 중요하다. 때문에 따라 말하기를 이용하여 목표 어휘를 정확하게 말하게 한 것은 G단계 검사에 해당하지 않는다. 또한 정확한 이름대기의 실패가 모두 G단계의 결함을 의미하는 것은 아니라는 점도 명심하자. 정확하지 않게 단어를 산출한 경우, 그것이 J(운동프로그래밍 능력), K(구강운동실행 능력) 등의 단계들 때문이 아니라 G단계 때문임을 밝히기 위해서는, 이후 출력 과제들을 순차적으로 실시하여 그 수행력들을 비교한 이후에야 최종 판단이 가능하다.

⑦ H단계: 아동은 음운단위를 조작할 수 있는가

H단계는 저장된 음운표상과 운동프로그램에 접근하여 이를 더 작은 단위로 분리하거나 다른 조합으로 합성한 후, 그 결과물을 구어로 산출할 수 있는지를 평가하는 것이다. 이 단계 평가를 위해서는 분절, 분리, 탈락, 합성 등과 같은 산출 기반 음운인식 검사를 사용할 수 있다.

Stackhouse와 Wells(1997)는 H단계 평가를 위해 각운 산출 검사를 제안하였는데, 예를 들어, 'CAT과 각운이 같은 단어를 아는 대로 말해 봐.'라고 지시한다. 이에 대해 'CAT, SAT, FAT, HAT' 등의 단어를 나열하여 말할 때, 산출한 단어가 많을수록 H단계의 수행력이 우수한 것으로 간주할 수 있다. 이 단계에서는 저장된 어휘에 의존하는 하향적 처리와 말초적 운동기능에 기반한 상향적 처리를 모두 활용할 수 있다. 이를테면, 알고 있는 어휘 중 '-AT'으로 끝나는 단어들을 인출하다가(하향적 처리) 더 이상 단어가 떠오르지 않으면, 'AAT, BAT, CAT, DAT, EAT' 등과 같이 알파벳 순서대로 -AT과 결합시켜 보는 단순하고 반복적인 조음활동(상향적 처리)을 하게 되는데 그러다가 우연히 그 결과물이 'BAT, EAT'과 같이 아는 단어일 경우 목록에 추가하게 된다.

각운 산출 이외에 음소(초성, 종성) 산출 검사를 실시할 수도 있다. 우리말의 예를 들어 보면, /ㄱ/로 시작하는 단어를 모두 말해 보라고 할 때 '감, 강, 곰, 공, 국, 굴, 귤, 김' 등의 단어들을 나열할 수 있는데, 저장된 어휘집이 풍부하고 즉각적인 음소결합 능력이 우수한 대상자일수록 더 많은 단어의 산출이 가능할 것이다. 각운보다 음소의 단위가 더 작기 때문에 음소 산출 과제의 난이도가 더 높다. 또한 종성보다 초성이 음성적으로 더 두드러지고 종성은 중성(모음)과의 결합이 더 강하기 때문에, 초성 산출보다 종성 산출 과제가 일반적으로 더 어렵다. 따라서 H단계 내에서 각운 산출, 초성 산출, 종성 산출 과제 순으로 검사의 난이도는 높아진다.

종성 산출보다 더 난이도가 높은 검사로는 고도의 메타음운 능력이 요구되는 두운전환(spoonerism) 과제가 있다. 두운전환 과제는 제시한 두 단어의 일부를 교환한 후 그 결과물을 산출하게 하는 것으로, 예를 들어, 'John Lennon의 앞의 두 말소리를 서로 바꾸어서 말해 봐.'라고 했을 때 'Lohn Jennon'과 같이 대답할 수 있는지를 평가하는 것이다. 우리말의 예를 들어 보면, '동생 친구'에서 두 단어 간 어두초성을 바꾸어 '총생 딘구'라고 답할 수 있는지를 살펴보는 것이다.

H단계는 메타음운 능력(음운인식 능력)을 요구한다는 점에서 F단계와 유사한 측면이 있으나, 그것이 입력 기반(F단계)과 출력 기반(H단계) 중 어떤 처리 과정에 해당하느냐에 차이가 있다. 또한 저장된 음운표상과 운동프로그램이 전제되어야 한다는 점에서 G단계와 겹치는 부분도 있으나, H단계는 저장된 음운표상과 운동프로그램에의 접근뿐 아니라 내부 단위들을 조작하는 능력을 요구한다는 점에서 차이가 있다.

⑧ I단계: 아동은 단어를 정확하게 조음할 수 있는가

I단계는 단어나 문장 따라 말하기 과제를 이용하여 검사할 수 있다. 물론 문장 따라 말하기는 통사적 지식이 필요하고 음운기억력이 더 요구되므로 단어 따라 말하기보다 난이도가 높다. 검사자에 의해 따라해야 할 단어와 문장이 제공되므로 상향적 처리 과정을 요구하지만, 저장된 어휘와 통사 지식의 활성화가 일어나기 때문에 하향적 처리도 동반된다.

⑨ J단계: 아동은 어휘표상의 참조 없이 말소리를 조음할 수 있는가

I단계와 마찬가지로 따라 말하기 과제를 이용하지만, 단어가 아닌 비단어 자극어를 제시한다는 점에서 차이가 있다. 모든 자극어는 대상자들이 처음 접해 보는 소리 조합이기

때문에 저장된 어휘지식의 활용 가능성은 매우 낮고 말초적 청각처리에 주로 의존한다. 또한 이후 비단어를 조음하기 위해 새로운 운동프로그램을 생성하는 능력이 요구된다. 비단어 자극어의 길이가 길어질수록 말초적 청각처리와 운동프로그래밍의 부담이 높아지기 때문에, J단계 내에서도 난이도가 더 높아진다. Stackhouse와 Wells(1997, 2007)는 운동프로그래밍 능력이 매우 떨어지면 표현언어가 극히 제한적인 무발화 증상을 보일 가능성이 높으며, 운동프로그래밍 능력에 전적으로 의존하는 비단어 따라 말하기 능력은 새 어휘학습에 있어 절대적인 전제 조건이라고 보고한 바 있다.

⑩ K단계: 아동은 적절한 소리산출 기술을 가지고 있는가

언어지식이 전혀 요구되지 않는 구강운동 검사 또는 무의미음절 따라 말하기 검사가 K단계에 해당한다. 구어를 사용하는 무의미음절 따라 말하기는 단순한 구강운동을 요구하는 구강운동 과제보다 K단계 내에서 좀 더 난이도가 높다.

⑪ L단계: 아동은 자신의 오류형태를 거부할 수 있는가

L단계는 오조음을 하였을 때 이를 탐지하여 고쳐 말할 수 있는 능력을 의미한다. 본인의 오류를 듣고 알아챌 수 있어야 하므로 입력 과정을 거치고, 말을 하는 동안 잘못된 조음 움직임을 감지할 수 있어야 하므로 출력 과정도 거친다. 따라서 L단계는 말처리 프로파일에서 좌측(입력 처리)도 우측(출력 처리) 아닌 중앙에 위치하였다. L단계의 전 과정에서 요구되는 능력을 모니터링 능력이라고도 하는데, 이것을 구조화된 특정 과제를 통해 평가하기는 어렵다. 그보다는 자발화를 산출하는 동안 아동의 발화행위를 면밀하게 관찰해 보면, 해당 아동이 모니터링 능력을 갖추고 있는지 여부를 파악할 수 있을 것이다.

질문 A와 같이 말초적 능력을 평가하는 단계를 제외하면 각 단계의 질문은 하나 이상의 말처리 능력을 다룬다. 예를 들어, '아동은 어휘표상의 참조 없이 조음할 수 있는가?' 라는 질문 J의 평가에는, 낯선 자극어를 잘 지각해야 하므로 말소리 변별 능력이 필요하고, 새로운 말소리조합을 즉각적으로 만들 수 있어야 하므로 운동프로그래밍 능력이 필요하고, 말소리를 정확하게 산출할 수 있어야 하므로 조음실행 능력도 필요하다. 따라서 말처리 프로파일 내에서 특정 결함을 확인하기 위해서는 각 단계별 평가를 실시한 후 단계들 간(between levels) 평가결과를 비교하는 과정을 거쳐야 한다. 단계 간 비교는 아동의 강 · 약점을 파악하는 진단 절차의 한 부분이라고도 할 수 있다. 예를 들어, '아동은 정확한 운동프로그램에 접근할 수 있는가?(질문 G)'를 그림이름대기 과제를 이용하여 평가한 후, 그림이름대기 과제에서 오조음한 어휘에 대해 '아동의 음운표상은 정확한가?(질문 E)'의 답을 구하는 것이다. 질문 E에 대해서는, 앞에서 설명했듯이, 청각변별 그림선택 또는 그림판단 검사를 이용해 그 해답을 얻을 수 있다. 이렇게 하면 아동의 운동프로그램 능력과 음운표상 능력에 대한 상대적인 강 · 약점을 비교할 수 있다.

더불어 단계 내(within levels) 평가 또한 실시하도록 권하고 있는데, 단계 내 비교는 한 단계에 두 개 이상의 과제를 실시하여 그 수행력들을 비교하는 것이다. 예를 들어, '아동은 어휘표상의 참조 없이 말소리를 변별할 수 있는가?'라는 질문 B에 대해, 단음절 비단어 변별 과제에서는 높은 수행력을 보였지만 다음절 비단어 변별 과제에서는 낮은 수행력을 보인 아동이 있다면, 이 아동의 경우 청지각적 결함보다는 음운기억력 또는 음운정보처리의 어려움을 의심해 볼 수 있다.

이때 특정 단계의 결함이 그 이후 단계들의 낮은 수행력으로 반드시 연결되는 것은 아니라는 것을 명심하자. Campbell과 Wright(1988)는 청력손실이 있는 아동이 각운 과제에서는 높은 수행력을 보였음을 보고한 바 있는데, 이처럼 A 단계에 결함이 있다고 하여 A 이후 모든 단계에서도 어려움을 보이는 것은 아니다. 또한 각 단계 내에서 검사 과제별 난이도를 상정할 수는 있지만, 모델의 두 차원, 즉 좌우 그리고 상하의 차이는 난이도를 의미하는 것이 아니라는 것도 기억하자. 어떤 단계가 더 어렵고 더 쉬운지는 아동 개별 말처리 프로파일에 달려 있다. 따라서 아동 개별 말처리 능력을 정확하게 파악하기 위해서는 말처리 프로파일의 단계 내 및 단계 간 비교를 통해 대상자별 강 · 약점을 파악하는 것이 중요하다.

3. 말처리 모델과 말처리 프로파일을 이용한 진단평가

말소리장애 분야에 언어심리학적 이론을 접목하는 궁극적 목적은, 첫째, 전체 말처리 과정의 각 단계별 수행력을 다각도로 평가하여 대상자가 가지고 있는 기저 어려움과 상대적 강점을 파악하고, 둘째, 이를 기반으로 대상자에게 가장 효율적인 중재 방향을 설정하고 중재 계획을 수립하는 것이다(Stackhouse & Wells, 1997; Stackhouse et al., 2006; Pascoe et al., 2005). 이때 말소리 산출과 관련된 기저 강 · 약점은 대상자마다 다르기 때문에 구체적인 진단평가 방법과 이에 따른 중재 방향은 대상자마다 다를 수밖에 없다. 그런 만큼 언어심리학적 접근법은 개별 대상자 맞춤형으로 접근해야 하는 시간과 노력이 많이 드는 과정이다. 이 절에서는 Stackhouse와 Wells(1997)의 말처리 모델과 말처리 프로파일을 이용한 진단평가 사례를 살펴보고자 한다.

1) 기본 원칙

언어심리학적 접근법의 시작은 말처리기술의 각 단계들을 잘 평가할 수 있는 검사 과제들을 구성하여, 대상자의 말처리 능력 전반을 평가하는 것에서부터 비롯된다. Stackhouse와 Wells(1997)의 말처리 프로파일과 말처리 모델을 활용하여 다음의 절차대로 진단평가 및 중재 방향을 결정할 수 있다.

- 말처리 프로파일의 각 단계별 질문에 응답할 수 있는 검사 과제들을 선정한다. 기존 검사로 평가가 불가능한 단계들은 대상자의 특성을 고려하여 검사자가 직접 과제를 제작하도록 한다.
- 말처리 프로파일의 각 단계별 검사 결과들을 정리한다. 말처리 프로파일 도표를 요약지로 활용하여도 좋다. 검사 결과들에 근거하여, 프로파일 도표에 수행력이 양호한 단계에는 체크 표시(✓)를, 수행력이 취약한 단계에는 엑스 표시(×)를 표기하면, 대상자가 가진 말처리 과정상 강・약점을 한눈에 파악할 수 있다.
- 말처리 모델 상에서 결함이 있는 단계들을 확인한다. 말처리 모델 도표에 결함이 있는 단계들을 눈에 띄게 표시하는 것도 좋은 방법이다.
- 말처리의 전 과정을 변화시켜 궁극적으로 대상자가 가진 말소리 오류를 개선할 수 있도록 중재 방향과 중재 순서를 설정한다.
- 각 단계별 결함을 치료하기 위한 중재 방법을 수립하고 중재 과제를 고안한다. 대상자가 가진 강점은 약점을 보완하는 데에 활용할 수 있으므로, 중재 활동 구성 시 이를 고려하도록 한다.

2) 사례

5세 2개월 아동 A에 대한 말처리 프로파일의 각 단계별 질문에 응답하기 위해, 표준화 검사와 학술 논문 등에서 사용된 과제들을 활용하였다. 표준화 검사의 경우 제공된 규준을 참고하여 A의 수행 수준을 해석하였고, 학술자료의 경우, 연구의 원데이터들과 A의 점수를 비교하여 수행 수준을 유추하였다. 출력 과정에 대해서는 다음과 같은 표준화 검사를 활용하여 검사가 가능하였다. 첫째, G단계(아동은 정확한 음운표상에 접근할 수 있는가?)를 평가하기 위해 UTAP2의 단어 수준 검사(단어 이름대기)를 이용하였다. 둘째, H단계(아동은 음운단위를 조작할 수 있는가?)를 평가하기 위해 한국어 읽기 검사(KOLRA)(배소영 등, 2015)의 음운인식 검사를 실시하였다. 셋째, I단계(아동은 단어를 정확하게 조음할 수 있는가?)를 평가하기 위해 UTAP2의 문장 수준 검사(문장 따라 말하기)를 활용하였다. 넷째, J단계(아동은 어휘표상의 참조 없이 말소리를 조음할 수 있는가?) 평가를 위해 K-APP의 무의미 낱말 과제를 사용하였다. 다섯째, K단계(아동은 적절한 소리산출 기술을 가지고 있는가?)를 살펴보기 위해 SMST-C를 실시하였다. 출력과 입력 과정을 모두 요구하는 L단계(아동은 자신의 오류형태를 거부할 수 있는가?)는 UTAP2 검사 시 아동의 발화행동을 관찰하여 판단하였다.

기존 검사를 활용할 수 없었던 입력 과정 평가를 위해 다음과 같은 과제들을 사용하였다. 우선, B단계(아동은 어휘표상의 참조 없이 말소리를 변별할 수 있는가?) 평가에는 김지영, 하지완(2024)의 단음절 비단어 변별 과제와 이유진과 하지완(2019)의 다음절 비단어 변별 과제를 사용하였고, D단계(아동은 단어를 변별할 수 있는가?) 평가에는 이유진, 하지완(2019)의 단어 변별 과제를 사용하였다. B단계 및 D단계 변별 능력을 평가하기 위해 사용한 자극어 예시는 〈표 8-2〉와 같다.

표 8-2 단음절 및 다음절 비단어 변별 과제 자극어 예시

단음절 비단어 변별 과제		다음절 비단어 변별 과제		다음절 단어 변별 과제	
사	사	크디터	프디터	리모컨	리모펀
자	다	비소능	비소능	목또리	녹또리
차	타	다나칸	다나판	발까락	발까락
사	차	토메크	또메크	나카산	나카단
차	차	비소능	비소뭉	줄렁끼	줄렁끼

출처: 김지영, 하지완(2024), 이유진, 하지완(2019)

E단계(아동의 음운표상은 정확한가?) 평가를 위해 김나연, 하지완(2014)의 음운표상 판단과제를 실시하였는데, 이는 Stackhouse와 Wells(1997)가 '청각변별 그림판단' 과제라고 명명한 것과 동일한 과제이다. 그림자극과 동시에 소리자극이 제공되는데, 이 소리자극은 맞는 발음일 수도 있고, 틀린 발음일 수도 있다. 맞으면 '○' 버튼을, 틀리면 '×' 버튼을 빠르게 누르는 과제로, A의 음운표상 판단 능력을 평가하기 위해 사용한 과제의 예시는 [그림 8-3]과 같다.

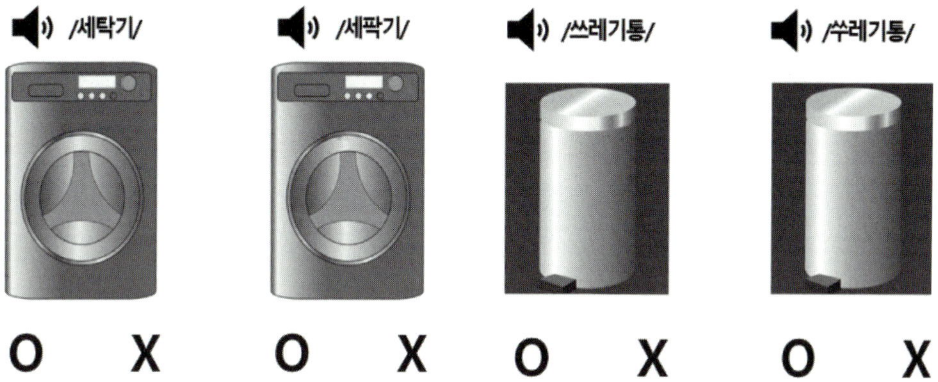

[그림 8-3] 음운표상 판단과제 예

출처: 김나연, 하지완(2014).

F단계(아동은 음운표상의 내적구조를 인식하고 있는가?) 평가를 위해 정일권 등(2015)의 음운표상 내적인식 과제를 실시하였다. 이 과제는 수세기, 변별, 합성, 탈락의 세부 과제들로 구성되어 있는데, 모든 과제는 그림자극만을 제공하고, 대상자에게 구어 반응을 요구하지 않으며 대신 보기 중 정답을 선택하게 한다. A의 음운표상 내적인식을 평가하기 위해 사용한 과제의 예시는 [그림 8-4]와 같다.

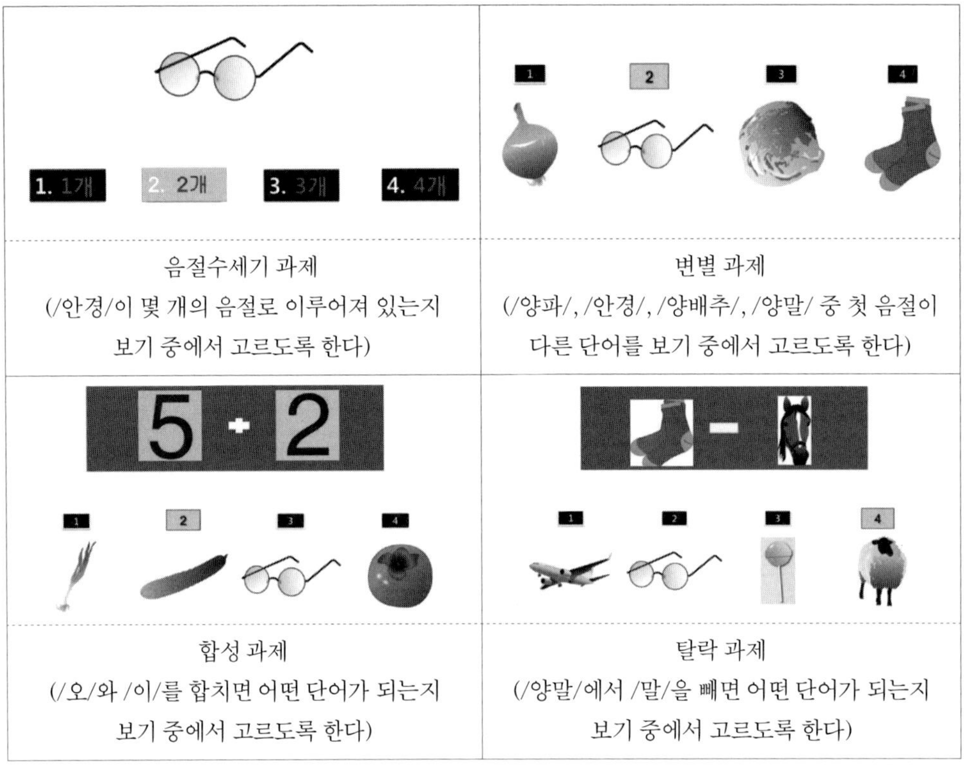

음절수세기 과제
(/안경/이 몇 개의 음절로 이루어져 있는지 보기 중에서 고르도록 한다)

변별 과제
(/양파/, /안경/, /양배추/, /양말/ 중 첫 음절이 다른 단어를 보기 중에서 고르도록 한다)

합성 과제
(/오/와 /이/를 합치면 어떤 단어가 되는지 보기 중에서 고르도록 한다)

탈락 과제
(/양말/에서 /말/을 빼면 어떤 단어가 되는지 보기 중에서 고르도록 한다)

[그림 8-4] **음운표상 내적인식 과제 예**

출처: 정일권 등(2015).

이상과 같은 과제들을 사용하여 검사한 결과를 한눈에 볼 수 있도록 말처리 프로파일 도표에 ✓와 × 표시로 정리한다. [그림 8-5]에서 알 수 있듯이 입력 과정의 경우, 말소리 변별 능력은 양호하나 음운표상에 기반한 과제들에서 어려움을 보였고, 출력 과정의 경우 운동실행 기능을 제외한 모든 과제에서 어려움을 보였다.

INPUT

F

아동은 음운표상의 내적 구조를 인식하고 있는가?

음운표상 내적인식 과제 ×
(Chung, Choi, & Ha, 2015)

E

아동의 음운표상은 정확한가?

음운표상 판단과제 ×
(Kim & Ha, 2019)

D

아동은 단어를 변별할 수 있는가?

다음절 단어 변별 과제 ✓
(Lee & Ha, 2019)

C

아동은 단어 구조에 대한 언어별 표상을 가지고 있는가?

검사 불필요

B

아동은 어휘표상의 참조 없이 말소리를 변별할 수 있는가?

다음절 비단어 변별 과제 ✓
단음절 비단어 변별 과제 ✓
(Kim & Ha, 2019)

A

아동은 적절한 청지각 능력을 가지고 있는가?

검사 실시하지 않았으나, 문제 없는 것으로 판단됨 ✓

OUTPUT

G

아동은 정확한 운동프로그램에 접근할 수 있는가?

UTAP2 단어 수준 검사 ×

H

아동은 음운단위를 조작할 수 있는가?

KOLRA 음운인식 검사 ××

I

아동은 단어를 정확하게 조음할 수 있는가?

UTAP2 문장 수준 검사 ××

J

아동은 어휘표상의 참조 없이 말소리를 조음할 수 있는가?

K-APP 무의미 낱말 ××

K

아동은 적절한 소리산출 기술을 가지고 있는가?

SMST-C ✓

L

아동은 자신의 오류형태를 거부할 수 있는가?

-UTAP2 검사 시 관찰 ×

[그림 8-5] 아동 A의 말처리 프로파일

(✓: 수행 양호, ×: 수행 저하, ××: 심한 수행 저하)

말처리 프로파일의 각 단계별 검사 결과에 근거하여, 아동 A에서 결함이 의심되는 말처리 과정들을 말처리 모델 도표에 음영으로 표시하였다. [그림 8-6]에서 알 수 있듯이, A의 말소리장애 개선을 위해서는 음운표상, 운동프로그램 및 운동프로그래밍에 초점을 둔 중재가 요구된다. 다만, 운동계획의 경우 말처리 프로파일에서 제시한 질문으로는 평가가 어려운 측면이 있었다. 하지만 자발화 시 단조로운 억양, 음절을 스타카토식으로 끊어서 연결하는 특성, 느린 말속도 등이 관찰되어, 아동 A는 운동계획 상에도 어려움을 갖고 있는 것으로 판단된다. 이에 운동계획 단계는 테두리로 표시하였다.

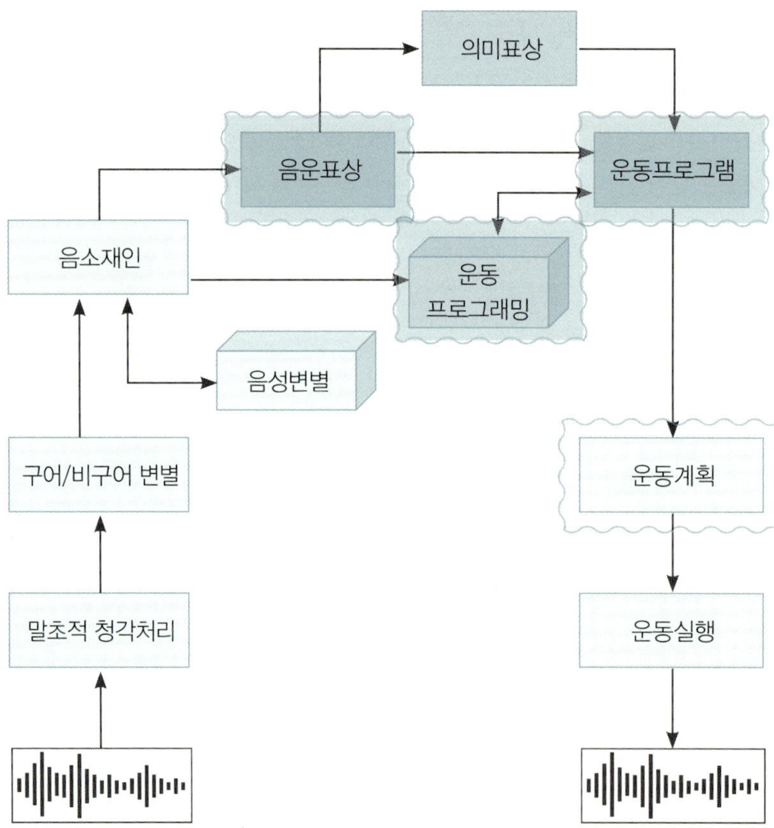

[그림 8-6] **아동 A에서 결함이 의심되는 말처리 과정**

이상과 같은 과정을 거쳐 아동 A가 가진 말처리 결함이 확인되면, 다음으로 중재 방법과 활동을 결정하여 본격적으로 치료를 시작하게 된다. 대상자마다 결함이 있는 언어처리 단계들이 다르기 때문에 중재 방법과 활동들도 제각각 다를 수밖에 없다. 따라서 언어심리학적 중재법에 대한 모든 문헌들은 단일 사례에 대한 중재 예시를 제공하고 있을 뿐(Stackhouse & Wells, 1997, 2001; Stackhouse et al., 2006; Pascoe et al., 2005), 보편적인 중재 절차를 제공하고 있지는 않다. 말소리 오류와 관련한 기저 말처리 결함들을 어떻게 찾아내는지에 대해서는 매우 자세하게 설명하고 있는 것에 반해, 무엇을 치료해야 하는지, 무엇을 치료 활동으로 선택해야 하는지 등에 대해서는 오히려 언어학적 지식을 활용할 것을 권하고 있다(Pascoe et al., 2005). 아직까지 언어심리학적 중재법은 임상에서보다는 몇몇 연구자들을 중심으로 연구 차원에서 접근하고 있다. 그러나 최근 많은 말소리장애 연구가 언어심리학적 이론에 근거하여 결함의 가설을 세우고 그것을 증명해 나가고 있는 만큼, 언어심리학적 중재에 대해서도 앞으로 더 많은 근거가 축적되어 중재 절차에 대한 구체적인 매뉴얼이 제공될 수 있을 것으로 기대한다.

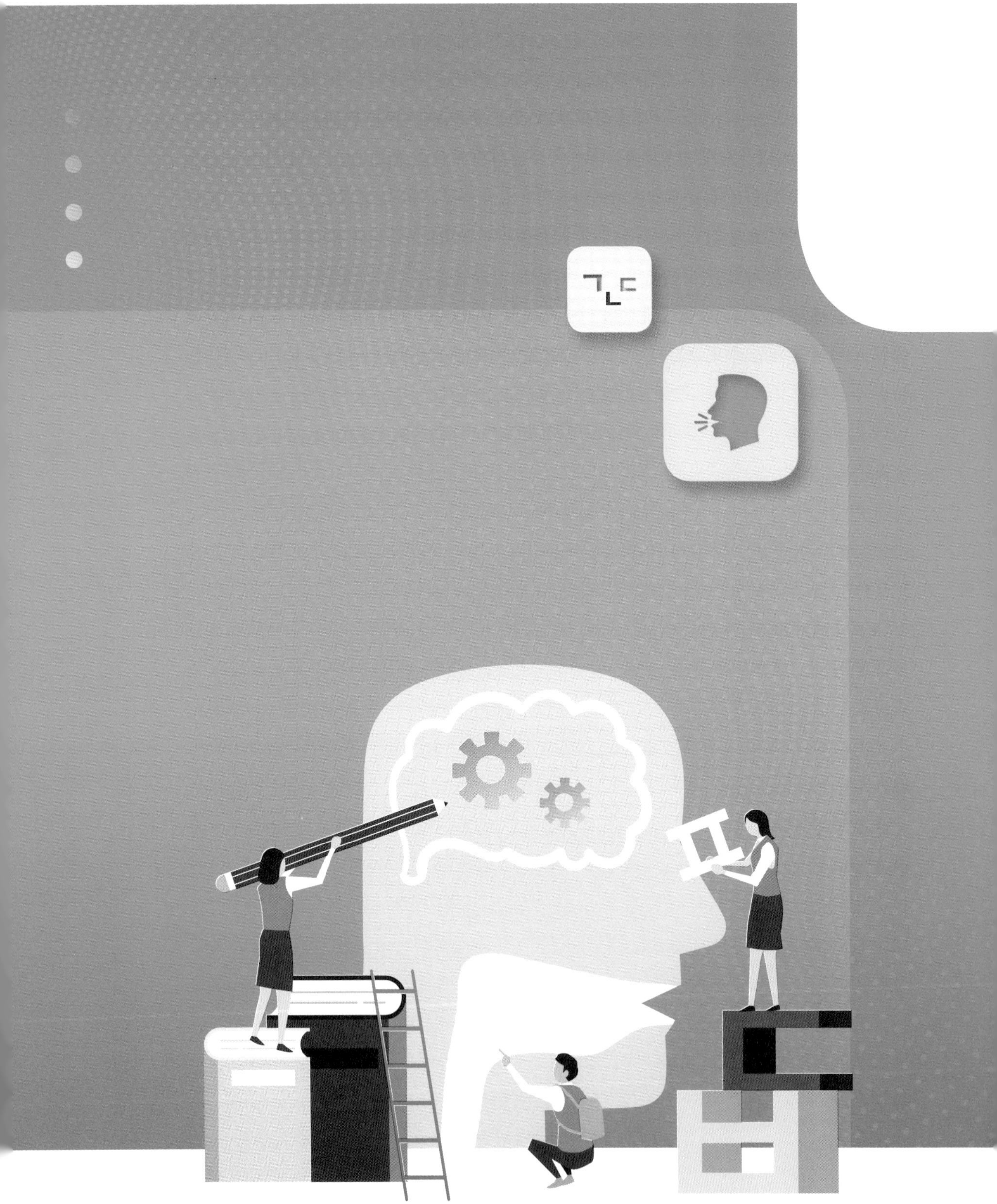

제4부

말소리장애의 치료

제9장 말소리장애의 치료원리

제10장 말운동 접근법

제11장 음운적 접근법

제12장 의사소통적 접근법

말소리장애 치료는 말소리 오류를 바라보는 관점에 따라 기본적인 원리와 접근방식이 달라질 수 있다. 전통적으로, 많은 치료사들은 아동의 말소리 오류를 조음에 필요한 복잡한 운동 기술의 지연이나 문제로 인해 발생한다고 보고, 특정 음소의 조음 동작을 가르치는 것에 치료의 초점을 맞춰 왔다. 그러나 1970년대 이후 언어학적 관점이 언어병리학에 도입되면서, 말소리 오류의 원인을 말소리의 변별자질, 음소대조와 배열 규칙을 적절히 습득하지 못했기 때문에 말소리가 단순화되거나 오류가 발생하는 것으로 보는 시각이 등장하였다. 말소리 오류를 바라보는 두 가지 관점에 기반을 둔 말소리장애 치료의 원리가 각각 말운동 접근법과 음운적 접근법이다. 말운동 접근법은 조음운동 기술과 말 패턴 및 습관을 향상시키는 데 초점을 두는 반면에 언어학적 접근법은 아동의 음운체계를 성인의 체계로 재구조화시키고 학습시키는 데 초점을 둔다. 또한 언어학적 접근법에서 더 나아가 의미, 형태소, 구문과 같은 언어의 전체적인 요소를 포함하며 자연스런 의사소통 맥락에서 조음치료가 이루어져야 한다고 제안하면서 보다 더 광범위한 언어학적 접근법이 제안되기도 하였다.

정확한 말 산출은 음운체계와 말운동 측면이 긴밀히 연결될 때 안정적으로 이루어지고, 궁극적으로 자연스런 맥락에서 의사소통 능력을 향상시키는 것을 목표로 한다. 따라서 치료사는 각 말소리장애 치료접근법의 원리를 충분히 이해한 후에, 실제 치료 과정에서는 특정 접근법에만 의존하기보다는 아동의 발달 수준, 특성 그리고 장애의 심각도를 종합적으로 고려하여 유연하고 통합적인 치료 전략을 적용하는 것이 중요하다.

말소리장애 치료 단계는 크게 확립, 일반화, 유지로 나눌 수 있다. 확립 단계는 목표 행동을 유도하여 자발적인 수준까지 안정화하는 것을 목표로 한다. 말운동 접근법에서는 개별 음소의 정확한 산출을 가르치는 단계이고, 언어학적 접근법에서는 단어나 그 이상의 언어학적 단위에서 정조음과 오조음을 대조하면서 정확한 산출을 유도하는 과정이다. 목표음소에 대한 청지각적 문제가 의심이 된다면 확립단계에서 듣기 훈련도 함께 실시하기도 한다. 일반화 단계는 목표 행동이 훈련하지 않은 다양한 수준에서 전이 또는 일반화될 수 있도록 촉진한다. 일반화 단계에서는 작은 언어학적 단위에서 큰 언어학적 단위로 일정 수준의 준거에 도달할 때까지 점진적으로 확장해서 연습을 진행한다. 유지 단계에서는 확립과 일반화 단계에서 습득한 행동이 안정화되고 유지하는 것을 목표로 한다. 치료의 빈도와 기간을 점차 줄이면서 대상자가 스스로 정확한 소리를 유지하고 모니터링할 수 있도록 돕는다. 아동이 다른 활동에 몰두해 있는 동안에도 정확한 조음이 습관화되고 자동화되어 자연스럽게 산출되는지 확인한다. 실제 치료 과정에서는 확립, 일반화, 유지 세 단계가 엄격히 구분되지 않고, 아동의 필요와 상황에 따라 유연하게 진행될 수 있도록 종종 중복되어 운영된다.

제9장

말소리장애의 치료원리

말소리장애 치료에서 치료의 효과뿐만 아니라, 동일한 치료효과를 보다 짧은 시간 내에 달성할 수 있는지, 즉 치료의 효율성 또한 임상적으로 중요한 판단 기준이 된다. 효과적이고 효율적인 치료를 위해서는 다양한 요인을 종합적으로 고려하고, 그에 따라 임상적 의사결정을 신중하게 내려야 한다. 언어치료사는 말언어진단을 완료한 후, ① 치료의 필요성, ② 치료의 전반적인 운영 방식, ③ 치료 목표 및 우선 순위 설정, ④ 치료접근법의 선택, ⑤ 치료 종료 시점 등과 같은 핵심적인 사항들을 결정하게 되며, 이러한 의사결정은 아동의 치료 반응과 전반적인 중재 성과에 직접적인 영향을 미친다. 즉, 적절한 임상적 판단은 치료효과를 극대화하고 중재 과정을 최적화하는 데 핵심적인 역할을 하며, 반대로 비효율적인 판단은 치료효과를 저해하거나 중재 기간을 불필요하게 장기화할 수 있다. 이번 장에서는 효율적인 말소리장애 치료를 위해 임상적 결정을 내리는 과정에서 고려해야 할 주요 요인들을 중심으로 살펴보고자 한다.

1. 치료의 필요성

말소리장애 아동에 대한 치료 개입 여부는 단순한 오류의 존재만으로 판단할 수 없다. 임상에서는 발달의 적절성, 오류의 유형 및 심각도, 자극반응도, 그리고 아동과 가족의 가치 및 요구와 같은 복합적인 요인을 바탕으로 개별화된 중재 결정을 내리는 것이 필수적이다. 이들 요소는 상호 유기적으로 작용하며, 각각의 요인은 말소리 오류의 자연적 소거 가능성과 치료를 통한 변화 가능성을 예측하는 데 중요한 근거를 제공한다.

1) 발달의 적절성

아동이 보이는 말소리 오류가 해당 연령과 발달 단계에서 기대되는 음운 습득 과정에 부합하는지를 평가하는 것은 치료 개입의 필요성을 판단하는 데 핵심적인 기준이 된다. 말소리 오류는 단순히 '존재 여부'가 중요한 것이 아니라, 그것이 아동의 연령에 비해 적절한 오류인지, 아니면 비정상적으로 지연된 발달의 징후인지를 구별하는 일이 중요하다. 따라서 언어치료사는 아동의 일반적인 말소리 습득 과정과 시기에 대한 정확하고 세밀한 지식과 함께 이를 임상적으로 해석할 수 있는 통찰력을 바탕으로 오류의 발달적 적절성을 면밀히 판단해야 한다. 일반적으로 말소리 습득은 연령에 따라 일정한 순서와 범위를 가지고 이루어지며, 일부 오류는 특정 연령대에서 흔히 나타나는 발달적 오류(developmental errors)로 간주되어 일정 기간이 지나면 자연적으로 사라지고 정확한 형태로 발음하는 것을 기대할 수 있다. 예컨대, 2~3세 아동이 /ㅅ/ 음소를 /ㅌ/음소로 파열음화시키는 것은 허용할 수 있는 발달적 오류이지만 파열음화가 5세 이후에도 지속된다면 치료 개입이 필요하다는 신호일 수 있다.

2) 말소리 오류유형 및 심각도

오류유형과 그 심각도는 치료 필요성을 판단하는 데 또 다른 주요 요인이다. 아동이 보이는 오류가 전형적인 발달적 대치나 생략 패턴인지 혹은 비발달적(non-developmental)이고 비전형적(atypical)인지를 판단해야 한다.

발달적 오류는 일시적으로 나타나며, 대부분 시간이 지남에 따라 자연적으로 소거될 수 있다. 따라서 아동이 발달적 오류만 간헐적으로 보인다면 바로 직접적인 치료를 시작하기보다는 일정 기간 모니터링 후에 중재의 필요성을 결정해도 된다. 그러나 발달적 오류가 빈번하게 발생하고, 특히 연구개음의 전방화와 같이 한국어 고빈도 음소 /ㄱ/에서 오류가 나타나 말명료도에 직접적인 영향을 끼친다면 보다 적극적인 치료를 통해 개입할 필요가 있다.

반면 비발달적 오류, 예를 들어, 설측음화(lateralization), 비강 마찰음화(nasal frication),

성문음화(glottal replacement) 등은 치료 없이 자연스럽게 소거될 가능성이 낮고, 장기적으로 아동의 말명료도 및 의사소통 능력에 심각한 영향을 미칠 수 있다. 이러한 오류는 체계적인 조음중재를 통해서만 효과적으로 수정될 수 있기 때문에 조기 치료가 권고된다.

또한 오류의 일관성(consistency), 빈도(frequency), 그리고 고빈도 음소에서의 오류 여부 등도 중요하게 고려되어야 한다. 오류가 일관되지 않고 다양하게 나타나는 경우, 이는 말소리체계의 혼란(disorganization)을 시사하며, 전반적인 명료도 저하뿐 아니라 의사소통의 일관성과 예측 가능성에도 부정적인 영향을 미칠 수 있다. 특히 일상에서 자주 사용되는 음소에서 오류가 발생할 경우, 실생활의 의사소통 상황 전반에서 반복적인 오해와 좌절을 유발할 수 있으며, 이는 아동의 의사소통 효율성을 심각하게 저해하는 동시에 말소리장애의 심각도가 높은 것으로 간주될 수 있다.

말소리장애의 심각도는 일반적으로 자음정확도와 말명료도와 같은 정량적 지표를 통해 평가된다. 이들 지표는 아동의 말소리 산출 능력이 의사소통에 어떤 영향을 미치는지를 객관적으로 판단하는 데 활용되며, 수치가 낮을수록 장애의 심각도가 높다고 볼 수 있다. 심각도가 높게 평가되는 경우, 말소리 오류가 아동의 일상적 의사소통을 실질적으로 방해하고 있다는 의미이므로, 보다 즉각적이고 집중적인 치료 개입이 필요하다.

3) 자극반응도

자극반응도는 치료사가 제공하는 다양한 단서(모델링, 입모양, 그림, 설명 등)에 대해 아동이 목표음소를 모방하거나 산출할 수 있는 능력을 의미한다. 아동이 이러한 추가적인 단서에 반응하여 오류를 보이던 음소를 보다 정확하게 산출하거나 유사한 소리로 수정하는 경우, 해당 음소가 자연스럽게 발달할 가능성이 높다고 판단할 수 있다. 따라서 자극반응도는 향후 중재 효과를 예측하는 데 있어 임상적으로 중요한 판단 기준이 된다.

자극반응도가 높다는 것은 해당 말소리가 아동의 조음체계 안에 잠재적으로 자리하고 있음을 의미하며, 환경적 노출이나 발달적 성숙에 따라 치료 없이도 자연스럽게 습득될 가능성이 있음을 시사한다. 이러한 경우에는 즉각적인 치료 개입보다는 일정 기간 아동의 말소리 변화를 관찰하며 추이를 지켜보는 접근이 임상적으로 고려될 수 있다. 반대로, 자극반응도가 낮고 다양한 형태의 단서를 제공해도 반응을 유도하기 어렵다면, 이는 조음기제 수준에서의 접근적 결함 또는 음운표상 자체의 결함을 시사할 수 있으며, 즉각적인 치료 개입이 요구된다. 따라서 자극반응도는 단순한 수행 능력 평가를 넘어, 치료

계획 수립과 개입 시기 결정에 있어 핵심적인 임상 지표라 할 수 있다.

4) 아동과 가족의 가치 및 요구

치료의 필요성을 결정하는 과정에서는 아동과 가족이 느끼는 주관적인 의사소통의 어려움, 심리·정서적 부담 그리고 삶의 질에 대한 우려 또한 중요하게 고려되어야 한다. 특히 아동이 자신의 말소리 문제를 인식하고 친구들과의 상호작용에서 위축되거나 좌절감을 표현할 경우, 연령에 상관없이 치료가 권장된다.

가족의 인식과 요구도 치료 결정에 실질적인 영향을 미친다. 예를 들어, 아동의 오류가 발달적으로는 정상 범주에 있을지라도, 가족이 아동의 말소리 문제로 인해 학교 생활, 또래 관계, 가족 내 상호작용에 지장이 있다고 판단하는 경우, 조기 개입이 사회적 적응과 심리적 안정을 도울 수 있다.

2. 치료의 운영 방식

1) 치료의 기본 틀

말소리장애 치료는 일반적으로 확립(establishment), 유지(maintenance), 일반화(generalization)의 세 단계로 나누어 설명할 수 있다. 확립 단계는 아동이 목표음소를 인식하고 이를 정확하게 산출할 수 있도록 조음 행동을 새롭게 형성하는 데 중점을 두며, 유지 단계는 산출된 말소리가 일관되고 안정적으로 나타나도록 조음패턴을 고착화시키는 과정이다. 일반화 단계에서는 학습된 조음 기술이 치료실을 넘어 자연스러운 의사소통 환경으로 확장되도록 하는 것이 핵심이다.

말소리장애 치료는 아동의 음운체계를 재구성하고 기능적인 말 산출을 촉진하기 위한 체계적인 개입 과정이여야 한다. 치료는 행동주의적 학습 이론에 기반하여 설계되며, 그 핵심은 일련의 '자극(antecedent event)-반응(response)-강화(consequent event)'에 있다. 언어치료사는 아동의 목표 산출을 유도하기 위해 청각적·시각적 모델링, 그림 자극, 촉각적 단서, 언어적 설명 등 다양한 유형의 자극을 체계적으로 활용한다. 아동이 이에 반응하여 적절한 발화를 산출하면, 치료사는 즉각적인 피드백이나 보상을 통해 반응의 정확성과 발생 빈도를 강화한다. 이러한 경험이 누적되면 목표음소에 대한 조음 능력이 점차 안정되며, 결과적으로 해당 음소는 아동의 음운체계 내에 확고히 자리잡게 된다.

강화 방식은 치료 단계에 따라 달라진다. 확립 단계에서는 모든 반응에 대해 즉각적으로 강화를 제공되는 연속 강화 스케줄이 보다 효과적인 것으로 알려져 있다. 특히 기존에 고착된 부정확한 말행동이나 조음 습관을 수정하고, 이를 목표 말행동으로 전환하여 안정적인 산출로 정착시키기 위해서는 오조음에 대해 일관된 피드백을 제공하고, 정조음에 대해서는 강화 자극을 지속적으로 제공하는 것이 중요하다.

반면, 유지 및 일반화 단계로 넘어가면 강화 스케줄은 점차 간헐적 강화로 전환되어야 한다. 치료 후기에는 인위적인 강화보다는 자연스러운 의사소통 맥락에서 발생하는 기능적 강화가 강조되며, 이는 의미 있고 지속 가능한 말행동의 변화를 촉진하고 유지하는 데 효과적이다.

2) 목표 접근 전략

치료 목표에 대한 접근 전략은 아동의 말소리 오류유형, 연령, 인지적 특성 및 치료 반응 양상에 따라 차별적으로 적용되어야 한다. Fey(1986)는 치료 목표 접근(goal attack strategy)을 수직적(vertical), 수평적(horizontal), 주기적(cyclical) 접근으로 분류하였다. 수직적 접근은 하나의 목표를 일정 기준(예: 정반응률 95% 이상)까지 도달하도록 집중 훈련한 후 다음 목표로 이동하는 방식으로, 제한된 수의 목표음소에 초점을 맞춘다. 이 접근은 1~2개의 특정 음소에서 오류를 보이는 조음장애 아동에게 집중 훈련을 통해 말소리를 안정적으로 산출하게 하는 데 효과적이다.

반면, 수평적 접근은 여러 목표음을 병렬적으로 설정하고 하나의 세션 내에서 동시에 훈련하는 방식으로, 각 말소리 간의 유사성(phonological similarity)과 대조적 특성(contrastive features)을 아동이 인식하도록 유도함으로써 음운체계 전반의 재조직화를 촉진하는 데 효과적이다. 이 접근은 특히 아동이 음운 범주 간의 기능적 대립을 이해하고 이를 일반화하는 데 유리하며, 언어적 또는 인지언어적 접근법에 기반을 둔 치료법에서 타당성이 뒷받침되었다(Williams, 2000; Kamhi, 2006). 각 목표는 개별적으로 사전에 설정된 성취 기준(예: 정확도 80% 이상, 3회 연속 성공 등)에 따라 성취 여부가 평가되며, 치료자는 아동의 반응에 따라 목표의 난이도나 강화 조건을 조정할 수 있다. 따라서 수평적 접근은 단순히 여러 목표를 나열하는 것이 아니라, 계획적이고 체계적인 병렬 학습을 통해 아동의 음운 발달을 촉진하는 전략적 접근이라고 할 수 있다.

주기적 접근은 목표의 성취 여부와 상관없이 사전에 설정된 일정한 시간 간격(예: 1~2주 단위)에 따라 여러 음운 목표를 순환하며 훈련하는 방식으로, 오류유형이 광범위하고 변동적인 아동에게 특히 적합하다. 말소리장애 치료에서 주기적 접근은 각 목표가 완전히 숙달되지 않더라도 사전에 설정된 일정에 따라 다음 목표로 전환되며, 이후 주기적으로 반복 노출됨으로써 자연스럽게 음운체계의 재조직화를 유도할 수 있다는 장점이 있다. 이러한 주기적 접근은 음운적 접근법 중에 하나인 주기법(cycles phonological patterns approach, Hodson & Paden, 1991)에 사용되는 전략 중의 하나로 말명료도가 현저히 낮고 조음 오류가 복합적인 중증 말소리장애 아동에게 효과적인 것으로 알려져 있다. 목표에 대한 순환적 노출과 연습은 아동의 인지적 부담을 줄이면서도 다양한 음운 규칙에 대한 인식을 확장시켜 일반화를 촉진시킬 수 있다.

각 목표 접근 전략은 고정된 방식으로 적용되기보다는, 아동의 오류 범위, 반응 특성, 집중력 등 개별적 특성을 고려하여 유연하게 선택하거나 병행 적용할 수 있다. 임상가는 치료 목표의 성격과 아동의 전반적인 특성을 바탕으로 수직적·수평적·주기적 접근을 융합적으로 조합하여 가장 효과적인 개입 방안을 구성해야 한다.

3) 치료의 집중도: 효과적인 개입 강도 설계

치료의 집중도와 빈도는 치료효과를 결정짓는 주요 요인 중 하나이며, 단순히 치료 회기 횟수뿐 아니라 각 회기 내 산출의 기회, 총 개입 기간, 치료 맥락의 질적 구성까지 포함하는 복합적 개념이다(Maas et al., 2008).

Warren, Fey와 Yoder(2007)는 언어치료의 효과성을 논의함에 있어 '치료 강도(intensity)'를 단일한 개념으로 보지 않고, 보다 정교한 분석을 위해 다섯 가지 구성 요소로 구분할 것을 제안하였다(〈표 9-1〉). 첫째, 회기 내 산출 기회(dose)는 한 회기 동안 아동에게 제공되는 목표 반응 산출 기회의 총량을 의미하며, 치료의 실질적인 자극 양을 결정짓는 핵심 지표이다. 실제로 말소리장애 치료에서는 언어치료사의 임상 역량에 따라 아동에게 제공되는 회기 내 말 산출 연습 기회의 양과 질이 크게 달라지는 경우가 적지 않다. 전체 치료 기간이나 회기 빈도가 유사하더라도, 각 회기에서 아동에게 제공되는 실질적인 학습 기회가 충분하지 않다면 치료의 효율성을 확보하기 어렵다. 기존의 고착된 말소리 오류패턴을 수정하고 새로운 말행동으로 전환시키기 위해서는, 한 회기 내에서의 충분한 반복 연습과 그를 뒷받침하는 다양한 학습 자극의 제공이 필수적이다. 따라서 언어치료사는 각 회기에서 아동에게 얼마나 많은 학습 기회를 제공하였는지, 즉 모델링, 자극 제시, 피드백을 통해 아동이 실질적으로 얼마나 연습할 수 있었는지를 객관적으로 점검하고 지속적으로 모니터링할 필요가 있다. 둘째, 산출 기회의 형식(dose form)은 해당 산출 기회가 포함된 활동의 유형으로, 구조화된 모방 훈련, 의미 있는 상호작용, 놀이 기반 활동 등 다양한 맥락에서 제공될 수 있다. 셋째, 회기 빈도(dose frequency)는 일정 기간 내에 치료가 얼마나 자주 이루어지는지를 나타내며, 주당 치료 횟수는 치료의 집중도를 조절하는 주요 요소가 된다. 넷째, 총 개입 기간(total intervention duration)은 치료가 시작되어 종료될 때까지의 전체 시간적 범위를 의미하며, 언어 변화의 안정성과 지속성에 영향을 미친다. 마지막으로, 누적 치료 강도(cumulative intervention intensity)는 앞선 네 가지 요소의 조합으로 산출되는 총 자극량을 지칭하며, 아동이 치료 전반에서 경험하는 총 학습 기회의 양을 수량화한 개념이다. 이러한 세분화된 강도 구성 요소는 임상현장에서 치료 계획을 보다 체계적으로 수립하고, 치료효과를 비교·분석할 수 있는 기초 자료로 활용될 수 있다.

표 9-1 Warren 등(2007)이 제안한 치료 집중도의 구조적 구성

구성요소	설명	예시
회기 내 산출 기회 (Dose)	한 회기에서 아동에게 제공되는 학습 기회(teaching episodes)의 수	1시간 회기 내 목표음소를 60회 산출하도록 구성
회기 내 형식 (Dose form)	학습 기회가 포함된 활동 유형	구조화된 모방 훈련, 놀이 기반 자연 언어 자극
회기 빈도 (Dose frequency)	일정 기간 내 치료 제공의 빈도	주 1회 vs. 주 5회
총 치료 기간 (Total Intervention duration)	초기부터 종료 시점까지 치료가 지속된 전체 기간	9개월, 40주
누적 치료 강도 (Cumulative intervention intensity)	위의 요소들을 곱해 계산하며, 치료 전체를 통해 아동이 받는 학습 기회의 총량(total teaching episodes)	60회×주 5회 40주 = 12,000회

요컨대, 치료 강도(intensity)는 단순한 회기 수에 그치지 않고, 회기당 연습 기회, 치료 빈도, 총 개입 기간, 누적 자극량 등 여러 요소의 상호작용 속에서 구성된다. 특히 말소리 장애의 중증도가 높을수록 아동에게는 더 많은 연습 기회와 집중적인 자극이 필요하며,

이를 통해 말운동의 안정성과 음운체계의 재구조화를 효과적으로 유도할 수 있다. 일반적으로 중재 효과를 확보하기 위해서는 최소 30~40회 이상의 치료 회기와 회기당 50회 이상의 목표 산출이 권장되며(박현주 등, 2014), 보다 중증인 경우 회기당 70회 이상의 반복 연습이 요구되기도 한다. 따라서 치료 강도 설정 시에는 아동의 말소리 문제의 시급성과 심각도뿐 아니라, 보호자의 협조 가능성, 치료접근성, 임상 환경의 제약 등 다양한 현실적 요인들을 종합적으로 고려하여 실질적인 개입 계획을 수립해야 한다. 치료 강도에 대한 세분화된 이해와 임상적 판단은 보다 효과적이고 지속 가능한 중재를 실현하는 데 중요한 기반이 된다.

4) 치료 스타일: 연령과 목표 단계에 따른 적용

Shriberg와 Kwiatkowski(1982)는 조음·음운장애 치료에서 중재 스타일을 반복 연습(drill), 놀이 연습(drill play), 구조화된 놀이(structured play), 자유놀이(play)의 네 가지로 분류하고, 각 접근 방식의 효과성과 적용 맥락을 제시하였다. 반복 연습(drill)은 치료사가 자극을 제공하고 아동이 이를 반복적으로 산출하는 통제 중심의 고도로 구조화된 방식으로, 목표 반응을 빠르게 습득하는 데 효과적이다. 특히 이 접근은 목표음소의 정확한 산출과 습득 속도를 향상시키는 데 유효하다는 점이 실증적으로 입증되었으며(Shriberg & Kwiatkowski, 1982), 현재까지도 조음·운동 기반 언어치료에서 널리 사용되고 있다.

놀이 연습(drill play)은 반복 연습에 놀이적 요소를 결합함으로써, 아동의 내적 동기를 유발하고 자발적인 반응 산출을 촉진하는 방식이다. 기존 관찰 연구에서도 전통적인 놀이 연습 방식이 조음 및 말운동 목표에 효과적인 것으로 보고되었으며, 치료 참여도와 지속성을 높이는 데 유리한 전략으로 간주된다.

구조화된 놀이(structured play)는 계획된 놀이 맥락 안에서 목표 자극을 자연스럽게 제시함으로써, 아동이 학습 상황을 부담 없이 수용할 수 있도록 돕는다. 이 접근은 아동의 주도성을 존중하면서도 목표 반응을 유도할 수 있어 임상현장에서 광범위하게 활용되고 있으며, 특히 Shriberg와 Kwiatkowski(1982)는 과학적 실험 연구보다는 임상 실천 사례를 통해 타당성이 축적되어 왔다고 하였다.

한편, 자유놀이는(play) 사전에 설정된 자극 없이 자발적인 놀이 상황 속에서 목표 반응이 자연스럽게 발생하도록 유도하는 방식으로, 협조도가 낮거나 라포(rapport) 형성이 필요한 초기 치료 상황에서 전략적으로 권장된다. 치료자가 아동의 관심을 따라가며 자연스러운 상호작용을 통해 말 산출 기회를 포착하는 방식으로 활용된다.

말소리장애 치료에 있어서 각 치료 스타일도 고정된 방식으로 적용하기보다는, 아동의 연령, 반응성, 주의 집중력, 치료 목표의 특성 등을 종합적으로 고려하여 유연하게 선택되고 조합되어야 한다. 일반적으로는 목표음소의 초기 습득 단계에서는 반복 연습과 놀이 연습이 중심이 되며, 이후 치료가 진행됨에 따라 구조화된 놀이와 자유놀이를 병행하여 자발성과 일반화를 촉진하는 방식이 효과적인 것으로 보고된다. 치료자는 아동의 협조 수준과 치료 반응에 따라 각 스타일을 단계적으로 적용하거나 융합적으로 운영함으로써 치료 효율성과 참여 동기를 함께 확보할 수 있어야 한다.

5) 개별치료 vs. 집단치료: 치료 환경에 따른 전략적 선택

말소리장애 치료는 치료 환경에 따라 크게 개별치료(individual therapy)와 집단치료(group therapy)로 구분되며, 이는 치료 목표 달성과 중재 전략의 효과성에 영향을 끼칠 수 있는 요소 중 하나이다. 개별치료는 아동의 오류유형, 반응 양상, 주의 집중 수준 등에 따라 치료사가 보다 밀도 높은 개입을 제공할 수 있는 형태로, 특히 진단 초기 단계나 정확한 목표 반응의 산출을 형성하는 시기에 적합하다. 치료사는 아동의 개별적 특성에 맞추어 자극 유형, 강화 방식, 피드백 빈도 등을 세밀하게 조정할 수 있으며, 조음정확도 향상 및 오류패턴 수정에 효과적인 환경을 조성할 수 있다.

반면, 집단치료는 유사한 치료 목표를 지닌 또래 아동 간의 사회적 상호작용을 기반으로 한 중재 형태로, 기능적 의사소통 기술의 촉진과 일반화에 강점을 가진다. 특히 학령기 아동의 경우, 학교 기반 통합치료의 형태로 집단치료가 적용되는 사례가 많으며, 치료사는 교사 및 또래와의 협력을 통해 수업 내용과 연계된 언어 중재를 설계할 수 있다. 집단치료에서는 대화, 협동 과제, 놀이 활동 등을 통해 자연스러운 발화 기회를 확대할 수 있고, 이는 실제 생활 맥락에서의 말소리 사용의 일반화(generalization)를 유도하는 데 효과적이다.

요컨대, 치료자는 치료 환경 선택 시 아동의 성격 특성, 목표 달성 수준, 협조도, 주의 집중력, 치료접근성 등 다양한 요인을 종합적으로 고려해야 하며, 필요에 따라 개별치료와 집단치료를 병행하거나 단계적으로 전환하는 방식으로 개입 전략을 구성할 수 있다. 치료 환경의 구조적 선택은 치료효과를 극대화하기 위한 임상적 판단의 핵심 영역으로, 말소리장애 치료의 실질적 성과와 직결된다.

3. 치료 목표 및 우선순위 설정

말소리장애 치료를 결정한 후에는 평가 과정에서 수집된 자료에 기반하여 구체적인 치료 목표를 설정하고, 해당 목표 말소리의 치료 순서와 적용할 치료접근법을 결정해야 한다. 치료 목표의 설정은 단지 오류 음소를 선별하는 절차를 넘어, 치료의 전반적인 효율성과 성과를 좌우하는 핵심 단계이다. 따라서 임상적 직관에만 의존하기보다는, 아동의 말소리 오류 양상, 언어발달 수준, 자극 반응, 말소리의 사용 빈도, 발달적 적절성, 가족의 요구 그리고 장애의 원인 등 다양한 요인을 종합적으로 고려하는 분석적이고 이론에 기반한 판단이 요구된다. 포괄적 분석을 통해 설정된 치료 목표는 아동의 말명료도를 향상시킬 뿐만 아니라, 치료에 대한 동기와 협조도를 높이고 일반화 효과를 극대화하는 데 기여할 수 있다. 다음은 치료 목표를 설정할 때 고려해야 할 핵심 요소들이다.

1) 자극반응도

임상현장에서는 일반적으로 자극반응도가 있는 음소를 우선적으로 치료 대상으로 삼는 경향이 있다. 자극반응도가 높은 말소리는 비교적 쉽게 치료 반응을 보이는 경우가 많으며, 이는 아동에게 성취감을 제공하고 보호자에게는 치료에 대한 긍정적인 기대를 심어 줄 수 있다. 반면에 자극반응도가 높은 말소리는 자연 회복 가능성이 있으므로 치료의 우선순위에서 제외해야 한다는 주장도 제기된다(Dinnsen & Powell, 1984). 말소리장애 치료를 단순한 개별 음소의 습득을 넘어서 아동의 음운체계 전반을 재구조화하는 과정으로 이해하는 이론적 틀에서는 자극반응도가 낮은 음소부터 치료하는 것이 효과적일 수 있다. 실제로 자극반응도가 낮은 음소를 우선적으로 치료하였을 때 음운체계 전체에 더 넓은 일반화 효과를 가져올 수 있다는 연구 결과도 있다(Gierut, Elbert, & Dinnsen, 1987; Powell, Elbert, & Dinnsen, 1991). 치료사는 이러한 상반된 견해를 고려하여, 치료의 시점과 대상 음소에 대한 임상적 결정을 신중하게 내려야 하며, 이는 아동 개개인의 반응에 대한 지속적인 관찰과 피드백을 통해 조율되어야 한다.

2) 문맥 분석(Contextual Analysis)

치료 목표 및 우선순위 설정에서 고려해야 할 요소 중 하나는 아동이 특정 음소를 어떤 맥락에서 정확히 산출하는지를 분석하는 것이다. 말소리 오류는 모든 환경에서 일관되게 나타나지 않고, 특정 음운 환경에서는 목표음소가 정확히 산출되는 경우도 많다. 이러한 차이는 아동의 음운지식 수준과도 관련되며, 이를 정밀하게 분석하는 것은 치료 시작점과 전략 설정에 있어 중요한 기준이 된다.

특정 음소가 특정 음운 환경에서는 정확하게 산출되는 경우, 해당 환경을 중심으로 치료를 시작하여 점차 다른 문맥으로 확장하는 접근이 효과적일 수 있다. 예를 들어, 아동이 대부분의 단어에서는 /ㅅ/를 정확히 산출하지 못하지만, '시계'와 같은 /이/ 모음 앞에서는 정확히 산출할 수 있다면, 해당 문맥을 '열쇠 단어(key word)'로 삼아 치료를 시작할 수 있다. 이러한 문맥 분석은 음소 오류의 일관성 여부, 음절 내 위치나 어절 내 위치에 따른 산출 차이, 특정 모음 환경에 따른 정확도 변화 등을 파악하기 위한 필수 과정이다. Gierut, Elbert와 Dinnsen(1987)은 음운산출지식의 수준에 따라 음소를 6단계로 분류하였으며(참조 제7장 〈표 7-3〉), 이 중 최소한의 음운산출지식을 보이는 유형(5~6단계)의 음소를 우선적으로 치료하는 경우, 치료되지 않은 다른 음소로의 일반화가 효과적으로 이루어진다고 보고하였다. 반면, Rvachew와 Nowak(2001)은 음운산출지식이 높은 음소를 우선 치료한 집단이 더 빠른 진전을 보였고, 일반화 측면에서도 두 집단 간 유의미한 차이는 없었다고 보고하였다. 따라서 치료 목표 설정에 있어 음운산출지식을 고려하는 것과 관련하여서는 치료 효과를 보다 체계적으로 살펴보는 실증연구를 통해 임상적 유효성을 검증할 필요가 있다. 궁극적으로 치료사는 아동의 개별 특성과 치료 환경을 고려하여, 음운지식 기반 목표 설정 전략을 융통성 있게 적용해야 할 것이다.

3) 발달적 적절성(Developmental Appropriateness)

치료 목표는 아동의 연령과 전반적인 말소리 발달 단계에 비추어 발달적으로 적절해야 한다. 예를 들어, 일반적으로 /ㅅ/ 음소는 4세 후반에서 5세경에 완전 습득되므로, 해당 음소를 목표로 설정할 경우 아동의 실제 발달 수준과 비교하여 무리가 없는지 판단해야 한다. 4세 아동에게 자발화 수준에서 /ㅅ/를 90% 이상 정확히 산출하게 하는 목표는 발달적으로 과도할 수 있으나, 단어 수준에서의 정확한 산출을 목표로 설정하는 것은 적절할 수 있다. 치료 목표 설정 시에는 음소의 발달 순서뿐 아니라 목표 달성 수준과 맥락도 함께 고려되어야 한다.

4) 말소리장애의 원인

말소리장애의 원인은 알려진 경우도 있고, 명확하지 않은 경우도 있다. 원인이 분명한 경우, 예를 들어, 신경학적 손상, 청각장애, 조음기관의 구조적 이상 등은 치료 전략과 계획 수립에 중요한 기준이 된다. 아동기 말실행증의 경우 반복적이고 집중적인 운동기반 치료가 권장되며, 마비말장애의 경우 조음정확도보다는 호흡, 발성, 공명 등 말 산출 전반의 조화를 중재 목표로 설정한다. 청각장애 아동의 경우에는 청각적 피드백과 말소리 인지(recognition) 능력 향상을 함께 고려한 통합적 접근이 필요하다. 향상을 고려한 통합적 접근이 필요하다. 조음기관의 구조적 결함이 있는 경우에는 수술 등의 의료적 개입 후 보상적 오류와 발달적 오류를 순차적으로 중재하는 전략이 요구된다. 이처럼 말소리장애의 원인에 따라 치료의 목표, 방식, 기간, 회기 빈도 등은 유연하게 조정되어야 하며, 치료의 현실적 기대 수준 또한 개별적으로 고려되어야 한다.

궁극적으로 말소리장애 치료의 목표 설정은 단순히 오류 음소를 수정하는 것을 넘어서, 아동의 전반적인 의사소통 능력 향상과 사회적 참여 확대를 지향해야 한다. 이를 위해 치료사는 다양한 이론적 근거와 임상적 판단을 바탕으로 개별화된 목표를 수립하고, 치료의 전 과정에서 유연하게 조정해 나가야 한다.

5) 말소리의 사용 빈도 및 개인적 · 가족적 요구

말소리의 치료 우선순위를 정할 때, 해당 음소의 언어 내 사용 빈도와 아동 및 가족의 생활 속 요구를 함께 고려하는 것이 중요하다. /ㄴ, ㄱ, ㄹ/와 같은 고빈도 음소를 조기에 정확하게 산출할 수 있게 되면, 아동의 말명료도가 단기간에 향상되어 전반적인 의사소통 능력에도 긍정적인 영향을 미칠 수 있다. 또한 특정 음소가 아동의 이름이나 자주 사용하는 표현에 포함되어 있는 경우, 해당 음소의 치료는 정서적 · 사회적 측면에서도 높은 효과를 기대할 수 있다. 예를 들어, 자신의 이름에 포함된 음소를 정확히 발음하지 못하는 아동에게는 그 음소를 우선적으로 치료하는 것이 필요하다. 치료사는 목표단어를 선정할 때에도 아동의 일상생활과 밀접하게 관련된 어휘를 포함시켜야 하며, 이는 치료의 동기 유발과 일반화 효과 증진에 기여할 수 있다.

4. 치료접근법의 결정과 적용 전략

1) 치료접근법의 이론적 틀과 적용 방향

말소리장애 치료에서 활용되는 접근법은 다양한 이론적 배경과 실제적 전략에 따라 분류될 수 있다. 일반적으로는 말운동 접근법과 언어학적 접근법, 음성학적 접근과 음운론적 접근 또는 행동주의적 접근과 인지주의적 접근으로 구분되며, 각 접근법은 치료의 초점, 방법, 이론적 기반에서 차이를 보인다. 최근에는 이러한 접근 간의 경계를 엄격히 구분하기보다는, 상호보완적 요소를 통합하여 아동의 특성과 치료 목표에 적합한 절충적 접근법(eclectic approach)을 적용하는 경향이 뚜렷해지고 있다(Lancaster et al., 2010).

치료 목표를 효과적으로 조직하고 실행하기 위해서는 치료 대상자의 학습 특성에 대한 이론적 이해가 필수적이다. 말소리장애 치료에서는 특히 도구적 학습(instrumental learning)과 운동 기술 학습(motor skill learning)이라는 두 가지 이론적 틀에 기반한 접근법들이 경험적으로 치료효과를 검증받고 있으며, 임상현장에서 널리 활용되고 있다(김수진 등, 2012). 치료사는 일반적으로 두 가지 학습 이론 중 하나를 중심으로 접근법을 선택하거나, 아동의 특성과 반응에 따라 융통성 있게 조합하여 적용한다.

도구적 학습과 운동 기술 학습 접근법은 모두 목표음소의 정확한 산출을 유도하기 위해 다양한 단서와 촉진 전략을 활용한다는 점에서는 공통점을 가지지만, 이론적 배경과 치료 구조에서 뚜렷한 차이를 보인다. 도구적 학습은 전통적인 행동주의 이론에 기반하여 자극-반응-강화(Stimulus-Response-Reinforcement)의 사이클 내에서 학습이 이루어진다. 주로 음운적 및 음성적 치료에 모두 적용 가능하며, 다양한 언어 자극을 계단식 전략을 통해 도입하는 방식이 특징이다. 그러나 아동의 인지적 참여나 운동 계획에 대한 내적 성찰은 크게 강조되지 않으며, 정신적 시연(mental rehearsal) 역시 활용되지 않는다. 이 접근에서 음소 산출은 의사소통 성공이라는 강화 자극을 얻기 위한 수단이며, 치료사는 목표음소에 대한 체계적인 대조 자료를 활용하여 아동의 내적 음운체계에 변화를 유도해야 한다.

반면, 운동 기술 학습은 운동 제어와 학습 이론에 기반하며, 말소리 산출을 하나의 운동 기술로 간주한다. 이 접근은 통제(control), 습득(acquisition), 자동화(automaticity) 등 반응 발달 단계를 포함하고, 치료 대상자가 정확히 발음했는지 여부에 대한 피드백 제공을 핵심으로 한다. 특히 치료사의 피드백은 운동 기술 학습에서 중요한 개념으로, 아동이 스스로 말소리 성공 여부를 인식하고 조절할 수 있도록 도와주는 역할을 한다. 초기 치료 단계에서 아동의 주의 집중과 인지적 참여를 강조하며, 목표 운동 패턴을 내적으로 성찰하고 반복적으로 연습하는 과정에서 장기적인 기술 정착을 유도한다. 정신적 시연은 기술이 어느 정도 습득된 이후 단계에서 활용된다. 다양한 언어 자극을 도입할 때는 무선 제시(random presentation)나 계단식 제시(hierarchical cueing) 전략이 사용되며, 말소리 산출에 필수적인 운동 기술의 습득이 중재의 핵심 목표가 된다.

요컨대, 도구적 학습은 음운구조의 재구성에 초점을 둔 반면, 운동 기술 학습은 말소리 산출의 물리적 정밀성과 자동화를 중심으로 구성된다. 각각의 접근은 치료 초점, 인지적 관여, 피드백 방식, 자극 제시 전략 등에서 뚜렷한 차이를 보이며, 치료사는 아동의 연령, 증상 양상, 목표음소의 특성 등을 종합적으로 고려하여 가장 적절한 접근법을 선택하거나 융합적으로 적용해야 한다. 치료접근법에 대한 보다 구체적인 논의는 이후 제10장부터 제12장에서 상세히 다룰 예정이다.

2) 치료 일반화(generalization)

말소리장애 치료의 궁극적인 목표는 치료실에서 학습된 정확한 산출 기술이 일상생활의 다양한 맥락에서도 일관되게 사용될 수 있도록 일반화를 유도하는 데 있다. 일반화는 목표 말소리가 치료 상황 외의 환경에서도 자발적으로 산출되는 현상을 의미하며, 치료의 초기 단계부터 계획되어야 할 핵심 요소 중 하나다. 실제로 치료의 효과성은 궁극적으로 이러한 일반화가 얼마나 성공적으로 이루어졌는지에 달려 있다고 할 수 있다.

일반화는 크게 자극 일반화(stimulus generalization)와 반응 일반화(response generalization)로 나눌 수 있다. 자극 일반화는 동일한 반응이 서로 다른 자극에서도 유사하게 나타나는 경우를 말한다. 예컨대, 치료사의 시범에 대한 모방이 가능했던 아동이 이후에는 그림이나 구어적 지시에 대해서도 동일한 목표음소를 정확히 산출하는 경우이다. 이에 반해, 반응 일반화는 새로운 환경이나 언어적 조건에서도 목표음소가 자발적으로 산출되는 현상으로, 보다 복합적이고 구체적인 하위 유형으로 나뉜다. 반응 일반화의 주요 유형은 다음과 같다.

① 단어 및 음절 내 위치 일반화

아동이 특정 위치(예: 어두)에서 목표음소를 정확히 산출한 후, 이를 어중이나 어말 위치로 확장할 수 있을 때 위치 일반화가 이루어졌다고 본다. 이는 음절 내 자음 위치(초성→종성) 간의 전이를 포함할 수 있다.

② 음성적 문맥 일반화

음소가 학습된 특정 음성 환경(예: /ㅅ/이 모음 /ㅣ/ 앞에서) 외에 다른 모음 환경(예: /ㅏ/, /ㅓ/, /ㅗ/)에서도 정확히 산출되는 경우를 말한다. 이는 음운 환경의 다양성을 고려한 중요한 일반화 범주다.

③ 언어 단위 일반화

말소리의 산출이 음소, 음절, 단어, 구, 문장 등 점차 복잡해지는 언어 단위에서도 유지되는 것을 의미한다. 복잡성이 증가할수록 동시조음(coarticulation)이나 의미적 부담이 더해지므로, 실제 의사소통 상황에서의 적용력을 판단하는 데 중요한 지표가 된다.

④ 음소 및 변별자질 일반화

특정 음소의 학습이 유사한 변별자질을 지닌 다른 음소에까지 영향을 미치는 경우이다. 예를 들어, /ㅅ/의 정확한 산출이 이루어진 후, 같은 자연부류에 속하는 /ㅆ/에도 긍정적인 전이가 관찰될 수 있다. 이는 음운체계 전체의 재구조화와 관련된 일반화 효과로 간주된다.

⑤ 상황 일반화

치료실에서 습득한 말소리 기술이 다른 상황이나 장소(예: 가정, 학교) 또는 다른 화자와의 상호작용에서도 유지되는 경우이다. 상황은 물리적 공간에 한정되지 않으며, 대화 상대나 주제, 활동 유형 등 다양한 사회적 맥락을 포함한다.

말소리장애 치료 맥락에서 다양한 일반화의 양상을 객관적으로 평가하기 위해, 임상에서는 일반화 평가용 단어(probe words)를 설정하여 일정 간격으로 아동의 수행을 측정한다. 일반적으로 10~15개의 평가용 낱말을 선택하여, 회기마다 반복적으로 실시함으로써 치료의 직접적 효과뿐 아니라 일반화의 정도를 확인할 수 있다. 이는 치료의 타당성과 지속 가능성을 입증하는 중요한 절차로 간주된다.

5. 치료 종료 시점

1) 유지

말소리장애 치료의 최종 목표는 아동이 치료실 밖의 다양한 환경에서도 정확한 말소리를 지속적으로 스스로 산출할 수 있도록 하는 것이다. 치료의 마지막 단계는 유지(maintenance)로 정의되며, 단순한 치료 종결이 아닌, 훈련한 행동이 시간 흐름에 따라 지속적으로 나타나는 시간적 일반화(temporal generalization)로 정의되기도 한다(Stokes & Baer, 1977). 유지 단계에서는 치료 중 습득한 목표 행동이 다양한 상황에서도 안정적으로 발현될 수 있도록 하는 것이 핵심이며, 치료사의 지도에 의존하던 아동이 점차 스스로의 말소리를 점검하고 조절할 수 있도록 자율성을 확대해 나가는 과정이다.

유지 단계에서는 자기 모니터링(self-monitoring) 전략의 지도는 필수적이다. 아동이 자신의 산출을 인식하고 오류를 수정하는 능력을 길러야 하며, 반복 연습을 통해 말소리 산출이 자동화(automatization)될 수 있도록 유도해야 한다. 자동화는 의식적인 조음 조절 없이도 일상적인 발화에서 목표음소가 자연스럽게 사용되는 상태를 의미하며, 이 단계에 도달했을 때 비로소 치료의 실질적인 종료를 고려할 수 있다. 유지 단계에서는 강화 조건도 점차 간헐적으로 전환되며, 궁극적으로 외적 강화 없이도 정확한 산출이 유지되는지를 관찰해야 한다.

2) 종결 기준

치료 종료 시점의 결정은 단순히 음소 산출의 정확도에만 의존하지 않으며, 아동의 연령, 치료 반응, 학습 특성 등 다양한 요소를 함께 고려해야 한다. 임상현장에서는 일반적으로 치료 초기에 설정한 장·단기 목표의 달성 여부와, 반복적인 평가에서 일관된 정반응이 확인되었는지를 주요 기준으로 삼는다.

치료 종결 여부를 판단할 때 네 가지 핵심 요소를 고려해야 한다. 첫째, 아동 자신의 말소리 산출을 스스로 모니터링하고 오류를 자각할 수 있는 능력이다. 둘째, 조음 기술의 자동화 여부이다. 초기에는 의식적으로 조절해야 했던 발화가 점차 무의식적이고 자연스럽게 수행될 수 있어야 한다. 셋째, 아동이 정반응과 오류 반응을 구분하고 의도적으로 조절할 수 있는 역량, 즉 반대 연습(negative practice)의 수행 능력이다. 마지막으로, 치료실 밖의 실제 의사소통 상황에서도 목표 행동이 일반화(generalization)되어 나타나는지를 확인해야 한다.

치료 종결을 결정할 때에는 "이 아동이 더 이상 치료를 통해 얻을 수 있는 의미 있는 변화가 있는가?" "현재 수준이 별도의 치료 없이도 유지될 수 있는가?"라는 질문에 임상가가 긍정적으로 답할 수 있어야 한다는 점에서, 치료효과의 안정성과 지속 가능성이 종결 판단의 핵심이 된다. 연령에 따라 종결 기준의 강도를 조절하는 것도 중요하다. 예컨대, 학령전기 아동은 학령기 아동에 비해 음운체계가 활발히 발달하는 중이므로, 더 완화된 기준으로도 종결을 고려할 수도 있다. Berthal 등(2022)은 유지 및 치료 종결과 관련하여 다음과 같은 실질적인 임상 지침을 제안하였다.

① 강화 일정은 일반화의 마지막 단계와 마찬가지로 유지 단계에서도 간헐적으로 제공되어야 한다.
② 유지 단계에서는 아동이 자신의 발화를 스스로 점검하고 정확한 산출을 유지하는 데 더 많은 책임을 지도록 유도해야 한다.
③ 종결 기준은 아동의 문제 특성과 연령에 따라 달라질 수 있다. 다수의 말소리 오류를 보이는 유아는 별도의 지도 없이도 새로운 소리를 자연스럽게 통합하는 경향이 있어 덜 엄격한 기준이 적용될 수 있다. 반면, 학령기 아동이나 잔존 오류를 보이는 경우, 또는 변화에 저항하는 음운오류패턴을 가진 아동에게는 보다 엄격한 기준이 요구된다.
④ 일부 연구에서는 임상가들이 치료 종료 시점을 지나치게 늦추는 경향이 있음을 지적한다. 이는 치료의 비용-효과 비율이 일정 시점 이후 급격히 낮아질 수 있음을 시사하며, 종결 시점을 임상적 근거에 따라 합리적으로 판단할 필요성을 강조한다.

제10장

말운동 접근법

음성학적 접근법 또는 전통적인 조음치료법으로 보편적으로 알려진 치료접근법으로 조음기관의 위치와 움직임에 초점을 맞추고 듣기 훈련을 병행한다. 음소 하나하나 개별적으로 목표로 선택하여 작은 언어학적 단위에서부터 시작해서 자발화 수준까지 목표음소가 정확하게 산출될 때까지 집중적으로 연습한다. 학습된 운동 기술이 자동화될 때까지 반복 연습을 통해 움직임의 복잡성과 언어학적 단위를 점진적으로 늘려 나간다.

1. 기본원리: 운동학습원리

말운동 접근법은 운동학습원리(Principles of motor learning)에 기반을 두고 있다. 운동학습원리에서는 새로운 운동 기술을 습득하고 발전시키기 위해서 지속적이고 반복적인 연습이 필수적이다. 뇌의 운동피질에 운동 패턴이 각인되기 위해서는 반복 연습이 필요하고, 연습량과 연습 강도를 조절하여 새로운 조음패턴을 효과적으로 학습하게 하는 것이 중요하다. 그리고 운동학습을 높이는 데 있어서 피드백이 필수적이다. 피드백은 조음 오류를 수정하고, 더 정확한 발음을 학습할 수 있도록 돕는다. 피드백에는 조음 오류를 보일 경우 즉시 교정하여 올바른 조음을 익히게 하는 즉각적 피드백과 스스로 발음을 모니터링하는 능력을 기르기 위해 일정 시간 후에 피드백을 제공하는 지연 피드백, 치료 대상자가 자신의 말소리를 듣고 스스로 교정할 수 있도록 유도하는 내재적 피드백이 있다.

치료 초반 확립단계에서는 즉각적 피드백을 많이 제공하여 정확한 조음 습득을 유도하고, 점진적으로 지연 피드백과 내재적 피드백의 비율을 높여 일반화와 유지단계에서는 자발적인 자기 모니터링 능력과 자기 수정 능력을 강화시킨다. 또한 과제를 이해하고 계획하는 능력은 운동학습의 중요한 요소이기 때문에 말 연습에 대상자가 능동적으로 인지적으로 참여하고 조절을 할 수 있는 기회를 제공하는 것도 중요하다. 따라서 조음방법과 위치, 소리의 차이에 대해서 대상자가 탐색하고 이해하고 운동계획을 세울 수 있도록 돕는다. 쉬운 단위에서 시작하여 점차 난이도를 높혀서 말 연습을 하고 다양한 맥락과 조건에서 말 연습을 제공하여 일반화를 촉진하고, 새롭게 학습한 말 행동이 자동화될 수 있게 한다.

Maas 등(2008)은 운동학습원리와 관련된 연구를 3가지 영역, ① 사전 연습 목표(pre-practice goal), ② 연습 원리(Principles of Practice), ③ 피드백 원리(Principles of Feedback)로 제시하였다.

1) 사전 연습 목표

사전 연습 목표(pre-practice goal)는 중재를 시작하기 전에 치료 목표를 함께 설정하여 학습 내용에 대한 동기 부여를 높이는 시간을 갖는 것이다. 치료 대상자가 어리거나 지적장애가 있는 경우에는 부모와 함께 이 단계를 진행하며, 이해하기 쉬운 언어를 사용한다. 또한 어떻게 말하는 것이 적절하고 부적절한 것인지를 구체적인 예시를 통해 이해하기 쉽게 제시한다. 이 단계에서는 아동이 정조음과 오조음을 구별할 수 있는지 청각적 지각력을 확인하는 것이 필요하다. 학령전기 아동은 중이염 등으로 청각적 변별력이 떨어질 수 있다. 따라서 정조음과 오조음을 모델링하여 직접 제시하거나, 별도로 녹음된 예시를 들려줌으로써 아동이 소리의 차이를 이해하고, 어떤 소리가 정확한지 변별할 수 있도록 돕는다.

2) 연습 원리(Principles of Practice)

새로운 운동 행동을 습득하는 과정에서 연습(practice)은 핵심적인 요소로 작용한다. 조음치료에서도 연습 기회를 극대화하는 것이 치료효과를 높이는 중요한 전략이 된다. 이에 대해 Maas 등(2008)은 효과적인 조음치료를 위한 다섯 가지 원칙을 제안하였다.

① 짧고 빈번한 치료 회기가 더 효율적이다: 긴 시간 동안 연습하는 것보다 짧은 치료 세션을 자주 제공하는 것이 더 효과적이다.

② 고정된 반복보다 다양한 말소리 환경에서 연습하는 것이 중요하다: 동일한 조건에서 목표 행동을 반복하는 것보다는 말속도, 억양 패턴, 음운 환경을 다양하게 조정하여 목표 행동을 연습하는 것이 학습 효과를 높일 수 있다.

③ 목표 행동을 무작위로 제시하는 방식이 더욱 효과적이다: 특정 목표 소리를 반복적으로 연습하는 것보다, 다양한 목표를 무작위로 배치하여 연습하는 것이 더 나은 학습 결과를 도출할 수 있다.

④ 조음기관의 개별 움직임보다는 목표 말소리의 정확한 산출에 집중하도록 한다: 아동이 혀, 입술 등의 세부적인 움직임에 지나치게 집중하기보다는, 목표 말소리를 올바르게 산출하는 데 집중하는 것이 더 효과적이다.

⑤ 세부적인 움직임을 따로 연습하기보다는 말소리의 전체적인 움직임을 연습하는 것이 적절하다. 예를 들어, 탄설음 산출 연습을 할 때 혀 끝을 올리거나 내미는 동작을 반복하는 것보다 실제 소리를 내어 연습하는 것이 훨씬 효과적이다.

이러한 원칙은 조음치료에서 운동학습을 최적화하는 데 중요한 역할을 하며, 보다 실용적인 치료접근법을 설계하는 데 기여할 수 있다.

3) 피드백 원리(Principles of Feedback)

학습에서 피드백을 주는 방식이 매우 중요하다. 치료 초기에는 대상자가 소리를 정확하게 산출하기 위해 어떻게 해야 하는지에 대한 피드백을 일관성 있게 제공해야 한다. 이후, 아동의 말소리가 확립되면, 아동이 만들어 낸 소리가 정확한지 부정확한지에 대한 결과를 알려 주는 것이 중요하다. 아동이 산출에 대해 스스로 판단할 수 있도록 하기 위해 피드백은 많게 제공하기보다는 점차 줄이는 것이 적절하다. 치료 초기에는 아동의 발화마다 피드백을 제공하며 최대한 많이 제공하지만, 점진적으로 피드백의 양을 줄여 나간다. 피드백 제공 빈도를 줄여 나가면서, 아동이 자신의 산출에 대해 청각적 · 시각적 · 운동감각적인 부분에서 스스로 평가하고 판단할 수 있는 기회를 제공한다.

2. 치료단계

1) 듣기 훈련

말운동 접근법은 보통 청지각적 듣기 훈련을 포함하면서 개별 소리를 가르치면서 확립시키는 단계로 시작한다. 아동의 음운체계에 특정 말소리를 확립시키기 위해서는 소리를 구별할 수 있는 능력이 선행되어져야 한다는 가정하에 듣기 훈련을 먼저 실시하기도 한다. 모든 말소리장애 아동이 말지각으로 인해 말소리의 오류를 보이는 것은 아니므로, 무조건적으로 듣기 훈련부터 실시하는 것보다는 청지각적 어려움이 확인된 경우에만 듣기 훈련을 실시하는 것으로 조절할 수 있다. 전통적인 듣기 훈련은, ① 확인(identification), ② 독립(isolation), ③ 자극(stimulation), ④ 변별(discrimation) 단계로 구성되어 있다(Van Riper & Erickson, 1996).

① 확인(identification): 목표음의 특성과 산출 시 조음기관의 움직임과 감각정보에 주의를 기울이게 한다. 어린 아동의 경우에는 동물이나 사물을 이용하여 소리의 특성을 잘 느낄 수 있게 돕는다(예: [ㄸ]는 문을 노크하는 소리, [ㄱ]는 가글링하는 소리). 목표음을 다른 소리와 함께 독립음 수준으로 제시하면서 아동에게 목표음을 들을 때마다 손을 들게 하거나 종을 치게 하면서 소리에 집중하게 한다.

② 독립(isolation): 점진적으로 복잡한 문맥 속에서 목표음을 듣게 한다. 단어의 초성 위치에서부터 시작해서, 단어의 중간이나 끝, 구나 문장 등 다양한 위치에서 목표음을 듣게 한다.

③ 자극(stimulation): 독립음과 단어 수준에서 목표음의 강도, 억양, 길이를 변화시키면서 들려준다.

④ 변별(discrimination): 점진적으로 복잡한 문맥 속에서 목표음이 정확한지, 틀렸는지 구별하게 함으로써 정확한 목표음에 대한 아동의 내적 이미지와 다른 사람의 산출을 비교할 수 있는 기회를 준다.

2) 산출 훈련

말운동 접근법의 산출 훈련 단계에서는 목표음을 독립음이나 음절 수준에서부터 점진적으로 언어학적 단위를 높여 가면서 자발적으로 정확하게 산출할 수 있게 연습시킨다. 소리를 확립시킬 때 가장 보편적으로 사용하는 방법으로는, ① 모방, ② 조음점 지시법, ③ 점진적 형성법(점근법), ④ 문맥 활용법이 있다.

① **모방**: 산출 연습에서 보편적으로 목표음을 유도하기 위해 처음에 사용하는 방법이다. 치료사가 목표음의 모델링을 어떻게 제시하느냐에 따라 아동의 모방과 반응이 달라질 수 있다. 조음기관의 움직임을 강조하면서 목표음을 천천히 모델링하면서 시각적 · 청각적 · 촉각적 단서를 함께 제시한다. 치료사는 단순히 목소리의 강도를 높여서 목표어를 제시하는 경우가 빈번한데, 조음 속도를 길게 연장하면서 전이 구간을 충분히 주면서 목표음에 대한 모델링을 제시하는 것이 보다 더 효과적인 경우가 많다.

② **조음점 지시법**: 아동이 목표음을 모방할 수 없을 때 조음기관의 위치, 조음방법에 대한 단서를 제공한다. 거울, 설압자, 빨대, 조음기관의 그림 등을 활용하여 조음기관에 대한 인식도를 높이는 것도 적절하다.

③ **점진적 형성법(점근법)**: 아동이 산출할 수 있는 소리 목록에서 새로운 소리를 만들어 가는 과정이다. 예를 들어, 목표음이 [ㅅ]이고, 아동이 파열음 [ㅌ]를 산출할 수 있다면 혀끝을 치경에 대고 [ㅌ]를 길게 연장하게 한 후 혀끝을 살짝 떼어내어 [ㅅ] 소리를 만들어 낸다. [ㅌ---ㅅ]로 길게 소리를 연장하여 산출하는 것을 반복 연습하다가 앞의 [ㅌ]를 빼고 [ㅅ]만 산출할 수 있게 한다.

④ **문맥 활용법**: 문맥 검사를 통해 특정 소리가 정확하게 나오는 문맥을 확인한 후에 치료에 활용할 수 있다. 예를 들어, 치경마찰음이나 경구개파찰음은 [이] 모음 환경에서 상대적으로 정확하게 산출될 수 있는 점을 활용하여 치료 초기에 정확한 산출을 유도한다. 연구개음은 동시조음이 상대적으로 용이한 후설 모음 환경에서부터 연습하기도 한다. 탄설음을 유도할 때 [몰라], [빨래]처럼 설측음으로 산출되는 문맥을 길게 연장해서 발음하여 어중 초성에서 탄설음을 산출할 수 있게 한다. 초성이나 종성 중 한 위치에서만 정조음한다면 정확하게 산출되는 위치에서 다른 위치의 정조음을 유도할 수 있다. 예를 들어, 연구개음이 종성에서만 정확하게 산출된

다면 [악-기]처럼 종성을 이용하여 초성을 유도해 볼 수 있다.

3. 전통적 치료법

전통적 치료법은 말운동 접근법의 대표적인 치료법으로 Van Riper(1939)가 『Speech correction』 책을 통해 정리한 이래로 가장 오랫동안 사용되고 있다. 주로 잔존 오류(residual speech errors)를 보이는 학령기 아동을 위해 효과적으로 사용되어져 왔으며, 조음장애 또는 말운동 조절상의 문제로 오류를 아동에게 널리 사용되고 있다. 전통적 치료법은 말소리 오류의 원인을 잘못된 청지각적 인식과 소리를 생성하는 움직임의 부적절하거나 불완전한 학습으로 간주하고, 청지각적 훈련과 말운동 연습을 강조한다.

전통적인 치료법은 앞서 치료 단계에서 설명한 바와 같이 청지각적 듣기 훈련과 산출 훈련으로 구성된다. 청지각적 듣기 훈련은 Van Riper와 Erickson(1996)이 제안한 확인, 독립, 자극, 변별의 네 단계로 이루어지며, 산출 연습에 앞서 목표음소에 대한 집중적인 듣기 훈련을 진행한다.

산출 훈련은 독립된 음소 수준에서 시작하여 무의미음절, 단어, 전달구, 문장, 그리고 일상 대화 수준에 이르기까지 새롭게 학습한 말 산출 기술이 안정적으로 전이되고 활용될 때까지 집중적인 산출 연습을 강조한다. 이 치료법은 개별 음소를 목표에 도달할 때까지 언어학적 난이도를 높여가면서 수직적으로 접근하는 방식이기 때문에 효율성이 떨어질 수 있다. 따라서 일부 음소에서만 오류를 보이는 아동에게는 효과적으로 적용될 수 있지만, 여러 음소에서 오류를 보이거나 언어학적 지식 부족으로 인해 오류가 나타나는 경우에는 효율성이 제한적일 수 있다. 산출 훈련은 독립된 음소 수준에서 시작하여 무의미음절, 단어, 전달구, 문장 그리고 일상 대화 수준까지 단계적으로 확장되며, 새롭게 학습한 말 기술이 안정적으로 전이되고 실생활에서 활용될 때까지 집중적인 연습을 강조한다. 이 치료법은 개별 음소를 목표에 도달할 때까지 언어학적 난이도를 점진적으로 높혀 연습하는 수직적 접근 방식을 기반으로 한다. 그러나 여러 음소에서 오류가 발생해 말명료도가 심각하게 저하되거나, 언어학적 지식 부족으로 인해 오류가 나타나는 경우에는 치료효과가 제한적이거나 효율성이 낮아질 수 있다. 따라서 특정 음소에서만 오류를 보이는 아동에게는 효과적으로 적용될 수 있지만, 다양한 음소에서 광범위한 오류가 나타나는 경우에는 다른 접근 방식이 필요할 수 있다.

4. 문맥 활용법

문맥 활용법은 말운동 접근법을 기반으로 하지만, 전통적 치료법과는 다르게 말소리가 개별적으로 산출되는 것이 아니라 음절 단위의 맥락에서 이루어지며, 특정 음운 환경이 올바른 소리 사용을 촉진할 수 있다는 개념에 기반한다. McDonald(1964)는 아동이 조음 오류를 보일 때 해당 소리가 올바르게 산출되는 문맥이 반드시 있기 때문에 심화 검사를 통해서 그 문맥을 찾아서 치료를 시작해야 한다고 주장하였다. 문맥 검사를 통해 오류 음소가 정확히 산출될 수 있는 문맥을 확인하고, 이를 치료의 출발점으로 삼는다. 또한 음절을 조음 행동의 기본 단위로 설정하여 연습을 시작하며, 점진적으로 더 복잡한 수준으로 진행하도록 설계한다.

Hoffman, Schuckers와 Daniloff(1989)는 문맥 활용법을 기반으로 조음 동작의 자동화를 촉진하는 일련의 훈련 과정을 제안하였다. 이 접근법은 이미 학습된 조음패턴을 수정하기 위해 계획적이고 체계적인 연습이 필요하다는 가정에 기반한다. 치료 과정은 먼저 자극반응도 연습을 통해 아동이 올바르게 산출할 수 있는 소리를 유도하고, 모방을 통해 연습하는 방식으로 시작된다. 치료사는 특정 소리를 과장된 방식으로 발음(예: /ㅁ, ㅂ/에서 입술을 과도하게 둥글게 만들기)하여 아동이 자신의 조음기관을 인식하고 조절하는 능력을 기를 수 있도록 돕는다. 이후 조음 조절 훈련 단계에서는 아동이 조음 오류를 교정하는 데 필요한 동작을 배우도록 하며, 치료사는 아동의 오류패턴과 유사한 발음을 의도적으로 만들어 조음 운동을 인식하고 수정할 수 있도록 유도한다. 마지막으로, 산출 연습의 단계적 진행을 통해 무의미음절 연습에서 시작하여 단어 및 단어쌍 연습, 문장 연습, 이야기 수준의 연습으로 점진적으로 발전한다. 이야기 수준에 도달한 후에는 모든 단계를 무작위로 연습하여, 자연스러운 발화 상황에서도 조음 기술이 일반화될 수 있도록 유도한다.

5. 말운동연쇄 치료법

Preston 등(2019)은 잔존 오류를 지속적으로 보이는 학령기 아동과 아동기 말실행증 아동을 위해 운동학습원리를 고도로 구조화된 접근법으로 설계하여 말운동연쇄(speech motor chaining: SMC) 치료법을 제안하였다. 이 치료법은 연습 자극의 피드백, 변화 가능성, 복잡성을 체계적으로 변화시켜 제시한다. 사전 연습 단계에서는 독립음과 음절 수준에서 목표음소를 산출하는 법을 가르친다. 이를 통해 아동이 목표음소를 정확히 산출할 수 있는 기반을 다진다. 이후 연습 단계에서는 목표음절을 점진적으로 길어지는 말 연쇄에 배치하여 짧은 시간 동안 치료의 위계를 응축해 연습함으로써 효율성을 높이는 방법이다. 예를 들어, [거] – [거미] – [큰 거미] – [큰 거미 잡았다]와 같은 일련의 말 연쇄를 반복적으로 산출하게 한다. 또한 말의 속도, 강도, 음도를 변화시켜 다양한 말운동 패턴을 연습시키는 점도 특징적이다. 이러한 체계적인 접근법은 말소리 오류의 교정뿐만 아니라 일반화와 유지에도 효과적인 방법으로 평가된다.

6. 수정된 피드백 접근법

정상적인 음소 습득 시기를 지나 청소년기와 성인기에도 탄설음이나 치경마찰음과 같은 음소에서 지속적인 오류가 나타날 수 있다. 이러한 잔존 오류를 효과적으로 교정하기 위해, 말운동 접근법에 기존의 청지각적 피드백을 보완하는 수정된 피드백 접근법(modified feedback approach)이 다양한 기술과 함께 적용되고 있다. 바이오피드백, 촉각 및 시각적 피드백을 활용한 다양한 기술을 도입하면, 조음운동패턴을 체계적으로 연습하여 새로운 운동행동을 습득하고 일반화하는 데 효과적으로 기여할 수 있다. 수정된 피드백 접근법을 치료에 적용하는 주요 목적은 실시간으로 조음위치와 조음방법에 대한 즉각적인 피드백을 제공함으로써, 말소리의 특징에 대한 인식을 높이고, 치료 대상자가 능동적으로 조음 과정에 인지적으로 참여하며 조절할 수 있도록 돕는 것이다.

1) 전자구개도(Electropalatography: EPG)

혀와 구개의 접촉 패턴을 실시간으로 보여 주는 기술로, 정확한 조음위치를 시각적으로 확인할 수 있다. 복잡한 조음운동이 필요한 유음과 치경마찰음 등의 음소를 학습하는 데 효과적이다. 치료 대상자는 전자구개도를 보면서 혀와 구개의 접촉 위치, 정도, 타이밍 등에 대한 피드백을 받을 수 있다. 최근에 한국형 전자구개도가 개발되어 한국어의 조음적 특성을 보다 정밀하게 분석하여 제시하고, 임상에서 말소리 오류를 교정하는 데 사용될 수 있도록 지속적으로 연구와 개선이 이루어지고 있다(김지영 등, 2021; 김지영 등, 2021; 오다희 등, 2022; 우승탁 등, 2019). [그림 10-1]은 /사/와 /수/를 정조음할 때(제일 좌측)와 치간음화, 구개음화, 설측음화로 오조음할 때의 전자구개도 이미지이다(김지영 등, 2021).

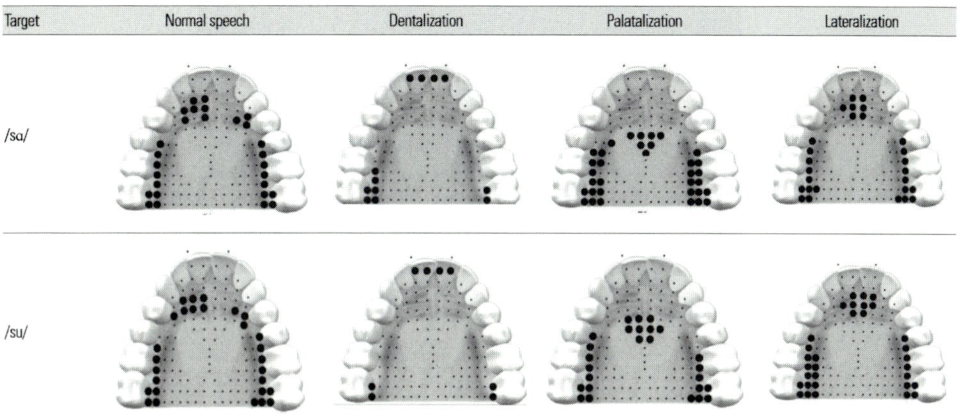

[그림 10-1] **/사/와 /수/를 정조음 및 오조음(치간음화, 구개음화, 설측음화)할 때의 전자구개도 예시**
출처: 김지영 등(2021).

2) 초음파 피드백(Ultrasound Feedback)

초음파 영상을 통해 혀의 움직임을 실시간으로 시각화하여, 내부 조음 구조를 직접 볼 수 있도록 한다. 특히 설측음과 탄설음 같은 난이도 높은 조음 교정에 효과적인 것으로 알려져 있으며, 꾸준히 임상적 유용성을 알리는 연구가 보고되고 있다. 예를 들어, Bernhardt와 동료들은 심각한 청각장애나 잔존 오류를 보이는 청소년과 성인에게 초음파 피드백을 제공하여 효과를 살펴보았다. [그림 10-2]는 일반 성인이 혀 끝을 올리면서 [t] 소리를 만들 때의 초음파 이미지로, 치료 대상자가 실시간으로 혀의 위치와 모양을 확인하면서 말 연습을 하는 상황이다(Bernhardt et al., 2005). 연구자들은 초음파 피드백이 혀의 위치와 움직임을 더 정확하게 인식하도록 도와주었으며, 특히 복잡한 소리를 발음할 때 정확한 조음위치를 잡는 데 효과적이고 조음정확도를 향상시키는 데 기여했다고 보고하였다. Adler-Bock 등(2007)의 연구에서도 초음파 기술을 이용하여 조음 오류를 수정할 수 있는 가능성을 확인하였으며, 특히 영어의 /r/ 소리 교정에서의 임상적 유용성을 강조하였다. 초음파 기술을 통해 혀의 위치와 모양에 대한 시각적 피드백을 제공함으로써 보다 정확한 조음패턴에 가까운 혀 모양을 유도할 수 있어 조음치료에 유용한 피드백으로 활용될 수 있음을 제안하였다.

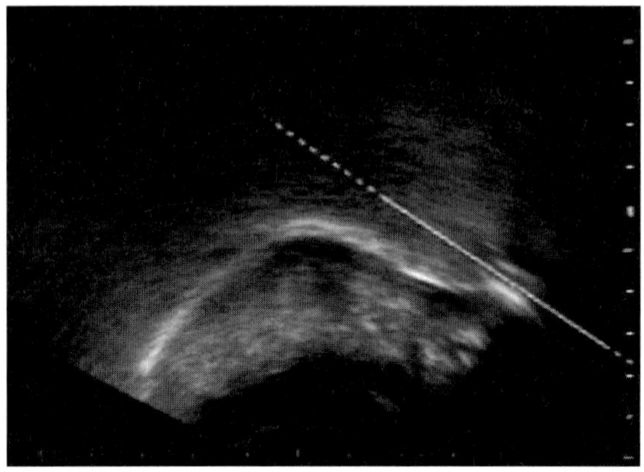

[그림 10-2] **일반 성인이 혀 끝을 올리면서 [t] 소리를 만들 때의 초음파 이미지. 직선은 혀 끝이 치경에 닿는 면을 나타냄**

출처: Bernhardt et al. (2005).

제11장

음운적 접근법

음운적 접근법은 언어적 접근법이라고도 한다. 특정 음소에만 한정되지 않고 복합적이고 다양한 오류를 보이는 아동에게 효과적이라고 알려진 음운적 접근은 1980년대 이후 현장에서 현재까지 가장 널리 사용되는 치료접근법이다. 아동의 음운체계를 재조직화 하는 데 초점을 두고 있으며 아동의 음소목록과 음운패턴을 성인의 수준으로 끌어올리기 위해 노력한다. 치료의 과정에서 사용되는 가장 대표적인 방식은 음소대조와 음운오류패턴의 훈련이라고 할 수 있다.

음운오류패턴으로 하는 치료접근법은 아동의 오류 음운 사용 방식에 패턴, 즉 규칙이 있는지 분석하고, 이 규칙을 바꾸어 주기 위해 노력한다. 어말종성생략을 하는 아동에게 몇 개 음소를 어말종성에서 하도록 가르치면 다른 음소들도 어말종성에서 산출할 수 있다고 가정하는 것이다. 오류패턴 치료접근법은 일반 아동들이 말소리 습득 과정에서 대부분이 보이는 패턴을 보인다는 성찰에서 출발하였다. 아동들 나름대로 갖고 있는 단순화 규칙들이 점차 성인의 복잡한 규칙으로 발전해 간다는 것에 착안하여 단순화 규칙들을 수정한다면 하나씩 음소들은 수정해 가는 것보다 효과적으로 치료할 수 있다는 것이다. 이 장 뒤에서 소개하는 주기법은 음운오류패턴 접근의 대표적인 치료법전략으로 가장 많은 치료효과에 대한 근거를 갖고 있다.

1. 음소대조를 통한 치료접근법

1) 기본 원리

음소대조를 사용하는 치료접근법은 최소대립쌍(혹은 최소대립단어쌍, minimal pair)을 사용한다. 이 장에서 소개할 치료법 중 최소대립쌍이나 자질접근법과 상위음운접근법 등은 모두 음소대조에 기초하여 개발된 치료법이라고 할 수 있다. 전통적 접근법이나 운동적 접근법에서 특정 음소를 정확하게 산출하기 위해서 조음방법과 조음위치 및 발성유형 등을 정교화하는 데 노력을 기울이는 것과 비교해 볼 때 최소대립쌍에서는 음운의 차이로 인해서 생기는 언어적 차이, 즉 의사소통에 생기는 차이에 더 주목하는 것이다. 의사소통에 사용하는 언어의 최소 단위는 '단어'이고, 최소대립쌍은 음소의 차이가 곧 단어의 차이로 연결되는 것이기 때문이다. 아동이 음소 하나를 잘못 산출하여 언어적 의미 전체를 바꾸는 가장 극적인 상황인 최소대립쌍 훈련을 반복하여 아동 스스로가 일상에서도 음소를 변별하여 정확하게 산출하기 위해서 노력하도록 이끄는 것이다. 예를 들어서, 종성 유무를 대조시킨 '다:달'을 통해서 전부를 의미하는 '다'와 밤하늘에 떠 있는 '달'이 되기도 하고, 조음위치와 조음방법을 대조시킨 '삼:잠'을 통해 숫자 '3'과 수면을 의미하는 '잠'으로 그 뜻을 바꿀 수 있다. 종성 유무와 같이 음절구조 자체를 다르게 대조시킬 수도 있고 자음의 특정 자질을 대조시킬 수도 있다.

국내에서도 신후남과 석동일(1996)은 최소대립쌍접근법을 적용해서 단일피험자 실험설계로 종성생략을 보이는 아동의 치료효과와 일반화 효과를 보여 주었다. 최소대립쌍 기법이 임상현장에서 널리 사용되면서 보다 효과적으로 음소를 대조시키는 방법이 무엇일까 하는 고민도 나오게 되었다. 이러한 고민은 다음에 소개하는 다양한 대조기법으로 변형, 발전했다. Gierut 등(1989)은 아동이 보다 복잡한 것이나 어려운 것에 더 집중하고 노력할 수 있으며, 이렇게 습득한 어려운 기술은 쉬운 과제에 더 잘 일반화 된다는 것에 주목하였다. 최소자질대립보다 어렵고 복잡한 대립쌍을 먼저 치료하도록 하는 접근으로 최대자질대립과 다중대립접근법 등으로 다양한 형태가 소개되었다.

2) 치료 절차

(1) 최소대립쌍접근법

말소리장애 아동이 어두에서는 폐쇄음을 바르게 산출할 수 있음에도 불구하고 어말종성에서는 생략하는 경우를 관찰할 수 있다. 이런 경우, 음성학적으로 폐쇄음 산출에 어려움이 있다기보다는 단어의 음절구조를 잘못 쓰고 있음을 인식하고 산출할 수 있도록 훈련시켜야 한다. 또한 어두에서 마찰음과 파찰음 폐쇄음을 모두 폐쇄음 하나로 사용하는 경우에도 이 세 가지 소리를 구별하여 산출할 수 있도록 하고자 할 때 최소대립쌍접근법은 유용하다. 생략과 대치를 보이는 아동에게 효과적이다.

최소대립쌍 훈련은 우선 청지각적으로 구분하는 단계를 거쳐서 산출 훈련 단계로 넘어간다. 가장 일반적으로 사용되는 대조 훈련은 생략된 음소를 목표음소와 대조시키거나, 대치하는 음소를 목표음소와 대조시키는 것이다. 이때 목표음소를 포함하는 대조쌍 단어를 찾기 어려운 경우 인형의 이름으로 만들거나, 유사한 발음의 것을 채택할 수 있다. Bernthal 등(2022)이 정리한 훈련 프로토콜은 〈상자 11-1〉과 같다.

상자 11-1 최소대립쌍 훈련절차 프로토콜-한국어 활용 예

1. 아동의 음운오류에 기초하여 대조단어쌍을 선정한다.
   - 종성을 생략하는 경우 '삼-사, 물-무, 콩-코'와 같이 종성 유무 대조단어쌍을 그림으로 제작한다. 아동이 각 단어의 소리와 의미를 알고 있는지 확인한다. 각 그림을 5장씩 준비한다.
2. 최소대립 훈련을 지각 단계에서 시작한다.
   - 내가 말하는 그림을 짚어 봐. 콩 짚어 봐.
3. 오류 음소가 포함된 각 목표단어에 대해 아동의 운동산출 능력을 검사한다.
   - 아동에게 목표음소를 산출하도록 해 본다. 치료가 시작되기 전 짧은 시간동안 진행한다.
4. 아동에게 각 목표 단어를 모방하여 산출하도록 한다.
5. 최소대립 훈련의 산출 단계로 넘어간다.
   - 네가 말하는 그림을 내가 집을게('코'라고 말하면 내가 그 그림을 집을게). 말해 줘.
6. 각 대조단어를 운반구 속에 넣어 말하게 한다.
   - 그림 하나를 가리키면서 '나는 콩(코) 찾았다.'라고 말해봐.
7. 두 대조단어를 같은 운반구 속에 넣어서 말하게 한다.
   - 그림 두 개를 선택하고 하나는 인형에게 주면서 말하도록 한다 '나는 콩, 너는 코.'

(2) 최소대립자질쌍접근법(minimal opposition approach)

목표음소와 대조음소가 하나의 자질에서만 혹은 최소한의 차이가 나는 대조단어쌍을 만들어서 훈련한다. '뿔:풀'처럼 발성유형 하나만 차이가 나거나, '담:삼'처럼 조음방법 하나만 차이가 나거나, '감:담'처럼 조음위치에서 하나만 차이가 나는 쌍으로 훈련한다. 일반적으로 목표음소를 아동이 대치하는 형태와 대조시키는데, 대치형태는 이미 아동이 잘 산출하고 있는 것이므로 목표형태는 자질 하나만 바꾸어 수행하면 성공할 수 있으므로 산출에 유리할 것이라고 가정하는 것이다.

이 접근법에서는 목표음소를 다음과 같은 기준으로 선정한다. 첫째, 음운대치가 일어나는 음소, 둘째, 목표음소와 대치음소의 조음위치, 조음방법 등 자질에서 차이가 적은 것, 셋째, 정상적인 발달연령이 빠른 음소, 넷째, 명료도에 미치는 영향이 큰 것, 다섯째, 자극반응도가 있는 소리부터 목표로 한다. 주된 오류형태가 대치인 경우, 그리고 목표음소가 자극반응도가 있는 경우에 최소대립자질 접근법을 추천한다. 프로그램의 적용절차는 우선 한 가지 자질에서만 차이가 나거나 최소한의 차이가 있는 단어쌍을 선택한다. 이때 적절한 단어쌍이 별로 없다면 최소대립자질에 유사하거나, 자질의 차이가 가장 적은 단어쌍을 찾는다. 앞에서 소개한 최소대립쌍접근법 절차와 유사하게 지각적으로 변별하기, 모방하기, 자발적으로 산출하기를 차례대로 연습한다. 연습 절차는 지각적 변별-모방-산출 순서로 진행한다. 우선 단어쌍의 그림과 사물을 통해 어휘를 익히고, 치료사가 말하는 것을 듣고 아동이 그림이나 사물을 선택하도록 한다. 성공적이라고 판단되면 역할을 바꾸어 아동이 말하는 것을 듣고 치료사가 해당 단어의 그림이나 사물을 선택한다. 목표단어가 아니면 아동이 자가 수정할 기회를 주고 치료사가 목표한 단어를 선택함으로써 보상이 되도록 한다. 연습 뒤에 일상적인 의사소통상황에서 오류가 일어나면 역시 수정하도록 한다.

(3) 최대대립자질쌍접근법(maximal opposition approach)

최대대립자질쌍접근법이 등장하게 된 배경에 있는 가정은 더 복잡하고 미세한 운동을 요구하는, 즉 어려운 음소의 조음을 먼저 배우면 좀 더 단순한 운동을 요구하는 음소는 쉽게 습득될 수 있을 것이라는 가정이 깔려 있다. 또한 보다 새롭고 복잡한 것을 배우기 위해 집중하거나 동기가 올라가는 경우가 있다는 복잡성 가정도 작용할 수 있다. 이 프로그램에서는 목표대조쌍을 선정할 때는 아동의 음소목록에 없는 소리 가운데 변별자질이 가장 차이가 많이 나는 것을 두 개 선택하거나, 한 개가 목록에 있고 다른 한 개가 목록에 없지만 여러 자질에서 차이가 나는 음소로 선택한다. 최소대립자질쌍접근법과는 달리 지각 훈련(변별 연습)은 하지 않는다. 그러나 어려운 과제를 수행한다는 것을 감안하여 흥미를 유지할 수 있는 활동들을 병행하는 것이 중요하다. 예를 들어, 최소대립자질쌍접근법에서 'ㅅ'를 'ㄷ'로 대치하는 아동에게 '담:삼' 낱말쌍을 훈련시킨다면, 최대대립자질쌍접근법에서는 '삼'을 '감, 밤, 잠'과 같이 조음방법과 조음위치 자질들이 모두 다른 단어들과 대조시켜 훈련시키는 것이다. 이때 자질은 성절성, 공명성과 같은 주요 부류자질에서 차이가 나는 것이 자질의 차이가 크다고 할 수 있으며, 조음위치나 방법에서도 그 거리와 차이가 클수록 자질의 차이가 크다고 할 수 있다. 중등도에서 심도의 음운장애를 보이는 아동들에게 최대대립자질을 산출할 수 있게 되면 최소대립자질의 단어들도 산출할 수 있게 일반화 되므로 더 효과적이라고 보았다. 모방단계는 연속적인 2~7회기에서 75%의 정확도가 나타날 때까지 수행하고 다음으로 자발적 단계에서는 연속적인 3~12회기에서 90% 이상의 정확도가 성취될 때까지 치료한다(Gierut, 1989). Gierut(2001)는 복잡성을 극대화하여, 짝을 짓는 두 개의 대조 목표음소를 모두 아동이 현재 산출할 수 없는 음소로 했을 때 일반화가 더 잘 되었다고 보고하였다.

(4) 다중대립자질접근법(multiple opposition approach)

최소대립쌍과 변별자질접근법에서 나온 다른 변형으로 다중대립자질접근법이 있다. 이 접근법은 여러 개의 목표음소를 비교음소와 동시에 대조시키는 방법이다. 여러 음소에서 오류를 갖고 있으며 심한 정도의 음운결함을 보이는 아동을 위해 고안된 방법이다. 이 치료법에서는 개별 음소보다 전체적인 음운체계(system)의 확립을 우선 목표로 한다. 예를 들어, 한 아동이 종성에서 /ㅂ/, /ㅇ/, /ㄱ/를 모두 /ㄷ/로 대치한다면 각 음소별로 대조쌍을 만들어 연습하는 것이 아니라 같은 회기에 여러 개의 최소대립쌍(받-밥, 받-박, 받-방)을 만들어 함께 연습시키는 것이다. Williams(2000a, 2000b)는 이 접근법이 최소한의 노력과 시간으로 최대한의 효과를 거둘 수 있다고 하면서 음소대조 소프트웨어(SCIP)도 개발 보급하였다.

2. 상위음운접근법

1) 기본 원리

최소대립쌍접근법에 별로 효과를 보이지 않는 말소리장애 아동에게 Howell과 Dean(1994)은 상위음운접근법을 적용해 보도록 권하였다. 모방할 때는 자연스럽게 정조음 하면서, 자발화에서는 오조음이 빈번한 아동에게도 유용하다. 상위음운접근법은 음소들의 대조를 발달시킬 수 있도록 음소들의 특징을 가르치면서, 음운지식의 대조를 역시 강조한다. 상위음운접근법은 구조화된 치료 프로그램을 지속적으로 개발하고 소개하고 있는데, 공통적으로 음소의 특성과 음운구조에 주의를 기울일 수 있는 능력을 발달시킬 수 있도록 구조화되어 있다. 이 접근법은 말소리의 정확한 산출에도 효과적이지만 이 치료 접근으로 발달된 음운인식은 읽기와 쓰기에 필요한 기술로 향후 학령기 아동의 읽기와 쓰기에 도움이 될 것으로 기대된다. Howell과 Dean(1994)을 비롯한 많은 연구자가 말소리장애 아동이 나타내는 음운문제를 인지-언어학적인 문제로 보고 음운인식 능력이 빈약한 아동의 음운인식 능력과 말 문제를 개선하기 위해 상위음운접근법을 개발하였다. 학령전기 말소리장애 아동을 대상으로 산출연습을 포함한 상위음운접근법을 적용한 연구들은(신주영 등, 2006; Dean et al., 1995; Gillon, 2005; Gillon & McNeill, 2007; Hesketh et al., 2000) 말 문제와 음운결함을 보이는 말소리장애 아동의 치료효과를 보고하였다.

상위음운접근법의 음운대조연습 과정을 살펴보면, 결국 낮은 지능과 언어장애를 동반한 아동들에게 효과를 얻기 힘들다고 보고된 단어 조건의 대립쌍 연습 방법이 포함되어 있다. 이에 Hesketh 등(2000)은 단어 조건의 대립쌍 연습 없이 최소한의 자질 차이를 보이는 음들로 목표음을 구성하여 음소 수준에서 대조연습을 실시하는 음운대조연습 방법으로 메타음운중재법을 제안하였다. 또한 Gillon과 McNeill(2007)은 초기 읽기 및 철자 능력을 기르는 데 있어 음운인식과 조음훈련을 통합적으로 접근할 수 있도록 하는 치료 프로그램으로 통합적 음운인식 중재 프로그램(Integrated Phonological Awareness Intervention: IPA)을 제안하였다. 상위음운접근 모델을 적용한 치료 프로그램들은 단순한 조음치료를 넘어서 음운인식과 문자-음소 대응 능력을 함께 향상시키는 것을 목표로 개발되었다. 이 치료법들은 국내에서 실제로 상위음운지식 습득에 지연을 보이는 말소리장애 아동을 대상으로 적용했을 때 더 나은 말소리 산출 능력뿐만 아니라 언어 능력과 읽기 능력까지 개선되는 것을 확인할 수 있었다(강예림, 하승희, 2023; 고유경, 2020; 김나영, 2025).

2) 치료 절차

상위음운접근법도 말소리의 대조를 강조하기 위한 음소 간의 자질 차이에 초점을 두는 활동으로 시작하여 음운대조를 의사소통 상황에 적절히 전환할 수 있도록 한다. 예를 들어, 치료 상황에서는 우선 음소의 차이에 대한 개념을 가르친다. 마찰음을 파열음으로 대치하는 아동에게는 마찰음 /ㅅ/는 긴 소음으로 뱀이 '쉬쉬식' 지나가는 소리에 비유하거나 수도를 틀었을 때 물이 '쏴'하고 계속 나오는 소리에 비유하고, 파열음 /ㄷ/나 /ㅌ/는 장난감 망치로 가볍게 책상을 치면서 나는 '탁탁'소리나 물방울이 바닥에 '똑똑' 떨어지는 소리에 비유하면서 소리의 차이에 대한 개념을 가르쳐 준다. 비유된 상황과 소리를 연결할 수 있게 되면 단어에서 음운대조를 사용할 수 있도록 전환하도록 계획한다. 상위음운접근법의 치료 종류는 다양하다.

Hesketh 등(2000)이 제안한 상위음운접근법 모델을 기초로 하여 한국어 말소리 임상 현장에서 바로 사용할 수 있도록 김수진과 고유경(2025)은 '메타음운중재법'이라는 프로그램 워크북을 개발 제안하였다. 메타음운중재법은 12단계로 지각 탐지 과제와 산출과제들을 세분화된 단계로 제시하여 구체적인 목표음소들을 대조시켜서 사용할 수 있도록 훈련 단어와 그림카드를 제공하여 순서대로 적용할 수 있도록 하였다. /ㄹ/와 /ㄴ/를 대조 훈련하는 과정을 예로 든다면, 1~2단계는 대조 없이 아동이 못하는 목표음소 하나만 듣고 탐지할 수 있도록 훈련한다. 1단계에서는 /ㄹ/ 글자(혹은 도형)와 소리를 연결하고 변별할 수 있도록 하고, 2단계는 단어 안에서 목표음소가 어느 음절에 있는지 찾을 수 있도록 한다([그림 11-1] 참조). 3~5단계는 대조되는 음소를 듣고, 단어 내 위치(어느 음절), 음절 내 위치(초성, 종성)를 찾을 수 있도록 한다([그림 11-2] 참조). 6단계는 음절이 아닌 음소로 모두 분리하여 들려주고 찾도록 한다. 예를 들어서 라면을 찾으라고 할 때 음소 수에 해당하는 다섯 개의 동그라미를 나열하고, '르아므여ㄴ'이라고 말해 주면서 /ㄹ/에 해당하는 동그라미와 /ㄴ/에 해당하는 동그라미를 각각 찾도록 한다. 아동의 자극반응도를 고려하여 4단계 혹은 6단계가 끝나면 산출 훈련(*별 단계)을 처음 시작한다. 산출이 가능해지면 이후 단계에서는 변별과 산출 훈련을 병행한다. 7단계 이후에는 산출과 지각 과제의 난이도를 높여가면서 다양한 활동을 통해 음운지식을 확고하게 할 수 있도록 한다. 상위음운접근법에서 제안하는 이 단계들은 결국 최소대립쌍 훈련에서 지각 변별이나 산출 과제를 단번에 수행할 수 없는 아동이나 음운인식이 떨어지는 아동에게 지각과 산출에 이르는 단계를 여러 수준으로 나누어 쉽게 도달할 수 있도록 구성한 것이다.

[그림 11-1] **목표음소 음절 찾기 변별과제 예**

[그림 11-2] **목표음소의 단어 내 위치와 음절 내 위치 찾기 변별과제 예**

3. 주기법

1) 기본 원리

여러 음소에 오류가 있어서 명료도가 심하게 손상된 말소리장애 아동에게 적합한 치료법으로 주기법(Hodson & Paden, 1991)이 있다. 치료 목표는 음운오류패턴으로 하고 달성기준을 정해서 목표를 옮기지 않고 정해둔 시간을 단위로 주기적으로 목표를 바꾼다. 이 치료 프로그램의 목적은 개별 음소들의 정확도보다는 전반적인 말의 명료도 개선에 있다. 지속적으로 임상현장에서 그 효과를 입증하면서 초기에 개발된 프로그램에 음운인식 훈련 절차가 추가로 포함되었다(Hodson, 2010).

Hodson(2010)은 주기마다 우선 목표로 해야 할 오류패턴은 발달단계와 명료도를 함께 고려할 것을 제안하였다. 따라서 일차 목표는 초기 발달형태로 전반적인 명료도에 매우 중요한 요소이며, 이차 목표는 일차 목표가 확립된 뒤에 정교하게 정확도를 높이는 요소로 구성되어 있다. 김수진과 신지영(2020)은 명료도에 미치는 영향을 우선한 Hodson의 우선 목표를 우리말로 그대로 바꾸어 일차 목표는 음절(핵-모음), 기본적인 단어 구조 음소(어두초성, 어중초성과 어말종성), 자음의 조음방법 대치(마찰음과 파찰음, 유음), 조음위치 전후 대치로 하고 이차 목표로는 부차적인 단어 구조 음소(활음, 어중종성), 발성유형 대치를 추천하였다. 또한 비발달적 오류패턴은 발달적 오류패턴보다 명료도에 손상이 크다. 따라서 비발달적인 오류패턴을 일차 목표로 먼저 치료하라고 조언하였다. 치료사들이 발달 순서와 명료도에 미치는 영향을 고려하고, 자극반응도를 통해 1주기에 우선 치료할 일차 목표를 선정할 수 있을 것이다. 예를 들어서 오류패턴 분석 결과 후방화, 마찰음의 파열음화, 연구개음 전방화, 어중종성 역행동화와 어중종성생략, 유음생략을 보이는 아동에게 주기법을 적용한다면 명료도를 우선으로 한다면 다음과 같이 목표를 설정할 수 있다.

① 1주기: 후방화, 마찰음의 파열음화, 연구개음의 전방화, 유음생략
② 2주기: 1주기에 목표 수준에 도달하지 못한 오류패턴, 어중종성의 역행동화와 탈락

이에 반해 김민정(2021)은 주기법의 목표 선정 시 우리말 음운발달에 근거할 때 일차

목표로 음절생략, 모음오류, 초성생략, 초성과 어말종성의 조음위치 오류, 탈비음화와 발성유형 오류로, 이차 목표로 마찰음, 파찰음, 유음의 조음방법 오류, 어중자음 연쇄 오류를 추천하였다. 비전형적 오류패턴에 대한 언급이 따로 없지만, 명료도와 발달순서를 같이 고려한다면 다음과 같이 목표를 설정할 수도 있을 것이다. 어떤 말소리 혹은 오류패턴을 먼저 치료할 것인지는 향후 관심을 더 갖고 연구할 주제이다.

① 1주기: 후방화, 연구개음의 전방화, 종성에서의 유음생략
② 2주기: 1주기에 목표 수준에 도달하지 못한 오류패턴, 초성에서의 유음생략, 마찰음의 파열음화, 어중종성의 역행동화와 생략

주기법의 장점은 말소리장애가 심한 아동뿐 아니라 덜 심한 아동에게도 적용할 수 있다는 것이다. 구개열 아동이나 아동기 말실행증, 청각장애, 언어발달지연이 동반된 아동에게도 효과가 있다는 증거들이 있다(Hodson, 2007). 지금까지 나온 치료접근법 가운데 가장 근거 기반력이 높은 접근법이다(Bernthal et al., 2022).

2) 치료 절차

주기법의 치료단계는 다음과 같다. 첫째로 명료도에 영향을 미치는 정도와 발생률에 따라서 우선 목표로 할 음운변동의 순위를 정한 후 주기적으로 치료를 계획한다. 발생률은 40% 이상의 오류를 보이는 패턴을 우선 목표로 하도록 제안하고 있다. 이런 기준을 적용하려면 음운오류패턴 분석을 할 때 발생률을 계산해야 한다. 국내에서 출판된 최근 검사도구들을 활용하여 음운오류패턴의 발생률은 비교적 쉽게 구할 수 있다.

한 주기(cycle)당 3~4개의 음운오류패턴을 목표로 계획한다. 또한 각 오류패턴에 대해서 2개 이상의 목표음소를 선정한다. 예를 들어, 첫 번째 주기에 발생률이 가장 높은 변동들로 종성생략과 마찰음의 파열음화 그리고 유음의 활음화라는 3개의 변동을 목표로 정했다고 하자. 이 중 종성생략이라는 오류패턴에 대하여 몇 개의 목표음소를 선정한다. 예를 들어서 종성의 /ㄴ, ㄱ, ㅇ/을 목표음소로 계획할 수 있다는 것이다. 한 주기에 할 음운오류패턴을 3개 내외로 선정하고, 다시 한 음운오류패턴에서 목표로 할 음소를 2~3개 선정하고, 회기를 계획한다. 한 회기의 계획은 다음과 같이 구성한다.

① 복습하기: 지난 시간의 목표단어 산출연습 과제를 점검한다.

② 청각적 자극: 헤드폰을 쓰거나 마이크를 이용하거나 큰소리 혹은 작은 소리로 목표음소가 포함된 12개 내외의 단어를 들려준다. 집중해서 들을 수 있도록 환경을 구성하고, 아동이 플레이도(고무찰흙 등)를 갖고 놀면서 들을 수 있게 한다.

③ 목표단어 카드 제작: 글자 혹은 그림으로 두 쌍의 목표단어 카드를 제작한다. 하나는 치료사가 그리면서 똑같은 카드를 아동도 만들게 하는 것이다. 스스로 그 자리에서 제작한 카드는 해당 회기 산출 훈련에서도 활용하고 집에 가져가서 쓰는 복습카드로도 활용한다.

④ 산출 훈련: 3~5가지 놀이 활동을 통해 목표음소가 포함된 목표단어 4~6개를 반복산출하도록 한다. 놀이 연습(drill play) 형태로 앞에서 치료사와 아동이 함께 제작한 목표단어 카드 세트로 놀이를 진행한다.

⑤ 구조화된 문장에서 산출 훈련: 전달구를 이용하는 놀이를 한다. 놀이 연습에서 했던 활동보다 조금 더 활동적인 맥락을 구성할 수 있다.

⑥ 청각적 자극(반복)

⑦ 음운인식 활동: 목표단어의 음절과 음소 수준에서 합성과 탈락 과제를 수행한다.

⑧ 자극반응도: 다음 회기 목표단어 선정을 위한 단계로, 다음 회기에 진행할 목표단어의 자극반응도가 너무 낮은 경우에는 바꾼다. 치료 회기 동안에는 아동이 조금 집중하면 충분히 성공할 수 있는 단어로 목표를 두어 성공 경험을 높여야 한다.

⑨ 부모상담 및 과제 부과: 오늘 아동이 성공적으로 잘 발음한 목표단어 카드세트를 집에서도 하루에 한 번씩만 활동하도록 지도한다.

임상현장에서 주기적 접근에서 가장 효율적인 목표행동과 주기에 대해서 다음과 같은 기준을 제시하였다. 한 개의 목표음소는 적어도 60분 정도를 치료할 것을 추천하였다. 60분 회기라면 한 번에 진행하지만, 30분 회기라면 2회기, 20분 회기라면 3회기 정도를 한 음소를 목표로 치료한 뒤 다음 음소로 넘어가야 한다. 한 가지 오류패턴은 120분에서 360분 정도를 목표로 한다. 오류패턴마다 훈련해야 할 음소의 수가 다르므로 그 수에 따라서 시간도 달라질 것이다. 한 가지 오류패턴을 목표로 할 때 적어도 2개 이상의 음소를 훈련하도록 한다. 그렇게 해야만 한 가지 오류패턴을 두 시간 이상 목표로 할 수 있기 때문이다.

마지막으로 유의할 점은 한 회기에는 한 가지 음소(아동 수준에 따라 /ㄱ/ 혹은 /ㄱ, ㄲ,

ㅋ/)만을 중심목표로 하여 훈련목표에 집중할 수 있는 여건을 만들어 주어야 한다. 우리 말소리에서 예를 들어 본다면 /ㄱ/음소를 목표로 할 때, 어두와 어중 초성에 들어갈 수 있게 계획하고, 종성도 같은 회기에 진행한다. 앞에서 종성생략을 하는 아동에게 /ㄴ, ㄱ, ㅇ/ 세 개의 음소를 목표로 한다고 할 때 한 회기에 세 개의 음소를 함께 훈련하는 것이 아니라 한 개의 음소만을 목표로 하여 아동이 훈련 중 쉽게 집중할 수 있게 한다.

제 12장

의사소통적 접근법

말운동 접근법과 음운적 접근법은 개별 음소나 오류패턴을 초기 치료 목표로 삼아 점차 길고 복잡한 언어 단위로 진행되는 상향식(bottom-up) 접근법을 기반으로 한다. 그러나 말소리장애 아동 중 일부는 단순히 특정 음소를 교정하는 것만으로는 원활한 의사소통이 어려울 수 있으며, 언어 전반의 체계적 발달이 필요하다. 특히 음운장애가 언어지연이나 의미, 구문, 형태소 발달의 문제와 함께 나타나는 경우, 단순한 조음치료보다 상위 언어 수준에서의 접근이 더 효과적일 수 있다. 이에 따라 일부 연구자와 임상가는 말소리 기술(하위 언어 수준) 향상을 위해 하향식(top-down) 접근법을 적용하여 먼저 상위 언어 능력에 초점을 맞추고, 자연스런 의사소통 맥락에서 치료를 진행해야 한다고 제안하였다(Bernthal et al., 2022).

의사소통적 접근법은, ① 음운론이 언어체계의 일부로서 의사소통 맥락에서 다루어져야 하며, ② 형태구문론이나 의미론과 같은 상위 언어 단계에 초점을 맞춘 중재가 음운 측면에서도 긍정적인 영향을 미칠 수 있다는 전제에 기반한다. 이 접근법은 말소리와 언어를 통합적으로 다루며, 자연스러운 언어 학습 환경을 조성하고 상호작용을 강조하는 중재를 통해, 언어발달과 말명료도의 향상을 동시에 추구한다. 특히 말소리장애가 심할수록 언어장애를 동반할 가능성이 높기 때문에 이러한 아동들에게 효과적이며, 언어 학습 과정에서 전반적인 어려움을 겪는 경우에도 유용하다. 연구에 따르면, 언어장애를 동반한 음운지연 아동에게 언어 기반 중재접근법이 더 큰 효과를 보이는 것으로 나타났다(Gray & Ryan, 1973; Hoffman et al., 1990; Matheny & Panagos, 1978; Tyler et al., 2002).

상위 단계의 언어 조직이 말소리 산출에 영향을 미칠 수 있기 때문에, 언어발달 맥락을 무시한 중재는 비효율적일 수 있다. 더불어, 자폐, 다운증후군, 지적장애, 유창성장애 등 다양한 의사소통장애를 동반한 말소리장애 아동들에게는 보다 광범위한 언어 기반 의사소통접근법이 적합하다(Camarata, 2021). 예를 들어, 사회적 의사소통 기술이 약한 자폐 아동에게는 상호작용 중심의 치료법이 말소리 문제와 화용 기술을 동시에 개선하는 데 효과적이다.

의사소통적 접근법은 상위 언어 요소를 강조함으로써 아동이 보다 자연스럽게 말소리 발달을 경험할 수 있다. 특히 말소리장애와 언어 문제가 심각하여 현재 말언어 수준이 낮은 경우, 의사소통적 접근법이 효과적이다. 한편 중증 말소리장애 아동의 경우 초기에는 보다 직접적인 조음 교정이 필요하다. 언어 중심 접근법만으로는 조음 교정이 충분히 이루어지지 않을 수 있기 때문이다. 그러나 치료를 통해 일정한 진전이 나타나면 점차 언어 중심 접근으로 전환할 수 있으며, 궁극적으로는 연결 발화에서의 일반화를 목표로 하게 된다.

1. 전체언어중재법

1) 기본 원리

전체언어중재법(Whole-language intervention)은 Norris 등(1990)이 제안한 치료법으로, 말소리체계가 다른 언어 영역과 별개로 학습되어서는 안 된다는 점을 강조하고 있다. 중재는 자연스러운 상호작용 맥락에서 이루어지며, 의미, 구문, 형태소, 화용, 음운적 측면을 동시에 향상시키는 것을 목표로 한다. 이 접근법의 독특한 점은 아동의 표현언어가 충분히 발달된 이후에 말명료도가 중요해지므로, 음운적 측면을 중재 과정의 마지막 단계에서 강조한다는 것이다. 말소리의 지각적 및 운동적 단서를 더 넓은 의사소통 맥락에서 제공하며, 궁극적으로 화자가 의사소통의 다양한 측면을 통합적으로 발달시키는 것을 목표로 한다. Hoffman과 Norris(2010)는 전체언어중재법을 확장하여 문자 언어 교육까지 포함하는 전략을 개발하였다. 전체언어중재법의 효과를 살펴본 연구로 Nettleton과 Hoffman(2005)은 이야기책을 활용한 치료에서, 특정 목표음소(/f/와 /ʃ/)의 발음이 유의미하게 향상되었다고 보고하였다. Lawrence(2014)는 집단 치료에서 전체언어중재법을 이용하여 음운오류패턴(자음군 축약, 연구개음 전방화, 어말자음생략)이 개선되었으며, 개별 치료보다 효과적인 경우도 있었다고 보고하였다.

2) 치료 단계

아동의 전반적인 언어발달 맥락에서 다음의 치료 전략을 사용하여 치료를 진행해야 한다.

① 환경 및 자극 자료 제공: 아동이 주의를 집중할 수 있도록 환경과 자극 자료를 체계적으로 조직하여, 치료 과정에서 언어적 복잡성을 점진적으로 조정할 수 있도록 한다.

② 의사소통 기회 제공: 다양한 촉진하기(prompt), 정보 제공, 정확하게 다시 들려주기(recast) 등의 발판(scaffolding) 전략을 사용하여 아동이 능동적으로 메시지를 전달할 수 있도록 단계적으로 돕는다.

③ 피드백 제공: 아동이 전달한 메시지의 효과성을 기반으로 피드백을 제공하여, 의미 중심의 의사소통을 강화한다.

치료사는 아동으로부터 현재의 언어 사용 수준을 넘어선 발화를 유도하면서 아동의 언어 처리 능력을 확장시킨다. 그림을 보며 이야기를 나누는 상황에서 아동의 발화가 불명료하거나 부정확할 경우, 명료화 요구(clarification)를 활용하여 발화를 수정하도록 돕는다. 또한 아동이 하나의 사건을 적절히 전달했을 경우, 또 다른 사건을 추가할 수 있도록 유도하며, 일련의 사건을 적절히 묘사했을 경우에는 사건의 계기, 원인과 결과 등의 관계를 지적하여 이야기 구조의 복잡성을 점진적으로 확장한다. 이야기 말하기 상황에서는 구문, 의미, 담화 기술에 초점을 두면서도, 정확한 말소리를 위한 모델링과 피드백을 함께 제공한다. 이 접근법은 의사소통의 여러 측면을 동시에 개선할 수 있어 언어장애를 동반한 말소리장애 아동에게 효과적일 수 있다. 또한 자연스러운 상호작용과 이야기 말하기 활동을 활용하기 때문에 특히 어린 아동에게 적합하다. 그러나 치료의 구조적 체계가 부족해 자극반응도가 낮은 오류패턴을 개선하는 데 한계가 있을 수 있다(Lawrence, 2014). 또한 치료효과가 언어치료사의 전문성과 기술에 크게 좌우된다는 점도 고려해야 한다.

3) 치료 전략 및 사례 운영 예시

다음의 치료 전략과 사례 운영 예시는 Norris 등(1990)이 제안한 내용을 응용하여 구성한 것이다. 아동과 그림을 보면서 이야기하는 활동(interactive storytelling)을 하여 언어를 자연스럽게 확장하도록 유도한다. 치료사는 그림을 가리키며 언어 모델을 제공하고, 아동이 자신의 언어 수준을 넘어서는 문장을 만들도록 격려한다. 단순한 조음 연습을 넘어, 의미 중심의 언어 활동을 통해 자연스러운 문맥에서 언어를 습득하도록 한다.

(1) 명료화(Clarification)

아동이 설명을 부정확하게 하거나 잘못된 표현을 사용할 경우, 치료사는 추가적인 정보를 제공하고, 아동이 자신의 설명을 수정할 기회를 준다. 예를 들어, 아동이 그림을 보고 "곰이가 먹고 있어."라고 말하면, 치료사는 "아니야, 곰이 먹고 있는 게 아니야. 곰이 음식을 요리하고 있네. 포크를 사용해서 고기를 뒤집고 있지? 지금은 요리 중이고, 다 익으면 먹을 거야. 이제 이 부분을 인형에게 설명해 볼래?"라고 수정하면서 추가적인 정보를 제공하고, 아동이 설명을 수정할 기회를 준다.

(2) 이벤트 추가(Adding Events)

아동이 사건을 적절하게 설명하면, 치료사는 새로운 정보를 추가하여 이야기를 확장하도록 유도한다. 예를 들어, 아동이 "아빠가 요리하고 있어."라고 말하면, 치료사는 "맞아, 아빠가 햄버거를 요리하고 있어. 그리고 엄마는 접시를 테이블에 놓고 있네. 아빠는 요리가 끝나면 햄버거를 접시에 올릴 거야. 이제 이 부분을 인형에게 설명해 볼래?"라고 말하면서 문장을 확장시킨다.

(3) 복잡성 증가(Increasing Complexity)

아동이 단순한 문장을 구성할 경우, 치료사는 인물의 동기, 사건 간의 인과관계, 시간적 · 공간적 흐름 등을 반영하여 더 복잡한 이야기로 발전시킬 수 있도록 유도한다. 예를 들어, 아동이 "아빠가 햄버거를 요리하고, 엄마가 테이블을 차리고 있어."라고 말하면, 치료사는 "맞아, 엄마와 아빠가 가족을 위해 점심을 준비하고 있어. 아빠가 햄버거를 다 구우면 접시에 올릴 거야. 그다음에는 모두가 함께 식탁에 앉아서 먹겠지? 이제 이 부분을 인형에게 다시 이야기해 볼까?"라고 말하면서 연결된 이야기를 만들도록 돕는다.

이러한 접근법을 통해 아동은 단순한 문장 표현을 넘어, 문맥 속에서 더 풍부하고 명료한 언어적 표현을 사용하도록 학습할 수 있다.

2. 자연스럽게 정확하게 다시 들려주기 중재법(Naturalistic Recast Intervention)

1) 기본 원리

이 치료법은 두 가지 기본 개념에 기반하는데, 첫 번째는 많은 말소리장애 아동의 주요 증상은 낮은 말명료도로 인해 타인이 아동의 말을 이해하는 데 어려움을 겪는다는 점이다. 두 번째는 말소리 산출의 정확성이 말을 얼마나 잘 전달하는지를 결정하는 유일한 요인은 아니라는 점이다. 따라서 이 치료법은 말소리의 정확성보다는 전반적인 말명료도 향상을 목표로 하며, 아동이 효과적으로 메시지를 전달할 수 있도록 돕는 데 중점을 둔다(Camarata, 2021). 아동 중심적인 접근법으로, 치료사는 아동이 적극적으로 의사소통을 시도할 수 있는 환경을 조성한다. 아동과의 대화가 단순히 짧고 비효율적인 상호작용에 그치는 것을 넘어, 보다 의미 있는 의사소통으로 발전할 수 있도록 돕는다. 먼저 명료도에 집중하면, 아동은 자신의 메시지에 대한 피드백을 받게 되고, 이는 더 많은 말하기 시도와 연습을 유도하여 학습을 촉진할 수 있다. 즉, 말소리와 언어발달은 서로 밀접하게 연관된 과정으로, 자연스러운 상호작용을 통해 촉진된다고 본다. 명료도가 충분히 향상된 이후에는 개별 말소리의 정확성을 높이는 데 초점을 맞출 수 있다. 상호작용 치료 상황에서 '정확하게 다시 들려주기(Recast)' 피드백을 사용하는 것이 말소리 오류를 개선하는 데 효과적이라는 것은 몇몇 연구를 통해 입증되었다(Camarata, 1993; Yoder et al., 2005, 2016). 특히 Yoder 등(2005)의 연구에서는 말소리장애와 언어장애를 가진 52명의 유아를 대상으로 자연스러운 의사소통 중재의 효과를 분석하였다. 연구 결과, 이 접근법이 언어장애와 중증 말소리장애를 가진 아동의 말명료도를 크게 향상시키는 데 기여하는 것으로 나타났다.

2) 치료 기법

주요 기법은 '정확하게 다시 들려주기(recast)' 피드백을 사용하여 아동의 발화를 수정하는 것이다. 아동이 관심을 보이는 장난감과 활동을 활용하여 자연스럽게 발화를 유도하며, 치료사는 아동과 적극적으로 상호작용하면서 '정확하게 다시 들려주기(recast)' 피드백을 제공한다. 놀이 상황에서 아동이 사용하는 단어들은 대부분 이미 알고 있는 것이므로, 치료사는 이 단어들에 대해 명확한 모델을 제시하며 아동이 올바른 발음을 익히도록 돕는다. 아동이 특정 단어를 부정확하게 발음할 경우, 치료사는 이를 자연스럽게 반복하여 교정한다. 예를 들어, 아동이 "치초"라고 말하면 임상가는 "응, 그건 시소구나."라고 정확한 모델을 제시하며 대화를 이어간다. 이 치료법은 대화의 흐름을 유지하면서 자연스럽게 말소리를 개선하는 것을 목표로 하므로, 특정 조음 음소에 집중하는 전통적인 방법과 차별화된다.

3. 음운 강조를 포함한 강화된 환경중재법

1) 기본 원리

음운 강조를 포함한 강화된 환경중재법(Enhanced Milieu Teaching with Phonological Emphasis: EMT+PE)은 언어와 말소리 발달 지연이 동시에 나타나는 유아를 위한 자연주의적, 상호작용 중심의 중재법으로, 기존의 Enhanced Milieu Teaching(EMT)라는 환경중심 언어중재접근법에, 음운 강조(Phonological Emphasis: PE)를 결합한 형태이다. 환경중심 언어중재접근법은 아동의 자발적인 의사소통 시도에 반응하고, 일상적 놀이 상황에서 언어를 확장하고 모델링하는 상호작용 중심의 치료법이다. 여기에 말소리 정확성 향상을 위한 '정확하게 다시 들려주기(recast)'라는 직접적인 피드백과 목표음소를 포함한 어휘를 반복 제공하여 음운발달을 적극적으로 촉진하는 것을 목표로 한다. 이 접근법은 아동이 일상적인 놀이 상황에서 자발적으로 산출한 발화에 대해 치료사가 '정확하게 다시 들려주기(recast)'를 통해 목표 말소리를 포함한 정확한 모델을 제공함으로써, 아동의 말명료도와 조음정확성을 동시에 향상시키는 것을 목표로 한다(Camarata, 1993; Yoder et al., 2005, 2016, 2017).

이 치료법은 전통적인 조음치료와는 다르게 언어적 상호작용의 흐름 속에서 자연스럽게 목표음소를 모델링하는 데 초점을 둔다. 아동의 의사소통 시도는 의미 있는 발화로 간주되며, 이러한 시도에 대한 피드백을 통해 발화의 명료도 및 조음 기술이 강화된다. 특히 언어장애를 동반한 중증 말소리장애 아동의 경우, 자연주의적 접근이 더 높은 치료 효과를 보였다(Yoder et al., 2005; 2017). 또한 자연스러운 상호작용 속에서 아동의 관심을 중심으로 언어 자극을 제공하고 음운 발달을 촉진하기 때문에, 말이 늦은 아동이나 음소 목록 및 음절구조가 제한적인 2~3세 아동에게 효과적으로 적용할 수 있다.

2) 치료 기법

치료사는 아동의 흥미를 유도할 수 있는 장난감이나 활동을 활용하여 발화를 유도하고, 아동이 산출한 목표 어휘에 대해 정확한 말소리 모델을 반복적으로 제시한다. 예를 들어, 아동이 "토띠(토끼)"라고 말하면, 치료사는 "맞아, 귀여운 토끼야."라고 응답하며 정확한 발음을 자연스럽게 강조한다. 이 과정에서 아동의 말소리 오류를 직접 지적하거나 고쳐 말하도록 요구하지 않고, 의미 있는 상호작용 속에서 수용적이고 반복적인 피드백을 제공하는 방식이 특징적이다.

또한 언어 수준이 낮거나 의사소통 시도가 제한적인 아동의 경우, 환경 중재 전략(environmental arrangement)이나 수화/몸짓 등의 반응 유도 촉진(prompting) 기술을 병행하여 아동의 발화를 유도할 수 있다. 치료는 일반적으로 자연스러운 놀이 상황에서 이루어지며, 대화의 흐름을 유지하는 것을 중요하게 여긴다.

Yoder 등(2017)의 연구에서는 이러한 접근법이 아동의 말소리 산출 정확도뿐 아니라 말명료도 향상에도 긍정적인 영향을 주는 것으로 나타났으며, 특히 언어발달 수준이 낮은 아동에게서 유의미한 효과가 나타났다고 보고하였다.

ㄱㄴㄷ

제5부

말소리장애 유형별 중재

제13장 비일관적 음운장애 중재

제14장 아동기 말실행증 중재

제15장 구개열(연인두 기능부전) 아동 중재

제16장 읽기 고위험군 말소리장애 중재

제17장 원격치료

앞에서 살펴보았던 중재법 이외에도 특정 말소리장애 집단을 위해 고안된 중재법들이 있다. 특정 집단의 특성상 보편적인 말소리장애 치료법으로는 치료효과에 제한이 있어 개발된 중재법들인 만큼, 해당 말소리장애 유형의 특징을 잘 파악하는 것이 우선 선행되어야 할 것이다. 제5부에서는 비일관적 음운장애, 아동기 말실행증, 구개열, 읽기 고위험군 말소리장애 집단을 위한 중재법에 대해 살펴본 후, 특정 말소리장애 집단이라고는 할 수 없지만 특정 상황 하에서 실시하게 되는 원격치료(Telepractice)의 특성 그리고 말소리장애 집단에서 긍정적인 효과가 보고된 원격치료 연구들에 대해 간략하게 소개하겠다.

제13장

비일관적 음운장애 중재

1. 이론적 배경

아동은 첫 50 낱말기와 2세 전반의 초기 발달 단계에서 음운체계와 말운동 능력의 미성숙으로 인해 동일한 낱말이나 음소를 다양한 형태로 산출하는 조음 변이성(articulatory variability)을 보인다. 조음 변이성은 음운 습득 전략의 일부이거나 어휘 발달 과정의 특징으로 이해된다(Dyson & Paden, 1983; Grunwell, 1981; Dodd & Bradford, 2000; Forrest et al., 2000). 조음 변이성은 3~4세가 되면 말운동학적 및 음운론적 체계가 안정적 수준에 도달함에 따라 현저히 감소하고, 일관적이고 안정적인 발화로 전환된다(김희윤, 하승희, 2016; 하승희, 서동기, 2019; 황진경, 하승희, 2012; Burt et al., 1999; Holm et al., 2007; McLeod & Hewett, 2008; Sosa & Stoel-Gammon, 2006; Sosa, 2015).

비일관성(inconsistency)은 말소리 발달 과정에서 나타나는 정상적인 조음 변이성과는 달리, 변이 빈도가 높고 오류유형이 다양해 발화를 예측하기 어렵게 하여 말명료도를 떨어뜨린다. 비일관성을 보이는 아동은 말운동 접근법(음성학적 접근법)이나 인지언어학적 접근법(음운적 접근법)에 효과적으로 반응하지 않으므로, 다른 말소리장애 아동과는 구별된 접근이 필요하다. Dodd(1995; 2000)는 원인을 모르는 말소리장애를 언어학적 증상 즉 표면 오류를 기준으로 하위 유형을 분류하면서, 산출한 단어 중 40% 이상을 서로 다르게 발음하는 아동을 비일관적 음운장애로 정의하였다.

비일관성의 주요 원인은 음운 조합과 계획(phonological assembly and planning) 과정의

결함에 있으며, 이로 인해 특정 단어를 말할 때 음소를 선택하고 배열하는 데에 어려움을 겪어 정확한 음운적 산출이 어려워지는 것이다(Bradford & Dodd, 1994, 1996; Bradford Heit & Dodd, 1998; Leahy & Dodd, 1987). 이처럼 단어를 말로 표현하는 과정에서 음소를 선택하고 배열하며, 조음을 계획하고 소리의 연결 및 변형이 이루어지는 어휘 이후 단계(post-lexical stage)의 결함 가능성을 인정하면서도, 그보다 더 근본적인 원인으로 단어의 의미와 음운 정보를 기억에서 인출하는 어휘처리 단계, 즉 음운표상 자체의 결함을 제안한 연구자들도 있다(Chiat, 1983; Martikainen et al., 2021). 음운표상의 불명확성은 어휘 산출을 위한 음운 조합과 계획의 과정을 방해하며, 이 때문에 부정확하고 비일관적인 어휘 형태가 반복 산출된다는 것이다. 비일관성을 보이는 말소리장애 아동은 다양한 언어권에서 보고되고 있는데, 이 점은 비일관성이 특정 언어의 음운 규칙과는 별개로 말처리 과정의 결함에서 비롯된다는 근거로 해석할 수 있다(광둥어: So & Dodd, 1994; 독일어: Fox & Dodd, 2001; 표준 중국어: Zhu Hua & Dodd, 2000b; 터키어: Topbas & Konrot, 1996; 펀자브어: Holm et al., 1999). 국내 연구에서도 원인을 모르는 말소리장애 아동 중 약 8%가 비일관적 음운장애로 분류된 바 있다(피민경, 하승희, 2020).

비일관적 음운장애 아동은 특정 소리를 산출하거나 모방하는 데 문제가 없으므로, 말운동 접근법은 적합하지 않다. 또한 이들은 동일한 낱말을 매번 다르게 발음하기 때문에 음운 규칙에 기반한 표면 오류패턴을 설명하거나 분석하기가 어려워 치료 초점을 설정하기도 어렵다. 체계적인 오류패턴이 없다는 점에서 음운대조 기법과 같은 인지언어학적 접근법 역시 효과적이지 않다. 따라서 비일관적 음운장애 아동에게는 표면적인 말 오류패턴을 다루기보다는 기저 결함을 직접적으로 중재하는 치료법이 필요하다. 이를 위해 Dodd와 그의 동료들은 비일관적 음운장애의 기저결함과 특성을 고려하여 핵심어휘 접근법(core vocabulary intervention)을 제안하였다. 이 중재법은 비일관성 개선에 효과적임이 입증되었다(고유경, 김수진, 2021; Dodd & Bradford, 2000; Holm & Dodd, 1999b). 또한 비일관적 음운장애와 유사하게 비일관성을 보이면서 전통적인 말운동 접근법과 음운대조 기법으로는 말소리 문제가 개선되지 않는 아동기 말실행증 아동에게도 적용할 수 있다(Bernthal et al., 2022).

2. 핵심어휘접근법

1) 기본 원리

핵심어휘접근법은 단어 산출을 위한 정확한 음운 조합 및 계획을 생성하는 능력을 목표로 한다. 아동에게 기능적으로 유용한 고빈도 어휘 50개를 선정하고, 이를 일관되게 산출할 수 있도록 반복적으로 연습시켜 음운 계획상의 결함을 개선하도록 한다. 회기마다 10개 정도의 낱말을 선택하여 자세하고 구체적인 피드백과 정보를 제공하면서 체계적으로 연습하도록 한다. 반복 산출을 통한 연습은 조음 운동 프로그램 전반에 변화를 유도하고, 궁극적으로 음운 계획 능력을 개선한다. 발달적으로 아동은 50개 이상의 표현 어휘를 습득하면, 자연스럽게 조음의 변이성이 감소하고 일관된 오류패턴을 보인다(Smith, 1973; Ingram, 1989b). 말 습득 및 발달 과정에서 보이는 이러한 특성을 토대로 Dodd와 연구자는 아동이 50개의 낱말을 일관성 있게 산출할 수 있게 된다면 일반화가 일어나, 이후에 직접적으로 일관성을 목표로 치료하지 않아도 일관성이 유지되고 확장된다고 하였다.

2) 치료 절차

핵심어휘접근법의 구체적인 치료 절차는 다음과 같다.

① 핵심어휘 선정: 아동의 일상생활 가운데 기능적으로 아동에게 영향력이 큰 어휘 50개를 부모, 교사, 아동이 함께 선택한다. 가족 또는 친구 이름, 장소, 음식, 아동이 좋아하는 장난감, 요청하기와 같은 기능어 등 아동이 의사소통을 위해 빈번하게 사용하는 어휘를 선택한다. 어휘는 포함된 음소나 음운론적 구조 및 형태에 따라 선택하지는 않는다. 핵심어휘접근법은 그룹 치료가 불가능하며 아동별로 개별적으로 목표 어휘를 선정하여 중재가 이루어진다.

② 주 2회 30분씩 치료한다. 각 주의 첫 번째 회기는 치료할 낱말을 선택하고, 아동이 가장 잘 산출할 수 있는 단어 형태를 정한다. 매주 선택되는 목표 어휘 수는 아동에 따라 달라지고, 일부 아동들의 경우 소수의 단어(최대 5개)만이 목표가 될 수도 있

지만 기본적으로 매주 10개의 낱말을 목표로 정한다(Holm & Dodd, 1999b).

③ 치료사는 다양한 단서를 이용하면서 단어 내 음소를 하나씩 가르친다. 개별 음소와 음절의 조음 동작을 가르치고, 음소가 결합되어 음절이 되고 음절이 연결되어 단어가 된다는 것을 가르친다. 소리와 문자를 연결하는 것은 일부 아동에게 매우 효과적인 기술이기도 하다. 아동이 목표 어휘를 정확하게 산출할 수 없다면 발달적 오류는 허용하면서 최선의 형태를 가르친다. 반복 연습(drill)을 통해 회기당 산출의 기회(단어당 100번 이상)를 최대한 늘리고, 아동이 목표 어휘를 일관되게 산출하면 긍정적인 피드백을 제공하여 강화한다. 단순한 게임을 활용하여 목표 어휘를 운반구에 넣어서 반복 산출할 수 있도록 유도할 수 있다. 아동이 목표 어휘를 부정확하게 산출하거나 최선의 형태와는 다르게 말할 경우, 치료사는 아동의 산출을 모방하면서 목표 형태와의 차이를 설명해 준다. 비일관적인 말소리장애를 보이는 아동은 일반적으로 모든 낱말을 모방할 수 있다. 또한 치료사가 아동에게 모방을 유도할 경우 아동은 낱말에 대한 계획을 스스로 세우지 못한 채 산출을 하게 된다. 따라서 치료사의 말을 따라 하게 하기보다는 목표 어휘에 대한 최선의 형태에 대한 정보를 제공한다.

④ 아동이 잘못된 산출을 했을 때 피드백을 제공하는 것은 중요하다. 또한 아동에게 치료의 목적, 오류의 특성, 오류를 수정하는 방법에 대해서 분명하게 설명해 주는 것이 중요하다. 아동이 산출할 수 있는 가장 좋은 형태에서 벗어나 오류를 보인다면 치료사는 아동의 산출을 모방하고 목표 어휘 형태와 어떠한 차이가 있는지 명확하게 설명해야 한다. 핵심어휘접근법의 궁극적인 목표는 목표 어휘에 대한 음운 계획을 갖추는 것이므로 아동에게 단순 모방을 유도하지 않아야 한다. 대신에 목표 어휘에 포함된 음소 자질과 음운 배열 규칙을 설명하면서 음운 계획에 관한 정보를 제공하는 것이 바람직하다.

⑤ 매주 두 번째 회기가 끝날 때 즈음에 아동에게 전 주에 치료했던 목표 어휘 세트를 3회씩 산출하게 한다. 아동이 일관적으로 산출할 수 있는 어휘는 학습할 어휘 리스트에서 제거한다. 일관된 산출을 바탕으로 목표를 달성한 어휘를 보여 주는 차트를 만들 수도 있다. 또한 일반화를 살펴보기 위해 치료하지 않은 단어를 평가할 수도 있다. 치료는 일반적으로 6~8주간 시행된다. 대부분의 아동들은 이 기간 동안 일관성 있는 산출을 확립한다. 치료를 통해 확립된 일관성이 유지되지 않는다면 치료를 연장해야 하지만, Dodd와 동료들에 따르면 두 번째 치료는 거의 필요하지 않았

다고 한다.

⑥ 치료는 여러 환경에서 교차적으로 이루어지는 것이 좋다. 부모는 치료에 있어서 회기를 관찰하고 목표 어휘를 가정에서 매일 연습할 수 있도록 확인하는 중요한 역할을 한다. 아동이 학교에 다니는 경우에는 아동의 선생님에게 학교 환경에서 목표 단어가 아동이 발음할 수 있는 가장 좋은 형태로 일관성 있게 산출되는지 확인하고 모니터링하도록 요청할 수 있다.

⑦ 핵심어휘중재를 통해서 일관성이 확립된 후에는 아동의 남은 발달적 오류패턴은 음운대조법을 사용하여 중재하는 것이 효과적이다(Dodd & Bradford, 2000).

3) 사례 연구

핵심어휘접근법에 관한 국내 연구로는 고유경과 김수진(2021)이 있다. 이 연구에서는 핵심어휘접근법과 다중감각접근법을 비일관성 말소리장애 아동 네 명(C1, C2, C3, C4)에게 적용하고, 중다간헐기초선 설계로 그 효과를 분석하였다. 핵심어휘접근법은 원래 단독으로 말소리치료가 완성될 수는 없으며, 50개 이상의 어휘에서 일관된 산출이 가능해지면, 최소대립쌍과 같은 다른 음운적 접근법을 적용해야 한다고 하였다. 특히 핵심어휘접근법의 회기 수를 계획하는 데 있어서는 심각도와 교사 및 양육자의 의견에 따라 다르지만, 핵심어휘접근법만으로는 16회기가 가장 적절하다고 추천하고 있다. 이렇게 회기를 제한하는 이유 중 하나는 현재 아동이 산출한 '최상의 산출'이 정조음일 수도 있지만 오조음인 경우, 오조음이 지나치게 강화되는 것을 경계하기 위한 것이다. 핵심어휘 접근의 초기에는 우선 최상의 산출 형태가 최선이 될 수 있도록 하는 보완책이 필요할 수도 있다.

심한 말소리장애 아동은 언어-인지적 부분에서만이 아니고 운동 차원에서의 조음 문제를 보이는 경우도 많다(Pieretti et al., 2015). 특히 조음위치를 찾지 못하는 문제를 보이는 경우는 개별 말소리의 움직임에 초점을 맞춘 음성접근법이 효과적인 것으로 알려져 있다. 음성접근법 중에서 다중감각접근법(Multi-Sensory Approach)은 청각, 시각, 촉각 감각 정보를 모두 통합하여 사용하기 때문에 다양한 감각자극을 필요로 하는 심한 말소리장애 아동의 조음 확립을 위한 적절한 접근법이라고 할 수 있다. 임상가와 연구자들은 말소리 산출 문제를 가진 심한 말소리장애 아동에게 다중감각접근법을 다른 접근법과 절충하여 사용한다면 조음확립에 큰 치료효과를 얻을 수 있다고 제안하고 있다(Pieretti et al., 2015). 그래서 다중감각접근법을 보완책으로 선택한 고유경과 김수진(2021)의 연구에서는 말소리 산출에 있어서 일관성과 정확성이 모두 떨어지는 말소리장애 아동을 대상으로 '핵심어휘 확장 프로그램'을 개발하고, 그 효과를 알아보았다. 이 프로그램은 초기 4회기 동안 집중적인 다중감각접근법을 적용하여 '최상의 산출'을 유도하고, 다음

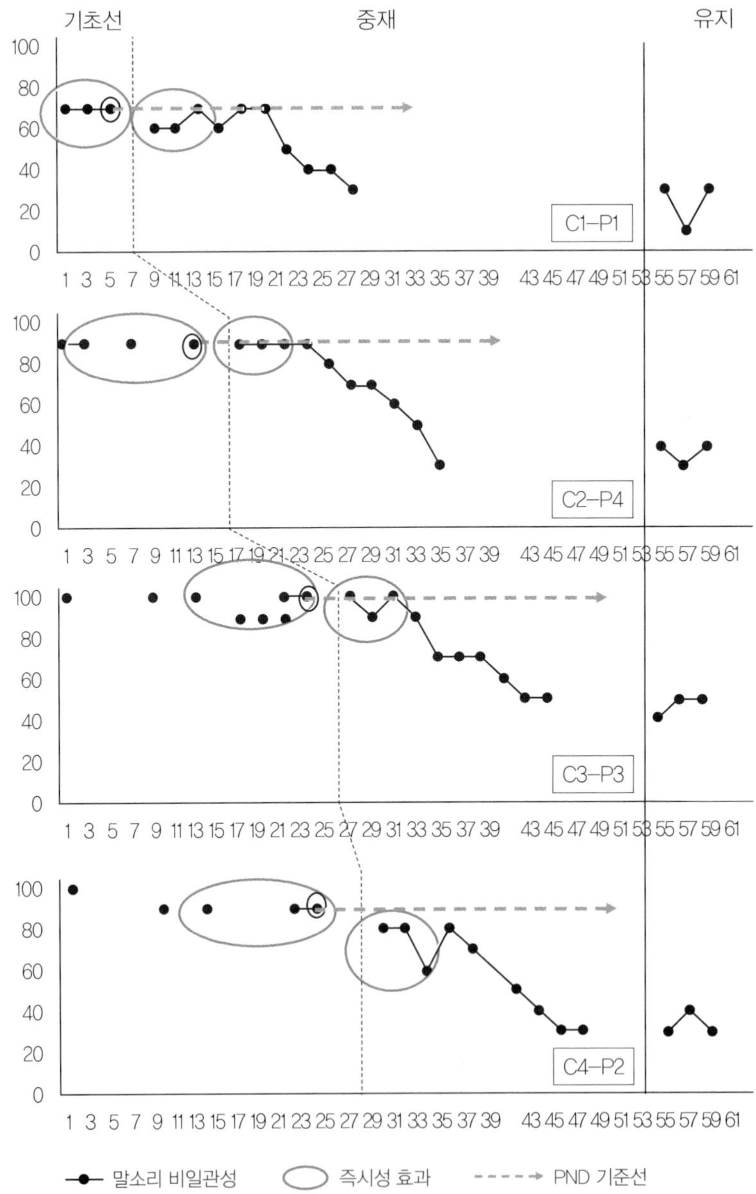

[그림 13–1] **핵심어휘접근법 중재가 말소리장애 아동의 비일관성에 미치는 효과**

출처: 고유경, 김수진(2021).

16회기 동안 핵심어휘접근과 부모코칭을 병행하였다. [그림 13-1]은 네 명의 아동에게 핵심어휘접근법을 적용했을 때 네 명의 아동에게서 비일관성이 줄어들고 일관성을 확보할 수 있게 되었음을 보여 준다.

최초 4회기 동안 다중감각접근법을 적용했기 때문에 초기 효과성을 보여 주는 즉시성 효과는 제한적으로 나타났다. 그러나 핵심어휘접근법을 적용하기 시작한 5회기부터 비일관성은 바로 떨어지기 시작하여 기초선과 중재선 사이의 비중복정도(PND) 비율은 모든 아동이 치료효과를 보였다. 유지기간에도 양호한 비일관성 감소 효과를 그대로 보여 주었다.

말소리 비일관성은 Ingram(2002)의 단어단위 변화율(Proportion of Whole-word Variation: PWV) 측정법을 사용하여 치료의 짝수 회기 및 기초선-유지 회기마다 검사 단어를 언어적 단위에 따라 산출하도록 하여 측정하였다. PWV의 채점 방식은 아동이 4회 산출한 단어를 한글로 전사한 후 말소리 비일관성 여부를 표시하고, 말소리 비일관성의 범주 및 횟수와 상관없이 비일관성을 나타낸 단어당 1점을 부과하여 비율을 계산한다. PWV는 산출단어 중 서로 다르게 산출한 단어의 유형수를 산출단어의 수로 나눈 후 100을 곱하여 산출한다. 예를 들어, 아동이 "가방"이라는 단어를 4회 산출하는 과정에서 /가방/, /바방/, /가바/와 같이 세 가지 서로 다른 발화 유형을 보였다면, PWV는 (3/4)×100 = 75%가 된다. 높은 PWV 점수는 말소리 산출의 일관성이 낮고 음운 표현체계가 불안정함을 시사하며, 치료 전후의 변화 및 중재 효과를 판단하는 데 유용한 지표로 사용할 수 있다. PWV의 채점 방식은 비일관성 말소리장애를 감별하기 위해 개발된 조음음운진단(DEAP; Dodd et al., 2002)의 하위 검사 중 말소리 비일관성 검사에서 계산하는 방식과 동일하다. PWV로 평가한 비일관성은 기초선단계와 치료단계의 PND 비율이 60~100%로 네 명 모두 개선되었음을 보여 주었다.

일반적으로 임상에서 비일관성으로 하위집단을 분류할 때, Dodd(2005)의 분류기준에 근거하여 산출단어의 40%에서 비일관성을 보이는지에 따라 분류하고 있다. 네 아동은 모두 치료 전에는 음운오류가 '비일관된 음운장애'로 분류되었으나, 치료 이후에는 비일관성 비율이 급격하게 감소하여, '일관된 음운장애'로 변경되었다. 말소리 일관성 확립을 위한 핵심어휘접근법의 치료 목표는 성공적으로 달성되었음을 확인할 수 있었다. 다중감각접근과 부모코칭을 보완하여 최상의 산출을 유도하고 연습과 일반화의 효과를 높이기 위해 프로그램을 보완하였으므로 비일관성뿐 아니라 말소리의 정확성도 제한적이지만 개선되었다.

〈표 13-1〉은 네 아동의 단계별 전체 자음정확도의 평균이다. 기초선 수준에서는 37%로 매우 낮은 정확도를 나타냈으나, 치료 기간 동안 평균 48.5%, 유지 수준에서는 69.92%로 상승하였다. 1단계에서 핵심어휘접근법으로 비일관성을 치료한 후에, 정확한 조음을 위해서는 2단계로 최소대립쌍이나 상위음운접근법과 같은 다른 음운적 접근법이 필요하다는 것을 보여 주는 결과라고 할 수 있겠다.

표 13-1 핵심어휘 확장 프로그램에 의한 전체 자음정확도 변화

종속변수 \ 실험 조건		평균(M)	비율 범위	표준편차(SD)
전체 자음정확도	기초선	37.00%	22～67%	16.00
	치료	48.50%	24～91%	19.89
	유지	69.92%	38～93%	18.99

비일관성과 정확성으로 평가한 위의 연구에서 치료 효과는 개인차를 보였는데, 특히 C4 아동은 말소리 일관성 확립뿐만 아니라 정확성에서도 가장 큰 효과를 보였다. 치료의 효과는 언어 능력, 지능, 연령, 부모지원, 개인의 동기 수준, 조음 문제의 심각도에 따라 영향을 받을 수 있다. 이 중 부모지원 요인과 아동의 동기 수준은 매우 중요하였다. 부모지원을 가장 충실히 수행한 아동(C4)은 언어 능력, 지능 수준 등이 네 아동 중 가장 낮았음에도 불구하고, 효과가 빠르게 나타났다. 이 아동의 말소리 비일관성 변화를 확인한 측정에서 PND 비율이 100%로 가장 높은 치료 효과를 나타냈다. 다른 아동들보다 낮은 지능 수준과 언어 능력을 가지고 있었을 뿐만 아니라, 주의 집중 시간이 매우 짧았으며, 산만하였다. 이런 문제들에도 불구하고 높은 치료 효과를 보였는데, 이는 지속적이고 일관된 가정지도가 C4 아동의 치료에 영향을 미쳤을 것으로 보인다. 이는 말소리 일관성 확립이 목표인 핵심어휘접근법은 일상적인 가정에서의 연습 여하에 따라 효과 차이가 있다고 Broomfiled와 Dodd(2005)의 조언이 그대로 반영된 결과였다. 그러나 부모지원과 관계 없이 동기 수준이 높은 C2 아동은 지시 없이도 치료시간 외 일반화 상황에서 다중감각자극 방법을 스스로 발화 산출 상황에 적용하면서 계속 연습하더니 빠르게 진전되고 잘 유지되었다.

초기의 핵심어휘접근법 치료 효과를 확인한 선행연구들은 연령에 적절한 지능을 가진 아동들로 통제하여 실시하여 그 효과를 검증하였다(Holm & Dodd, 1999). 그러나

Herman 등(2015)의 연구에서는 청각장애가 있는 아동을 대상으로도, 고유경과 김수진(2021)에서는 경계선급의 지적장애나 언어 문제를 동반한 말소리장애 아동에게도 이 접근법이 효과적이라는 것을 보여 주었다.

제14장

아동기 말실행증 중재

몇몇 연구들에서는 아동기 말실행증(Childhood apraxia of speech)의 진단 기준 중 하나로 '느린 치료효과'를 포함하고 있다(김효정 등, 2015; 박희정, 석동일, 2006). 치료에 앞서 정확한 진단이 선행되어야 하는데, 치료 후 효과가 더디면 말실행증임을 확인할 수 있다는 것은 다소 모순이 있어 보인다. 아동기 말실행증이라는 정확한 진단을 처음부터 할 수 있었다면, 그래서 말실행증에 최적화된 치료법을 좀 더 일찍 적용했다면, '느린 치료효과'라는 꼬리표를 뗄 수 있지 않았을까 하는 의구심이 들지 않을 수 없다. 모든 장애에서 정확한 조기 진단은 중요하겠지만, 아동기 말실행증의 경우에는 특히 더 정확한 조기 감별진단이 성공적인 중재의 첫 시작임은 분명한 듯하다. 이에, 중재에 앞서 아동기 말실행증의 진단평가에 대해 설명하는 것으로 이 장을 시작하고자 한다. 그러나, 이 장애 자체에 대한 논쟁의 역사를 반영하듯, 아동기 말실행증의 진단평가 절차에 대해서는 아직까지 명쾌한 해답을 얻지 못하고 있다. 많은 문헌에서 진단 가이드라인만을 제공하고 있을 뿐, 최적의 진단을 위해서는 무엇보다 아동기 말실행증의 특성을 잘 이해하는 것이 중요하다는 것을 공통적으로 강조하고 있다. 그러므로 아동기 말실행증의 평가와 중재를 공부하기에 앞서, 제1장 '말소리장애의 분류'에서 다룬 '말실행증'과 '아동기 말실행증' 부분을 다시 한번 읽어 볼 것을 권한다.

1. 아동기 말실행증 평가

말실행증을 흔히 '말운동 계획 및/또는 프로그래밍 장애'라고 하는데, 이때 '말운동 계획'과 '말운동프로그래밍'은 말실행증 증상을 초래하는 기저 말처리 과정 상의 특정 단계들을 지칭하는 용어이다. 때문에, 말실행증을 설명하기 위한 학문적 노력은 말처리 과정을 다루는 언어심리학적 관점에서 비롯되었다고도 볼 수 있다. 그러므로 앞의 말처리 능력 평가 부분에서 말처리 모델의 운동 프로그램, 운동 프로그래밍, 운동 계획 과정과 말처리 프로파일의 G부터 J까지의 단계를 잘 이해하는 것은 아동기 말실행증을 이해하는 데에도 큰 도움이 된다.

아울러 말운동 계획과 프로그래밍이 전체 말처리 모델상에서 음운 단계와 운동실행 단계 사이에 위치한다는 점에도 주목할 필요가 있다. 이는 많은 말실행증 아동이 왜 음운인식의 어려움과 구강운동 기능의 결함을 동반하는지에 대한 이유를 짐작하게 해 준다. Ozanne(1995)는 말 산출처리 과정의 인접 단계는 발달 과정에서 활발하게 상호작용하기 때문에, 이전 단계의 발달은 이후 단계의 발달에, 이후 단계의 발달은 이전 단계의 발달에 많은 영향을 줄 수 있다고 하였다. 따라서 말실행증을 평가할 때에는 음운인식과 같은 음운처리 능력의 평가와 구강구조, 구강운동 기능, 삼킴 기능을 포함한 운동실행 기능의 평가를 진단 목록에 포함할 필요가 있다. 또한 일부 자폐스펙트럼 아동이 보이는 지극히 제한적인 발화(무발화)의 원인이 말실행증 때문이라는 가설(Shriberg et al., 2011), 말실행증 아동은 일반 아동보다 자폐스펙트럼, ADHD와 같은 신경행동장애를 동반할 가능성이 크다는 보고(ASHA, 2007), 말실행증 아동은 발달 과정 중 비정상적 청지각 기능과 언어장애를 동반하는 경우가 많다는 연구 결과(Spencer et al., 2022) 등에 근거하여, 청지각 검사, 사회성 검사, 언어 검사 등도 함께 실시할 것을 권한다(Bernthal et al., 2022).

이러한 이유로, 아동기 말실행증을 정확하게 진단하기 위해서는 매우 포괄적이고 광범위한 평가 과정을 거쳐야 한다. 하지만 무엇보다도 대상자들의 구어와 말운동 특성을 심도 깊게 평가하는 것이 가장 중요하다. 특히 단순한 구조에서 복잡한 구조까지 다양한 언어 수준에서 구어를 산출하게 하여, 조음운동(movements), 조음전환(transition), 조음타이밍에 특이한 점이 없는지를 면밀하게 관찰해야 한다. 조음교대운동(diadochokinetic task: DDK)은 이 모든 기능을 동시에 파악할 수 있는 과제이기도 한데, 최대한 빠른 수행을 요구하는 만큼 말 산출기관들의 협응에 부담을 초래하여 조음운동, 전환 또는 타이밍에서 문제를 발생시킬 수 있기 때문이다. '퍼퍼퍼…' '터터터…'와 같이 동일 자음을 반복하게 하는 교대운동(alternate motion rate: AMR)과 '퍼터커'와 같이 다른 조음위치의 자음들을 연속반복하게 하는 일련운동(sequential motion rate: SMR)을 수행하게 하여, 수행 결과를 비교하는 것도 좋은 방법이다. 말실행증 아동의 경우 AMR보다 SMR에서 급격히 수행력이 떨어지는 경우가 종종 관찰된다. 또한 비단어 따라 말하기 검사는 새로운 운동 프로그램의 생성을 요구하기 때문에, 말실행증 아동의 근본적 어려움에 접근할 수 있게 해주는 과제라 할 수 있다. 따라서 말실행증이 의심되는 아동을 평가할 때에는 비단어 따라 말하기 과제를 실시해 볼 것을 권한다.

아동기 말실행증의 또 다른 독특한 임상적 특징으로 비일관성을 들 수 있다. 같은 단어를 여러 차례 반복 산출하게 하여 오류형태에 비일관성이 있는지를 관찰하는데, 단어 구조가 길고 복잡할수록 어려움이 더 증가한다. 따라서 동일 음운구조나 단어형태가 포함된 어절 또는 구문을 길이와 복잡성을 증가시켜 가며 반복 산출하게 하여 그 수행력을 비교하는 것도 좋은 방법이다. 예를 들어, '바다'-'바닷가(/바다까/)'-'바닷가 마을/바다까 마을/)' '목'-'목걸이(/목꺼리/)'-'목걸이 끈(/모꺼리끈/)'과 같이 자극어의 길이와 복잡성을 증가시켜 가며 따라하게 한 후, 복잡한 자극어와 단순한 자극어 간 산출 양상을 비교하는 것이다.

그러나 이러한 비일관성은 비일관적 음운장애 아동에서도 관찰되는 증상이기에, 아동기 말실행증과 비일관적 음운장애의 감별진단은 애매한 측면이 있다. 이때 비일관적 음운장애가 아니라 아동기 말실행증으로 진단할 수 있는 가장 큰 근거는 운율의 이상이다. 그러므로 아동기 말실행증 평가에는 반드시 말소리의 초분절적 요소에 대한 고려가 포함되어야 한다. 말실행증 아동이 보이는 운율 이상은 호흡, 발성, 조음, 공명의 여러 말 산출 메커니즘 간 순차적 협응이 요구될 때 나타나는 것이기에, 모음 연장 또는 분절음 산출과 같은 단일 구어 기능 평가에서는 잘 드러나지 않을 수 있다. 이 같은 이유로, 연속 발화와 같이 말 산출 메커니즘 전체가 조화롭게 협응해야 하는 복잡한 과제에서 운율 이상이 동반되는지를 관찰하는 것이 중요하다.

말실행증 아동의 근본적 문제가 동시조음 전환의 어려움에 있음을 제1장에서 설명한 바 있다. 조음전환을 민첩하게 시행하지 못하면 음소, 음절의 연장 혹은 음소, 음절 간 휴지가 동반되기 때문에, 이 또한 느린 조음속도와 같은 비정상적 운율을 초래하는 요인이기도 하다. 이러한 이유 때문에도 아동기 말실행증 평가를 위해서는 좀 더 복잡하고 연속적인 조음활동이 요구되는 과제에서 분절적 및 초분절적 이상 여부를 평가할 필요가 있다. 하지만 아동마다 수행가능한 최대치가 모두 다르기 때문에, 대상자의 수준과 특성에 맞게 과제를 구성하는 융통성이 요구된다.

몇몇 연구들에서는 ① 제한된 자음목록, ② 발화길이가 길어질수록 오류 증가, ③ 모색행동, ④ 문맥에 따른 비일관적 오류, ⑤ 제한된 모음목록(이상 핵심 특성), ⑥ 자동구어보다 모방과제에서의 어려움, ⑦ 운율 문제, ⑧ 낮은 자극반응도, ⑨ 수용언어에 비해 심한 표현언어 지체, ⑩ 느린 치료효과(이상 일반 특성)의 10가지 특성 중 핵심 특성 2개를 포함하여 총 5개 이상의 특성을 보이면 아동기 말실행증으로 진단할 것을 제안하였다(김효정 등, 2015; 박희정, 석동일, 2006). 또한 국내 표준화 검사 중에는 한국 조음음운 프로파일(K-APP, 하승희 등, 2021)이 음절길이에 따른 수행력 차이, 비일관성, 모색행동, 운율 이상 등을 포함하고 있어, 아동기 말실행증을 평가하기에 유용하다. 그렇지만 여전히 아동기 말실행증 평가는 그 과정과 절차가 간단하지 않으며, 정확한 평가를 위해서는 다양한 검사를 통해 관찰된 아동의 행동들을 종합하여 최종 판단을 해야 한다는 것이 최근의 중론이다. 이에, Bernthal 등(2022)은 아동기 말실행증 진단을 위해 다음의 평가 과정을 모두를 포함할 것을 권고하고 있다.

① 사례력(섭식 이력 포함)
② 청력 선별 검사
③ 음성 및 유창성 선별 검사
④ 구어 메커니즘 검사
  a. 구조 및 기능
  b. 근력, 근긴장도, 안정성
⑤ DDK 과제 및 비단어 따라 말하기 과제를 포함한 말운동 평가
⑥ 연결발화 샘플 분석
  a. 분절음 산출
  b. 음절 및 단어 산출
  c. 오류패턴 분석
  d. 억양, 음성크기, 공명
  e. 일관성 분석(두 번 이상 발생하는 단어에서의 일관성)
⑦ 분절음 산출(단어 수준 검사. 음소목록이 제한적인 경우 독립분석 실시)
  a. 자음, 모음, 이중모음

b. 음절구조

⑧ 말명료도

⑨ 자극반응도 검사

a. 분절음

b. 음절

c. 음절길이와 음운복잡성을 증가시켜 가며 반복 검사하기

⑩ 음운인식 평가

⑪ 대인관계 기술 평가

a. 사회적 상호작용

b. 행동적 상호작용

c. 학업/공동체 상호작용

⑫ 언어 평가

a. 이해 및 표현

b. 다양한 의미 및 구문 수준에서의 말소리 산출

2. 아동기 말실행증 치료

ASHA(2007)에서는 아동기 말실행증을 '신경 근육에 문제가 없음에도 불구하고 연속적인 말운동을 위한 계획 및/또는 시공간 프로그래밍의 손상으로 인해, 말소리 산출과 운율에 오류가 발생하는 신경학적 아동(소아) 말소리장애'라고 정의하였다. 다시 말해, 아동기 말실행증은 조음기관의 구조 및 기능에는 손상이 없으나, 그것을 언제, 어떻게 움직여야 하는지, 즉 운동지시(motor instruction)에 어려움이 있으며, 좀 더 구체적으로는 운동지시에 포함된 말운동 프로그램을 만들고 이를 인출하여 실시간 문맥에 맞게 운동 연쇄들을 조정하는 데에 결함이 있는 장애이다(오다희, 하지완, 2021).

말실행증 아동 모두가 이러한 결함을 공통적으로 갖고 있지만, 이들이 보이는 중증도는 의미 있는 말을 전혀 산출하지 못하는 무발화부터 조음민첩성이 다소 떨어져 말속도가 느린 정도인 경우까지 다양하다. 그렇기 때문에 치료의 목표와 구체적인 치료 방법은 대상자의 특성에 따라 달라질 수밖에 없다. 그중 기질적 원인이 명백한 경우 치료효과에 대한 기대와 함께 '결국은 한계가 있다'는 관망 또한 외면할 수 없다. 따라서 장애의 원인

과 중증도에 따라 치료 대상을 '손상된 말 기능'에 둘 것인지 아니면 '말 이외 타 의사소통 수단'에 둘 것인지, 치료 목표를 '결함의 개선'에 둘 것인지 아니면 '소통의 성공'에 둘 것인지를 치료 과정에서 모두 고려하고 있다. 즉, 직접적인 말운동 치료를 통해 기능 증진을 꾸준히 도모하되, 회복에 제한이 있다고 판단되면 제스처, 음성출력기기, 의사소통보드, 기타 소프트웨어 등의 보완대체의사소통도 염두에 두어야 한다(ASHA, 2007).

본 장에서는 이 중 전자, 즉 손상된 말운동 기능의 개선에 초점을 둔 중재법 중 여러 논문들을 통해 효과가 입증된 세 가지 치료법, PROMPT(Prompt for Restructuring Oral Muscular Phonetic Targets), 빠른 음절전환 치료법(Rapid Syllable Transition treatment: ReST), 역동적 시간 및 촉각 단서법(Dynamic Temporal Tactile Cueing: DTTC)에 대해 소개하고자 한다. 각각의 중재법을 설명하기에 앞서, 이들이 공통적으로 가지고 있는 말실행증 치료의 기본 원칙에 대해 먼저 정리해 보도록 하겠다. 이 밖에도 비일관적 음운장애 중재에서 살펴보았던 핵심어휘접근법도 말실행증 치료에 효과가 있는 것으로 보고되었으므로(Bernthal et al., 2022), 핵심어휘접근법을 말실행증 아동에게 적용해 보는 것도 좋겠다.

1) 기본 원리

분절음의 정확성 향상에 비중을 둔 전통적 치료법, 음소대비를 이용한 최소대립쌍접근법 등 치료사들에게 익숙한 기존 치료법들로는 말실행증에서 큰 효과를 보지 못하는 것으로 알려져 있다. 그 이유 중 하나는 말실행증의 기본 치료 원리가 다른 말소리장애들과는 사뭇 다르기 때문이다. 다음은 여러 문헌(김민정, 2021; ASHA, 2007; Bernthal et al., 2022; Duffy, 2020; Freed, 2020; Kaipa & Peterson, 2016)에서 아동기 말실행증의 치료 가이드라인으로 제시된 내용들을 정리한 것이다.

(1) 빈번하고 집중적으로 치료해야 한다

신경학적 결함에서 그 원인을 찾는 대부분의 말운동장애가 그러하듯이, 아동기 말실행증의 경우도 개별 치료 회기 일정은 빈번하게, 전 치료 과정은 집중적으로 운영되어야 한다. 말운동 프로그램을 생성하고 저장하여 필요할 때 자동적으로 인출할 수 있게 하기 위해서는 활동의 '잦은 빈도'가 중요하다. 따라서 Kaipa와 Peterson(2016)은 다른 말소리장애들보다 아동기 말실행증은 훨씬 더 빈번하고 촘촘하게 짜여진 집중적 치료를 실시해야 함을 강조하였고, Bernthal 등(2022)은 주 2회 30분씩 장기간 동안 치료를 진행하는 것보다 총 기간이 짧아지더라도 주 4회 1시간씩 진행되는 집중치료가 말실행증 아동에게 더 효과적이라고 제안하였다. 그러므로 만일 치료효과가 더딘 말실행증 아동이 있다면, 치료 시간 혹은 빈도의 부족 때문으로 인한 것은 아닌지 고민해 볼 필요가 있다.

(2) 반복 연습은 말실행증 치료에 있어 필수적이다

운동학습원리(principles of motor learning: PML)에 의하면, 특정 동작을 반복 연습하여 학습하면 운동학습 전과 후의 신경처리 과정은 달라지며 그 효과는 장기적으로 지속될 수 있다. 이때 장기적 운동학습에 지대한 영향을 미치는 변수는 연습의 양(amount of practice)이다. 기준에 도달한 이후에도 반복 연습을 지속해도 되는데, 이는 어떤 측면에서는 비경제적일 수 있지만, 과연습(overpractice)은 운동 프로그램에 저장된 기억을 더욱 강화하여 학습된 운동 기술을 장기적으로 유지할 수 있게 해 준다(Schmidt & Lee, 1999). 말실행증 아동이 운동 프로그램의 습득, 저장, 인출에 성공하기 위해서는 반복 연습, 혹은 과연습에 의존하는 수밖에 없다.

(3) 기능적 어휘를 활용한다

명료도가 심하게 낮은 말실행증 아동의 경우 기능적 발화의 명료도 증진을 목표로 치료를 진행해야 하지만, 기능적 단어나 문장을 활용하는 것은 앞에서 언급한 활동의 빈도 또는 반복 연습 측면에 있어서도 의미가 있다. 치료 시간에 학습한 운동이 일상생활에서도 빈번하게 사용된다면 학습이 강화될 가능성이 큰 반면, 적절한 단어라고 해도 그것이 치료실 밖에서 사용되지 않는다면 이는 빈번한 연습으로 이어지지 않는다. 따라서 치료 시 학습한 운동을 가정, 학교 등 일상생활에서도 반복할 기회를 많이 가져야 할 것이며, 이를 위해서는 기능적 어휘를 활용하는 것이 바람직하다[단, 앞으로 설명할 빠른 음절전환 치료법(ReST)에서는 기능적 어휘 대신 비단어를 사용한다는 특징이 있다].

(4) 높은 성공률을 유지할 수 있도록 치료 초기에는 다양한 단서를 제공한다

한 번 잘못 연결된 운동 연쇄는, 그것을 곧바로 수정하더라도, 이후 동일한 운동 조건에 직면하게 되면 새로운 운동 프로그램과 매번 경쟁한다(Sevald & Dell, 1994). 이는 처음에 잘못 연결된 운동 연쇄는 그 운동을 할 때마다 매번 방해 요소로 작용할 수 있음을 의미한다. 따라서 운동 연쇄에 어려움이 있는 말실행증의 경우는 더더욱 처음부터 운동 연쇄에 성공할 수 있도록 치료 활동을 면밀하고 순차적으로 구성해야 한다. 이 같은 이유로 많은 말실행증 중재법이 치료 초기에는 다양한 단서들을 통합적으로 제공하는 촉진하기(prompt)를 활용하고 있으며, 선행자극이 변해도 반응이 계속 유지되는 자극일반화를 어느 정도 내재하고 있다. 이때 말실행증 아동에게 가장 어려운 촉진 방식이 모델링 후 모방하게 하는 것, 즉 '따라 말하기'일 수 있음을 명심하자. 특히 익숙하지 않은 말소리를 따라하게 하는 것은 즉각적 운동 프로그래밍을 요구하는 만큼 이들에게는 매우 부담되는 과제이며, 일부 심한 말실행증 아동은 결코 성공이 불가능한 과제일 수 있다. 이 때문에 많은 말실행증 중재법들이 동시에 말하기, 느린 속도로 모방하게 하기, 촉각, 시각 등 여러 단서들 함께 산출하기 등 실패하지 않고 조음하게 할 수 있는 다양한 방법들을 동원하고 있다.

(5) 음소의 정확도 뿐 아니라 음소 간 민첩한 이동을 목표로 한다

기타 말소리장애와 다른 아동기 말실행증의 변별적 특징으로 조음 전환의 어려움을 들고 있다. 따라서 치료는 음소 산출의 정확성뿐 아니라 음소 간 민첩한 이동을 목표로 해야 한다. 이를테면 특정 음소를 정확하게 산출할 수 있게 되면, 산출 가능한 음소들을 연결하여 조음하도록 하고, 이것이 가능해지면 좀 더 빠른 속도로, 또는 다른 강세로, 또는 자극과 모방 사이에 더 긴 시간 차를 두며 동일한 음소 연쇄를 반복 산출하도록 한다. 이러한 과정을 더 길고 더 복잡한 단어, 구문 등으로 확장해 가는데, 이때에도 높은 성공률을 유지할 수 있도록 활동의 난이도를 점진적으로 높이는 것이 중요하다.

(6) 음운 단계 또는 운동 실행 단계의 결함 여부를 고려한다

말운동의 계획과 프로그래밍은 음운 단계와 운동실행(motor execution) 단계를 이어 주는 중간 과정으로, 두 단계의 사이에 위치한다. 그렇기 때문에 말실행증 아동들은 이전 단계인 음운 단계와 이후 단계인 운동 실행 단계에서도 어려움을 보일 가능성이 있다. 그럴 경우 이들의 치료에는 음운적 중재와 운동 실행의 훈련 또한 포함해야 한다. 예를 들어 음운결함을 같이 보이는 아동에게는 통합적 음운인식 중재(Integrated Phonological Awareness Intervention, Moriarty, & Gillon, 2006)를 사용할 수 있고, 마비말장애적 특성을 동반한 아동에게는 구강운동 촉진 훈련을 같이 활용할 수 있다. 아울러 말실행증은 고착된 장애가 아니기 때문에, 개선 또는 성숙에 따라 다른 말소리장애 유형으로 변화할 수도 있다는 것을 유의하자. 더 이상 말실행증 증상을 보이지 않는다면, 그때부터는 여느 말소리장애와 다르지 않은 방식으로 접근하면 된다.

2) 치료법

(1) PROMPT

Prompts for Restructuring Oral Muscular Targets의 첫 글자를 딴 PROMPT는 아동기 말실행증의 치료방법으로 개발되었는데, 이후 성인 말실행증 환자의 치료에도 그 효과가 입증되었고, 말 산출에 제한이 있는 비유창성 실어증, 특히 브로카 실어증 환자에게도 적용되고 있다. PROMPT에서는 말 산출에 필요한 순차적 구강운동을 촉진하기 위해 다양한 단서들을 동시에 제공한다. 예를 들어, 순서화된 말소리 생성을 용이하게 하기 위해 시각적 단서뿐 아니라 조음접촉 위치, 턱 개방 정도, 발성, 조음의 상대적 타이밍과 조음 방식에 대한 촉각, 운동감각, 청각, 고유수용성 감각 등에 대한 입력을 제공하는데(Bose et al., 2001; Rogers et al., 2006), 이는 조음운동에 대한 시공간적 단서를 명시적으로 드러내기 때문에 대상자로 하여금 정확한 조음운동 전환을 터득하게 하는 데에 도움이 된다. 일련의 연속적 말 산출을 지원하기 위해 치료사가 제공하는 '직접적' 단서들은 '내적 운동 프로그래머(internal motor programmer)'에 결함이 있는 대상자들에게 '외적 운동 프로그래머'로서 기능을 하며, 조음기관이 순차적으로 이동해야 하는 운동들에 대한 직관적 정보들을 제공한다. 이와 같은 PROMPT의 기본적인 치료 절차는 다음과 같다(Hayden et al., 2010).

- 말 산출에 필요한 적절한 조음기관의 위치, 움직임, 운동 순서를 안내하기 위해, 치료사는 손으로 아동의 입, 턱 밑, 목 주변의 다양한 조음기관에 직접 단서를 제공한다. 이러한 손동작 단서를 통해 조음점 위치, 턱 개방 정도, 발성 시간, 조음 방법 등과 관련된 운동 및 감각 정보가 아동에게 제시된다. 움직임이 정확하지 않을 경우 치료사는 손으로 아동의 조음기관들을 수동적으로 움직여 준다. 손으로 조음기관에 압력을 주어 조음운동에 대한 정보를 아동이 보다 명확하게 느낄 수 있도록 해준다.
- 수동적 움직임이 성공하면 치료사는 압력을 빼고 조음기관에 손으로 가볍게 접촉하는 것으로 직접 단서를 제공한다.
- 치료사는 조음기관에 직접 손동작 단서를 제공하는 것과 동시에 목표음에 대한 입,

혀, 턱 모양 등을 과장되게 보여 주고(시각 단서), 말소리를 소리 내어 또박또박 발음한다(청각 단서). 아동은 치료사가 제공하는 단서들과 동시에 목표 말소리들을 순서대로 산출한다.

치료사가 대상아동의 조음기(articulators)에 직접 제공하는 촉각-운동-고유수용성 감각 입력정보인 '프롬프트(촉진자극)'는 매개변수(parameter), 음절(syllable), 복합(complex), 표면(surface) 단계와 같은 프롬프트상의 위계를 가진다(Chumpelik, 1984). 매개변수는 가장 기본 수준의 프롬프트로, 턱을 벌리거나 다무는 것, 안면근육을 오므리기거나 당기는 것과 같은 특정 발음 매개변수에 초점을 둔다. 이것은 일차 조음기관의 안정성을 확보하여, 입술, 혀와 같은 더 작은 조음기들의 독립적 움직임이 가능하도록 하기 위한 것이다. 음절 프롬프트는 CV 또는 VC와 같은 단순한 음절을 형성하는 것으로 시작한다. 예를 들어, /ㅁ, ㅂ, ㅃ, ㅍ/의 양순자음과 /ㅣ, ㅜ/의 모음을 결합시켜 /비/, /미/, /부/, /무/ 등을 산출하게 함으로써, 입술과 안면근육, 턱 움직임을 함께 조절할 수 있도록 한다. 이 과정에서 모음을 형성하는 방법을 반복 연습하게 되므로, 아동은 점차 기본적인 조음운동의 독립성을 갖추게 된다. 복합 프롬프트는 여러 프롬프트들을 결합하여 좀 더 복잡한 말소리 산출을 유도하는 것이다. 앞에서 연습한 턱, 안면, 입술 운동정보뿐 아니라, 혀근육 운동의 타이밍, 범위, 접촉구간 등에 대한 정보도 함께 제공한다. 즉, 특정 음소에 대한 총체적 운동 템플릿(holistic motor template)을 구성할 수 있도록 다양한 단서들을 복합적으로 제공하는 단계라 할 수 있다. 마지막으로, 표면 프롬프트는 조음연쇄의 전체 움직임을 형성하도록 하는 것으로, 동시조음 전환을 위해 필수적인 단계이다. 한 음소에서 다른 음소로의 이동을 위해 각 조음의 위치 정보와 함께 조음들 간 타이밍 정보도 제공한다. 예를 들어, '엄마'라는 단어를 발음하게 할 때, /ㅓ/, /ㅁ/, /ㅁ/, /ㅏ/로의 이동을 위해 표면 프롬프트는 연속적으로 구성된다. /ㅓ/에서 /ㅁ/로의 이동을 위해 턱과 입술 운동정보가 순차적으로 제공되고, 종성 /ㅁ/와 초성 /ㅁ/의 연속을 위해 해당 조음위치에 머무르는 시간을 결정해 주고, 다시 /ㅏ/ 발음으로의 이동을 위해 턱을 벌리는 운동으로 전환해야 함을 알려 준다. 이같이 프롬프트의 각 단계들의 세부목표와 내용은 서로 다르다. 하지만 모든 단계는 정확한 조음제스처를 위한 시공간적 매핑정보를 신경운동시스템에 제공한다는 동일한 궁극적인 목적을 가진다.

긴 발화를 산출하기 시작한 아동에게 PROMPT를 계속 적용할 필요는 없다. 그러나 무발화 아동 또는 단단어 수준의 심각한 말실행증 아동들로부터 발화를 이끌어 내거나 다양한 조합의 음소 연결을 유도하는 데에는 PROMPT는 매우 유용한 방법이다. 두 입술에서 소리를 내는 양순음, 턱 개방과 관련 있는 모음 등을 유도하기 위한 손동작 단서는 초보 치료사들도 단번에 따라 할 수 있을 정도로 매우 단순하고 쉽다. 그러나 그 외 손동작 단서들은 제법 복잡하며, 특히 동시조음, 긴 구문 등 역동적 동작이 요구되는 손동작 단서들은 상당히 복잡하여 흉내 내는 것조차 쉽지 않다. 때문에 PROMPT 단서들을 잘 숙지하여 치료에 적용할 수 있는 수준이 되기 위해서는, PROMPT 워크숍을 통해 일정 기간 교육을 받아야 한다.

(2) 빠른 음절전환 치료법

빠른 음절전환 치료법(Rapid Syllable Transition treatment: ReST)은 말소리(sounds), 조음동작의 매끄러움(smoothness), 리듬(beats)을 중재 대상으로 한다(McCabe, Thomas, & Murray, 2020). 즉, 말실행증 아동들이 특히 어려워하는 말소리의 정확성과 일관성, 조음전환(transition)의 민첩성, 운율의 적절성을 동시에 성공시키는 것을 목표로 한다. 이때 중재 자극어로 기능적 어휘를 사용하는 대부분의 말실행증 치료법들과 달리, ReST는 비단어를 사용한다는 것이 특징이다. 자주 사용하는 단어는 이미 학습된 근육운동명령에 의해 자동적으로 실행되는 것에 반해, 낯선 비단어는 수행에 필요한 산출 정보가 전무하기 때문에 새로운 운동 프로그램을 만들어야 한다. 즉, 비단어 산출은 하향식 처리(top-down approach)의 영향을 배제하고 전적으로 상향식 처리(bottom-up approach)에 의존한 실시간적 운동 프로그래밍이 요구되는 활동이다. 이런 이유로 비단어를 중재에 이용하는 것은 운동 프로그래밍 단계를 활성화시키는 데에 다분히 긍정적이며, 특히 말실행증 아동의 경우 이들이 가진 기저의 근본 결함을 개선시킬 수 있는 최적의 도구이다(McCabe et al., 2017). 따라서 ReST는 말실행증 아동의 기저 결함인 말운동프로그래밍 능력 자체를 향상시킴으로써, 말실행증의 핵심 증상인 비일관적 오류, 민첩하지 못한 조음전환, 부적절한 운율을 개선시키는 치료법이라 할 수 있다(오다희, 하지완, 2021). 다만 유의할 점은, ReST가 중재도구로서 비단어의 중요성을 강조하고는 있지만, 비단어는 단어를 산출하기 위한 템플릿일 뿐 중재의 궁극적 목적은 단어로의 일반화라는 것을 간과해서는 안 된다.

대상 아동이 산출 가능한 음소들을 조합하여 비단어를 만든다는 점도 특징적이다. 즉, 중재에 사용되는 비단어를 '아동 맞춤형'으로 제작하는 것이 ReST 비단어의 핵심이다. 이를 테면, 아동의 음성목록에 이미 존재하거나 아동이 80% 이상 정조음하는 자음과 모음을 선정한 후, 이 중 음성학적으로 최대한 거리가 있는 다른 자음들을 선택하여 CVCV 또는 CVCVCV 구조의 비단어를 제작하는 것이다. 예를 들어, 4개의 자음과 4개의 모음을 정조음하는 아동이 있다면, 이 음소들로 결합 가능한 음절은 16개이며, 이 16개의 음절들을 기계적으로 조합하여 얻을 수 있는 3음절 비단어는 3,360개(16×15×14)이기 때문에, 여기에 최대한 다른 자음이라는 조건을 추가하더라도 상당히 많은 비단어 자극어를 중재에 사용할 수 있다. 이러한 비단어는, 단어를 중재에 사용할 경우 큰 걸림돌로 작용하곤 하는, 습관화된 오류에서 자유로울 수 있다는 장점이 있다. 또한 이미 산출 가능한 자음과 모음들로 구성하였으므로 정조음에 대한 부담 없이 음소들 간 조음 전환에 집중할 수 있다는 이점도 있다. 따라서 정조음하는 음소가 몇 개 안 되는 심한 말실행증 아동의 경우 바로 ReST를 적용하는 것은 한계가 있으며, 이 때에는 PROMPT 등을 먼저 실시하여 음소목록을 어느 정도 확보한 후 ReST를 시작할 것을 권한다.

또한 ReST의 비단어는 약모음(weak vowel)과 강모음(strong vowel), 장모음과 단모음을 다양하게 섞어 제작함으로써 여러 유형의 강세를 가진 비단어들로 구성된다는 특징도 있다. 동일 음절 조합의 비단어를 강세를 달리하여 여러 차례 따라말하게 하는데, 예를 들어 /batigu/를 /BAtigu/, /baTIgu/ /batiGU/처럼 강-약-약, 약-강-약, 약-약-강 강세로 말하게 하는 식이다(Bernthal et al., 2017). 동일 비단어를 다양한 강세로 조절하여 산출하게 하는 것은 이들이 가진 운율 결함을 극복하는 데에 도움이 될 것이라 가정한다(McCabe et al., 2017, 2020). 따라서 ReST에서의 '정확한 산출'은 치료사가 들려준 비단어를 소리뿐 아니라 강세(운율)까지도 똑같이 따라하고, 적절한 타이밍으로 음소들을 연결시킬 수 있는 것을 말한다.

이와 같은 ReST의 중재 과정은 훈련단계(training phase)와 연습단계(practice phase)로 구성된다. 훈련단계는 비단어 산출을 위한 움직임의 방법과 기술을 습득하는 단계로, 이때에는 비단에 대한 운동정보가 전혀 없으므로 다수의 오류와 비일관적 산출이 나타날 수 있다. 따라서 치료사는 조음점 지시법, 모음 연장, 시각 및 촉각 단서 등 모든 전략을 동원하여 아동이 정확한 산출을 경험할 수 있도록 한다. 단서에 대한 조건 또는 제한은 없다. 또한 아동의 반응에 대해 즉각적이고 구체적인 피드백을 제공함으로써, 아동 스스로 산출의 정확성 여부를 판단할 수 있도록 돕는다. 중재의 1~2회기는 훈련단계에 집중적으로 시간을 할애하여 새로운 운동패턴을 학습할 수 있는 충분한 기회를 제공하는 것이 원칙이다. 훈련단계에서 가장 중요한 것은 비단어를 성공적으로 산출하는 전략을 찾아내는 것인데, 이는 아동마다 다양할 수 있기 때문에 아동별로 가장 최적화된 전략을 찾아내는 것이 치료사의 역할이다.

이후 단계에서는 학습한 패턴의 효율성을 증가시키는 촉진단계를 거치는데, 이를 연습단계라고 한다. 성공적인 운동산출 전략을 모색하는 1~2회기의 훈련단계를 제외하고, 3회기 이후부터는 대부분의 중재 시간이 연습단계로 이루어진다. 연습단계는 훈련단계에서 습득한 운동패턴을 안정적으로 유지하기 위해 해당 운동을 반복하는 것으로, 움직임의 일관성을 확립하여 운동체계에 장기적 변화를 촉진하는 것을 목적으로 한다. 따라서 연습의 최대량을 제한하지 않는데, 지정된 연습량을 다 채웠음에도 시간이 남아 있다면 회기 종료까지 가능한 많이 산출활동을 반복한다. 기준에 도달한 후에도 지속적인 연습과 훈련을 반복하는 것은 어떤 측면에서는 비경제적일 수 있지만, 과연습(overpractice)은 운동 프로그램에 저장된 기억을 더욱 강화시키고, 학습된 운동 기술을 장기적으로 유지할 수 있게 해 준다. 이는 경우에 따라 고된 연습과정일 수 있기 때문에, ReST에서는 연습활동과 휴식시간(resting interval)을 합쳐 '세트'로 회기를 구성하도록 하였다. 구체적으로는, 회기당 20개의 비단어를 최소 5세트 이상의 반복할 것을 제안하였는데, 이때 '세트'는 연습활동뿐 아니라 휴식시간도 포함하므로 20개 비단어 산출연습 후 게임활동 등의 짧은 휴식을 다섯 차례 반복하는 것이다. 오다희, 하지완(2021)은 한국어의 실정에 맞게 ReST를 변형하여 비단어 중재연구를 실시하였는데, ReST의 매뉴얼에 기반하여 해당 연구에서 사용한 중재 흐름도를 [그림 14-1]에 제시하였다.

운동학습에 영향을 줄 수 있는 변수 중 하나는 피드백의 빈도이다. ReST도 운동학습에 기반한 치료법인 만큼 치료 진행 과정 동안의 피드백 제공 기준이 필요하다. Winstein과 Schmidt(1990)는 피드백을 100% 제공한 집단과 50% 제공한 집단 간 운동학습의 변화를 비교하였다. 그 결과 중재기간 동안에는 두 집단 간 움직임의 정확도에 차이가 나타나지 않았으나, 중재 종료 후에는 피드백을 50%만 제공한 집단의 움직임의 정확도와 반응시간이 유의하게 좋았다. 이에 Swinnen 등(1990)은 피드백 양을 50%로 통제한 채 피드백 제공 일정에 변화를 주어 추가실험을 실시하였다. 그 결과 일정하게 혹은 점차적으로 피드백을 증가한 집단보다 점차적으로 피드백을 줄인 집단이 중재 종료 후 유의하게 향상된 운동 능력을 보였다. 즉, 초기에는 빈번하게 피드백을 제공하되, 이후 빈도를 점차적으로 줄여가며 마지막에는 최소한의 피드백을 제공하는 것이 바람직하다는 것이다. 그러나 이와 상반된 견해 또한 찾아볼 수 있는데, Maas 등(2012)은 일부 말실행증 아동의 경우 피드백 빈도를 줄여 나가는 것이 유익할 수 있으나, 이는 아동의 연령이나 말실행증의 심각도에 따라 다를 수 있다고 하였다. 이에 덧붙여 Maas와 동료들은

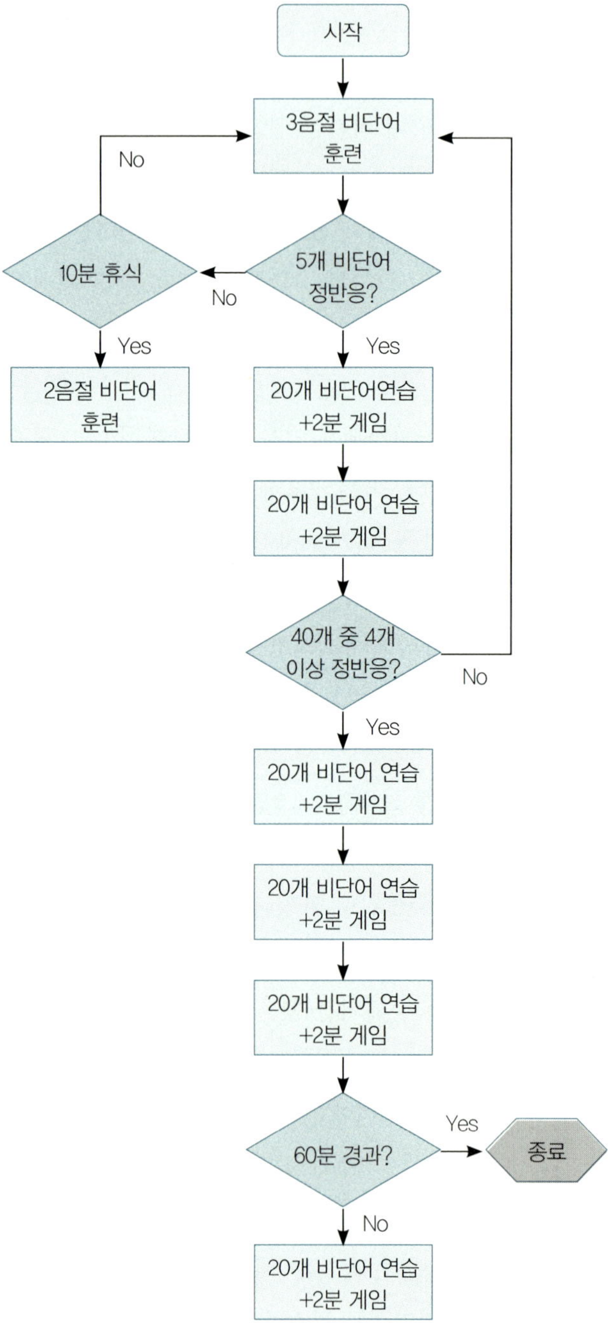

[그림 14-1] ReST에 기반한 비단어 중재 흐름도(한 회기 60분)

출처: 오다희, 하지완(2021).

비언어적 혹은 신체적 운동에서 비롯된 운동학습의 원리를 말실행증 치료에 일반화하는 것은 항상 주의가 필요함을 강조하였다.

이때, ReST의 피드백 제공과 관련하여 유의할 점은 연습단계에서 제공하는 피드백은 '결과에 대한 지식(Knowledge of Result: KR)'이기 때문에, 아동의 반응에 대해 정/오반응 판단만을 제공해야 한다는 것이다. 이와 달리 훈련단계에서는 피드백의 빈도에 제한이 없으며, 반응의 결과뿐 아니라 왜 틀린 반응을 보였는지, 어떻게 하면 올바른 반응을 할 수 있는지 등에 대해서도 최대한 구체적인 정보를 제공해야 한다.

이상과 같이 살펴보았듯이, ReST의 중재 활동은 모두 비단어로 이루어지기 때문에, 단어로의 일반화가 제한적이지 않을까 하는 우려가 있을 수 있다. 그러나 비단어 내에서 성공적으로 연결된 적 있는 음소들은 단어 내 새로운 음소 조합들 사이에서도 또다시 음소 전환에 성공할 가능성이 크며, 이것이 비단어 중재를 통해 단어로의 일반화를 기대할 수 있는 이유이다. 이러한 가설에 근거하여, 오다희와 하지완(2021)의 연구에서는 일반화 평가용 단어들을 중재 비단어와 유사한 자음들로 이루어진 단어들로 구성하였다. 예를 들어, 아동의 음소목록에 존재하였던 /ㅁ/, /ㅌ/, /ㅉ/, /ㄱ/를 조합하여 3음절 중재 비단어(예: /마게쭈/, /구짜미/, /투쩨마기/)를 제작하였고, 해당 자음들에서 발성유형만 다른 자음을 포함하여 일반화 평가용 단어(예: /무지개/, /고구마/, /토끼모자/)를 선택하였다. 그 결과 치료에 사용하지 않은 비단어 및 단어로의 유의미한 일반화 효과를 확인할 수 있었다. 오다희, 하지완(2021) 연구의 비단어 제작을 위한 자음과 모음 조합과 해당 연구에서 중재와 일반화 평가를 위해 사용한 단어 및 비단어 목록을 〈표 14-1〉과 〈표 14-2〉에 제시하였다.

표 14-1 비단어 제작을 위한 자음 및 모음 조합

	/ㅁ/	/ㅌ/	/ㅉ/	/ㄱ/
/ㅏ/	/마/	/타/	/짜/	/가/
/ㅜ/	/무/	/투/	/쭈/	/구/
/ㅣ/	/미/	/티/	/찌/	/기/
/ㅔ/	/메/	/테/	/쩨/	/게/

*대상아동의 음소목록에 존재하는 자음은 /ㅁ, ㅌ, ㅉ, ㄱ/, 모음은 /ㅏ, ㅜ, ㅣ, ㅔ/임.
출처: 오다희, 하지완(2021).

표 14-2 중재 및 일반화를 위한 단어 및 비단어 목록

중재		일반화			
비단어		비단어		단어	
3음절		3음절	4음절	3음절	4음절
마게쭈	무타게	마게찌	마구티쩨	무지개	타조머리
메짜티	미테짜	타쭈미	무타쩨가	머리띠	토끼모자
메구타	투메짜	투미짜	투기머짜	주사기	개미지도
타찌무	티무게	짜미테	짜게미투	거부기	매미기차
테기마	테가무	가테무	구미타쩨	고구마	치타모자
쭈가미	쩨티마	무티게	무가쩨티	두꺼비	할아버지
찌메구	쩨마구	미투짜	타메구찌	두더지	해바라기
짜무테	가티메	티메구	투쩨마기	개구리	코스모스
구짜미	기메타	쭈게미	짜미게투	제주도	크레파스
게투미	게마쭈	구찌마	가메찌투	코끼리	짜파게티

출처: 오다희, 하지완(2021).

(3) 역동적 시간 및 촉각 단서법

역동적 시간 및 촉각 단서법(Dynamic Temporal Tactile Cueing: DTTC)은 심도의 말소리장애, 특히 심한 아동기 말실행증을 위해 고안된 치료법으로(Strand et al., 2006; Strand, 2020), 역사적으로는 1950년대에 개발된 통합적 자극법(Integral Stimulation)에 기반을 두고 있다(Bernthal et al., 2017). '통합적 자극'이라는 이름에서 알 수 있듯이, DTTC는 PROMPT와 마찬가지로 시각, 청각, 촉각, 동시에 말하기, 느린 속도로 말하기 등의 단서에 크게 의존한다. 또한 ReST처럼 운동학습원리에 근거를 두고 있기 때문에, 모방과 피드백에 기반한 반복 연습이 치료의 주요 요소이다.

모방과 관련한 DTTC의 차별점은 치료사의 모델링과 아동의 모방 사이에 '시간적 위계'를 두었다는 점이다. 시간적 위계는 모델링과 모방 사이에 점차적으로 시간 간격을 증가시키는 것으로, 운동 또는 움직임의 주도권을 치료사로부터 아동에게로 옮겨가게 하는 핵심 변수라 할 수 있다. 이를 통해 도달하고자 하는 최종 목표는 아동으로 하여금 발화 산출의 자율성(autonomy)을 얻게 하는 것이다. 시간적 위계의 기본 원리는 가장 쉬운 것부터 더 복잡한 것으로 나아가는 것이며, 위계의 대략적 순서는 동시 산출 → 즉각 모방 → 지연 모방 → 자발적 산출의 순이다. 이와 같은 치료 원리를 좀 더 직관적으로 드러내기 위해 Strand 등(2006)은 중재법의 이름을 '통합적 자극법'에서 'Dynamic

Temporal Tactile Cueing(DTTC)'로 바꾸었는데, 'Temporal'은 시간적 위계를 강조하기 위해, 'Tactile'은 시각과 청각 단서뿐 아니라 필요할 경우 촉각 단서를 사용해도 된다는 것을 나타내기 위해, 'Dynamic'은 단서들의 추가와 제거가 그때그때 상황에 맞게 역동적으로 변화할 수 있다는 의미로 사용되었다고 한다(Strand, 2020).

DTTC의 단계별 치료 절차는 [그림 14-2]와 같다. 단방향 화살표는 단계 간 위계를 나타내는 것으로 중재 순서가 순차적이다. 반면 양방향 화살표는 단계 간 역동적 관계를 나타내는 것으로, 어려움이 있으면 이전 단계로 되돌아가고, 어려움이 없으면 이후 단계로 나아갈 수 있다.

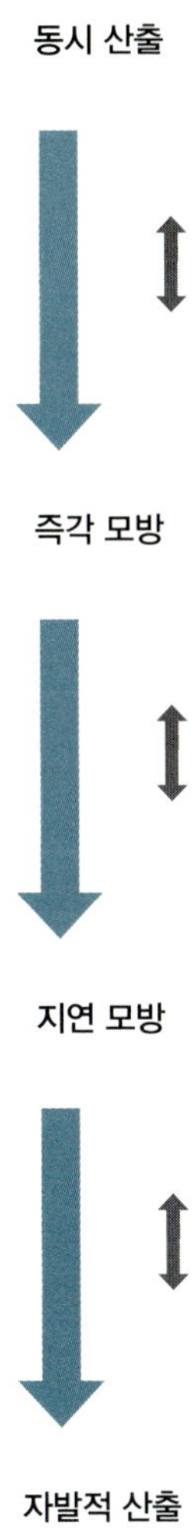

각 단계에서 다음 절차를 준수하며 반복 연습시킨다.

- 아동이 주의 깊게 치료사를 쳐다보고 있는지 확인하며, 느린 속도로 모델링을 제시하고 따라 하게 한다.
- 점차적으로 정상 속도로 모델링을 제시하며 따라 하게 한다.
- 조음동작이 정확하지 않은 경우 시각, 운동 또는 촉각 단서를 제공한다.
- 행동에 대한 구체적인 피드백(knowledge of performance: KP)을 제공한다(예: 입을 너무 많이 벌렸구나, 혀가 입천장에 정확하게 닿았어).
- KP를 점차적으로 줄이고, 대신 결과에 대한 피드백(knowledge of results: KR)을 제공한다(예: 잘했어, 아니야).
- 제공했던 단서들을 가능한 빠르게 제거해 나간다.
- 회기마다 최대한 많은 반복 연습을 하게 한다.

각 단계에서 다음과 같이 운율에 변화를 주며 반복 연습시킨다.

- 10~15회 이상 정상 속도로 정확성을 유지할 수 있으면,
- 더 작게 또는 더 크게
- 다양한 감정을 표현하며(예: 슬프게, 행복하게, 흥분해서)
- 목표단어를 반복 산출하게 한다.

아래의 수준에 도달하면 다음 단계로 이동한다.

- 정상 속도로 정확한 산출이 최소 10~15회 이상 가능하다.
- 다양한 운율로 정확한 산출이 최소 10~15회 이상 가능하다.
- 위와 같은 산출을 힘들이지 않고 자연스럽게 할 수 있다.

[그림 14-2] DTTC의 단계별 치료 절차

출처: Strand (2020).

대상자의 반응에 따라 치료사는 순발력 있게 단서를 조절해야 한다. 각 단계에서 대상자의 반응이 정반응 또는 오반응일 때 치료사가 어떻게 단서를 제공하며 이후 또는 이전 단계로 이동해야 하는지를 [그림 14-3]과 같이 도식화하였다. 이처럼, DTTC는 상당히 구조화된 절차대로 중재를 진행하도록 되어 있다. 하지만 구조화된 절차 내에서 대상자의 반응에 따라 융통성 있게 단서를 조절하고 단계를 이동하는 역동적 치료법이기도 하다. 더불어 DTTC는 단서와 모방뿐 아니라 피드백 제공 또한 강조하는데, 이에 대해서는 ReST의 피드백 내용을 참고하도록 한다.

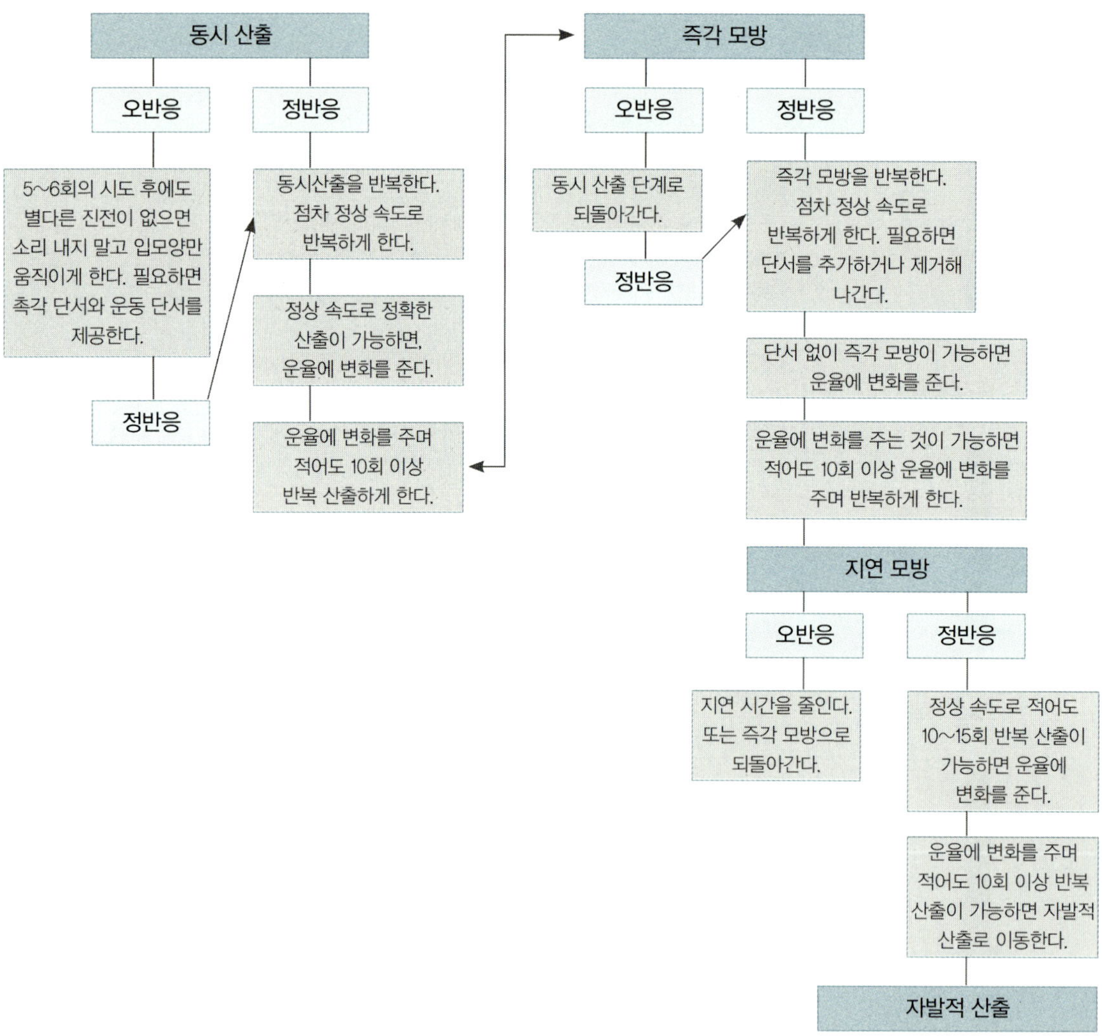

[그림 14-3] DTTC의 단서 제공 및 단계 이동 전략

출처: Strand (2020).

(4) PROMPT, ReST, DTTC의 비교

이상과 같이 살펴보았듯이 PROMPT, ReST, DTTC는 말실행증 치료라는 공통의 목적을 가지고 있다. 그러나 개발자들마다 증상 개선을 위해 중점적으로 다루는 핵심 활동에는 조금씩 차이가 있다. 초보 치료사들에게는 다소 생소할 수 있는 치료법들이므로, 〈표 14-3〉을 참고하여 추가적인 자료들을 찾아보며 치료의 내용과 방법에 좀 더 친숙해질 것을 권한다.

표 14-3 PROMPT, ReST, DTTC 비교

	PROMPT	ReST	DTTC
개발자	Deborah A. Hayden (언어치료사)	Patricia McCabe, Kirrie Ballard 박사 연구팀	Edythe Strand, Ph.D., CCC-SLP(언어치료사, 교수)
관련 기관	캐나다, 미국 PROMPT Institute(비영리 단체)	호주 시드니 대학교	미국 메이요클리닉
웹사이트	https://www.promptinstitute.com/	https://rest.sydney.edu.au/	https://childapraxiatreatment.org/dttc/
주요 내용	• 촉각-운동(tactile-kinesthetic) 단서 • 치료사의 손으로 대상아동의 입술, 턱, 혀 움직임을 직접 유도 • 다양한 단서를 동시에 제공하여 말소리 정확성, 말운동프로그래밍 촉진	• 비단어를 이용해 다양한 말소리조합을 빠르게 전환하는 연습 실시 • 비단어를 이용해 새로운 운동패턴 학습 유도 • 강세 변경 연습 • 반복 연습 • 피드백을 통해 말소리 조절 능력 향상 유도	• 모델링과 반복 연습 • 촉각, 시각, 청각 단서를 대상아동의 반응에 맞춰 역동적으로 조정 • 시간 간격을 조정하여 독립적으로 말소리를 생성하도록 유도
교육	• PROMPT 교육과정 이수 필수 (유료)	• 온라인 강좌 • 워크숍 • 무료 치료 가이드라인 (웹페이지)	• 무료 온라인 강의 • 유료 워크숍 • 무료 치료 가이드라인 (웹페이지)
중재 논문	Dale & Hayden, 2013 Kadis et al., 2014 Namasivayamet al., 2020 Fiori et al., 2021	McCabe et al., 2023 Scarcella et al., 202. Thomas et al., 2017 Thomas et al., 2023	Strand & Debertine, 2000 Strand et al., 2006 Iuzzini-Seigel et al., 2023 Grigos et al., 2024

제15장

구개열(연인두 기능부전) 아동 중재

1. 이론적 배경

구개열 아동은 연인두 기제상의 선천적인 결함과 반복적인 중이염으로 인해 언어이전기 옹알이 시기부터 말 발달 지연을 보이거나 구개열과 관련된 특징적인 말 문제를 보이기 쉽다. 일반 아동은 보통 생후 4~6개월 이후부터 음절성 옹알이를 산출하기 시작하여 늦어도 10개월 이전에는 대부분이 음절성 옹알이를 산출한다(Lee et al., 2018). 음절성 옹알이는 초기 단어 산출의 기초가 되고 출현 시기와 양은 이후 말 발달을 예측할 수 있는 객관적인 정보를 제공하고 있다. 구개열 아동은 음절성 옹알이의 시작 시기와 음절성 옹알이에 포함된 말소리 목록 면에서 일반 아동과 두드러진 차이를 보인다(Ha, 2017; Ha & Oller, 2022; 김호, 하승희, 2021; 하승희, 2019; 김민영, 하승희, 2013). 예를 들어, 생후 9개월에 일반 아동의 93%가 음절성 옹알이 단계에 도달하였는데 구개열 아동은 57%만이 음절성 옹알이 단계에 도달하였다(Chapman et al., 2001). 음절성 옹알이에 포함된 말소리 목록도 주로 비음과 성문음으로만 구성되어 구강자음이 거의 산출되지 않는다. 말 발달 초기에 구강 앞쪽 소리를 선호하는 일반 아동과는 달리 구개열 아동은 구강 뒤에서 나는 소리를 선호하며 일부 아동은 음절성 옹알이 단계에서도 보상조음패턴이 관찰되기도 한다.

구개열 아동은 '엄마'와 같은 첫 낱말은 일반 아동과 비슷한 시기에 관찰되나, 제한된 말소리 목록으로 인해 표현 어휘 발달이 느리게 진행된다. 특히 18개월 이후에는 말-언어발달상의 지연이 두드러지게 나타난다. 즉, 음운과 어휘가 상호작용하며 급격히 발달하는 시기에, 구개열 아동은 음운적 제약으로 인해 어휘 습득이 원활하지 않아 표현 어휘의 발달이 지연되는 경향을 보인다. 언어 이해 측면에서는 또래 아동과 비슷한 발달을 보이나, 말소리 목록의 제한으로 인해 주로 비음이나 후방음으로 구성된 어휘(예: 엄마, 안아, 응, 아니, 까까)만을 선택적으로 선호하여 산출하고, 양순 또는 치경 파열음 같은 전방음이나 구강자음이 포함된 어휘 표현은 회피하는 경향을 보인다(피민경, 하승희, 2017; 2018). 이러한 경향은 어휘 선택성(lexical selectivity)으로 설명되며, 아동이 자신의 음운적 능력과 발음의 용이성에 따라 특정 어휘를 선호하거나 회피하는 현상을 나타낸다. 구개열 아동의 경우, 상대적으로 발음이 용이한 비음 및 후방음으로 구성된 어휘를 우선적으로 선택하며, 산출이 어려운 구강자음과 전방음으로 구성된 어휘 습득은 지연을 보여 표현 어휘 발달 상의 제한을 두드러지게 보인다(하승희, 2014; Baylis et al., 2020; Willadsen, 2013). 이러한 음운상의 제한으로 인한 표현 어휘상의 발달 지연은 24개월 이후까지 지속되는 경향이 강하다. 이후 구개열 아동은 표현 어휘 발달이 점진적으로 이루어지거나, 적극적인 조기 중재 등으로 또래 아동과 비슷한 수준으로 향상되기도 한다(Ha, 2015).

3세 이후에 표현 어휘 지연은 사라지는 경향을 보이지만, 일부 구개열 아동은 보상조음과 과다비성이 지속되어 말 발달에 어려움을 겪는다. 구개열 아동이 보이는 보상조음 패턴은 주로 조음점을 성문이나, 인두 위치로 후방화 시키는 조음위치 오류와 성대를 통과한 기류가 구강이 아닌 비강으로 보내지는 기류 조절 상의 문제로 분류할 수 있다. 구개열 아동에게서 자주 관찰되는 보상조음의 유형과 특징을 정리하면 〈표 15-1〉과 같다. 구개열 아동이 보이는 보상조음은 처음에는 조음위치 면에서 대치되는 패턴을 보이다가 점차 구강 내 조음기관과 함께 성대, 인두, 연구개 부위를 동시에 사용하는 동시조음(coarticulation) 패턴을 보이기도 한다.

표 15-1 구개열 아동이 보이는 보상조음 유형

보상조음 유형	IPA 기호	특징
성문음화	ʔ	성대를 순간적으로 부딪혀서 소리를 만든다. 주로 성문파열음화 된다.
인두음화	ʢ 인두파열음	혀뿌리를 인두 부위에 대고 소리를 만든다. 인두파열음, 인두마찰음, 인두파찰음으로 세부화할 수 있다.

	ʕ 인두마찰음 ʔʕ 인두파찰음	
후비강마찰음화	Δ	연구개를 인두 부위에 대고 좁은 틈을 만들어서 소리를 만들어 강한 소음성 자질이 가미된다.
비강마찰음화	m̥̃ ñ̥ ŋ̊̃	구강 내 조음 움직임은 동반되나 소음을 동반하지 않은 채 기류가 비강으로 가고 코를 찡그리면서 소리를 만들기도 한다.
중설구개음화	ꞔ	혀 등을 경구개 부위에 대고 발음하여 [ㄷ], [ㄱ] 음이 중간 소리로 들리거나, 경구개 파찰음이 조음점이 약간 뒤로 이동해서 파열음화되는 경우를 포함한다. 심한 부정교합이나 경구개 부위 누공(fistula)이 있는 경우 자주 관찰된다.
연구개음화	k, k*, K^{h}	입술이나 치경 부위에서 만들어져야 하는 소리를 연구개음으로 대치시킨다.

2. 기본 원리

구개열 아동이 겪는 말 문제는 발달 단계에 따라 그 양상과 초점이 달라진다. 36개월 이전에는 발화량이 적고, 말소리 목록이 제한적이며, 그로 인해 표현 어휘의 발달이 제한되는 것이 주요한 문제로 나타난다. 36개월 이후에는 명료한 말을 구사하는 일반 아동과 다르게 보상조음과 과다비성으로 인해 말의 명료도와 정확도가 저하되는 것이 핵심적인 문제로 대두된다. 또한 36개월 이후에도 지속적인 말 문제를 보이는 구개열 아동은 초기에는 연인두와 조음기제의 구조적 · 기능적 문제로 인해 조음 위치와 움직임의 오류가 나타나며 말소리의 정확도가 저하되는 조음장애의 양상을 보인다. 이러한 조음패턴이 지속될 경우, 음운규칙과 같은 상위 수준의 말 처리 발달에도 부정적인 영향을 미쳐 음운장애로 확대될 수 있으며(Bessell et al., 2013), 학령기에는 음운처리 기술 발달의 저하로 읽기 문제로 연결될 가능성도 있다(최유경, 하승희, 2021; Lancaster et al., 2022).

따라서, 구개열 아동을 대상으로 한 조음치료는 아동의 말 발달 수준과 특성을 면밀히 평가하고, 말 문제 해결을 위한 적절한 임상적 의사결정(clinical decision-making)을 내리고, 각 발달 단계와 말 양상에 적합한 치료 목표를 설정하는 것이 필수적이다. 특히 구개열 아동에게 흔히 나타나는 보상조음과 공명 문제는 치료사가 이를 정확히 평가하고 이

해하지 못할 경우, 비효율적이거나 부적절한 치료로 이어질 가능성이 크다. 먼저 아동이 보이는 말 문제가 1차 구개성형술 이후에 남아 있는 연인두 형성부전(velopharyngeal insufficiency)이나 3형 부정교합(Class III malocculusion)과 같은 구조적 결함으로 인한 필연적 오류(obligatory errors) 인지를 확인해야 한다. 모든 음소에서 일관적이고 중등도(moderate) 이상의 과다비성이나 비누출을 보이거나, 구강자음의 약화와 비음화를 보일 경우에는 필연적 오류라 할 수 있다. 이 경우에는 수술적 중재를 통해서 구조적 결함을 먼저 교정한 후에 조음치료를 하는 것이 보다 더 적절하다. 아동의 보상조음이 심해 말명료도가 저하된 경우, 2차 구개 교정술 등의 수술이 연기되어 대기해야 한다면, 구강 내 기류 조절과 정확한 조음 위치에 대한 말 행동 수정을 시도해 볼 수 있다. 이를 통해 아동의 자극반응도를 높이고, 말명료도 개선을 도모할 수 있다. 이때, 아동의 보호자에게는 구조적 결함으로 인해 조음치료의 효과가 제한적일 수 있음을 먼저 설명하고, 현실적인 기대 수준을 조정할 수 있도록 상담하는 것이 중요하다. 아동의 조음 문제가 수술을 통해 정상적인 구조를 회복했음에도 불구하고, 잘못된 말 패턴과 습관으로 인해 보상적 오류(compensatory errors)가 지속되는 경우, 집중적이고 전문적인 조음치료를 통해 말 행동 수정을 유도해야 한다. 구개열 아동의 보상조음은 언어치료사의 전문적인 경험과 임상 역량이 특히 요구되는 영역으로, 보상조음의 유형과 존재 여부를 신중히 평가한 뒤 체계적인 치료접근을 적용해야 효과적인 결과를 도출할 수 있다. 구개열 아동의 조음 문제는 표준화된 조음음운 검사도구를 이용해 아동의 말 자료를 수집한 후 『한국판 구개열 말 평가』(하승희, 2018)를 사용하여 보상조음을 포함한 말 문제와 그 심각도를 보다 체계적으로 평가할 수 있다(〈상자 15-1〉). 이 평가도구는 구개열의 말 문제를 조음, 말명료도, 공명, 음성의 네 가지 주요 영역으로 나누어 문제 유무와 심각도를 체계적으로 판단할 수 있도록 설계되었다. 조음 영역에서는 구개열 아동의 말소리 문제가 구조적 결함으로 인한 필연적 오류인지, 구조는 정상 범위이나 잘못된 말 패턴으로 인한 보상적 오류인지를 명확히 구분하도록 한다. 또한 보상조음의 유형별로 세부적인 정의를 제시함으로써, 평가자가 보상조음의 유형과 유무를 구체적으로 평가하고, 특정 보상조음 유형을 보이는 자음의 개수에 따라 심각도를 분석할 수 있다.

3. 발달 단계별 치료 목표 및 원리

1) 초기 음운 발달기(36개월 이전)

구개열 아동의 말 발달 단계가 언어이전기나 첫 낱말에서 50낱말기 사이에 있는 경우에는 자연스런 의사소통 맥락에서 언어를 통한 의사표현을 촉진하면서 발화량과 말소리 목록을 확장하는 것이 치료의 목표가 된다. 이 시기에는 지시하기(prompt), 질문하기(question), 다시 말해 주기(restatement), 정보 제공하기(information)와 같은 언어 촉진 기법을 활용하여 아동이 구어를 통해 적극적으로 메시지를 전달할 수 있도록 지원하는 의사소통 중심, 자연스러운 환경중심 중재가 효과적이다. 대표적인 예로 음운 강조를 포함한 강화된 환경중심중재법(Enhanced milieu teaching with phonological emphasis, EMT+PE)이 있다(Kaiser et al., 2017). EMT+PE는 놀이 기반의 자연주의적 접근법으로, 아동의 언어 및 음운 발달을 동시에 지원하는 치료법이다. 이 치료법에서는 아동의 발달 수준과 언어 목표에 맞는 장난감과 자료를 선택하여 상호작용을 유도할 수 있는 환경을 조성한다. 치료사는 아동의 흥미와 관심에 맞추어 언어와 음운 목표를 모델링하며, 아동의 발화 오류에 대해 정확한 발음으로 자연스럽게 다시 말해 주는 음운 재구성(phonological recasting) 피드백을 제공한다. 또한 아동의 짧은 발화에 단어를 추가하여 확장된 문장을 제시함으로써 언어 표현을 강화하며, 아동의 언어적 요구에 반응하여 목표를 유도하고 달성 시 긍정적인 피드백을 제공하여 동기를 부여한다. 초기 평가를 통해 각 아동의 언어 및 음운 수준에 적합한 목표를 설정하며, 목표가 일정 수준 달성되면 새로운 목표를 추가한다. 치료는 아동과 치료사 간의 놀이 중심 상호작용을 통해 이루어지며, 반복적인 발화 연습을 통해 학습 효과를 극대화한다. 특히 일반적인 영유아를 위한 환경 중심의 중재법에 비해 EMT+PE에서는 구강 앞쪽 소리를 기피하면서 말소리 목록이 제한적인 구개열 아동에게 구강음으로 시작하는 낱말에서 입모양을 강조하면서 천천히 모델링하거나, 보상조음 대신 부드러운 발성과 구강 움직임으로 정확한 소리를 제시하는 음운 교정이 강조된다. EMT+PE는 아동의 언어 및 음운 발달을 통합적으로 지원하며, 수용 및 표현 언어 능력, 말소리 목록, 음운 정확도, 어휘 사용량 등에서 유의미한 개선 효과를 보였다.

2) 후기 음운 발달기(36개월 이후)

말명료도와 정확도가 중요한 시기에는, 보상조음을 제거하고 말 정확도를 향상시키는 명확한 중재 목표를 설정하는 것이 필요하다. 36개월 이후에 아동이 보이는 말 문제가 필연적 오류라기보다는 보상적 오류로 확인된 경우, 아동의 발달 수준과 개별적 특성을 고려한 직접적인 조음치료를 통해 보다 명확하고 정확한 말소리를 산출할 수 있도록 체계적으로 지원해야 한다.

구개열 아동의 조음치료의 핵심은 기류를 적절히 조절할 수 있도록 돕고, 정확한 조음점을 잡을 수 있도록 말소리 행동을 효과적으로 교정하는 데 있다. 구개열 아동이 비강 마찰음과 같은 기류 조절 문제와 성문 또는 인두에서의 후방 조음 오류를 모두 보인다면, 먼저 기류 조절 문제를 교정하는 것을 우선적인 목표로 삼는 것이 필요하다. 즉 비강으로 잘못 보내지던 공기를 구강으로 유도하여 올바른 조음이 이루어지도록 말 행동을 교정한 후, 입술과 혀끝의 조음 움직임을 자연스럽게 이끌어 내도록 한다.

구개열 아동이 대부분의 음소를 보상조음으로 대치하는 경우에는 목표음소의 위계질서를 정해서 치료하는 것이 적절하다. 구개열 아동의 조음중재는 말소리 발달 순서(developmental sequence), 자극반응도, 음운지식 면에서 순차적인 순서에 따라 선택한다. 일반적으로 일찍 발달하거나, 자극반응도가 높거나 음운지식이 높은 음소부터 치료한다. 만약에 아동이 비음을 포함하여 모든 자음을 보상조음으로 산출 할 경우에는 비음을 가장 우선적으로 치료한다. 그러나 경우에 따라 말소리 발달 순서에 따라 치료하는 것이 최선의 방법이 아닐 수 있다. 예를 들어, 유음은 탄설음의 경우 발달적으로 늦게 습득하기는 하나, 공명성 자질이 +이기 때문에 구개열 아동은 파열음과 같은 구강자음보다 유음에 대한 자극반응도가 높을 수 있다. 따라서 비음 다음에 파열음보다 유음을 먼저 치료 목표로 선정하는 것이 더 효율적일 수 있으므로, 유음에 대한 자극반응도를 살펴보면서 우선적으로 치료해 보는 것이 적절하다. 파열음, 파찰음, 마찰음과 같은 장애음의 치료는 양순음, 치경음, 연구개음 순서로 앞쪽 소리부터 치료 목표를 잡는다. 발성유형 면에서는 격음의 기식성 자질을 이용할 경우 구강 내 기류 조절을 가르치면서 입술과 혀 끝의 움직임을 촉진하기가 용이하므로 격음을 먼저 치료하는 것이 효과적일 수 있다. 경음의 긴장성 자질로 인해 성대가 순간적으로 닫히거나 혓뿌리가 인두에 닿는 잘못된 조음패턴을 완전히 소거하는 것이 다소 어려울 수 있다. 따라서 치료 과정에서는 격음과 평음을 먼저 교정한 후, 경음을 단계적으로 수정하는 접근이 보다 효과적일 수 있다.

구개열 아동의 조음중재는 기본적으로 운동학습 원리에 기반을 둔 말운동접근법에 근거를 둔다(Kummer, 2011). 기본적으로 치료할 음소의 순서를 정해서 음소 하나씩 독립음 수준에서부터 음절, 단어, 문장 순서로 집중적으로 반복 연습을 한다. 말운동접근법의 전통적 치료기법처럼 산출 훈련을 진행하면서 보상조음과 정조음을 청지각적으로 변별할 수 있게 듣기 훈련을 병행하는 것도 적절하다. 음소 확립단계에서는 정확한 조음위치와 방법에 대해 설압자, 빨대, 청취관(listening tube) 등과 같은 간단한 도구를 이용하여 청각적 · 시각적 · 촉각적 · 운동감각적 피드백을 주는 것이 효과적이다. 구개열 아동이 말을 연습하는 동안 제공되는 피드백은 음소의 조음위치와 방법에 대한 이해를 돕고, 정확한 소리와 보상조음 간의 차이를 아동이 인식하여 조음 행동을 스스로 조절할 수 있게 하기 위함이다.

연구개의 움직임을 촉진하기 위한 불기, 빨기와 같은 비구어 운동이나 연구개 맛사지는 구개열 아동의 치료에 효과적이지 않다는 것이 임상 보고서나 연구를 통해 밝혀졌다(Ruscelle & Vallino, 2020). 따라서 언어치료사는 구개열 아동에게 비구어 활동이나 연구개 자극 및 마사지를 사용하지 말고, 실질적인 음소를 이용한 말 연습에 집중해야 한다.

보상조음치료에 있어서 언어치료사가 구개열 말 행동을 잘 이해하고 적절한 모델링을 제시하는 것이 매우 중요하다. 언어치료사가 조음치료에서 잘못된 모델링을 제시하여 아동의 보상조음이 더 심해지는 경우가 임상현장에서 종종 관찰된다. 언어치료사가 목표 낱말을 정확하게 제시하고 강조하기 위해서 목소리의 강도를 높이고 음절 하나하나를 강조하며 힘주어 모델링하는 경우가 많다. 이러한 모델링 방식은 성대를 순간적으로 강하게 내전시키거나 혀뿌리를 인두에 대고 말하면서 음절별로 기류를 끊는 구개열 아동의 보상조음패턴을 오히려 강화시키기 쉽다. 따라서 언어치료사는 목소리의 크기를 높이는 대신 조음 움직임을 강조하고, 음소 및 음절 간 전이 구간의 시간적 흐름을 조절하며 부드러운 발성으로 모델링해야 한다.

아동이 거의 모든 음소를 보상조음으로 산출할 경우에는 개별적인 음소를 하나씩 수직적인 방식으로 교정해 나가는 것보다 다중음소접근법이나, 시간적 간격을 두고 목표음소나 목표음소 그룹을 바꾸어 주는 주기적 접근법이 더 효과적인 경우가 많다. 특히 아동이 보이는 말소리 오류가 단순히 말운동 상의 문제라기보다는 음운규칙을 단순화시키거나 특정 자질을 정확하게 산출하지 못하는 오류패턴의 특성을 보일 경우에는 음운적 접근법을 선택할 수 있다. 또한 아동이 4세 이상이라면 상위 음운 지식을 강조하거나 음운인식 활동을 적극 활용하는 것을 권장한다. 이를 통해 단순히 정확한 말소리를 산출하는 것을 넘어, 낱말의 구조와 소리 단위를 조작하는 경험을 제공하고 점진적으로 소리와 문자 간의 대응 규칙을 이해할 수 있도록 유도하는 치료 방법을 적용할 수 있다.

4. 보상조음치료를 위한 핵심 지침

구개열 아동이 보이는 보상조음은 해부학적 구조의 제한 또는 기능적 요인이나 학습 과정의 오류로 인해 조음 위치가 비정상적으로 대체되어 나타나는 오류유형이다. 보상조음은 단순한 표면 오류 수정보다는 조음 운동 패턴의 재학습이 요구된다. 다음은 후기 음소 습득기에 있는 구개열 아동의 치료법 중 보상 조음치료와 관련된 내용을 요약한 것이며, 치료사가 유의해야 할 핵심 지침을 제시한다.

① 부드럽고 자연스러운 발성으로 모델링한다.

치료사는 긴장된 음성이나 과도한 힘을 주지 않고, 편안한 발성으로 목표음소를 산출함으로써 아동이 성대나 혀뿌리-인두를 강하게 부딪치는 패턴을 사용하지 않도록 유도해야 한다.

② 단어의 음절을 강조하거나 인위적으로 끊어서 모델링하지 않는다.

치료 초기 확립 단계에서 각 음절을 과도하게 분리하거나 인위적으로 강조하기보다는, 자연스럽고 연속적인 말소리 흐름을 유지하면서 발화를 모델링하는 것이 중요하다. 일부 치료사는 목표어를 강조하기 위해 목소리의 크기를 높이거나 목표어의 음절을 하나씩 강조하여 제시하는 경향이 있으나, 이러한 모델링은 오히려 성문 또는 인두파열음과 같은 비정상적인 조음패턴을 강화시킬 수 있다.

③ 음소 간 전이(transition)를 충분히 주어 부드럽게 연결한다.

치료 초기 단계에는 조음운동의 연속성과 조절 능력을 향상시키기 위해, 자음과 모음 사이의 음성적 전이를 의도적으로 천천히, 부드럽게 연결하여 모델링하는 것이 효과적이다. 치료가 진행됨에 따라, 전이 구간을 단축시켜 보다 자연스런 발화로 이끌어 가는 것이 바람직하다.

④ 다중감각적 피드백을 활용하여 조음 위치에 대한 인식도를 높인다.

아동이 목표 소리에 대해 명확한 감각적 인식을 형성할 수 있도록, 청각적(모델링), 시각적(입 모양 시범), 촉각적(조음점 짚어 주기) 피드백을 적절히 제공한다.

⑤ 비구어적 촉진기법은 사용하지 않는다.

불기, 혀 밀기, 연구개 자극, 마사지와 같은 비구어 활동은 실제 말소리 산출과 직접적인 관련성이 낮고, 조음 향상으로 이어지지 않는다(Bunton, 2008; Lof & Watson, 2008). 따라서 조음치료에서는 효과적인 전략이 아니므로 사용하지 않는다.

⑥ 음소 중심의 구어 산출 연습에 집중한다.

비구어적 활동 대신에 실제 사용 가능한 음소를 기반으로 단어 및 구 수준의 산출을 반복 연습하는 것이 핵심이다. 예를 들어, 말소리 산출에 필요한 기류 조절을 중재하고자 할 때에는 기식음 /ㅍ/의 산출을 연습하면서 연인두 폐쇄와 구강 내 기류의 정확한 조절을 유도하는 것이 효과적이다. 즉, 말소리는 말소리로 다루는 것이 치료의 핵심이다.

⑦ 절충적 목표 접근이 효과적이다.

목표 설정은 일반적으로 자극반응도가 높은 음소부터 시작하는 수직적 접근을 기본으로 하되, 아동의 말소리장애 심각도에 따라 주기적 접근 전략이 더 적절할 수 있다. 일반적으로는 하나의 목표음소를 안정적으로 산출할 때까지 집중하는 수직적 접근이 적합하다. 그러나 대부분의 음소에서 보상조음이 나타나는 중등도 이상 아동의 경우, 다양한 목표를 순환적으로 제시하는 주기적 접근이 오히려 치료효과를 높이고, 아동의 치료에 대한 흥미를 유지시킬 수 있다. 따라서 임상가는 아동의 심각도와 반응 특성을 고려하여 두 전략을 유연하게 조합하고 조절함으로써 치료의 효율성과 일반화를 극대화시켜야 한다.

5. 보상조음 유형별 치료법

1) 성문 파열음(Glottal Stop)

(1) 촉각적 피드백(tactile feedback) 활용

- 아동이 성문 파열음을 내는 동안 손을 목에 대도록 한다.
- 목에 느껴지는 '끊김(jerk)'을 인지하도록 한다.
- 이후 성문 파열음화 되지 않는 모음이나 비음을 활용하여 목에 닿는 감각을 비교하도록 한다. 모음을 길게 발음하거나 비음+모음(예: /ma/)을 발음하면서 목에 닿는 감각을 비교한다.

(2) 시각적 피드백(visual feedback) 활용

- 아동이 거울을 보면서 성문 폐쇄음과 다른 소리(모음이나 비음) 발음을 비교하도록 한다.

(3) 파열음을 독립음 수준에서 연습

- 모음 없이 파열음(예: /ㅍ/)을 연습한다.
- 성문 파열음은 보통 모음으로 전환될 때 발생하므로, 이를 방지하기 위해 파열음을 독립음 수준에서 단독 연습을 진행한다. 뒤에 모음 발성 없이 입술만 가볍게 부딪혔다가 떼어 /ㅍ/ 소리를 내게 한다. 이때 입 앞에 손을 데거나 휴지를 놓아서 입에서 나오는 기류를 느끼거나 볼 수 있게 한다.

(4) /ㅎ/를 활용하여 성문 파열음 제거

- 파열음을 먼저 발음한 후, 모음 앞에 /ㅎ/를 추가하여 성대가 순간적으로 내전되는 것을 막는다. 속삭이듯 작은 목소리로 을 발음하게 한다(예: "ㅍ… ㅎㅎㅎ하", "ㅍ… ㅎㅎㅎ호")
- 점진적으로 /ㅎ/와 자음 간의 간격을 줄여 자연스럽게 /파/나 /포/ 같은 음절로 연결한다.
- 격음이 안정화되면 평음, 경음을 연습한다.

2) 인두 또는 비음 마찰음(Pharyngeal or Nasal Fricatives)

(1) 빨대를 이용해서 공기 흐름에 대한 청각적 피드백

- 입을 다물고 앞니(중절치) 중앙에 빨대를 위치시킨다.
- /ㅅ/소리를 산출할 때 구강 중앙을 통한 기류 형성을 유도하고, 빨대를 이용해 나오는 공기 소리를 들려줌으로써 기류 방향에 대한 감각을 강화한다.

(2) /ㅌ/ 소리에서 시작하기

- 아동이 입을 다문 상태에서 /ㅌ/ 소리를 내게 한다.
- 이때, 공기가 앞니 중앙에서 흐르는 것을 느끼도록 한다.

(3) 강한 /ㅌ/ 소리 연습

- 빨대 없이 강하게 /ㅌ/ 소리를 반복하도록 한다.

(4) /ㅌㅅ/로 전환

- 입을 다문 상태에서 /ㅌ/ 소리를 내다가 이를 점진적으로 늘려서 /ㅌ---ㅅ/ 소리를 만든다.

(5) /ㅌㅅ——/로 연장

- /ㅌㅅ/ 소리를 점점 길게 발음하게 하여 /ㅌㅅ--------/로 변환한다.
- 이때, 혀의 위치와 공기 흐름을 확인하도록 한다.

(6) /ㅅ/ 소리 완성

- /ㅌ/를 생각만 하고 소리내지 않고 단독으로 /ㅅ/ 소리를 내게 하면서 점진적으로 /ㅌ/ 요소를 제거하고 자연스러운 /ㅅ/ 소리를 형성하도록 한다.

상자 15-1 『한국판 구개열 말 평가』 검사지 (하승희, 2018)

아동명(파일명)		성별	
생년월일		검사일	
생활연령		구개열 유형	

1. 조음

(1) 자음표

자음	m	p	P*	Pʰ	n	l	t	t*	tʰ	s	s*	tɕ	tɕ*	tɕʰ	k	k*	kʰ	ŋ	h
초성																			
어중종성																			
어말종성																			

(2) 오류형태

	없음	2개이하 자음에서 나타남	3개이상 자음에서 나타남	오류패턴(예)
(2a)발달적 오류				

(2b)구개열 보상조음	없음	2 개이하 자음	3 개이상 자음	설명
중설 구개음화 (mid dorsum palatalization)				가운데 혀 등을 경구개에 대고 조음
연구개음화				조음점이 연구개/목젖으로 후방화
인두음화				인두파열음/인두마찰음으로 대치
성문음화				성문파열음/성문마찰음으로 대치
후비강 마찰음화				연인두 부위의 마찰성 소음 동반
비강 마찰음화				구강이 닫힌 채 기류가 비강으로 통과
동시조음				구강 기제와 인두/성문 함께 사용

(2c)필연적 오류	없음	2 개이하 자음	3 개이상 자음	설명
구강자음의 약화				구강음의 에너지 약화, 비강공명지각
파열음의 비음화				구강음이 조음점 같은 비음으로 산출
마찰음/파찰음의 활음화				마찰음/파찰음이 [w, j]로 대치됨

2. 말명료도

등급	설명	평가 결과
0	아동의 말 모두 이해가능하고 정상임	
1	아동의 말 모두 이해가능하나 또래에 비해 떨어짐	
2	아동의 말 70% 이상 이해가능	
3	아동의 말 70-50% 이해가능	
4	아동의 말 30-50% 이해가능	
5	아동의 말 10-30% 이해가능	
6	아동의 말 모두 이해 불가능	

(Continued to the next page)

Appendix 1. Continued

3. 공명

(1) 과다비성 (hypernasality)

심각도 (severity)		
등급	설명	평가 결과
0	정상 범위	
1	약간의 비성이 지각됨(minimal)	
2	경도 수준의 비성 지각됨 (mild)	
3	경중도 (Mild to moderate)	
4	중도 (Moderate)	
5	중심도 (Moderate to severe)	
6	심도(Severe)	
(선택 사항) 일관성 (consistency) – 녹음된 발화 샘플 내에서 변화하는 정도		
등급	설명	평가 결과
0	비성 정도가 일관적임	
1	비성 정도가 비일관적임	
N/A	평가가 불가능하거나 제한적임	
일관성 관련 요인		

(2) 과소비성 (hyponasality)

등급	설명	평가 결과
0	없음	
1	있음	

4. 들리는 비누출 (Audible nasal emission)

등급	설명	평가 결과		
0	없음			
1	있음			
(선택 사항) 관련 요인		예	아니오	모름
특정 자음에서만 지각된다				
특정 자음에서만 지각될 경우 해당 자음은?				

5. 음성

등급	설명	강도 (loudness)	음도 (pitch)	음질 (quality)
0	정상범위			
1	정상범위에서 뚜렷하게 벗어남			
비고)				

6. 임상적 권고사항 및 요약

대상자가 보인 주요한 말 문제 영역 및 결과 요약			
	예	아니오	좀 더 지켜봐야 함
언어치료 필요 여부			
2차 구개성형술 필요 여부			

제16장

읽기 고위험군 말소리장애 중재

아동은 말 습득 과정에서 점진적으로 명료하고 정확한 말소리를 산출하는 능력을 갖추어 나가면서, 동시에 언어를 구성하는 소리의 구조와 자질에 대한 추상적인 개념과 규칙을 습득하게 된다. 낱말을 이루는 말소리의 자질과 배열 규칙을 체계화한 음운표상이 점차 견고해지면서 음운처리 기술도 함께 발달하며, 이는 읽기와 같은 고차원적 언어 기능의 발달에 기여한다. 그러나 말소리 습득이 원활하지 않고, 음운처리 기술이 발달하기 시작하는 4세 이후에도 말소리 산출의 문제가 지속되는 경우, 음운표상과 음운처리 기술의 발달에 부정적인 영향을 미칠 수 있다. 이는 나아가 음운처리 기술을 기반으로 발달하는 읽기 능력에도 문제를 초래할 가능성을 높인다. 실제로, 말소리장애를 가진 아동이 학령기에 접어들면 읽기장애를 보일 위험이 높은 것으로 보고되었다(Anthony et al., 2011; Cabbage et al., 2018; Foy & Mann, 2012; Lewis et al., 2006, 2015, 2018; Raitano et al., 2004; Smith et al., 2005). Tambyraja 등(2020)의 연구에 따르면, 초등학교에서 말소리장애 치료를 받는 아동의 약 25%가 단어 해독(word decoding)에서 어려움을 보였으며, 학년 초에 위험 요인을 보였던 아동은 학년 말에도 지속적으로 어려움을 보일 가능성이 높은 것으로 나타났다.

또한 아동의 연령, 전반적인 언어 능력, 그리고 사회경제적 상태를 통제한 후에도 말소리장애 아동이 음운인식과 말소리 산출 능력에서 위험군으로 분류될 가능성이 유의미하게 높은 것으로 확인되었다. 이러한 결과는 음운처리 기술과 말소리장애 간의 양방향적 상호작용을 시사한다. 즉, 음운처리 기술의 결함이 말소리장애의 원인이 될 수도 있으며, 반대로 말소리장애가 음운처리 기술 발달을 저해할 수도 있다. 먼저, 음운처리 기술의 결함이 말소리장애를 유발할 가능성이 있다. 음소의 구별과 배열, 단어의 음운구조를 인식하고 계획하는 능력이 부족하면, 정확한 말소리 산출이 어려워질 수 있다. 예를 들어, 음운표상이 장기기억 저장소에 명확히 저장되지 않거나, 음운표상의 발달에 중요한 음운단기기억(phonological short-term memory) 및 음운작업기억(phonological working memory)이 취약할 경우, 음운표상의 견고성이 저하된다(Bernthal et al., 2019, p. 185). 결과적으로, 음운표상이 불완전하거나 왜곡되면 아동은 정확한 음소 배열을 학습하거나 산출하는 데 어려움을 겪어 말소리장애를 나타낼 가능성이 높아진다. 반대로, 말소리장애가 음운처리 기술 발달에 부정적인 영향을 미칠 수도 있다.

음운처리 기술은 4세 이후 점진적으로 발달하며, 이는 정확한 말소리 산출 경험을 바탕으로 이루어진다. 그러나 말소리장애를 가진 아동은 지속적인 발음 오류를 경험하게 되고, 이러한 경험은 음운처리 기술의 핵심 요소인 음운인식, 음운기억, 음운인출의 발달을 저해할 수 있다. 이로 인해 음운처리 기술상의 결함이 심화되고, 이러한 결함은 다시 말소리장애를 지속시키는 악순환을 초래할 가능성이 크다. 즉, 음운처리 기술의 기저 결함이 말소리장애를 유발하고, 말소리장애는 음운처리 기술 발달을 저해하는 상호작용이 이루어진다. 이러한 상호작용은 결과적으로 말소리 처리 능력의 전반적인 저하로 이어질 수 있다. 비록 말소리장애와 음운처리 기술 간의 인과관계에 대해서는 여전히 추가적인 연구가 필요하지만, 음운표상 및 음운처리 기술에 어려움을 보이는 말소리장애 아동이 학령기에 읽기 문제를 나타낼 가능성이 높다는 점은 다수의 연구를 통해 확인되었다. 이는 말소리장애와 음운처리 기술의 상호작용이 학령기 언어 및 읽기 발달에 중요한 영향을 미친다는 점을 시사한다.

따라서 말소리장애는 단순한 조음 문제를 넘어, 음운인식을 포함한 음운처리 기술 발달에도 어려움을 초래할 가능성이 크며, 이를 고려한 치료적 접근이 필요하다. 특히, 말소리장애 아동의 조음치료에 음운인식 활동을 보다 적극적으로 접목하는 것이 효과적인 개입 전략이 될 수 있다. 음운인식 활동을 조음치료에 통합함으로써, 아동이 말소리의 구조를 보다 체계적으로 이해하고 조음 오류를 효과적으로 수정할 수 있도록 도와야 한다. 이를 통해, 말소리장애로 인한 장기적인 언어 및 읽기 발달의 영향을 최소화하고, 학령기 이후의 학습 과정에서 보다 원활한 언어 능력을 갖출 수 있도록 지원하는 것이 중요하다.

1. 통합적 음운인식중재 프로그램

1) 기본 원리

말소리장애를 가진 아동을 대상으로, 단순한 조음치료를 넘어 음운인식과 문자-음소 대응(letter-sound correspondence) 능력을 함께 향상시키는 것을 목표로 Gillon과 McNeill(2007)은 통합적 음운인식 중재 프로그램(Integrated Phonological Awareness Intervention: IPA)을 제안하였다. 이 프로그램은 초기 읽기 및 철자 능력을 기르는 데 있어 음운인식과 조음 훈련을 통합적으로 접근하도록 설계되었다. 프로그램은 글자 지식과 음운인식 기술을 동시에 강화하기 위해 글자 지식 활동, 음소 식별 및 매칭 활동, 단어를 음절이나 음소로 나누거나, 결합하는 음운 조작 활동 등 다양한 활동을 포함한다. IPA는 목표음소가 포함된 낱말을 다양한 음운인식 활동을 통해 구조를 파악하게 하고 더불어 독립음, 음절, 단어 단위에서 말 산출 연습을 병행하는 것이 핵심이다. 치료사는 음운인식 과제를 이용해 목표어의 구조를 탐색하고, 조작하는 활동을 하지만 동시에 조음치료에서 중요한 말 산출 연습할 기회와 산출에 대한 피드백을 충분히 제공해야 한다.

IPA에 관한 국내 연구로는 강예림과 하승희(2023)가 만 5세 말소리장애 3명을 대상으로 12주간 IPA 프로그램을 제공하고, 중다기초선 설계를 적용하여 치료효과를 분석하였다. 연구 결과 세 아동 모두 단어 및 자발화 수준에서 자음정확도가 향상되었으며([그림 16-1] 참조), 음절 및 음절체-종성 수준에서 음운인식 능력이 개선되었다([그림 16-2] 참조). 또한 중재 효과는 중재 종료 후에도 지속적으로 유지되었다. 선행연구는 IPA가 말소리장애 아동의 조음 및 음운인식 능력 향상에 효과적임을 보여 주면서, 말소리장애 아동에게 조기 중재로 IPA 프로그램을 제공함으로써 향후 읽기 및 학습장애를 예방하는 데 기여할 수 있음을 제안하였다.

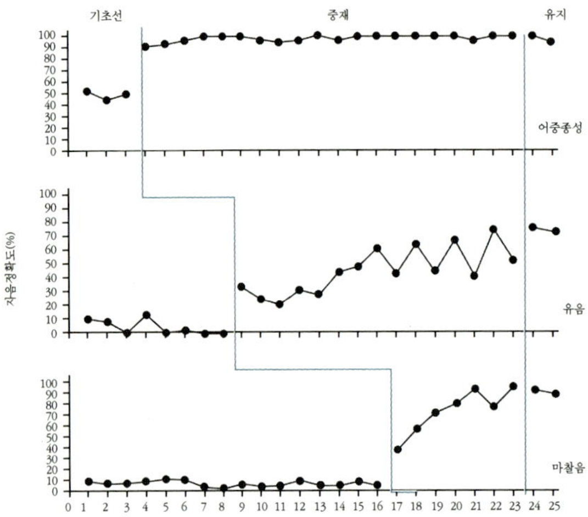

▲ 아동 1의 자음정확도 진전도

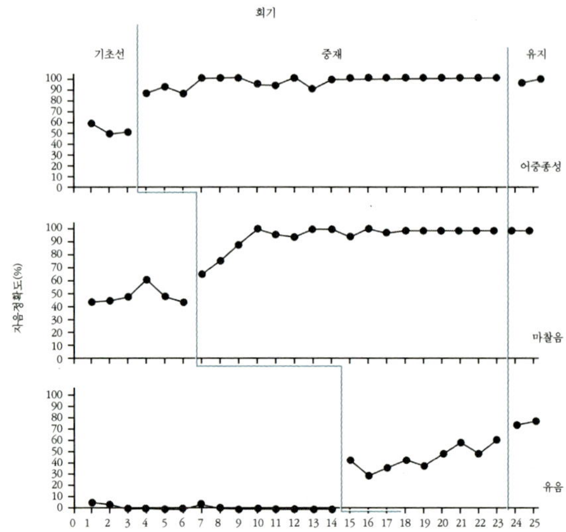

▲ 아동 2의 자음정확도 진전도

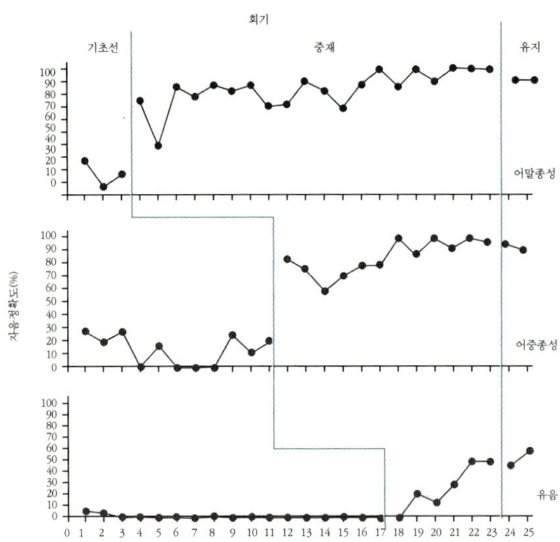

▲ 아동 3의 자음정확도 진전도

[그림 16-1] IPA 프로그램 중재에 따른 자음정확도

출처: 강예림, 하승희(2023).

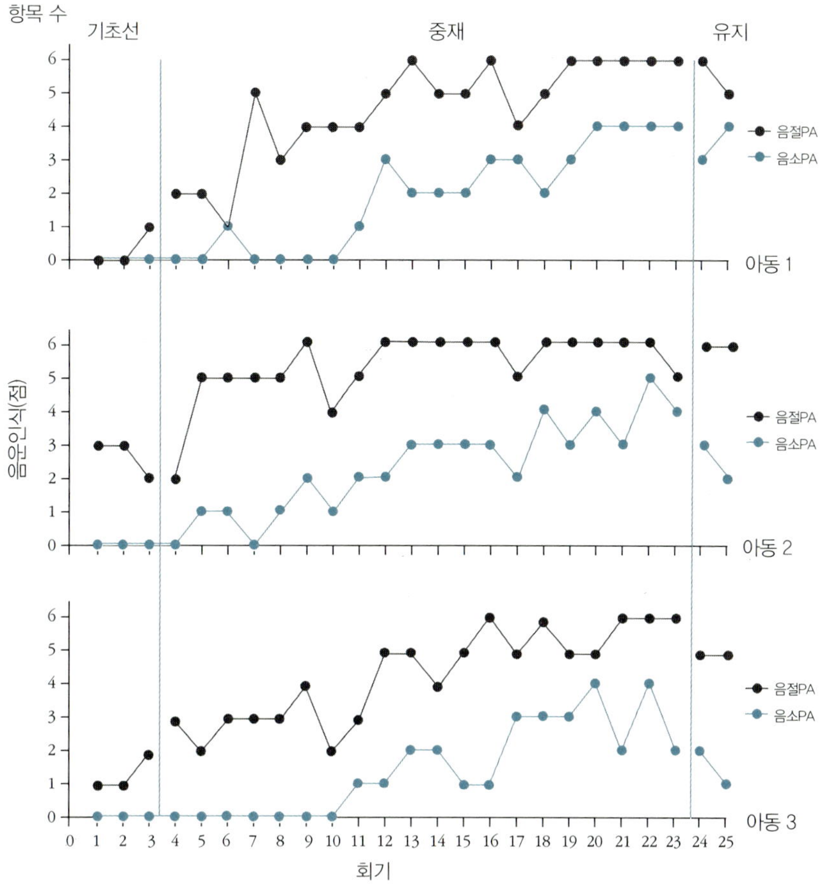

[그림 16-2] **IPA 프로그램 적용에 따른 음운인식 점수**

출처: 강예림, 하승희(2023).

2) 치료 절차

(1) 초기 평가 및 치료 목표 설정

아동의 말소리, 음운인식, 문자 지식 수준을 평가하여 초기 상태를 파악하고, 이후 치료효과를 비교할 수 있는 기준 자료를 수집한다. 평가 항목으로는 문자 지식, 음운인식 능력, 조음 목표 선정이 포함된다. 문자 지식 평가는 아동이 문자에 대한 지식을 거의 갖고 있지 않거나, 일부 문자를 알고 있지만 모든 문자의 소리를 인식하지 못하는 경우로 구분된다. 음운인식 능력 평가는 음절, 음절체+종성, 음소 수준에서 합성, 탈락 등의 과제를 활용하여 진행된다. 또한 아동의 조음 · 음운 평가 자료를 기반으로 말소리 오류유형을 분석하고, 치료해야 할 음소를 선정한 후, 개별 아동에게 맞춘 우선순위를 결정한다. 추가적으로, 치료 전 아동의 구강 운동 기능과 청력 검사를 포함한 평가를 통해 말소리 산출과 관련된 다른 요인이 없는지 확인한다.

(2) 치료 일정 및 세션 구성

IPA 프로그램은 주당 2회, 회당 1시간씩, 약 6~8주간 진행된다. 치료 세션 이후 6주간의 휴식 기간을 두며, 동일한 중재 과정을 반복하여 총 12회의 세션을 두 번 진행하는 방식으로 설계되었다(Gillon & McNeill, 2007). 그러나, 아동의 치료 전 수준, 발달 상태, 중재 목표를 고려하여 개별 맞춤형 치료 계획을 수립할 수 있다. 치료 전후에는 아동의 음운인식, 음운기억, 음운 인출, 조음상의 변화 및 효과를 평가하여 중재의 영향을 분석한다.

(3) 프로그램 구성 및 주요 활동

IPA 프로그램은 글자 지식과 음운인식 기술을 동시에 강화하기 위한 다음의 다양한 활동을 포함한다. 〈표 16-1〉은 IPA 프로그램을 바탕으로 제공한 중재 활동의 예시이다.

- **글자 지식 활동**: 글자의 이름과 소리를 배우고 발음 연습을 진행한다.
- **음소 식별 및 매칭 활동**: 아동이 단어 속 특정 음소를 식별하고 연결하는 능력을 훈련한다.
- **분절 및 합성 활동**: 단어를 음절이나 음소로 나누거나 결합하는 연습을 한다.
- **음운 조작 활동**: 특정 음소를 추가하거나 교체하는 등의 변형을 통해 음운인식을 심화시킨다.

(4) 조음치료 및 말소리 산출 연습

IPA 프로그램에서는 음운인식 활동과 병행하여 말소리 산출을 개선하는 조음치료를 포함한다. 치료사는 아동의 조음 오류를 수정하고, 정확한 조음 위치를 지도하며, 피드백을 제공해야 한다. 특히, 아동이 올바른 발음을 지속적으로 사용할 수 있도록 시각적 · 청각적 단서를 제공하고, 목표음소가 포함된 단어 연습과 최소대립쌍(minimal pairs) 활동을 통해 조음의 명확성을 높인다. 또한 아동이 조음 연습을 하는 동안 촉각적 피드백을 활용하여 입술, 혀, 턱 등의 위치를 조정하도록 지도한다.

(5) 치료 난이도 조정 및 아동의 흥미 유지

치료사는 아동의 발달 수준에 따라 활동의 난이도를 조정해야 한다. 또한 조음치료 과정에서도 적절한 피드백을 제공하며, 아동이 자연스럽고 정확한 말소리를 산출하도록 유도해야 한다. 이 과정에서 아동의 주의와 흥미를 유지할 수 있도록 다양한 시각적 · 청각적 단서를 활용하는 것이 중요하다. 특히, 음운인식 활동에서는 아동이 능동적으로 참여할 수 있도록 게임과 스토리텔링을 활용하여 자연스럽게 학습할 수 있는 환경을 조성해야 한다.

(6) 치료효과 평가 및 추후 모니터링

치료가 종료된 후에는 아동의 말소리 및 음운인식 능력이 장기적으로 유지되는지 평가해야 한다. 평가 방법으로는 사전 · 사후 검사를 통해 치료효과를 비교하고, 치료 종료 후 일정 기간 동안의 유지 효과를 분석한다. 또한 훈련된 낱말뿐만 아니라 새로운 낱말에서도 음운인식 능력이 향상되었는지를 확인하여 음운인식의 전이 효과(transfer effect)를 평가한다. 치료 종료 후에도 아동의 학령기 언어발달과 읽기 능력에 대한 지속적인 모니터링이 필요하며, 추가적인 지원이 필요한 경우 후속 중재를 고려할 수 있다.

표 16-1 IPA 중재 활동 예시

활동	목표행동	촉진 및 교수 방법
청각적 음운인식 과제 제시	목표음소가 포함된 단어를 일음절씩 듣고 음운인식 합성 및 탈락시키기	• 박수치기 및 손가락 접기로 음절 수에 대한 단서 제공 • 모델링 제공
음운인식 과제 +말소리 산출	• 목표 어휘를 음절, 음절체-종성(body-coda), 음소 수준 과제로 합성 및 탈락시켜 소리 놀이하기 • 음운인식 과제와 함께 단어 정조음하기	• 개별 음소의 소리를 특징화하여 설명 • ppt 효과 사용하여 종성 글자 날라오기 및 사라지기 • 글자 박스 색깔 표시로 훈련낱말에 대한 시각적 단서 제공 • 퍼즐 맞추기, 색칠하기, 보드게임, 그림빙고, 도블게임, 주사위 굴리기, 종이접기 사회적 활동으로 유도 • 청각적 변별 훈련 • 오조음 혹은 음운인식 과제 오반응시 모델링 제공 • 구강 모형, 거울 등 사용

자발화 및 일반화 평가 (probe test)	자연스러운 상황에서 치료사와 대화 주고받기	• 명명하기 및 따라 말하기 어려워할 경우, 언어적 단서 및 음소적 단서 제공 • 다시 들려주기
	제시된 그림 명명하기, 들려주는 문장 따라 말하기	

출처: 강예림, 하승희(2022).

2. 메타음운중재 프로그램

1) 기본 원리

말소리장애는 단순한 조음 문제를 넘어, 음운인식을 포함한 음운처리 기술 발달에도 어려움을 초래할 가능성이 크며, 이를 고려한 치료적 접근이 필요하다. 특히 학령기에 읽기에서도 어려움을 보이는 말소리장애 아동의 조음치료에 음운인식 활동을 보다 적극적으로 접목하는 것이 효과적인 개입 전략이 될 수 있다. 음운인식 활동을 조음치료에 통합함으로써, 아동이 말소리의 구조를 보다 체계적으로 이해하고 조음 오류를 효과적으로 수정할 수 있도록 도와야 한다. 이를 통해, 말소리장애로 인한 장기적인 언어 및 읽기 발달의 영향을 최소화하고, 학령기 이후의 학습 과정에서 보다 원활한 언어 능력을 갖출 수 있도록 지원하는 것이 중요하다. 상위음운론적 접근법을 사용한 Hesketh 등(2000)의 연구에서는 일반적인 음운인식 과제와 특정 목표음소나 과정에 대한 인식 과제를 포함하였다. 상위음운론적 접근법은 단순히 음운인식 능력을 향상시키는 데 그치지 않고 아동의 음운체계를 구조적으로 변화시키는 데 초점을 둔다는 점에서 기존의 음운인식 과제와의 차이를 보인다. 첫 4회기는 운율, 음절, 두운, 음소 합성 및 분절 과제에 중점을 두고 5~8회기에서는 치료 목표에 초점을 맞춘 음운인식 과제를 수행하였다. 마지막 2주간만 산출 작업을 하며 대조되는 소리와 최소대립쌍 단어를 사용하였다. 이 기간 동안 아동의 발화를 직접 교정하지 않고, 대신 음운 특징에 대한 피드백을 제공하였다. 고유경(2020)의 연구에서는 Dean 등(1995)과 Hesketh 등(2000)의 연구를 근거로 상위음운인식 프로그램을 적용하고 심한 말소리장애 아동을 대상으로 중재 프로그램을 실시한 결과, 전체 참여 아동의 목표음소정확도, 평균음운길이(PMLU), 단어단위 정확률(PWC)이 효과적으로 증가하였다. 이 프로그램을 임상에서 활용할 수 있도록 메타음운중재 프로그램(김수진, 고유경, 2025)으로 개발 출판하였다.

학령기 문해에 어려움을 동반한 말소리장애 아동이라면 메타음운중재 프로그램과 함께 음운인식과 철자 중재를 위해 '합성 파닉스'를 적용할 수 있다. 예를 들어서 45분 수업 중 메타음운중재를 25분, 파닉스 교수를 20분 적용할 수 있다. 합성 파닉스는 음운인식과 단어인지를 결합한 형태의 교수 방법으로 낱자(자소)-소리(음소) 대응관계에 대한 교수를 실시하고, 낱자(군)의 소리를 합쳐서 글자를 읽는 교수를 실시하는 것이다. 파닉스 교수의 효과성과 각 유형별로 효과성을 조사한 66편의 연구를 문헌조사한 결과, 모든 파닉스 교수법이 읽기 능력 향상에 효과적인 것으로 나타났으며, 유치원과 초등학교 1학년 학생들에게 가장 큰 영향을 미쳤고 읽기장애의 위험에 있는 학생들에게 더욱 효과적임을 확인하였다(Ehri et al., 2001). 파닉스 교수법들 가운데에서는 합성 파닉스 교수법이 가장 높은 효과를 보였다. 합성 파닉스는 유치원 아동과 저소득층 아동뿐만 아니라 읽기장애 및 읽기장애 위험군 아동에게 모두 효과적이었으며 소집단, 개별 지도, 교실 수업 등 다양한 환경에서도 효과적이었다. 김나영(2024)은 단일대상자 연구를 통해 메타음운중재 프로그램과 합성 파닉스 교수법을 함께 적용하고 그 중재 효과를 확인하였다. 원격으로 1학년 말소리장애 아동 네 명에게 메타음운중재와 파닉스 교수 중재를 병행하여 적용하였고, 아동 모두 조음과 읽기가 개선되었다.

2) 치료 절차

(1) 메타음운중재 프로그램 절차

메타음운중재의 첫 단계는 청각적 변별로, 오류를 보이는 음소목록을 기반으로 최소의 자질 차이를 보이는 음소들로 목표를 설정하여 음운대조연습을 통해 청각적 음운변별하기를 진행한다. 두 번째 단계는 음소탐지로, 단어 내에서 각 목표 음의 위치를 음운탐지훈련을 통해 시청각적으로 위치를 구분하여 탐지하도록 한다. 4단계까지는 산출하지 않고 변별탐지 등 지각 훈련만 하고 5단계 이후에는 변별과 산출 훈련을 병행한다. 전체적인 프로그램 과정은 다음 〈표 16-2〉와 같다.

표 16-2 메타음운중재 프로그램 훈련 단계 및 과제 예시

단계		과제 예
1단계	음운대조 연습 I (초성)	초성 위치에서 비슷한 말소리(/ㄹ/, /ㄴ/)를 변별하기 위해 대조되는 목표 음들의 글자(혹은 도형)를 보여 주고 '/ㄹ/' 혹은 '/ㄴ/' 소리를 들려준다.
2단계	음소탐지 훈련 I (목표음소의 시각적 위치 탐지)	목표음이 포함된 단어그림 시트지를 제시하고 소개한 후 '/레몬/의 /ㄹ/ 소리를 찾아서 동그라미 하세요.'와 같이 목표음 소리를 들려준다.
3단계	음운대조 연습 II(종성)	비슷한 종성 소리들을 듣고 변별하기 위해 변별하기 어려운 목표 음들의 글자(혹은 도형)를 보여 주소 주고 '/ㄹ/(을)' 혹은 '/ㄴ/(은)' 소리를 들려준다.
4단계	음소탐지 훈련 II(목표음소의 청각적 위치 탐지)	목표음이 포함된 단어그림 시트지를 제시하고 소개한 후 '/레몬/의 /ㄹ/ 소리는 어디 있지?'라고 말하며 그림 하단의 동그라미 중 윗줄의 첫 번째 칸에 표시하도록 한다.
★단계	산출연습 단계	목표단어당 연속해서 5회 정조음 산출할 때까지 반복 연습한다.
5단계	음소탐지 훈련 II(목표음소의 시청각적 위치 탐지)	목표음이 포함된 그림카드를 제시하고 아동에게 '/ㄹ/로 시작하는 단어 찾아주세요.'라고 한다. 아동은 '레몬' 그림을 찾아오면, '맞았어. 레몬은 /ㄹ/로 시작해. 만약 레몬이 /ㄴ/처럼 소리가 나면 '네몬이 되는 거야.'라고 한다.
6단계	음소분리 훈련 I (목표음소의 청각적 음소 분리)	2개의 목표 대조음이 어두초성에 위치한 단어그림과 자음과 모음을 분리할 수 있는 칸 그림판을 제시하며 목표음이 포함된 단어를 자음과 모음으로 분리해서 소리내기를 연습한다.
7단계	음소탐지 훈련 IV(오류음 감지)	치료사는 보여 주는 카드 중 무작위로 반 정도의 카드를 아동이 틀리게 발음하는 형태 또는 목표음의 대조음으로 틀리게 산출한다.
8단계	음소분리 훈련II(초성 음소 분리/종성 음소 분리)	치료사가 '라면은 /ㄹ(르)/ 소리로 시작하지?'라고 하고 도형 ☆ 그림을 보여 주며 '라면의 첫 번째 소리는 /ㄹ/야.'라고 한다.
9단계	음소대치 훈련	치료사가 '라면의 /ㄹ/(르) 소리를 /ㄴ/(느) 소리로 바꾸면 무슨 소리가 될까?'라고 한다.

10단계	음소탐지 훈련 V	치료사가 속삭이듯 잦은 목소리로 '/ㄹ/로 시작하는 그림을 찾아주세요.'라고 하며, 아동이 '레몬' 그림을 찾아오면 '맞았어. 레몬은 /ㄹ/로 시작해. 만약 레몬이 /ㄴ/처럼 소리가 나면 '네몬'이 되는 거야.'라고 한다.
11단계	음소탐지 훈련 VI(소리가 다른 이상한 단어 찾기)	치료사는 '이제부터 선생님이 단어 들려줄 거야. 들려주는 단어 중에서 하나는 소리가 이상할 거야. 잘 들어봐. 라면, 로봇, 나비, 레몬.'이라고 말하며 아동이 이상한 단어를 찾도록 한다.
12단계	산출연습_문장 수준에서의 목표음 산출	'로봇이 라면을 먹어요.' '루피가 레몬을 먹어요.'와 같이 운반구를 산출하도록 한다.

(2) 합성 파닉스 교수법

메타음운중재 프로그램에서 산출 가능해진 음소를 초성과 종성에서 파닉스 교수를 한다. 초기 훈련단계에는 원래 잘 조음할 수 있는 음소로 파닉스 교수를 진행하고, 후기 훈련단계에서는 조음훈련을 통해 산출이 된 음소를 교수한다. 스크립트화된 합성 파닉스 중재 프로그램(김애화 등, 2011)의 종성 없는 글자와 종성 있는 글자의 자세한 교수 절차와 과제 예시는 〈표 16-3〉, 〈표 16-4〉와 같다.

표 16-3 종성 없는 글자에 대한 스크립트화된 합성 파닉스 교수 절차 및 과제 예시

단계		과제 예
1단계	낱자 이름과 소리 가르치기	치료사가 /ㅅ/의 이름과 초성 소리를 알려 준다.
2단계	음소 합성	치료사가 /ㅅ(스)/와 /ㅏ/를 합쳐서 '사'라고 읽는 것을 알려 준다.
3단계	낱자-소리 대응관계를 사용하여 CV글자 읽기	/ㅅ/ 글자와 /ㅏ/ 글자를 합쳐서 '사'라는 글자를 만들어 읽기를 연습한다.
4단계	낱자-소리 대응관계를 사용하여 CVCV글자 읽기	'시소'와 같이 목표 글자가 포함된 글자 읽기를 연습한다.
5단계	단어 은행 저금하고 연습하기	이미 학습한 단어들을 누적 연습한다.

표 16-4 종성 있는 글자에 대한 스크립트화된 합성 파닉스 교수 절차 및 과제 예시

단계		과제 예
1단계	낱자 이름과 소리 가르치기	치료사가 받침 /ㄹ/의 이름과 종성 /을/ 소리를 알려 준다.
2단계	음소 합성	치료사가 /부/와 /을/을 합쳐서 '불'이라고 읽는 것을 알려 준다.
3단계	낱자군-소리(음절체-종성) 대응관계를 사용하여 CVC글자 읽기	/부/ 글자와 /ㄹ/ 글자를 합쳐서 '불'이라는 글자를 만들어 읽기를 연습한다.
4단계	낱자-소리 대응관계를 사용하여 CVCCVC글자 읽기	'물불' '들풀'과 같이 목표 글자가 포함된 글자 읽기를 연습한다.
5단계	단어 은행 저금하고 연습하기	이미 학습한 단어들을 누적 연습한다.

제17장

원격치료

원격치료(Telepractice)는 통신 기술과 의사소통 기술을 접목시킨 건강 및 의료서비스이다(ASHA, 2020). 비대면으로 진행되므로 치료사와 대상자가 멀리 떨어져 있어도 이동의 문제를 극복할 수 있고, 장소의 제약 없이 접촉 기회를 많이 가질 수 있어 생산성이 높은 치료로 알려져 있다(Fong et al., 2020; Hill & Miller, 2012; Mashima & Doarn, 2009). 국내의 경우 2020년 신종 코로나 바이러스감염증-19(COVID-19)로 인해 원격치료에 대한 관심이 증가하기 시작하였으나, 국외에서는 이미 2000년대 초반부터 그 성과가 꾸준히 보고되어 왔다(Tucker, 2012). ASHA에서는 원격치료가 대면치료만큼 효과적인, 즉, 대면치료와 동등한 치료임을 여러 차례 증명하였고(ASHA, 2002), 기타 국외 연구에서도 원격치료가 언어치료사들에게 엄청난 가능성을 열어 줄 긍정적인 치료서비스임을 입증해 왔다(Fong et al., 2020; Mashima et al., 2003; Tohidast et al., 2020). 관련하여, 자폐스펙트럼장애, 언어발달장애, 유창성장애, 말소리장애, 신경의사소통장애, 연하장애 등 다양한 의사소통장애 유형에서 그 효과가 보고되었다(박수나 등, 2021; Carey et al., 2010; Coufal et al., 2018; Grogan-Johnson et al., 2010; Grogan-Johnson et al., 2011; Lewis et al., 2008; Morrell et al., 2017; Pullins & Grogan-Johnson, 2017; Weidner & Lowman, 2020). 이 가운데에는 말소리장애에서 원격치료를 통해 치료 전보다 치료 후 말명료도와 조음산출 능력이 향상되었을 뿐 아니라, 대면치료와 비교하여도 치료효과에 유의한 차이가 없음을 보고한 연구도 찾아볼 수 있다(Coufal et al., 2018; Gabel et al., 2013; Grogan-Johnson et al., 2010, 2011; Pullin & Grogan-Johnson, 2017).

흥미로운 점은 언어치료사, 치료 대상자, 보호자 모두에서 서비스에 대한 주관적 만족도는 원격치료가 기존 대면치료들보다 더 높았다는 것이다(Allik et al., 2006; Langevin et al., 2010; Mashima & Doarn, 2009). 이때 의사소통장애 유형에 따라 원격치료를 선호하는 이유에 차이가 있다는 점 또한 눈여겨볼 만하다. 예를 들어, 신경의사소통장애 환자는 신체 동반장애로 인한 이동 제한을 극복할 수 있다는 점에서(Morrelet al., 2017), 학령기 의사소통장애 아동은 학교 여가시간에 치료에 참여할 수 있어 다른 정규 수업이 방해를 덜 받는다는 점에서(Grogan-Johnson et al., 2011), 말소리장애 아동은 반복 연습을 위해 기존 치료보다 더 빈번한 치료스케줄을 계획할 수 있다는 점에서(Pullins & Grogan-Johnson, 2017)와 같이 원격치료에 대해 호의적인 이유는 대상자의 특성과 상황에 따라 다양하였다.

Pullin과 Grogan-Johnson(2017)의 연구를 좀 더 자세히 살펴보면, 이 연구에서는 학령기 말소리장애 아동을 대상으로 학교 환경에서 주 5회 1회기에 6분씩 진행되는 원격치료와 주 1회 30분간 이루어지는 소그룹 대면치료의 효과를 비교하였다. 그 결과, 두 치료 간 주당 총 치료시간이 동일하였음에도 회기별 짧은 치료시간으로 구성된 집중 원격치료가 주 1회 30분씩 진행되는 보편적인 대면치료보다 기능적 의사소통 척도에서 더 좋은 수행을 나타내었다. 이 같은 연구 결과는 짧은 시간 동안 집중력을 발휘할 수 있는 학령기 대상자의 경우, 매일매일의 반복 훈련을 통해 잔존 오류의 수정 가능성을 조금이라도 높여야 하는 발달기 이후 말소리장애의 경우, 학업과 학교활동에의 지장을 최소화하여야 하는 학교 내 치료 환경의 경우, 자투리 시간을 이용한 짧은 고빈도 치료가 더 효과적일 수 있음을, 이러한 측면에서 원격치료는 매우 유용한 방법일 수 있음을 시사한다.

원격치료에는 치료사가 아동과 함께 실시간 치료를 진행하는 '실시간 상호작용모델(real-time technology)'뿐 아니라 치료사가 제공한 과제를 아동이 실시한 후 피드백을 주고받는 '저장/전달모델(store and forward technology)'도 포함된다(박수나 등, 2021). 최근에는 국내에서도 저장과 전달 또는 소통 기능이 가능한 의사소통 훈련 소프트웨어들이 개발됨에 따라, 이를 활용하며 대면치료와 함께 원격치료를 병행하는 사례가 증가하고 있다. 소프트웨어를 활용한 조음훈련에 대해서는, 기존 조음치료만큼 효과적이라는 연구(Chen et al., 2016), 대면치료의 보조방법으로 효용 가치가 높다는 연구(Hair et al., 2018), 치료효과 극대화에 유용하다는 연구(Orehovački et al., 2017) 등 구체적 양상은 다소 다르지만 대부분 긍정적 측면이 보고되고 있다. 또한 말소리 산출물에 대해 시각적 피드백을 제공할 수 있어 활동의 흥미와 함께 조음치료의 효과성 및 효율성을 높이는 데에 기여할 수 있다는 연구도 찾아볼 수 있다(Furlong et al., 2017). 이와 관련하여, 김나연 등(2023)은 말소리장애 아동을 대상으로 대면치료만 실시한 집단과 대면치료와 함께 소프트웨어를 활용한 원격훈련을 병행한 집단 간 자음정확도의 진전 양상을 비교하였다. 연구 결과 가장 높은 수준의 말소리장애 그룹에서 원격훈련 병행에 의한 자음정확도의 점진적 상승세를 관찰할 수 있었는데, 이는 치료사의 직접 감독을 벗어나 아동 스스로의 독립적 반복 연습을 통해 유의미한 효과를 이끌어내기 위해서는 목표 말소리에 대한 인식, 정확한 조음운동 기술에 대한 지식, 오류에 대한 모니터링 등에 대해 어느 정도 선행 지식이 전제되어야 함을 시사한다. 이러한 결과에 근거하여, 연구자들은 잔존 오류를 보이는 말소리장애 아동에서 자발적인 추가 반복 연습이 이제까지 해결되지 않은 남아있는 오류를 제거하는 데에 도움이 될 수 있다고 하였다. 또한 이때 소프트웨어를 활용한 저장/전달 방식의 원격훈련은 이들에게 상당히 고무적인 보조수단일 수 있음을 덧붙였다.

이상과 같이 살펴보았듯이, 원격치료를 효과적으로 활용하기 위해서는 대상자의 장애 유형, 수준 및 특성에 대한 고려가 우선적으로 요구된다. 이에 덧붙여 박수나 등(2021)은 학령전기 말소리장애 아동을 대상으로 원격치료를 실시할 때의 일반적인 유의사항을 다음과 같이 정리하였다.

① 아동 및 보호자와의 라포 형성은 선택이 아니라 필수이다.

치료사가 아동 및 보호자와 라포 형성이 잘 되어 있을 경우, 보호자는 치료에 더 협력적이고 치료사에게 더 협조적이 되며, 이는 결과적으로 긍정적인 치료효과의 가능성을 높여 준다. 따라서 치료사는 아동과 보호자를 더 잘 알기 위해 노력해야 하며, 보호자와 열린 의사소통을 하고 보호자 및 아동과 친밀한 관계를 형성하도록 최선을 다해야 한다.

② 원격치료도 시간과 장소를 고려해야 한다.

원격치료의 장점 중 하나로 시공간의 제약이 없다는 점을 들고 있다. 그러나 학령전기 아동을 대상으로 비대면 원격치료를 실시할 경우 치료에 집중할 수 있는 환경이 절대적으로 필요하며, 이는 치료효과와 직결되는 부분이다.

③ 치료 전반에 걸쳐 보호자의 역할이 요구된다.

보호자는 치료 전 기기 세팅부터 치료 동안 보조치료사의 역할까지 치료 전반에 적극 참여해야 한다. 대면치료보다도 보호자의 개입이 더욱 요구되며, 이는 결과적으로 치료 시간을 단축시키고 빠른 효과를 유도할 수 있게 해 준다.

④ 휴대폰보다 태블릿, 노트북, 데스크탑을 이용하는 것이 효과적이다.

아동이 치료에 집중하고 치료 내용을 최대한 받아들이기 위해서는 휴대폰은 가급적 사용하지 않는 것이 좋다. 화면이 작은 휴대폰의 경우 치료사가 제시하는 자료나 발음 수정을 위한 입술과 혀 움직임 등 시각적 자극을 받아들이는 것에 제한이 있다. 또한 치료사의 모습과 자료가 함께 제시될 경우 화면이 작기 때문에 아동이 받아들이는 정보가 왜곡될 가능성이 있다. 이는 치료효과를 저하시키는 요인이다.

⑤ 기존 대면치료와 자료 제시 방법에 있어 큰 차이가 있음을 명심하고, 이를 적극 준비하여야 한다.

대면치료에서는 다양한 자료를 제시할 수 있고, 예상치 못한 상황에 대해 적절한 대응이 가능하며, 아동의 요구에 대해 여러 방식의 보상을 할 수 있다. 이에 반해 비대면 원격치료는 자료 제공 방식이 제한적이며, 예상치 못한 상황의 대응에 한계가 있을 수 있으며, 강화 또는 보상의 형태도 일정한 틀을 벗어나기 힘들다. 이런 이유로 인해, 아동이 치료에 적극적이지 않고 치료 활동에 흥미를 보이지 않는다는 인상을 받을 수 있다. 따라서 원격치료를 시도해 보려는 치료사라면, 그보다 먼저 비대면 원격치료 상황에서 유용하게 사용할 수 있는 콘텐츠 개발에 관심을 가져야 할 것이다.

치료사와 대상자 간 라포 형성, 상호작용, 대면 의사소통(face-to-face communication)을 중요시하는 언어재활서비스에서 비대면 상황이 전제되는 원격치료는 일정 부분 양립이 어려운 치료 방식일 수 있다. 그러나 경우에 따라 차선책으로 선택된 원격치료가 그 상황에선 최선의 치료서비스가 되기 위해서는 원격치료에 대한 유용한 지식, 관련 기술의 정착 및 보급이 선행되어야 할 것이다. 그러기 위해서는 비대면 원격 언어재활서비스에 대한 언어치료사의 관심과 인식 개선이 우선적으로 요구되며, 이를 바탕으로 사회적 관심이 유도될 때 언어재활 임상현장에서 원격서비스를 편리하고 효과적으로 사용할 수 있는 고도화된 기술체계의 구축을 앞당길 수 있을 것이다.

참고문헌

강예림, 하승희(2023). 말소리장애 아동을 위한 통합적 음운인식 중재법 효과. *Communication Sciences and Disorders*, *28*(1), 127-142.

고선희, 최경순, 황민아(2009). 읽기 폭 과제로 측정한 정상아동의 작업기억 발달. 언어청각장애연구, 14(3), 303-312.

고유경(2019). 통합접근법(ITP-SSSD)이 심한 말소리장애아동의 말소리 비일관성 및 조음능력에 미치는 효과. 나사렛대학교 박사학위논문.

고유경(2020). 심한 말소리장애아동에게 적용한 통합치료접근법(ITP-SSSD)이 말소리 비일관성과 음운산출능력에 미치는 효과. 나사렛대학교 박사학위논문.

고유경, 김수진(2010). 기능적 조음음운장애 아동과 일반 아동의 음운인식과 읽기능력의 비교 및 상관. *Communication Sciences and Disorders*, *15*(2), 157-167.

고유경, 김수진(2021). 비일관성 말소리장애아동을 위한 핵심어휘법 확장 프로그램의 중재효과. CSD, 26(3), 659-671.

고유경, 서은영, 오경아, 김수진(2017). 말소리장애 아동의 성별, 연령별, 중증도에 따른 언어장애 동반 비율. 언어치료연구, 26(4), 99-109.

권보라, 신명선(2023). 4~5세 말소리장애 아동의 초기읽기 능력 특성과 음운 능력 간 상관.

김나연, 유재형, 윤상열, 박기수, 민유선, 윤장혁, 배예슬, 양유미, 정수진, 하지완(2023). 디지털치료제로서 인지/의사소통 훈련 애플리케이션 '토키랜드'의 활용 가능성: 어휘와 조음 능력 향상에 미치는 영향. *Communication Sciences and Disorder*, *28*(2), 405-419.

김나연, 하지완(2014). 조음음운장애 아동과 일반 아동의 음운표상의 질과 음운표상 부호화 능력 비교. *Communication Sciences and Disorders*, *19*(2), 226-237.

김나연, 하지완(2018). 순수 말소리장애 아동과 일반 아동 간 단어빈도 및 조음복잡성에 따른 어휘인출능력 비교. *Communication Sciences and Disorders*, *23*(4), 971-981.

김나영(2024). 읽기문제 동반 학령기 말소리장애아동의 원격언어치료 효과. 나사렛대학교 석사학위논문.

김미배, 배소영(2007). 유치원, 초등 2 · 4 학년의 낱말재인 및 음운인식 능력. 언어치료연구,

16(2), 89-107.

김미진, 류은주, 하지완(2020). 파찰음, 마찰음, 유음의 왜곡 오류에 대한 발달 연구. *Communication Sciences & Disorders, 25*(2), 441-457.

김미진, 하승희(2012). 청자의 친숙도에 따라 낱말수준에서 살펴본 24~48개월 아동의 말명료도 발달 연구. *Communication Sciences and Disorders, 17*(4), 582-590.

김미진, 하지완(2019). 외현적 시연과 청각적 입력강화가 말소리장애 아동의 지연 비단어따라 말하기 수행력에 미치는 영향. *Communication Sciences and Disorders, 24*(1), 101-116.

김미진, 하지완, 김화수(2020). 순수 말소리장애 아동과 일반 아동의 어휘인출능력 비교. 언어치료연구, 29(2), 105-111.

김민선(2011). 5세, 6세, 7세 아동의 빠른 자동 이름대기(rapid automatized naming)와 읽기 능력, 석사학위논문, 연세대학교 대학원.

김민영, 하승희(2013). 6-18개월 구개열 영유아와 일반 영유아의 발성 발달에 관한 종단연구. *Communication Sciences & Disorders, 18*(2), 223-234.

김민정(2006). '아동용 조음검사'에 나타난 취학 전 아동의 음운 오류패턴. *Communication Sciences & Disorders, 11*(2), 17-31.

김민정(2014). 파열음과 비음이 여러 모음 자질에 동화되는 말소리장애 사례. *Communication Sciences and Disorders, 19*(4), 532-539.

김민정(2015). 일반 및 말소리장애 아동의 탈비음화 오류패턴. 말소리와 음성과학, 7(2), 3-8.

김민정(2021). 임상중심 말소리장애. 학지사.

김민정, 김수진, 하지완, 하승희(2015). 말소리장애의 동반장애 유형 및 말-언어 특성에 관한 설문조사. *Communication Sciences & Disorders, 20*(3), 446-455.

김민정, 배소영(2005). 아동용 조음검사를 이용한 연령별 자음정확도와 우리말 자음의 습득연령. 음성과학, 12(2), 139-149.

김민정, 배소영, 박창일(2007). 아동용발음평가(APAC). 휴브알엔씨.

김민정, 하승희(2018). 가중평균음운길이의 개발과 타당도 검증. *Communication Sciences & Disorders, 23*(3), 692-702.

김보선, 김성태(2019). 조음문제를 보이는 아동의 안면 특징 및 음향학적 특성. 언어치료연구, 28(4), 13-20.

김선옥, 조희숙(2005). 유아의 읽기능력 관련 변인에 관한 연구: 음운처리과정, 글자지식 및 언어능력을 중심으로: 음운처리과정, 글자지식 및 언어능력을 중심으로. 열린유아교육연구, 10(2), 213-236.

김수진(2010). 기능적 조음음운장애 아동의 종성 음운변동 분석. *Communication Sciences and Disorders, 15*(4), 549-560.

김수진(2014). 자발화에 나타나는 발달적 음운오류패턴. *Communication Sciences & Disorders, 19*(3), 361-370.

김수진, 고유경(2025 출판예정). 메타음운중재 프로그램. 학지사.

김수진, 고유경, 서은영, 오경아(2017). 우리나라 6세 아동의 말소리장애 출현율. *Communication Sciences & Disorders*, *22*(2), 309-317.

김수진, 김민정, 하승희, 하지완(2015). 임상현장의 말소리장애 현황. *Communication Sciences & Disorders*, *20*(2), 133-144.

김수진, 김정미, 윤미선(2013). 자발화에서의 2-4세 아동의 말명료도 발달. *Communication Sciences & Disorders*, *18*(3), 311-317.

김수진, 신지영(2020). 말소리장애 2판. 시그마프레스.

김수진, 하지완, 김지영, 이루다(2025). 언어재활사를 위한 말소리 전사와 오류패턴 분석. 학지사.

김수진, 한진순, 장선아, 박상희 (2012). 아동의 조음음운장애 치료. 박학사.

김수희, 하지완(2024). 일반 아동, 순수 말소리장애 아동, 어휘발달지연을 동반한 말소리장애 아동의 음운산출지식(PPK) 및 음운오류패턴 분석. 한국언어치료학회 2024 학술대회 발표논문집, 111-113.

김애화(2007). 국내 음운인식 검사도구 개발을 위한 선행 검사도구 분석. 특수교육 저널: 이론과 실천, 8(2), 139-167.

김애화(2012). 음운 인식 특성 연구: 음운 인식 단위, 과제 유형, 음절 및 음소 위치 효과를 중심으로. 학습장애연구, 9(2), 93-111.

김애화, 김의정, 유현실, 황민아, 박성희(2011). 초등학생의 단어인지와 읽기유창성에 대한 예측변인 연구. 초등교육연구, 24(1), 277-303.

김애화, 김의정, 표소래(2011). 스크립화된 합성 파닉스 교수가 읽기장애학생의 한글 단어인지에 미치는 효과. 특수교육저널: 이론과 실천, 12(3), 613-638.

김애화, 유현실, 김의정(2010). 음운인식, 빠른 자동 이름대기, 자모지식, 단기기억, 작동기억과 한글 단어인지 능력 간의 관련성에 관한 연구: 읽기장애 조기선별을 위한 기초연구. 특수교육학연구, 45(1), 247-267.

김영태(1994). 구어-언어진단검사, 대구: 언어치료학회.

김영태(1996). 그림자음검사를 이용한 취학전 아동의 자음정확도 연구. *Communication Sciences & Disorders*, *1*(1), 7-34.

김영태, 김경희, 윤혜련, 김화수(2003). 영유아언어발달검사(SELSI). 도서출판특수교육.

김영태, 신문자(2004). 우리말 조음 · 음운평가(U-TAP). 학지사.

김영태, 신문자, 김수진, 하지완(2020). 우리말조음 · 음운검사2(UTAP 2). 인싸이트.

김재옥(2019). 아동용 조음기관 구조 · 기능 선별검사(SMST-C)의 말소리장애 아동 변별력: ROC 곡선 분석. *Communication Sciences and Disorders*, *24*(4), 1026-1039.

김재옥, 신문자, 송윤경, 김양선, 서민희(2021). 조음기관 구조 · 기능 선별검사-아동용(SMST-C). 인싸이트.

김지영, 우승탁, 김미진, 오다희, 김수진, 하지완(2021). 전자구개도(EPG)를 이용한 한국어 치경마찰음/ㅅ, ㅆ/의 조음운동적 특성. *Communication Sciences and Disorders*,

26(2), 485-500.

김지영, 우승탁, 하지완(2021). EPG 왜곡 과제에 대한 예비 및 현직 언어재활사들의 청지각능력:치경마찰음/ㅅ/의 치간음화, 경구개음화, 설측음화를 중심으로. *Communication Sciences and Disorders*, *26*(4), 897-908.

김지영, 윤장혁, 하지완(2023). 한국어-영어 디지털 말처리 평가시스템을 이용한 말소리장애 아동의 말소리산출 관련 기저요인 탐색. 2023 한국음성학회 봄학술대회 발표논문집, 39-40.

김지영, 하지완(2019). 말소리장애 아동과 일반 아동의 음운단기기억과 외국어 어휘학습과의 관계. *Communication Sciences and Disorders*, *24*(1), 87-100.

김지영, 하지완(2024). 한국어-영어 말처리 평가시스템 개발을 위한 기초 연구. 말소리와 음성과학, 16(2), 29-36.

김지영, 하지완(2025). 말소리장애 이력 아동 선별을 위한 비단어 따라 말하기 과제의 유용성 및 평가지표 분석. *Communication Sciences and Disorders*, 30(2), 312-321.

김진숙, 지연숙, 신현욱(2012). 조기청능재활프로그램 개발을 위한 영아의 발성패턴 연구. *Audiology and Speech Research*, *8*(1), 61-77.

김호, 하승희(2021). 수술 후 구개열 아동과 일반 아동의 음절성 발성 및 음운 발달. *Communication Sciences & Disorders*, *26*(3), 672-685.

김호, 하승희(2022). 초기 발성과 낱말과의 관계. *Communication Sciences & Disorders*, *27*(1), 1-13.

김효숙(1998). 모음사이의 예사소리와 된소리의 구분에 대한 실험음성학적 연구-파열음의 폐쇄지속시간을 중심으로. 한국음향학회 학술발표대회, 93-96.

김효정, 최선영, 하지완(2015). 아동기 말실행증, 조음음운장애 및 일반 아동의 말-운동프로그램/프로그래밍 능력 비교. *Communication Sciences & Disorders*, *20*(1), 60-71.

김희윤, 하승희(2016). 24-36 개월 아동의 조음 변이성 연구. *Communication Sciences & Disorders*, *21*(2), 333-342.

남정훈, 이봉원(2010). 기능적 조음장애 아동이 산출한 마찰음의 음향음성학적 특성. 말소리와 음성과학, 2(4), 93-100.

류은주, 김미진, 하지완(2019). 한국어 특성을 고려한 2-7세 일반아동의 발성유형별 말소리발달 연구. *Communication Sciences & Disorders*, *24*(3), 724-734.

류은주, 하지완(2024). 말소리장애 말 처리 기저결함 진단을 위한 기초연구. 2024 한국언어청각임상학회 발표논문집 53-55.

류은주, 하지완, 김화수(2019). 무의미 음절따라 말하기(nSRT)를 통한 말소리장애 아동과 일반 아동의 음운인출 및 배열처리 능력비교. 언어치료연구, 28(3), 61-69.

류현주, 하승희(2021). 한국 영아의 초기 원시발성 산출과 발성 발달. *Communication Sciences & Disorders*, *26*(1), 1-12.

문희원, 하승희(2012). 12~24개월 구개열 유아와 일반 유아의 음운발달. 언어청각장애연구,

17(1), 118-129.
민종현, 이경재, 최성희 외(2015). 학령기 말소리장애 아동과 일반 아동의 음운인식 및 쓰기능력. 언어치료연구, 24(4), 225-236.
박가연, 김수진(2015). 말소리장애 아동의 단어와 자발화 문맥의 음운오류패턴 비교. 말소리와 음성과학, 7(3), 165-173.
박가연, 김수진(2015). 아동의단어와자발화문맥의음운오류패턴비교. 말소리와음성과학, 7(3), 165-173
박보라, 하승희(2016). 구개열, 일반 영유아의 초기 발성 및 음운, 표현어휘 발달 비교. *Communication Sciences & Disorders*, *21*(2), 355-370.
박수나, 하지완, 배예슬, 박기수, 이길준(2021). 비대면치료를 통한 조음중재가 말소리장애 아동의 /ㅅ/음소 산출에 미치는 효과. 언어치료연구, 30(1), 1-12.
박은숙, 이란, 이은주(2017). 자음정확도에 따른 말소리장애 아동의 어중자음 연쇄조건에서의 어중종성 정확도. 언어치료연구, 26(1), 77-89.
박종석, 이영미(2016). 기능적 조음음운장애 아동의 성대진동 시작시간 특성. *Communication Sciences and Disorders*, *21*(2), 343-354.
박현, 석동일(2012). 단어단위 분석에 의한 2~4세 아동의 조음음운 특성 연구. 언어치료연구, 21(1), 53-70.
박현, 손은남(2012). 단어단위 음운 분석을 통한 취학 전 아동들의 음운 특성 연구. 언어치료연구, 21(4), 19-34.
박희정(2015). 중증도에 따른 조음음운장애 아동들의 단어단위 음운 특성. 언어치료연구, 24(4), 95-102.
박희정, 석동일(2006). 발달성 말실행증 아동과 조음음운장애 아동의 문미 억양 강세 산출에 대한 청지각적, 음향학적 특성 연구. 언어치료연구, 15(3), 1-18.
박희정, 신혜정(2016). 변별자질 분석을 통한 조음음운장애 아동의 음운 특성. 언어치료연구, 25(1), 1-9.
박희정, 황하정, 박현(2011). 단어단위 음운분석을 통한 2세 아동의 음운특성 연구. 언어치료연구, 20(1), 123-135.
방지철, 하지완, 우승탁, 최현주, 나승대, 편성범(2024). 말소리장애 아동과 일반 아동 간 입술 및 혀 근력 비교 연구. 말소리와 음성과학, 16(3), 59-69.
배세령, 하지완, 구민모, 황유미, 변성범(2016). 말소리장애 아동의 새로운 음운표상형성 능력. *Communication Sciences and Disorders*, *21*(1), 24-36.
배소영, 곽금주(2011). 한국판맥아더-베이츠의사소통발달평가(K M-B CDI) 축약판. 마인드프레스.
배소영, 김미배, 윤효진, 장승민(2015). 한국어 읽기검사(KOLRA). 학지사.
백운일(2010). 한국어 자음의 긴장도 증가에 따른 조음변화에 관한 연구. 동아시아문화연구, 47(0), 243-258.
서수진, 신명선(2014). 학령기 구어장애 아동의 내면적 특성. 언어치료연구, 23(2), 45-58.

서은영, 고유경, 오경아, 김수진(2017). 말소리장애 아동의 음운인식과 어휘 특성. *Communication Sciences and Disorders*, *22*(2), 318-327.

서은영, 김수진(2022). Effects of preschool speech sound disorder on school age activities participation. *Audiology & Speech Research*, *18*(2), 118-130.

석동일(2006). 단어단위 접근법에 의한 3~5세 유아의 음운특성 분석. 언어치료연구, 15(1), 15-28.

송윤경(2016). 편도절제술 후 구개편도비대 아동과 일반 아동의 말운동 기능 및 조음음운 특성 비교. *Communication Sciences and Disorders*, *21*(4), 709-718.

신가은, 하지완(2015). 말소리장애 아동의 조음복잡성에 따른 비유창성 및 조음오류 특성. 언어치료연구, 24(1), 91-102.

신주영, 석동일, 박은주(2006). 상위음운 중재가 취학 전 조음음운장애 아동의 음운 능력에 미치는 효과. 음성과학, 13, 169-183.

신지영(2014). 한국어의 말소리 2판. 박이정.

신혜정, 박희정, 장현진(2009). 4세~6세 아동의 음절 및 음소인식 능력 발달 연구. 언어치료연구, 18(3), 99-114.

신후남, 석동일(1996). 최소단어짝 훈련이 조음장애 아동의 종성생략 개선에 미치는 효과. 언어치료연구, 5, 77-113.

안진영, 하지완, 권도하(2013). 학령전 음운장애 아동의 비유창성 특성. 언어치료연구, 22(1), 253-272.

양민교, 최예린, 김은연, 유현지(2018). 기능적 조음음운장애 아동의 치조마찰음 왜곡의 음향음성학적 특성. 말소리와음성과학, 10(4), 127-134.

엄선화, 신혜정(2018). 조음장애 아동의 모음공간면적과 말명료도 연구. 언어치료연구, 27(1), 115-126.

엄정희(1986). 3, 4, 5세 아동의 말소리 발달에관한연구: 자음을중심으로. 이화여자대학교 대학원석사학위논문.

오다희, 우승탁, 김지영, 김미진, 김수진, 하지완(2022). 연속하는 동일조음위치 파열음의 시공간적 특성에 관한 연구: 전자구개도(EPG)를 기반으로. *Communication Sciences and Disorders*, *27*(2), 393-402.

오다희, 하지완(2021). 말운동프로그램 향상을 위한 한국어 비단어 중재접근법의 확립 및 임상 적용. 말소리와 음성과학, 13(2), 77-90.

우승탁, 박영빈, 오다희, 하지완(2019). 의사소통장애인의 조음치료를 위한 한국형 전자구개도의 구현. 센서학회지, 28(5), 299-304.

원민주, 하승희(2015). 말소리장애 아동과 일반 아동의 종성파열음 지각력 연구. *Communication Sciences and Disorders*, *20*(2), 145-156.

원호슬, 하승희(2022). 말소리장애 아동의 무의미낱말 따라 말하기와 말 지각 및 음운기억 간의 관계. *Communication Sciences & Disorders*, *27*(4), 855-867.

유민아, 임영심, 김은나(2021). 만 5세 일반아동과 기능적 조음음운장애아동의 음운처리능력과 읽기 능력 비교. 유아교육연구, 41(6), 5-23.

윤미선, 김정미, 김수진(2013). 자발화 문맥에서의 단어단위 음운 평가. 언어치료연구, 22(4), 69-85.

윤미선, 심현섭, 장선오, 김종선(2005). 선천성 심도 청각장애 아동의 와우이식 후 말명료도 예측변인. *Communication Sciences and Disorders, 10*(3), 57-70.

윤영아, 이지윤(2020). 학령전기 말소리장애 아동의 음운기억과 이해능력. 언어치료연구, 29(4), 79-86.

윤효진(2024). 초기 읽기 단계의 문단글 읽기이해 관련 요인. 학습자중심교과교육연구, 24(15), 463-474.

이경희, 이봉원(2000). 한국어 평마찰음과 경마찰음의 음향적 특성과 지각 단서-길이를 중심으로-. 한국음향학회지, 19(2), 95-100.

이규식, 권도하(1979). 유아의 조음발달(Ⅰ): 자음종류에 따라. 대한이비인후과학회지, 19(2), 23-34.

이기은, 하지완(2018). 5세와 6세 말소리장애 아동의 음운단기기억과 음운작업기억 능력. *Communication Sciences & Disorders, 23*(3), 713-724.

이란, 이은주(2015). 기능적 조음장애 아동과 일반 아동의 어중자음 연쇄조건에서 나타나는 어중종성 오류특성 비교. 말소리와 음성과학, 7(2), 19-28.

이루다(2023). 말소리장애 아동의 전형적, 비전형적 오류패턴과 목표 음소의 영향. 나사렛대학교 박사학위논문.

이루다, 김수진(2019). 말소리검사 단어 특성 및 말소리장애 아동 검사 결과의 비교. *Communication Sciences and Disorders, 24*(4), 1040-1053.

이서희, 신혜정(2016). 구어속도조절이 조음음운장애 아동의 조음음운능력에 미치는 영향. 언어치료연구, 25(3), 125-134.

이세연, 김화수(2014). 말소리장애 아동의 동시적, 순차적 기억 특성. 언어치료연구, 23(1), 191-216.

이손희, 하지완(2019). 아동의 말소리산출능력에 대한 음운산출지식(PPK) 분석 연구. 한국언어치료학회·한국언어청각임상학회 공동학술대회 발표논문집, 285-286.

이영미(2018). 말소리장애 아동 선별을 위한 말명료도 부모평정의 효용성 탐색. *Communication Sciences and Disorders, 23*(1), 198-207.

이유진, 하지완(2019). 말소리장애 아동의 말소리 변별 수행력. 한국언어청각임상학회·한국언어치료학회 발표자료집, 271-272.

이은주(2023). 말소리장애와 주의력결핍/과잉행동장애 동반 여부에 따른 언어 및 문해 능력 차이: 학령전 6세 아동을 대상으로. *Communication Sciences & Disorders, 28*(4), 761-775.

이차숙, 김주아, 남효선(2008). 유아의 음운 인식과 단어읽기 간의 관계에 관한 연구.

유아교육연구, 28(5), 5-26.

이현경, 김나홍, 장희원, 임선영, 이근우, 김성용(2023). 부분 혀 절제술을 받은 완전 무치악 환자에서 구개증대보철물을 이용한 수복 증례. *The Journal of Korean Academy of Prosthodontics, 61*(1), 82-89.

이현복(2000). 라후어(Lahu)의 언어학적 연구-형태론 및 통사론적 분석. 인문논총, 44, 71-94.

이현정, 김영태, 황보명(2018). 학령전기 말소리장애 아동의 음운인식능력에 따른 음운처리 능력과 언어능력. 언어치료연구, 27(4), 69-77.

이홍임, 김수진(2017). 말소리장애아동과일반아동의발화속도와쉼비교. 말소리와음성과학, 9(2), 111-118.

장애인 복지법 시행령. 2012.

장현성, 하승희(2020). 한국 아동의 음절성 옹알이 발달. *Communication Sciences & Disorders, 25*(1), 104-112.

장혜성, 서소정, 하지영(2010). 영아선별・교육진단검사(DEP) 개정판. 학지사.

전희정, 이승환(1999). 2-7세 정상아동의 /ㅅ/, /ㅆ/ 말소리발달연구. 언어청각장애연구, 4, 37-60.

정경희, 배소영, 김기숙(2006). 12, 18, 24개월 영유아의 음운발달 특성. 언어청각장애연구] (한국언어청각임상학회), 11(3), 1-15.

정세인, 하지완(2023). 말소리장애 아동과 일반 아동 간 자극 양식에 따른 포인팅 음운기억 과제 수행력 차이. *Communication Sciences & Disorders, 28*(3), 608-619.

정윤희, 윤미선(2013). 2, 3, 4세 일반 아동의 평균발화길이. 유아특수교육연구, 13(3), 55-73.

정일권, 최선영, 하지완(2015). 조음음운장애 아동과 일반 아동의 음운표상 내적인식능력 비교. *Communication Sciences and Disorders, 20*(1), 48-59.

정필연, 임동선(2016). 조음음운장애 아동의 음운인식능력과 암묵적 학습능력간의 관계. *Communication Sciences and Disorders, 21*(1), 37-46.

조양아, 김유경(2017). 취학전 조음・음운장애 아동의 내면적 특성 연구: 5-6세 중심으로. 언어치료연구, 26(3), 65-77.

주미진, 하지완(2018). 순수 말소리장애 아동과 언어장애동반 말소리장애 아동의 시각 및 청각 지속주의 특성. *Communication Sciences and Disorders, 23*(2), 279-287.

최민실, 김수진(2013). 자발화에 나타난 3-4세 아동의 형태소 유형별 유음 발달 특성. *Communication Sciences and Disorders, 18*(1), 1-10.

최민실, 김수진, 김효선(2014). 2세 전후반의 어휘능력과 음운능력: 자발화를 중심으로. 유아특수교육연구, 14(1), 133-152.

최유경, 하승희(2021). 초등학교 저학년 구개열 아동의 음운처리 및 읽기 능력. *Communication Sciences & Disorders, 26*(3), 686-699.

최유미, 하승희(2018). 청각적, 시각적 자극 제시 및 반응 방법과 음절 위치에 따른 말소리장애 아동과 일반 아동의 음운인식능력. *Communication Sciences and Disorders, 23*(2),

425-435.

피민경, 소금빈, 하승희(2020). 말소리장애 유무에 따른 초등학교 저학년 아동의 음운처리능력 비교 연구. *Communication Sciences & Disorders, 25*(3), 696-709.

피민경, 하승희(2017). 구개열 아동, 말 늦은 아동, 일반 아동의 초기 어휘에 나타난 음운 특성. *Communication Sciences & Disorders, 22*(2), 328-340.

피민경, 하승희(2018). 구개열 아동의 초기 표현언어지연 동반 여부에 따른 음운 및 언어 발달. *Communication Sciences and Disorders, 23*(2), 404-413.

피민경, 하승희(2020). 검사어에 따른 음운 오류패턴 비교. *Communication Sciences & Disorders, 25*(2), 458-469.

피민경, 하승희(2020). 말소리장애 아동의 하위 유형 분류를 위한 예비연구. *Communication Sciences and Disorders, 25*(1), 113-125.

피민경, 하승희(2021). 언어학적 증상에 따른 말소리장애 아동의 하위 유형별 위험요인. *Communication Sciences & Disorders, 26*(4), 884-896.

하승희(2014). 구개열 아동의 초기 어휘에 나타난 음운 특성 연구. 말소리와 음성과학, 6(2), 65-71.

하승희(2016). 말소리장애 아동의 말지각 연구: 어휘력과 자음정확도와의 관계. *Communication Sciences and Disorders, 21*(1), 15-23.

하승희(2017). 9-18개월 일반 한국 아동의 초기 발성에 대한 종단 연구. *Communication Sciences & Disorders, 22*(3), 435-444.

하승희(2018). 한국판 구개열 말 평가 개발 및 신뢰도 검사. *Communication Sciences and Disorders, 23*(3), 703-712.

하승희(2019). 구개열 아동과 일반아동의 음절성 옹알이의 시작 시기. *Communication Sciences & Disorders, 24*(3), 715-723.

하승희, Oller, D. K. (2019). 4-9 개월 한국 아동의 음절성 옹알이. *Communication Sciences & Disorders, 24*(1), 1-8.

하승희, 김민정, 서동기, 피민경(2021). 한국 조음음운 프로파일(K-APP). 휴브알엔씨.

하승희, 김민정, 피민경(2019). 일음절 낱말 과제에서 살펴본 한국 아동의 자음정확도와 습득 연령. *Communication Sciences & Disorders, 24*(2), 460-468.

하승희, 박보라(2015). 일반 영유아의 초기 발성과 음운 발달에 관한 종단 연구. 말소리와 음성과학, 7(2), 63-73.

하승희, 서동기(2019). 말소리장애 감별진단을 위한 조음일관성 연구. *Communication Sciences and Disorders, 24*(4), 1015-1025.

하승희, 설아영, 배소영(2014). 일반 영유아의 초기 발성 발달 연구. 말소리와 음성과학, 6(4), 161-169.

하승희, 설아영, 소정민, 배소영(2016). 자발화 분석을 통한 만 2세 한국아동의 말-언어발달 특성. *Communication Sciences & Disorders, 21*(1), 47-59.

하승희, 정승은, 문희원, 고경석(2014). 1차 구개성형술 이후 구개열 아동의 말 산출 능력: 후향적 연구. *Communication Sciences & Disorders, 19*(3), 391-401.

하승희, 피민경(2016). 18-30개월 한국 아동의 자발화에 나타난 자음 빈도와 어절 첫소리 특성. *Communication Sciences and Disorders, 21*(4), 567-579.

하승희, 피민경(2018). 12-30개월 아동의 초기 어휘에 나타난 음운 특성, *Communication Sciences and Disorders, 23*(4), 829-844.

하승희, 피민경(2022). 낱말 길이에 따른 말소리장애 아동의 조음 정확도. *Communication Sciences and Disorders, 27*(1), 190-201.

하승희, 피민경(2022). 음운지연 및 음운장애 아동의 음운처리기술. *Communication Sciences & Disorders, 27*(4), 844-854.

하승희, 홍예봄, 이라연(2024). 5-6세 한국 아동의 음운기억. *Communication Sciences & Disorders, 29*(2), 409-420.

하승희, 황진경(2013). 18-47개월 아동의 자발화 분석에 기초한 말소리 측정치에 관한 연구. *Communication Sciences and Disorders, 18*(4), 425-434.

하지완, 김수진(2020). 단어수준 검사에서 나타난 2-7세 아동의 발달적 음운오류패턴. *Communication Sciences & Disorders, 25*(4), 890-904.

하지완, 김수진, 김영태, 신문자(2019). 자음정확도와 단어단위 음운지표를 이용한 일반아동의 말소리 산출능력에 대한 발달 연구. *Communication Sciences & Disorders, 24*(2), 469-477.

한경임(2014). 한국어폐쇄음 VOT: 제주방언과 대구방언 비교. 코기토, 75, 157-176.

한은지, 하지완(2017). 말소리장애 아동과 일반 아동의 조음복잡성에 따른 조음변이성 연구. *Communication Sciences and Disorders, 22*(4), 772-783.

한진순(2010). 구개열 아동, 기능적 조음장애 아동 및 일반 아동의 일음절낱말 자음정확도, 말명료도 및 말용인도 비교. *Communication Sciences and Disorders, 15*(3), 397-410.

한진순, 심현섭(2008). 구개열 아동과 일반 아동 및 기능적 조음장애 아동의 자음정확도, 말명료도 및 말용인도 비교. *Communication Sciences and Disorders, 13*(3), 454-476.

홍경훈, 심현섭(2002). 유아의 말소리 발달 특성: 18-24개월 종단연구. 언어청각장애연구, 7(2), 105-124.

홍새미, 심현섭(2011). 4세 조음장애 아동과 일반 아동의 말속도와 문장길이에 따른 조음능력 비교. *Communication Sciences and Disorders, 16*(3), 324-334.

황보명(2017). 취학 전 아동의 음운인식, 어휘력, 듣기 이해력. 인문사회 21, 8(1), 703-726.

황상심, 김수진(2015). 베트남 다문화 아동과 말소리장애 아동의 음운오류패턴. *Communication Sciences & Disorders, 20*(3), 456-468.

황상심, 이숙향(2011). 베트남 다문화 아동과 기능적 조음장애 아동의 말소리오류 비교 연구. 말소리와 음성과학, 3(3), 181-189.

황지혜, 하지완(2019). 인출방해자극과 배열방해자극이 말소리장애 아동과 일반 아동의 음운부호화 점화과제 수행에 미치는 영향. *Communication Sciences and Disorders, 24*(3), 735-748.

황진경, 하승희(2012). 2세 후반~4세 아동의 조음 변이성 연구. 언어청각장애연구, 17(3), 403-413.

Aase, D., Hovre, C., Krause, K., Schelfhout, S., Smith, J., & Carpenter, L. (2000). *Contextual test of articulation*. Eau Clair, Wis.: Thinking Publications.

Abdel-Aziz, M., El-Fouly, M., Nassar, A., & Kamel, A. (2019). The effect of hypertrophied tonsils on the velopharyngeal function in children with normal palate. *International Journal of Pediatric Otorhinolaryngology, 119*, 59-62.

Adler-Bock, M., Bernhardt, B., Gick, B., & Bacsfalvi, P. (2007). The use of ultrasound in remediation of North American English /r/ in 2 adolescents. *American Journal of Speech-Language Pathology, 16*(2), 128-139.

Allik, H., Larsson, J. O., & Smedje, H. (2006). Health-related quality of life in parents of school-age children with Asperger syndrome or high-functioning autism. *Health and Quality of Life Outcomes, 4*(1), 1-8.

American Psychiatric Association. (2013). *Diagnostic and statistical manual of mental disorders-5 (DSM-5)*. Washington: Author.

American Speech-Language-Hearing Association. (2007). Childhood apraxia of speech [Position statement]. http://www.asha.org/policy/ps2007-00277/

American Speech-Language-Hearing Association. (2002). Survey report on telepractice use among audiologists and speech-language pathologists. http://www.asha.org/uploadedFiles/practice/telepractice/Survey_of_Telepractice.pdf

Anthony, J. L., & Francis, D. J. (2005). Development of phonological awareness. *Current Directions in Psychological Science, 14*(5), 255-259.

□vall, M., Wolff, U., & Gustafsson, J. E. (2019). Rapid automatized naming in a developmental perspective between ages 4 and 10. *Dyslexia, 25*(4), 360-373.

Baddeley, A. (1992). Working memory. *Science, 255*(5044), 556-559.

Barnes, E., Long, S. H., Martin, G. E., Berni, M. C., Mandulak, K. C., Sideris, J., & Roberts, J. (2009). Phonological accuracy and intelligibility in connected speech of boys with Fragile X syndrome or Down syndrome. *Journal of Speech, Language, and Hearing Research, 52*, 1048-1061.

Baylis, A., Vallino, L. D., Powell, J., & Zajac, D. J. (2020). Lexical selectivity of 2-year-old children with and without repaired cleft palate based on parent report. *The Cleft Palate-Craniofacial Journal, 57*(9), 1117-1124.

Beitchman, J. H., Nair, R., Clegg, M., Ferguson, B., & Patel, P. G. (1986). Prevalence of psychiatric disorders in children with speech and language disorders. *Journal of the American Academy of Child Psychiatry*, *25*(4), 528–535.

Bernhardt, B. H., & Holdgrafer, G. (2001). Beyond the basics I: The need for strategic sampling for in-depth phonological analysis. *Language, Speech, and Hearing Services in Schools*, *32*, 18–27.

Bernhardt, B., Gick, B., Bacsfalvi, P., & Adler-Bock, M. (2005). Ultrasound in speech therapy with adolescents and adults. *Clinical Linguistics & Phonetics*, *19*(6–7), 605–617.

Bernthal, J. E., Bankson, N. B., & Flipsen, P., Jr. (2022). *Articulation and phonological disorders: Speech sound disorders in children* (9th ed.). Boston: Pearson.

Bessell, A., Sell, D., Whiting, P., Roulstone, S., Albery, L., Persson, M., ... & Ness, A. R. (2013). Speech and language therapy interventions for children with cleft palate: A systematic review. *The Cleft Palate-Craniofacial Journal*, *50*(1), 1–17.

Bose, A., Square, P. A., Schlosser, R., & Lieshout, P. (2001). Effects of PROMPT therapy on speech motor function in a person with aphasia and apraxia of speech. *Aphasiology*, *15*(8), 767–785.

Brookshire, R. H., & McNeil, M. R. (2015). *Introduction to neurogenic communication disorders* (8th ed.). St. Louis, Missouri: Elsevier.

Broomfield, J., & Dodd, B. (2004a). Children with speech and language disability: Caseload characteristics. *International Journal of Language & Communication Disorders*, *39*(3), 303–324.

Broomfield, J., & Dodd, B. (2004b). The nature of referred subtypes of primary speech disability. *Child Language Teaching and Therapy*, *20*(2), 135–151.

Cabbage, K. L., Farquharson, K., Iuzzini-Seigel, J., Zuk, J., & Hogan, T. P. (2018). Exploring the overlap between dyslexia and speech sound production deficits. *Language, Speech, and Hearing Services in Schools*, *49*(4), 774–786.

Camarata, S. (1993). The application of naturalistic conversation training to speech production in children with speech disabilities. *Journal of Applied Behavior Analysis*, *26*(2), 173–182.

Campbell, R., & Wright, H. (1988). Deafness, spelling and rhyme: How spelling supports written word and picture rhyming skills in deaf subjects. *Quarterly Journal of Experimental Psychology*, *40*(4), 771–788.

Campbell, T. F., Dollaghan, C. A., Rockette, H. E., Paradise, J. L., Feldman, H. M., Shriberg, L. D., ... & Kurs-Lasky, M. (2003). Risk factors for speech delay of unknown origin in 3-year-old children. *Child Development*, *74*, 346–357.

Carey, B., O'Brian, S., Onslow, M., Block, S., Jones, M., & Packman, A. (2010). Randomized controlled non-inferiority trial of a telehealth treatment for chronic stuttering: The

Camperdown program. *International Journal of Language & Communication Disorders, 45*(1), 108–120.

Catts, H. W., Fey, M. E., Zhang, X., & Tomblin, J. B. (2001). Estimating the risk of future reading difficulties in kindergarten children. *Language, Speech, and Hearing Services in Schools, 32*(4), 338–348.

Chapman, K. L., Hardin-Jones, M., & Halter, K. A. (2003). The relationship between early speech and later speech and language performance for children with cleft lip and palate. *Clinical Linguistics & Phonetics, 17*(3), 173–197.

Chen, Y-P. P., Johnson, C., Lalbakhsh, P., Caelli, T., Deng, G., Tay, D., Erickson, S., Broadbridge, P., Refaie, A. E., Doube, W., & Morris, M. E. (2016). Systematic review of virtual speech therapists for speech disorders. *Computer Speech & Language, 37*(1), 98–128.

Chiat, S. (1983). Why Mikey's right and my key's wrong: The significance of stress and word boundaries in a child's output system. *Cognition, 14*, 275–300.

Cho, J. R., & McBride-Chang, C. (2005). Levels of phonological awareness in Korean and English: A 1-year longitudinal study. *Journal of Educational Psychology, 97*(4), 564.

Cobo-Lewis, A. B., Oller, D. K., Lynch, M. P., & Levine, S. L. (1996). Relations of motor and vocal milestones in typically developing infants and infants with Down syndrome. *American Journal of Mental Retardation: AJMR, 100*(5), 456–467.

Coufal, K., Parham, D., Jakubowitz, M., Howell, C., & Reyes, J. (2018). Comparing traditional service delivery and telepractice for speech sound production using a functional outcome measure. *American Journal of Speech and Language Pathology, 27*(1), 82–90.

Crosbie, S., Holm, A., & Dodd, B. (2005). Intervention for children with severe speech disorder: A comparison of two approaches. *International Journal of Language & Communication Disorders, 40*, 467–491.

Dale, P. S., & Hayden, D. A. (2013). Treating speech subsystems in childhood apraxia of speech with tactual input: The PROMPT approach. *American Journal of Speech and Language Pathology, 22*(4), 644–661.

Davis, B. L., & MacNeilage, P. F. (1995). The articulatory basis of babbling. *Journal of Speech, Language, and Hearing Research, 38*(6), 1199–1211.

de Boysson-Bardies, B., & Vihman, M. M. (1991). Adaptation to language: Evidence from babbling and first words in four languages. *Language, 67*(2), 297–319.

Dean, E. C., Howell, J., Waters, D., & Reid, J. (1995). Metaphon: A metalinguistic approach to the treatment of phonological disorders in children. *Clinical Linguistics & Phonetics, 9*(1), 1–58.

Dodd, B., & Bradford, A. (2000). A comparison of three therapy methods for children with different types of developmental phonological disorder. *International Journal of Language & Communication Disorders*, *35*(2), 189–209.

Dodd, B. (1982). Subgroups of phonologically disordered children. *Neurolinguistics and Speech Pathology Conference, University of Newcastle upon Tyne, UK.*

Dodd, B. (2005). *Differential diagnosis and treatment of children with speech disorder* (2nd ed.). London: Whurr.

Dodd, B., & Leahy, J. (1989). Phonological disorders in children: Underlying cognitive deficits. *British Journal of Developmental Psychology*, *7*, 55–71.

Dodd, B., & Holm, A. (2024). Diagnosis of inconsistent phonological disorder: Quantitative and qualitative measures. *Clinical Linguistics & Phonetics*, *38*(5), 453–476.

Duffy, J. R. (2020). *Motor speech disorders: Diagnosis and treatment* (3rd ed.). Plural Publishing Inc.

Ehri, L. C., Nunes, S. R., Willows, D. M., Schuster, B. V., Yaghoub-Zadeh, Z., & Shanahan, T. (2001). Phonemic awareness instruction helps children learn to read: Evidence from the National Reading Panel's meta-analysis. *Reading Research Quarterly*, *36*(3), 250–287.

Elbert, M., Dinnsen, D. A., & Powell, T. W. (1984). On the prediction of phonologic generalization learning patterns. *Journal of Speech and Hearing Disorders*, *49*(3), 309–317.

Ertmer, D. J., Young, N. M., & Nathani, S. (2007). Profiles of vocal development in young cochlear implant recipients. *Journal of Speech, Language, and Hearing Research*, *50*(2), 393–407.

Everaert, E., Selten, I., Boerma, T., Houben, M., Vorstman, J., de Wilde, H., ... & Gerrits, E. (2023). The language profile of preschool children with 22q11.2 deletion syndrome and the relationship with speech intelligibility. *American Journal of Speech-Language Pathology*, *32*(1), 128–144.

Fiori, S., Pannek, K., Podda, I., Cipriani, P., Lorenzoni, V., Franchi, B., Pasquariello, R., Guzzetta, A., Cioni, G., & Chilosi, A. (2021). Neural changes induced by a speech motor treatment in childhood apraxia of speech: A case series. *Journal of Child Neurology*, *236*(11), 958–967.

Flipsen Jr, P. (1995). Speaker-listener familiarity: Parents as judges of delayed speech intelligibility. *Journal of Communication Disorders*, *28*(1), 3–19.

Flipsen Jr, P. (2006). Measuring the intelligibility of conversational speech in children. *Clinical Linguistics & Phonetics*, *20*(4), 303–312.

Flipsen, P., Hammer, J. B., & Yost, K. M. (2005). Measuring severity of involvement in speech delay: Segmental and whole-word measures. *American Journal of Speech-Language Pathology*, *14*, 298-312.

Fong, R., Tsai, C. F., & Yiu, O. Y. (2020). The implementation of telepractice in speech-language pathology in Hong Kong during the COVID-19 pandemic. *Telemedicine and e-Health*. http://doi.org/10.1089/tmj.2020.0223.

Forrest, K. (2002). Are oral-motor exercises useful in the treatment of phonological/articulatory disorders? *Seminars in Speech and Language*, *23*(1), 15-26.

Forrest, K. (2003). Diagnostic criteria of developmental apraxia of speech used by clinical speech-language pathologists. *American Journal of Speech-Language Pathology*, *12*(3), 376-380.

Fox, A. V., Dodd, B., & Howard, D. (2002). Risk factors for speech disorders in children. *International Journal of Language & Communication Disorders*, *37*(2), 117-131.

Foy, J. G., & Mann, V. A. (2001). Does strength of phonological representations predict phonological awareness in preschool children? *Applied Psycholinguistics*, *22*(3), 301-325.

Foy, J. G., & Mann, V. A. (2012). Speech production deficits in early readers: Predictors of risk. *Reading and Writing*, *25*, 799-830.

Francis, D. O., Krishnaswami, S., & McPheeters, M. (2015). Treatment of ankyloglossia and breastfeeding outcomes: A systematic review. *Pediatrics*, *135*(6), e1458-e1466.

Freed, D. B. (2020). *Motor speech disorders: Diagnosis and treatment* (3rd ed.). Plural Publishing Inc.

Fristoe, M., & Lloyd, L. L. (1979). Nonspeech communication. In N. R. Ellis (Ed.), *Handbook of mental deficiency: Psychological theory and research* (2nd ed., pp. 401-430). Hillsdale, NJ: Lawrence Erlbaum Associates.

Garber, K. B., Visootsak, J., & Warren, S. T. (2008). Fragile X syndrome. *European Journal of Human Genetics*, *16*(6), 666-672.

Gathercole, S. E., & Baddeley, A. D. (1989). Evaluation of the role of phonological STM in the development of vocabulary in children: A longitudinal study. *Journal of Memory and Language*, *28*(2), 200-213.

Gathercole, S. E., & Baddeley, A. D. (1993). *Working memory and language*. New York, NY: Psychology Press.

Gierut, J. A. (2001). Complexity in phonological treatment: Clinical factors. *Language, Speech, and Hearing Services in Schools*, *32*, 229-241.

Gierut, J. A., Elbert, M., & Dinnsen, D. A. (1987). Effect of stimulability on the treatment of phonological disorders in preschool children. *Journal of Speech and Hearing Research*, *30*(4), 521-536.

Gillon, B. S. (2019). *Natural language semantics: Formation and valuation*. MIT Press.

Gillon, G. (2002). Follow-up study investigating benefits of phonological awareness intervention for children with spoken language impairment. *International Journal of Language and Communication Disorders*, *37*, 381-400.

Gillon, G. T. (2005). Facilitating phoneme awareness development in 3-and 4-year-old children with speech impairment. *Language, Speech, and Hearing Services in Schools*, *36*, 308-324.

Gillon, G. T., & McNeill, B. C. (2007). Integrated phonological awareness: An intervention program for preschool children with speech-language impairment. Christchurch: University of Canterbury.

Gold, T. (1980). Speech production in hearing-impaired children. *Journal of Communication Disorders*, *13*(6), 397-418.

Gray, B. B., & Ryan, B. P. (1973). A language program for the nonlanguage child. *Research Press*.

Grigos, M. I., Case, J., Lu, Y., & Lyu, Z. (2024). Dynamic temporal and tactile cueing in young children with childhood apraxia of speech: A multiple single-case design. *Journal of Speech, Language, and Hearing Research*, *67*(4), 1042-1071.

Grogan-Johnson, S., Alvares, R., Rowan, L., & Creaghead, N. (2010). A pilot study comparing the effectiveness of speech language therapy provided by telemedicine with conventional on-site therapy. *Journal of Telemedicine and Telecare*, *16*(3), 134-139.

Grogan-Johnson, S., Gabel, R. M., Taylor, J., Rowan, L. E., & Alvares, R., & Schenker, J. (2011). A pilot exploration of speech sound disorder intervention delivered by telehealth to school-age children. *International Journal of Telerehabilitation*, *3*(1), 31-42.

Grunwell, P. (1985). *Phonological assessment of child speech (PACS)*. San Diego, CA: College-Hill Press.

Ha, S. (2015). Effectiveness of a parent-implemented intervention program for young children with cleft palate. *International Journal of Pediatric Otorhinolaryngology*, *79*(5), 707-715.

Ha, S. (2018). Profiles of vocal development in Korean children with and without cleft palate. *Clinical Linguistics & Phonetics*, *32*(1), 46-69.

Ha, S. (2023). Oral diadochokinetic production in children with typical speech development and speech-sound disorders. *International Journal of Language & Communication Disorders*, *58*(5), 1783-1798.

Ha, S., & Oller, D. K. (2019). Canonical babbling in Korean-acquiring infants at 4-9 months of age. *Communication Sciences & Disorders*, *24*(1), 1-8.

Ha, S., & Oller, K. D. (2022). Longitudinal study of vocal development and language environments in infants with cleft palate. *The Cleft Palate-Craniofacial Journal, 59*(10), 1286-1298.

Hair, A., Monroe, P., Ahmed, B., Ballard, K. J., & Osuna, R. G. (2018). Apraxia World: A Speech Therapy Game for Children with Speech Sound Disorders. *Proceedings of the 17th ACM Conference on Interaction Design and Children*, 119-131.

Hakes, D. T. (1982). The development of metalinguistic abilities: What develops? In S. A. Kuczaj (Ed.), *Language development: Language, thought and culture* (pp. 163-210). Hillsdale, NJ: Erlbaum.

Hayden, D. A., Eigen, J., Walker, A., & Olsen, L. (2010). "PROMPT: A tactually grounded model." In A. L. Williams, S. Mcleod, and R. J. McCauley (Eds.), *Intervention for Speech Sound Disorders in Children* (pp. 453-473). Baltimore, MD: Brookes.

Herman, R., Ford, K., Thomas, J., Oyebade, N., Bennett, D., & Dodd, B. (2015). Evaluation of core vocabulary therapy for deaf children: Four treatment case studies. *Child Language Teaching and Therapy, 31*(2), 221-235.

Hesketh, A. C., Nightingale, C., & Hall, R. (2000). Phonological awareness therapy and articulatory training approaches for children with phonological disorders: A comparative outcome study. *International Journal of Language and Communication Disorders, 35*, 337-354.

Hill, A. J., & Miller, L. E. (2012). A survey of the clinical use of telehealth in speech-language pathology across Australia. *Journal of Clinical Practice in Speech-Language Pathology, 14*(3), 110-117.

Hodson, B. W. (2010). *Evaluating and enhancing children's phonological systems*. Phonocomp Publishing.

Hodson, B. W., & Paden, E. P. (1991). *Targeting intelligible speech: A phonological approach to remediation* (2nd ed.). San Diego: College-Hill Press.

Hoffman, P. R., Norris, J. A., & Monjure, J. (1990). Comparison of process targeting and whole language treatments for phonologically delayed preschool children. *Language, Speech, and Hearing Services in Schools, 21*(2), 102-109.

Hoffman, P. R., Schuckers, G., & Daniloff, R. (1989). Children's phonetic disorders: Theory and treatment. *Little Brown*.

Holm, A., & Dodd, B. (1999). An intervention case study of a bilingual child with phonological disorder. *Child Language Teaching and Therapy, 15*(2), 139-158.

Holm, A., Crosbie, S., & Dodd, B. (2007). Differentiating normal variability from inconsistency in children's speech: Normative data. *International Journal of Language & Communication Disorders, 42*(4), 467-486.

Holm, A., Farrier, F., & Dodd, B. (2008). The phonological awareness, reading accuracy and spelling ability of children with inconsistent phonological disorder. *International Journal of Language & Communication Disorders*, *43*(3), 467–486.

Hong, S. I., Jeon, S. I., Pae, S., & Lee, I. (2002). Development of phonological awareness in Korean children. *Communication Sciences & Disorders*, *7*(1), 49–64.

Howell, J., & Dean, E. (1994). Treating phonological disorders in children: *Metaphon-Theory to practice* (2nd ed.). London: Whurr.

Ingram, D. (2000). The measurement of whole word productions. *Journal of Child Language*, *29*, 713–733.

Ingram, D. (2002). The measurement of whole-word productions. *Journal of Child Language*, *29*(4), 713–733.

Ingram, D., & Ingram, K. (2001). A whole word approach to phonological analysis and intervention. *Language, Speech and Hearing Services in Schools*, *32*, 271–283.

Iuzzini-Seigel, J., Case, J., Grigos, M. I., Velleman, S. L., Thomas, D., & Murray, E. (2023). Dose frequency randomized controlled trial for Dynamic Temporal and Tactile Cueing (DTTC) treatment for childhood apraxia of speech: Protocol paper. BMC Pediatrics, 23, 263. doi: 10.1186/s12887-023-04066-2.

Iyer, S. N., & Ertmer, D. J. (2014). Relationships between vocalization forms and functions in infancy: Preliminary implications for early communicative assessment and intervention. *American Journal of Speech-Language Pathology*, *23*(4), 587–598.

Jakobson, R. (1968). *Child language: Aphasia and phonological universals* (No. 72). Walter de Gruyter.

Jung, S. E., Ha, S., Koh, K. S., & Oh, T. S. (2020). Clinical interventions and speech outcomes for individuals with submucous cleft palate. *Archives of Plastic Surgery*, *47*(06), 542–550.

Jung, Y. S., Seok, J., Hong, S., Ryu, C. H., Ryu, J., & Jung, K. W. (2021). The emergence of oral cavity cancer and the stabilization of oropharyngeal cancer: Recent contrasting epidemics in the South Korean population. *Cancer*, *127*(10), 1638–1647.

Kadis, D. S., Goshulak, D., Namasivayam, A., Pukonen, M., Kroll, R., De Nil, L. F., Pang, E. W., & Lerch, J. P. (2014). Cortical thickness in children receiving intensive therapy for idiopathic apraxia of speech. *Brain Topography*, *27*(2), 240–247.

Kaiser, A. P., Scherer, N. J., Frey, J. R., & Roberts, M. Y. (2017). The effects of enhanced milieu teaching with phonological emphasis on the speech and language skills of young children with cleft palate: A pilot study. *American Journal of Speech-Language Pathology*, *26*(3), 806–818.

Kamhi, A. G. (2006). Treatment decisions for children with speech-sound disorders.

Language, Speech, and Hearing Services in Schools, 37(4), 271-279.

Keating, D., Turrell, G., & Ozanne, A. (2001). Childhood speech disorders: Reported prevalence, comorbidity and socioeconomic profile. *Journal of Paediatrics and Child Health, 37*, 431-436.

Kenney, K. W., & Prather, E. M. (1986). Articulation development in preschool children: Consistency of productions. *Journal of Speech, Language, and Hearing Research, 29*, 29-36.

Kent, R. D., & Bauer, H. R. (1985). Vocalizations of one-year-olds. *Journal of Child Language, 12*(3), 491-526.

Kent, R. D., & Vorperian, H. K. (2013). Speech impairment in Down syndrome: A review. *Journal of Speech, Language, and Hearing Research, 56*(1), 178-211.

Kim, M., & Stoel-Gammon, C. (2009). The acquisition of Korean word-initial stops. *Journal of the Acoustical Society of America, 125*(6), 3950-3961.

Kim, M., Kim, S. J., & Stoel-Gammon, C. (2017). Phonological acquisition of Korean consonants in conversational speech produced by young Korean children. *Journal of Child Language, 44*(4), 1010-1023.

Kim, Y. (2007). Phonological awareness and literacy skills in Korean: An examination of the unique role of body-coda units. *Applied Psycholinguistics, 28*, 69-94.

Kim, Y. (2009). The foundation of literacy skills in Korean: The relationship between letter-name knowledge and phonological awareness and their relative contribution to literacy skills. *Reading and Writing, 22*, 907-931.

Kirk, C., & Gillon, T. (2007). Longitudinal effects of phonological awareness intervention on morphological awareness in children with speech impairment. *Language, Speech, and Hearing Services in Schools, 38*, 342-352.

Kummer, A. W. (2011). Speech therapy for errors secondary to cleft palate and velopharyngeal dysfunction. In *Seminars in Speech and Language* (Vol. 32, No. 2, pp. 191-198).

Lancaster, G., Keusch, S., Levin, A., Pring, T., & Martin, S. (2010). Treating children with phonological problems: Does an eclectic approach to therapy work? *International Journal of Language & Communication Disorders, 45*(2), 174-181.

Lancaster, H. S., Lien, K. M., Haas, J., Ellis, P., & Scherer, N. J. (2022). Reading development in children with nonsyndromic cleft palate with or without cleft lip: Meta-analysis and systematic review. *The Cleft Palate-Craniofacial Journal, 59*(9), 1155-1166.

Langevin, M., Packman, A., & Onslow, M. (2010). Parent perceptions of the impact of stuttering on their preschoolers and themselves. *Journal of Communication Disorders, 43*(5), 407-423.

Lawrence, J. (2014). Embedding a speech sound intervention in shared storybook reading. *Contemporary Issues in Communication Science and Disorders*, *41*(Fall), 221-234.

Leahy, J., & Dodd, B. (1987). The development of disordered phonology: A case study. *Language and Cognitive Processes*, *2*, 115-132.

Lee, C. C., Jhang, Y., Relyea, G., Chen, L. M., & Oller, D. K. (2018). Babbling development as seen in canonical babbling ratios: A naturalistic evaluation of all-day recordings. *Infant Behavior and Development*, *50*, 140-153.

Lee, M., & Ha, S. (2024). Vocal and early speech development in Korean-acquiring children with hearing loss and typical hearing. *Clinical Linguistics & Phonetics*, 1-20.

Lee, S., Jhang, Y., Relyea, G., Chen, L. M., & Oller, D. K. (2018). Babbling development as seen in canonical babbling ratios: A naturalistic evaluation of all-day recordings. *Infancy*, *23*(2), 225-247.

Lewis, B. A., Freebairn, L. A., Hansen, A. J., Stein, C. M., Shriberg, L. D., Iyengar, S. K., & Taylor, H. G. (2006). Dimensions of early speech sound disorders: A factor analytic study. *Journal of Communication Disorders*, *39*(2), 139-157.

Lewis, B. A., Freebairn, L., Tag, J., Benchek, P., Morris, N. J., Iyengar, S. K., Taylor, H. G., & Stein, C. M. (2018). Heritability and longitudinal outcomes of spelling skills in individuals with histories of early speech and language disorders. *Learning and Individual Differences*, *65*, 1-11.

Lewis, B. A., Freebairn, L., Tag, J., Ciesla, A. A., Iyengar, S. K., Stein, C. M., & Taylor, H. G. (2015). Adolescent outcomes of children with early speech sound disorders with and without language impairment. *American Journal of Speech-Language Pathology*, *24*(2), 150-163.

Lewis, C., Packman, A., Onslow, M., Simpson, J. M., & Jones, M. (2008). A phase II trial of telehealth delivery of the Lidcombe program of early stuttering intervention. *American Journal of Speech-Language Pathology*, *17*(2), 139-149.

Lof, G. L., & Watson, M. M. (2008). A nationwide survey of nonspeech oral motor exercise use: Implications for evidence-based practice. *Language, Speech, and Hearing Services in Schools*, *39*(3), 392-407.

Lv, C., Yang, L., Ngan, P., Xiao, W., Zhao, T., Tang, B., ... & He, H. (2023). Role of the tonsil-oropharynx ratio on lateral cephalograms in assessing tonsillar hypertrophy in children seeking orthodontic treatment. *BMC Oral Health*, *23*(1), 836.

Lynch, M. P., Oller, D. K., Steffens, M. L., & Buder, E. H. (1995). Phrasing in prelinguistic vocalizations. *Developmental Psychobiology: The Journal of the International Society for Developmental Psychobiology*, *28*(1), 3-25.

Maas, E., Robin, D. A., Hula, S. N. A., Freedman, S. E., Wulf, G., Ballard, K. J., & Schmidt,

R. A. (2008). Principles of motor learning in treatment of motor speech disorders. *American Journal of Speech-Language Pathology, 17*, 277-298.

Mabie, H. L., & Shriberg, L. D. (2017). Speech and motor speech measures and reference data for the Speech Disorders Classification System (SDCS). (Technical Report No. 23). Retrieved from Phonology Project website: http://www.waisman.wisc.edu/phonology/

MacNeilage, P. F., Davis, B. L., & Matyear, C. L. (1997). Babbling and first words: Phonetic similarities and differences. *Speech Communication, 22*(2-3), 269-277.

Macrae, T., & Sosa, A. V. (2015). Predictors of token-to-token inconsistency in preschool children with typical speech-language development. *Clinical Linguistics & Phonetics, 29*(12), 922-937.

Mann, V. A., & Foy, J. G. (2003). Phonological awareness, speech development, and letter knowledge in preschool children. *Annals of Dyslexia, 53*, 149-173.

Mann, V. A., & Foy, J. G. (2007). Speech development patterns and phonological awareness in preschool children. *Annals of Dyslexia, 57*, 51-74.

Martikainena, A. L., Savinainen-Makkonena, T., & Kunnari, S. (2021). Speech inconsistency and its association with speech production, phonological awareness, and nonword repetition skills. *Clinical Linguistics & Phonetics, 35*, 743-760.

Marunick, M., & Tselios, N. (2004). The efficacy of palatal augmentation prostheses for speech and swallowing in patients undergoing glossectomy: A review of the literature. *Journal of Prosthetic Dentistry, 91*, 67-74.

Mashima, P. A., & Doarn, C. R. (2009). Overview of telehealth activities in speech-language pathology. *Telemedicine and e-Health, 14*(10), 1101-1117.

Mashima, P. A., Brikmire-Peters, D. P., Syms, M. J., Holtel, M. R., Burgess, L. P. A., & Peters, L. J. (2003). Telehealth: Voice therapy using telecommunications technology. *American Journal of Speech-Language Pathology, 12*(4), 432-439.

Matheny, N., & Panagos, J. M. (1978). Comparing the effects of articulation and syntax programs on syntax and articulation improvement. *Language, Speech, and Hearing Services in Schools, 9*(1), 57-61.

McCabe, P., Murray, E., Thomas, D. C., & Evans, P. (2017). Clinician manual for rapid syllable transition treatment (ReST). Camperdown, Australia: The University of Sydney.

McCabe, P., Preston, J. L., Evans, P., & Heard, R. (2023). A pilot randomized control trial of motor-based treatments for childhood apraxia of speech: Rapid syllable transition treatment and ultrasound biofeedback. *American Journal of Speech-Language Pathology, 32*(2), 629-644.

McCabe, P., Thomas, D. C., & Murray, E. (2020). Rapid syllable transition treatment-A treatment for childhood apraxia of speech and other pediatric motor speech disorders.

Perspectives of the ASHA Special Interest Groups, *5*, 821–830.

McDonald, E. (1964). *A Deep Test of Articulation*. Pittsburgh: Stanwix House.

McLeod, S. (2020). Intelligibility in context scale: Cross-linguistic use, validity, and reliability. *Speech, Language and Hearing*, *23*(1), 9–16.

McLeod, S., & Crowe, K. (2018). Children's consonant acquisition in 27 languages: A cross-linguistic review. *American Journal of Speech-Language Pathology*, *27*(4), 1546-1571.

McNeill, B. C., Gillon, G. T., & Dodd, B. (2009). Phonological awareness and early reading development in childhood apraxia of speech (CAS). *International Journal of Language & Communication Disorders*, *44*(2), 175–192.

Melby-Lerv□g, M., Lyster, S. A. H., & Hulme, C. (2012). Phonological skills and their role in learning to read: A meta-analytic review. *Psychological Bulletin*, *138*(2), 322–347.

Menyuk, P., Menn, L., & Silber, R. (1979). Early strategies for the perception and production of words and sounds. *Language Acquisition*, 49–70.

Messner, A. H., & Lalakea, M. L. (2002). The effect of ankyloglossia on speech in children. *Otolaryngology-Head and Neck Surgery*, *127*(6), 539–545.

Miccio, A., Elbert, M., & Forrest, K. (1999). The relationship between stimulability and phonological acquisition in children with normally developing and disordered phonologies. *American Journal of Speech-Language Pathology*, *8*, 347–363.

Miyake, A., Friedman, N. P., Emerson, M. J., Witzki, A. H., Howerter, A., & Wager, T. D. (2000). The unity and diversity of executive functions and their contributions to complex "frontal lobe" tasks: A latent variable analysis. *Cognitive Psychology*, *41*(1), 49–100.

Mora, R., Crippa, B., Dellepiane, M., & Jankowska, B. (2007). Effects of adenotonsillectomy on speech spectrum in children. *International Journal of Pediatric Otorhinolaryngology*, *71*(8), 1299–1304.

Moriarty, B. C., & Gillon, G. T. (2006). Phonological awareness intervention for children with childhood apraxia of speech. *International Journal of Language & Communication Disorders*, *41*(6), 713–734.

Morrel, K., Hyers, M., Stuchiner, T., Lucas, L., Schwartz, K., Mako, J., Spinelli, K. J., & Yanase, L. (2017). Telehealth stroke dysphagia evaluation is safe and effective. *Cerebrovascular Diseases*, *44*(3–4), 225–231.

Murray, E., McCabe, P., & Ballard, K. J. (2014). A systematic review of treatment outcomes for children with childhood apraxia of speech. *American Journal of Speech-Language Pathology*, *23*(3), 486–504.

Muter, V., Hulme, C., Snowling, M. J., & Stevenson, J. (2004). Phonemes, rimes, vocabulary, and grammatical skills as foundations of early reading development: Evidence from a longitudinal study. *Developmental Psychology*, *40*(5), 665-681.

Namasivayam, A. K., Huynh, A., Granata, F., Law, V., & van Lieshout, P. (2020). PROMPT intervention for children with severe speech motor delay: A randomized control trial. *Pediatric Research*, 1-9.

Namasivayam, A. K., Pukonen, M., Goshulak, D., Vickie, Y. Y., Kadis, D. S., Kroll, R., ... & Luc, F. (2013). Relationship between speech motor control and speech intelligibility in children with speech sound disorders. *Journal of Communication Disorders*, *46*(3), 264-280.

Nathan, L., Stackhouse, J., Goulandris, N., & Snowling, M. J. (2004). The development of early literacy skills among children with speech difficulties. *Journal of Child Psychology and Psychiatry*, *45*(4), 821-835.

Nathani, S., Ertmer, D. J., & Stark, R. E. (2006). Assessing vocal development in infants and toddlers. *Clinical Linguistics & Phonetics*, *20*(5), 351-369.

Norris, J. A., & Hoffman, P. R. (1990). Language intervention within naturalistic environments. *Language, Speech, and Hearing Services in Schools*, *21*(2), 72-84.

Oller, D. K. (2000). *The emergence of the speech capacity*. Psychology Press.

Oller, D. K., Eilers, R. E., Bull, D. H., & Carney, A. E. (1985). Prespeech vocalizations of a deaf infant: A comparison with normal metaphonological development. *Journal of Speech, Language, and Hearing Research*, *28*(1), 47-63.

Oller, D. K., Eilers, R. E., Neal, A. R., & Cobo-Lewis, A. B. (1999). Late onset canonical babbling: A possible early marker of abnormal development. *American Journal on Mental Retardation*, *104*(3), 258-269.

Oller, D. K., Eilers, R. E., Steffens, M. L., Lynch, M. P., & Urbano, R. (1994). Speech-like vocalizations in infancy: An evaluation of potential risk factors. *Journal of Child Language*, *21*(1), 33-58.

Orehovački, T., Vukovac, D. T., Stapič, Z., & Herceg, T. N. (2017). Features and quality of a mobile application employed in speech-language therapy. *Proceedings of the 19th International Conference on Human-Computer Interaction*, 250-262.

Ozanne, A. (1995). The search for developmental verbal dyspraxia. In B. Dodd (Ed.), *Differential diagnosis and treatment of children with speech disorder* (pp. 91-109). London: Whurr.

Pascoe, M., Stackhouse, J., & Wells, B. (2005). Phonological therapy within a psycholinguistic framework: Prompting change in a child with persisting speech difficulties. *International Journal of Language and Communication Disorders*, *40*(2), 189-220.

Pennington, B. F., Cardoso-Martins, C., Green, P. A., & Lefly, D. L. (2001). Comparing the phonological and double deficit hypotheses for developmental dyslexia. *Reading and Writing*, *14*, 707-755.

Pieretti, R. A., Kaul, S. D., Zarchy, R. M., & O'Hanlon, L. M. (2015). Using a multimodal approach to facilitate articulation, phonemic awareness, and literacy in young children. *Communication Disorders Quarterly*, *36*(3), 131-141.

Potter, N. L., Nievergelt, Y., & VanDam, M. (2019). Tongue strength in children with and without speech sound disorders. *American Journal of Speech-Language Pathology*, *28*(2), 612-622.

Powell, T. W., Elbert, M., & Dinnsen, D. A. (1991). Stimulability as a factor in the phonological generalization of misarticulating preschool children. *Journal of Speech and Hearing Research*, *34*(6), 1318-1328.

Preston, J. L., & Edwards, M. L. (2007). Phonological processing skills of adolescents with residual speech sound errors. *Journal of Speech-Language Pathology*, *22*(2), 173-184.

Preston, J. L., Hull, M., & Edwards, M. L. (2013). Preschool speech error patterns predict articulation and phonological awareness outcomes in children with histories of speech sound disorders. *American Journal of Speech-Language Pathology*, *22*(2), 173-184.

Preston, J. L., Leece, M. C., & Storto, J. (2019). Tutorial: Speech motor chaining treatment for school-age children with speech sound disorders. *Language, Speech, and Hearing Services in Schools*, *50*(3), 343-355.

Preston, J., & Edwards, M. L. (2010). Phonological awareness and types of sound errors in preschoolers with speech sound disorders. *Journal of Speech-Language Pathology*, *23*(4), 465-478.

Pullins, V., & Grogan-Johnson, S. (2017). A clinical decision making example: Implementing intensive speech sound intervention for school-age students through telepractice. *Perspectives of the ASHA Special Interest Groups*, *18*(2), 15-26.

Raitano, N. A., Pennington, B. F., Tunick, R. A., Boada, R., & Shriberg, L. D. (2004). Pre-literacy skills of subgroups of children with speech sound disorders. *The Journal of Child Psychology and Psychiatry*, *45*(4), 821-835.

Roberts, J., Hennon, E. A., & Anderson, K. (2003). Fragile X syndrome and speech and language. *The ASHA Leader*, *8*(19), 6-27.

Roberts, J., Price, J., Barnes, E., Nelson, L., Burchinal, M., Hennon, E. A., ... & Hooper, S. R. (2007). Receptive vocabulary, expressive vocabulary, and speech production of boys with fragile X syndrome in comparison to boys with Down syndrome. *American Journal on Mental Retardation*, *112*(3), 177-193.

Robin, D. A., Goel, A., Somodi, L. B., & Luschei, E. S. (1992). Tongue strength and endurance: Relation to highly skilled movements. *Journal of Speech, Language, and Hearing Research, 35*(6), 1239-1245.

Roepke, E. (2024). Assessing phonological processing in children with speech sound disorders. *Perspectives of the ASHA Special Interest Groups, 9*(1), 14-34.

Roepke, E., Bower, K. E., Miller, C. A., & Brosseau-Lapré, F. (2020). The Speech "Bamana": Using the syllable repetition task to identify underlying phonological deficits in children with speech and language impairments. *Journal of Speech, Language, and Hearing Research, 63*(7), 2229-2244.

Rogers, S. J., Hayden, D., Hepburn, S., Charlifue-Smith, R., Hall, T., & Hayes, A. (2006). Teaching young nonverbal children with autism useful speech: A pilot study of the Denver Model and PROMPT interventions. *Journal of Autism and Developmental Disorders, 36*(8), 1007-1024.

Rowland, C., & Fletcher, S. (2006). The effect of sampling on estimates of lexical specificity and error rates. *Journal of Child Language, 33*, 859-877.

Ruscello, D. M., & Vallino, L. D. (2020). The use of nonspeech oral motor exercises in the treatment of children with cleft palate: A re-examination of available evidence. *American Journal of Speech-Language Pathology, 29*(4), 1811-1820.

Rvachew, S. (2007). Phonological processing and reading in children with speech sound disorders. *American Journal of Speech-Language Pathology, 16*, 260-271.

Rvachew, S., & Nowak, M. (2001). The effect of target-selection strategy on phonological learning. *Journal of Speech, Language, and Hearing Research, 44*(3), 610-623.

Saaristo-Helin, K. (2009). Measuring phonological development: A follow-up study of five children acquiring Finnish. *Language and Speech, 52*, 55-79.

Saaristo-Helin, K., Savinainen-Makkonen, T., & Kunnari, S. (2006). Phonological mean length of utterance: Methodological challenges from a cross-linguistic perspective. *Journal of Child Language, 33*, 179-100.

Scarcella, I., Michelazzo, L., & McCabe, P. (2021). A pilot single-case experimental design study of rapid syllable transition treatment for Italian children with childhood apraxia of speech. *American Journal of Speech-Language Pathology, 30*, 1-15.

Schmidt, R. A., & Lee, T. D. (1999). *Motor control and learning: A behavioral emphasis* (3rd ed.). Champaign, IL: Human Kinetics.

Schmitt, L. M., Wang, J., Pedapati, E. V., Thurman, A. J., Abbeduto, L., Erickson, C. A., & Sweeney, J. A. (2020). A neurophysiological model of speech production deficits in fragile X syndrome. *Brain Communications, 2*(1), fcz042.

Schuele, C. M. (2004). The impact of developmental speech and language impairments on the acquisition of literacy skills. *Mental Retardation and Developmental Disabilities*

Research Reviews, 10(3), 176-183.

Secord, W., & Shine, R. (1997). *Secord contextual articulation test (S-CAT)*. Sedona, Ariz: Red Rock Educational Publications.

Segal, L. M., Stephenson, R., Dawes, M., & Feldman, P. (2007). Prevalence, diagnosis, and treatment of ankyloglossia: Methodologic review. *Canadian Family Physician, 53*(6), 1027-1033.

Sevald, C., & Dell, S. G. (1994). The sequential cuing effect in speech production. *Cognition, 53*, 91-127.

Shriberg, L. D., & Austin, D. (1998). Comorbidity of speech-language disorder: Implications for a phenotype marker for speech delay. In R. Paul (Ed.), *Exploring the speech-language connection* (pp. 73-117). Baltimore, MD: Paul H. Brookes Publishing.

Shriberg, L. D., & Kwiatkowski, J. (1982). Phonological disorders I: A diagnostic classification system. *Journal of Speech and Hearing Disorders, 47*(3), 226-241.

Shriberg, L. D., & Kwiatkowski, J. (1982). Phonological disorders II: A conceptual framework for management. *Journal of Speech and Hearing Disorders, 47*(3), 242-255.

Shriberg, L. D., & Kwiatkowski, J. (1982). Phonological disorders III: A procedure for assessing severity of involvement. *Journal of Speech and Hearing Disorders, 47*(3), 256-270.

Shriberg, L. D., & Kwiatkowski, J. (1982). Phonological disorders: II. A conceptual framework for management. *Journal of Speech & Hearing Disorders, 47*(3), 242-256.

Shriberg, L. D., & Widder, C. (1990). Speech and prosody characteristics of adults with mental retardation. *Journal of Speech and Hearing Research, 33*, 627-653.

Shriberg, L. D., Austin, D., Lewis, B. A., McSweeny, J. L., & Wilson, D. L. (1997). The percentage of consonants correct (PCC) metric: Extensions and reliability data. *Journal of Speech, Language, and Hearing Research, 40*(4), 708-722.

Shriberg, L. D., Austin, D., Lewis, B. A., McSweeny, J. L., & Wilson, D. L. (1997). The Speech Disorders Classification System (SDCS): Extensions and lifespan reference data. *Journal of Speech, Language, and Hearing Research, 40*, 723-740.

Shriberg, L. D., Austin, D., Lewis, B. A., McSweeny, J. L., & Wilson, D. L. (1997). The Speech Disorders Classification System (SDCS): Extensions and lifespan reference data. *Journal of Speech, Language, and Hearing Research, 40*, 723-740.

Shriberg, L. D., Campbell, T. F., Mabie, H. L., & McGlothlin, J. H. (2019). Initial studies of the phenotype and persistence of speech motor delay (SMD). *Clinical Linguistics & Phonetics, 33*(8), 737-756.

Shriberg, L. D., Flipsen Jr, P., Thielke, H., Kwiatkowski, J., Kertoy, M. K., Katcher, M. L., ... & Block, M. G. (2000). Risk for speech disorder associated with early recurrent otitis media with effusion: Two retrospective studies. *Journal of Speech, Language, and Hearing Research, 43*(1), 79–99.

Shriberg, L. D., Fourakis, M., Hall, S. D., Karlsson, H. B., Lohmeier, H. L., McSweeny, J. L., & Wilson, D. L. (2010). Extensions to the speech disorders classification system (SDCS). *Clinical Linguistics and Phonetics, 24*(10), 795–824.

Shriberg, L. D., Fourakis, M., Hall, S. D., Karlsson, H. B., Lohmeier, H. L., McSweeny, J. L., ... & Wilson, D. L. (2010). Extensions to the Speech Disorders Classification System (SDCS). *Clinical Linguistics & Phonetics, 24*, 795–824.

Shriberg, L. D., Jakielski, J., & Mabie, H. L. (2019). Estimates of the prevalence of motor speech disorders in children with idiopathic speech delay. *Clinical Linguistics & Phonetics, 33*(8), 679–706.

Shriberg, L. D., Lohmeier, H. L., Campbell, T. F., Dollaghan, C. A., Green, J. R., & Moor, C. A. (2009). A nonword repetition task for speakers with misarticulation: The syllable repetition task (SRT). *Journal of Speech, Language, and Hearing Research, 52*(5), 1189–1212.

Shriberg, L. D., Paul, R., Black, L. M., & van Santen, J. P. (2011). The hypothesis of apraxia of speech in children with autism spectrum disorder. *Journal of Autism and Developmental Disorders, 41*(4), 405–426.

Shriberg, L. D., Strand, E. A., Fourakis, M., Jakielski, K. J., Hall, S. D., Karlsson, H. B., Mabie, H. L., McSweeny, J. L., Tilkens, C. M., & Wilson, D. L. (2017a). A diagnostic marker to discriminate childhood apraxia of speech from speech delay: Introduction. *Journal of Speech, Language, and Hearing Research, 60*, 1094–1095.

Shriberg, L. D., Strand, E. A., Fourakis, M., Jakielski, K. J., Hall, S. D., Karlsson, H. B., Mabie, H. L., McSweeny, J. L., Tilkens, C. M., & Wilson, D. L. (2017b). A diagnostic marker to discriminate childhood apraxia of speech from speech delay: I. Development and description of the pause marker. *Journal of Speech, Language, and Hearing Research, 60*, 1096–1117.

Shriberg, L. D., Strand, E. A., Fourakis, M., Jakielski, K. J., Hall, S. D., Karlsson, H. B., Mabie, H. L., McSweeny, J. L., Tilkens, C. M., & Wilson, D. L. (2017c). A diagnostic marker to discriminate childhood apraxia of speech from speech delay: II. Validity studies of the pause marker. *Journal of Speech, Language, and Hearing Research, 60*, 1118–1134.

Shriberg, L. D., Strand, E. A., Fourakis, M., Jakielski, K. J., Hall, S. D., Karlsson, H. B., Mabie, H. L., McSweeny, J. L., Tilkens, C. M., & Wilson, D. L. (2017d). A diagnostic marker to discriminate childhood apraxia of speech from speech delay: III. Theoretical coherence of the pause marker with speech processing deficits in childhood apraxia of speech. *Journal of Speech, Language, and Hearing Research*, *60*, 1135-1152.

Shriberg, L. D., Strand, E. A., Fourakis, M., Jakielski, K. J., Hall, S. D., Karlsson, H. B., Mabie, H. L., McSweeny, J. L., Tilkens, C. M., & Wilson, D. L. (2017e). A diagnostic marker to discriminate childhood apraxia of speech from speech delay: IV. The pause marker index. *Journal of Speech, Language, and Hearing Research*, *60*, 1153-1169.

Shriberg, L. D., Strand, E. A., Fourakis, M., Jakielski, K. J., Hall, S. D., Karlsson, H. B., Mabie, H. L., McSweeny, J. L., Tilkens, C. M., & Wilson, D. L. (2017). A diagnostic marker to discriminate childhood apraxia of speech from speech delay: I. Development and description of the pause marker. *Journal of Speech, Language, and Hearing Research*, *60*, S1096-S1117.

Shriberg, L. D., Strand, E. A., Jakielski, J., & Mabie, H. L. (2019). Estimates of the prevalence of speech and motor speech disorders in persons with complex neurodevelopmental disorders. *Clinical Linguistics & Phonetics*, *33*(8), 707-736.

Shriberg, L. D., Tomblin, J. B., & McSweeny, J. L. (1999). Prevalence of speech delay in 6-year-old children and comorbidity with language impairment. *Journal of Speech, Language, and Hearing Research*, *42*, 1461-1481.

Silva, P. A., Justin, C., McGee, R., & Williams, S. M. (1984). Some developmental and behavioural characteristics of seven-year-old children with delayed speech development. *International Journal of Language & Communication Disorders*, *19*, 147-154.

Smit, A. B. (1993). Phonologic error distributions in the Iowa-Nebraska articulation norms project: Consonant singletons. *Journal of Speech, Language, and Hearing Research*, *36*(3), 533-547.

Smit, A. B., Hand, L., Freilinger, J. J., Bernthal, J. E., & Bird, A. (1990). The Iowa articulation norms project and its Nebraska replication. *Journal of Speech and Hearing Disorders*, *55*, 779-798.

Smith, S. D., Pennington, B. F., Boada, R., & Shriberg, L. D. (2005). Linkage of speech sound disorder to reading disability loci. *The Journal of Child Psychology and Psychiatry*, *46*(10), 1057-1066.

Solot, C. B., Sell, D., Mayne, A., Baylis, A. L., Persson, C., Jackson, O., & McDonald-McGinn, D. M. (2019). Speech-language disorders in 22q11.2 deletion syndrome: Best practices for diagnosis and management. *American Journal of Speech-Language Pathology*, *28*(3), 984-999.

Sosa, A. V., & Stoel-Gammon, C. (2006). Patterns of intra-word phonological variability during the second year of life. *Journal of Child Language*, *33*(1), 31-50.

Spencer, C., Davison, K. E., Boucher, A. R., & Zuk, J. (2022). Speech perception variability in

Childhood Apraxia of Speech: Implications for assessment and intervention. *Language, Speech, and Hearing Services in Schools*, *53*, 969-984.

St. Louis, K. O., Ruscello, D. M., & Lundeen, C. (1992). Coexistence of communication disorders in schoolchildren. *ASHA Monographs*, *27*, 1-57.

Stackhouse, J., & Wells, B. (1997). Children's speech and literacy difficulties I: A psycholinguistic framework. London: Whurr.

Stackhouse, J., & Wells, B. (1997). Children's speech and literacy difficulties: A psycholinguistic framework. London: Whurr Publishers.

Stackhouse, J., & Wells, B. (2001). Children's speech and literacy difficulties II: Identification and intervention. London: Whurr.

Stackhouse, J., & Wells, B. (2001). Children's speech and literacy difficulties II: Identification and intervention. London: Whurr.

Stackhouse, J., Pascoe, M., & Gardner, H. (2006). Intervention for a child with persisting speech and literacy difficulties: A psycholinguistic approach. *Advances in Speech-Language Pathology*, *8*(3), 231-244.

Stackhouse, J., Pascoe, M., & Gardner, H. (2006). Intervention for a child with persisting speech and literacy difficulties: A psycholinguistic approach. *Advances in Speech-Language Pathology*, *8*(3), 231-244.

Stackhouse, J., Vance, M., Pascoe, M., & Wells, B. (2007). Children's speech and literacy difficulties IV: Compendium of auditory and speech tasks. London: Whurr.

Stanovich, K. E. (2000). *Progress in understanding reading: Scientific foundations and new frontiers*. The Guilford.

Stoel-Gammon, C. (1985). Phonetic inventories, 15-24 months: A longitudinal study. *Journal of Speech, Language, and Hearing Research*, *28*, 505-512.

Stoel-Gammon, C. (1998). Sounds and words in early language acquisition: The relationship between lexical and phonological development. In R. Paul (Ed.), *Exploring the speech-language connection* (pp. 25-52). Baltimore, MD: Paul H. Brookes Publishing.

Stoel-Gammon, C., & Dunn, C. (1985). *Normal and disordered phonology in children*. Austin, TX: ProEd.

Stokes, T. F., & Baer, D. M. (1977). An implicit technology of generalization. *Journal of Applied Behavior Analysis*, *10*(2), 349-367.

Storkel, H. L., & Morrisette, M. L. (2002). The lexicon and phonology: Interactions in language acquisition. *Language, Speech, and Hearing Services in Schools*, *33*(1), 24-37.

Strand, E. (2020). Dynamic temporal and tactile cueing: A treatment strategy for childhood apraxia of speech. *American Journal of Speech-Language Pathology*, *29*, 30-48.

Strand, E. A., & Debertine, P. (2000). The efficacy of integral stimulation intervention with developmental apraxia of speech. *Journal of Medical Speech-Language Pathology*, *8*(4), 295-300.

Strand, E. A., Stoeckel, R., & Baas, B. (2006). Treatment of severe childhood apraxia of speech: A treatment efficacy study. *Journal of Medical Speech-Language Pathology*, *14*(4), 297-307.

Suh, J. D., & Cho, J. H. (2016). Trends in head and neck cancer in South Korea between 1999 and 2012. *Clinical and Experimental Otorhinolaryngology*, *9*(3), 263.

Suter, V. G., & Bornstein, M. M. (2009). Ankyloglossia: Facts and myths in diagnosis and treatment. *Journal of Periodontology*, *80*(8), 1204-1219.

Taelman, H., Durieux, G., & Gillis, S. (2005). Notes on Ingram's whole-word measures for phonological development. *Journal of Child Language*, *32*, 391-405.

Tambyraja, S. R., Farquharson, K., & Justice, L. (2020). Reading risk in children with speech sound disorder: Prevalence, persistence, and predictors. *Journal of Speech, Language, and Hearing Research*, *63*(11), 3714-3726.

Thomas, D., McCabe, P., & Ballard, K. J. (2017). Combined clinician-parent delivery of Rapid Syllable Transition (ReST) treatment for childhood apraxia of speech. *International Journal of Speech Language Pathology*, *20*(7), 683-698.

Thomas, D., Murray, E., Williamson, E., & McCabe, P. (2023). Weekly treatment for childhood apraxia of speech with rapid syllable transition treatment: A single-case experimental design study. *Journal of Speech, Language, and Hearing Research*, *67*, 1-22.

Tohidast, S. A., Mansuri, B., Bagheri, R., & Azimi, H. (2020). Provision of speech-language pathology services for the treatment of speech and language disorders in children during the COVID-19 pandemic: Problems, concerns, and solutions. *International Journal of Pediatric Otorhinolaryngology*, *138*, 1-4.

Torrington Eaton, C., & Ratner, N. B. (2016). An exploration of the role of executive functions in preschoolers' phonological development. *Clinical Linguistics & Phonetics*, *30*(9), 679-695.

Tucker, J. K. (2012). Perspectives of speech-language pathologists on the use of telepractice in schools: The qualitative view. *International Journal of Telerehabilitation*, *4*(2), 47-60.

Tyler, A. A. (2005). Assessment for determining a communication profile. In A. G. Kamhi & K. E. Pollock (Eds.), *Phonological disorders in children: Clinical decision making in assessment and intervention* (pp. 43-50). Baltimore, MD: Brookes.

Tyler, A. A., Lewis, K. E., Haskill, A., & Tolbert, L. C. (2002). Efficacy and cross-domain effects of a morphosyntax and a phonology intervention. *Language, Speech, and Hearing Services in Schools*, *33*(1), 52-66.

Van Riper, C. (1939). *Speech correction: Principles and methods* (5th ed.). Prentice-Hall.

Van Riper, C. (1939). *Speech correction: Principles and methods*. Englewood Cliffs, NJ: Prentice-Hall.

Van Riper, C., & Erickson, R. (1996). *Speech correction: An introduction to speech pathology and audiology* (5th ed.). Prentice-Hall.

Vihman, M. M., & Greenlee, M. (1987). Individual differences in phonological development: Ages one and three years. *Journal of Speech, Language, and Hearing Research*, *30*(4), 503-521.

Vihman, M. M., Ferguson, C. A., & Elbert, M. (1986). Phonological development from babbling to speech: Common tendencies and individual differences. *Applied Psycholinguistics*, *7*(1), 3-40.

Wagner, R. K., & Torgesen, J. K. (1987). The nature of phonological processing and its causal role in the acquisition of reading skills. *Psychological Bulletin*, *101*(2), 192-212.

Waring, R., Eadie, P., Liow, S. R., & Dodd, B. (2017). Do children with phonological delay have phonological short-term and phonological working memory deficits? *Child Language Teaching and Therapy*, *33*(1), 33-46.

Waring, R., Eadie, P., Rickard Liow, S., & Dodd, B. (2017). Do children with phonological delay have phonological short-term and phonological working memory deficits? *Child Language Teaching & Therapy*, *33*(1), 33-46.

Waring, R., Liow, S. R., Eadie, P., & Barbara, D. O. D. D. (2019). Speech development in preschool children: Evaluating the contribution of phonological short-term and phonological working memory. *Journal of Child Language*, *46*(4), 632-652.

Warren, S. F., Fey, M. E., & Yoder, P. J. (2007). Differential treatment intensity research: A missing link to creating optimally effective communication interventions. *Mental Retardation and Developmental Disabilities Research Reviews*, *13*(1), 70-77.

Weidner, K., & Lowman, J. (2020). Telepractice for adult speech-language pathology services: A systematic review. *Perspectives of the ASHA Special Interest Groups*, *5*(1), 326-338.

Willadsen, E. (2013). Lexical selectivity in Danish toddlers with cleft palate. *The Cleft Palate-Craniofacial Journal*, *50*(4), 456-465.

Williams, A. L. (2000a). Multiple oppositions: Case studies of variables in phonological knowledge. *American Journal of Speech-Language Pathology*, *9*, 289-299.

Williams, A. L. (2000b). Multiple oppositions: Theoretical foundation for an alternative contrastive intervention approach. *American Journal of Speech-Language Pathology*, *9*, 282-288.

Williams, P., & Stackhouse, J. (2000). Rate, accuracy, and consistency: Diadochokinetic performance of young, normally developing children. *Clinical Linguistics & Phonetics*, *14*(4), 267-293.

Winstein, C. J., & Schmidt, R. A. (1990). Reduce frequency of knowledge of results enhances motor skill learning. *Journal of Experimental Psychology: Learning, Memory, and Cognition*, *16*(4), 677-691.

World Health Organization. (2001). *The international classification of functioning, disability and health*. Geneva: World Health Organization (WHO).

Yasuda, Y., Kitai, N., Fujii, Y., Murakami, S., & Takada, K. (2003). Report of a patient with hypoglossia-hypodactylia syndrome and a review of the literature. *The Cleft Palate-Craniofacial Journal*, *40*(2), 196-202.

Yoder, P. J., Camarata, S., & Woynaroski, T. (2016). Treating speech comprehensibility in students with Down syndrome. *Journal of Speech, Language, and Hearing Research*, *59*(3), 446-459.

Yoder, P., Camarata, S., & Gardner, E. (2005). Treatment effects on speech intelligibility and length of utterance in children with specific language and intelligibility impairments. *Journal of Early Intervention*, *28*(1), 34-49.

Ziegler, J. C., & Goswami, U. (2005). Reading acquisition, developmental dyslexia, and skilled reading across languages: A psycholinguistic grain size theory. *Psychological Bulletin*, *131*(1), 3-29.

Ziegler, J. C., & Goswami, U. (2005). Reading acquisition, developmental dyslexia, and skilled reading across languages: A psycholinguistic grain size theory. *Psychological Bulletin*, *131*(1), 3-29.

찾아보기

A

AMR 289
APAC 162

D

DDK 288, 290
DMS 173
DSM-5 38
DTTC 292, 302, 305

E

EMT+PE 272, 311
Enhanced Milieu Teaching (EMT) 272
EPG 252

I

ICF 54
ICF-CY 55
IPA 77, 260

K

KCF 56

P

PCC 167
PCC-R 167
PE 272
PML 293
PMLU 169, 190
PPK 196
PROMPT 292, 295, 297, 298, 302, 305
PWC 170
PWP 170
PWV 283

R

Recast 중재법 271
ReST 292, 293, 297, 302, 304, 305

S

SAEVD-R 92
SMR 289
Stark Assessment of Early

Vocal Development-Revised 92

T

Total PCC 160

U

UTAP PCC 160
UTAP2 159

ㄱ

가중평균음운길이 108, 109
각운 산출 검사 213
각운 탐지 검사 212
강화 230
개방 교합 151
개방형 단어(어절) 확인법 171
개별치료 235
개정자음정확도 112, 128, 167
경계선급 옹알이 92
계단식 제시 240
과개 교합 151
과다비성 23
과소비성 24, 154
과잉행동장애 64
교대운동속도 157, 289
교차 교합 151
구강자음의 약화 310
구개 편도 24
구개골 22
구개돌기 22
구개심장안면 증후군 28
구개열 18
구개열 아동 307
구개올림근 23
구개증대보철물 21
구개편도 155
구개편도비대 24
구개편도비대증 155
구인두 155
구조화된 놀이 234
국제건강분류 54
글자 지식 활동 326
기능적 조음음운장애 38
기질적 조음음운장애 38

ㄴ

나이에 적절한 오류패턴 163
놀이 연습 234

ㄷ

다운증후군 21, 27
다음절 비단어 변별 검사 210
다중대립자질접근법 259
다중대립접근법 256
단기기억 47
단어 각운 탐지 검사 211
단어 각운 판단 검사 211
단어 변별 검사 211
단어 수준 검사 192
단어단위 근접률 107, 109, 170
단어단위 변화율 107, 110, 114, 179, 283
단어단위 음운지표 107, 111, 168
단어단위 정확률 107, 109, 170, 190
단음절 비단어 변별 검사 210
대설증 152
대치 174
도구적 학습 239
독립음(음소) 검사 192
동시조음 120, 289, 296
두운전환 214
따라말하기 또는 모방하기 과제 199

ㅁ

마비말장애 28, 29
말명료도 103, 104, 105, 171, 190
말소리 오류 40
말소리장애 분류체계 40
말소리지연 40
말실행증 28, 31
말용인도 171
말운동계획 288, 294
말운동프로그램 291, 292
말운동연쇄 치료법 251
말운동프로그래밍 288, 297
말운동프로그램 135
말지각 135
말처리 능력 평가 205
말처리 모델 206
말처리 프로파일 206, 208
말초적 청각처리 46
메타음운중재 프로그램 328, 329
메타음운중재법 260, 261
명료화 270
명료화 요구 269

모니터링 능력 215
모방 249
모색행동 37
모음 사각도 79
무비성 24
무선 제시 240
무의미 낱말 따라말하기 137
무의미음절 문맥 검사 195
문맥 검사 180, 192, 195
문맥 분석 237
문맥 활용법 249, 251
문자 지식 평가 325
문장 수준 검사 194

ㅂ

반대 연습 243
반복 연습 234
반응 230
반응 일반화 240
발달적 (음운)오류패턴 128, 129, 130, 133, 134, 174
발성시작시간 122
베크위드-비데만 증후군 21
변별자질표 84
변이성 103, 108, 110, 113, 114, 179, 124
변이음 77, 82, 83
보상적 오류 23, 310
보상조음 23, 312
보상조음의 유형 308
보상조음치료 314
보상조음패턴 308
복잡성 증가 270
부정교합 151
부호화 47
분절 및 합성 활동 326
분절적 요소 44
불안장애 64
비누출 23, 153
비단어 각운 판단 검사 210
비단어 따라말하기 198, 289
비발달적 오류패턴 142, 176
비언어성 지능 62
비언어적 발성 89, 90
비음화 23, 310
비인두 154
비일관성 110, 114, 179, 277, 289
비일관적 음운장애 49, 110, 278, 289, 292
빠른 음절전환 치료법 292, 293, 297

ㅅ

삼출성 중이염 26
상위음운론적 접근법 328
상위음운접근법 256, 260, 261, 262
상치돌출 19
상향식 접근법 267
생략(탈락) 173
선별 검사 191
설비대증 21
설소대 단축증 20, 152
설소대 절제술 20
설소하증 21
성문 파열음 316
수직적 접근 231, 250
수평적 접근 231
숙달연령 116, 127
습득연령 116, 119
신경운동장애 28
실시간 상호작용모델 334
심상어휘집 135
심화 평가 191

ㅇ

아데노이드 24, 154
아동기 마비말장애 29, 32
아동기 말실행증 18, 29, 34, 110, 251, 264, 287, 289, 291
아동용 발음평가 162
어휘 선택성 308
어휘 탈락 검사 212
어휘 표상 135, 137
억양구 85
언어성 지능 62
언어적 발성 89, 90
역동적 시간 및 촉각 단서법 292, 302
역동적 평가 199
연인두 형성부전 22, 155, 310
연인두기능부전 23
와우이식 26
왜곡 174
왜곡을 동반한 대치 174
우리말 조음음운 검사2 159
운동 기술 학습 239
운동실행 47, 294
운동프로그래밍 47, 297

운동프로그램 47, 213
운동학습 301
운동학습원리 245, 246, 251, 293, 302
원격치료 333
원시 발성 90
원인을 모르는 말소리장애 37
유지 230, 242
음성변별 46
음성학적 접근법 245
음소 식별 및 매칭 활동 326
음소(초성, 종성) 산출 검사 214
음소(초성, 종성) 탐지 212
음소대조 256
음소목록 106
음소목록 255, 258
음소재인 46, 211
음소탐지 329
음운 강조 272
음운 강조를 포함한 강화된 환경중심중재법 272, 311
음운 부호화 48
음운 재구성 311
음운 조작 활동 326
음운 조합과 계획 277
음운구 85, 86, 89
음운기억 48, 135, 137, 139, 141, 142, 144
음운단기기억 48, 137, 139, 141, 142
음운단어 85, 86, 89, 168, 188
음운변동 86, 89
음운산출지식 196
음운인식 135, 136, 137, 139, 140, 141, 142, 143, 144, 265
음운인식 능력 평가 325
음운인출 135, 138, 139, 141, 142, 144
음운작업기억 48, 137, 138, 139, 141, 142
음운장애 16
음운재부호화 135
음운지연 49
음운처리 135, 136, 140
음운처리 기술 135, 136, 138, 141, 142, 143, 144, 322
음운표상 46, 135, 140, 143, 211, 289, 322
음운표상의 불명확성 278
음절 단위 검사 192
음절성 옹알이 90, 91, 307
음절체 탐지 212
의미표상 46
의사소통적 접근법 267
이벤트 추가 270
인공와우 26
인두 또는 비음 마찰음 317
인두 편도 24
인지 62
일관적 음운장애 49
일련운동속도 157, 289
일반화 230, 235

ㅈ

자극 230
자극반응도 180, 229, 236, 263, 265
자극일반화 240, 294
자기 모니터링 242
자동화 242
자발화 평가 185
자유놀이 234
자음 습득 시기 106
자음목록 106, 114
자음정확도 112, 113, 114, 128, 142, 167, 190
작업기억 47
잔존 누공 153
잔존 오류 250, 251, 252, 253
잔존 오류 집단 41
장기기억 48
저장/전달모델 334
전자구개도 252
전체 자음정확도 160
전체언어중재법 268
전통적인 조음치료법 245
점막하 구개열 23, 153
점진적 형성법 249
정상 교합 151
정확하게 다시 들려주기 269, 271
제1형 부정교합 19, 151
제2형 부정교합 19, 151
제3형 부정교합 19, 151
조음 변이성 277
조음교대운동 157, 288
조음음운장애 16
조음장애 16, 49
조음점 지시법 249, 298
조정자음정확도 112, 168
종합 검사 191

주기법 255, 263, 264
주기적 접근 232
주의력결핍장애 64
중이염 26
지각 46
지능 62
지체된 오류패턴 163
직접평정법 173
진단 표지 42
진자음 91
집단치료 235
집행기능 66

ㅊ

첨가 173
청각변별 그림선택 검사 212
청각변별 그림판단 검사 212
초분절적 요소 44
초성우선원리 86
초음파 피드백 253
촉진하기 269, 294
최대대립자질쌍접근법 258, 259
최대자질대립 256
최소대립쌍 256, 262
최소대립쌍접근법 257, 260, 292
축약 173
취약 X 증후군 22, 27, 153
치료 강도 232

ㅌ

통합적 음운인식 중재 294
통합적 음운인식 중재 프로그램 260, 323
특발성 말소리장애 37
특이한 오류패턴 163

ㅍ

편도 절제술 24
평균음운길이 107, 108, 109, 168, 190
평정법 171
폐쇄형 단어(어절) 확인법 171
프레임-콘텐츠 가설 96
프로그래밍 294
피드백 245, 246, 247, 252, 299, 301
필연적 오류 23, 151
필연적 오류 인지 310

ㅎ

하치돌출 19
하향식 접근법 267
학습된 오류 151
한국 조음음운 프로파일 155, 164, 290
한국판 구개열 말 평가 310
한국표준건강분류 56
합성 파닉스 329
합성 파닉스 교수법 329, 331
핵심어휘접근법 278, 292
혀 유착증 20
확립 230
후방 조음 오류 312

저자 소개

김수진(Kim Soo Jin)

1995년부터 이화여자대학교 대학원에서 언어병리학을 공부하고, 2000년 박사학위를 받은 이후 현재까지 나사렛대학교 언어치료학과에서 말소리장애를 연구하면서 강의하고 있다. 언어청각임상학회장과 한국음성학회장을 역임하였고, 『조음음운장애』(시그마프레스, 2007), 『말소리장애』(공저, 시그마프레스, 2020), 『의사소통장애의 진단과 평가』(공저, 학지사, 2025), 『언어치료사를 위한 말소리 전사와 오류패턴 분석』(공저, 학지사, 2025) 등의 저서를 출간하고, 「우리말조음음운검사 2(UTAP2)」를 개발하였다.

하승희(Ha Seung Hee)

1999년부터 이화여자대학교 대학원에서 언어병리학을 공부하고, 2006년 University of Illinois at Urbana-Champaign에서 박사학위 취득 후 University of Tennessee at Knoxville에서 연구와 강의를 시작하였다. 2009년부터 한림대학교 언어청각학부에서 말소리장애를 연구하면서 강의하고 있다. 『말소리장애 아동의 감별진단』(공저, 시그마프레스, 2016), 『말소리장애 워크북』(공저, speech4all, 2025) 등의 저서를 출간하고, 「한국 조음음운 프로파일(K-APP)」과 「한국어발화분석기(Korean Language Analysis: KLA)」를 개발하였다.

하지완(Ha Ji Wan)

1997년부터 이화여자대학교 대학원에서 언어병리학을 공부하고, 고려대학교의료원(안암병원) 재활의학과에서 언어치료사로 근무하였다. 말소리장애 아동과 신경인성 의사소통장애인이 보이는 기저 말처리결함의 유사성에 대한 학문적 호기심이 생겨 박사과정에 진학하였다. 2011년 박사학위 취득 후 대구대학교 언어치료학과에서 말소리장애를 연구, 강의하고 있다. 『언어치료사를 위한 말소리 전사와 오류패턴 분석』(공저, 학지사, 2025) 등의 저서를 출간하고, 「우리말조음음운검사 2(UTAP2)」와 「Dysarthria Assessment System(DAS)」을 개발하였다.

말소리장애의 진단과 치료

Advances in Speech Sound Disorders:
Evaluation and Intervention

2025년 9월 10일 1판 1쇄 인쇄
2025년 9월 20일 1판 1쇄 발행

지은이 • 김수진 · 하승희 · 하지완
펴낸이 • 김진환
펴낸곳 • ㈜ 학지사
04031 서울특별시 마포구 양화로 15길 20 마인드월드빌딩
대표전화 • 02-330-5114 팩스 • 02-324-2345
등록번호 • 제313-2006-000265호

홈페이지 • http://www.hakjisa.co.kr
인스타그램 • https://www.instagram.com/hakjisabook

ISBN 978-89-997-3535-6 93370

정가 25,000원